DES

LIBERTÉS GARANTIES

DU MÊME AUTEUR CHEZ LE MÊME LIBRAIRE :

DES DROITS ET DES DEVOIRS, in-8º. . . . . . 6 fr.
1789 OU LA LIBERTÉ CONQUISE, Poëme en sept
    Chants. 5
DES ABUS EN MATIÈRE ECCLÉSIASTIQUE, in-8º. . 2
NOUVEAU MANUEL MUNICIPAL, 3º édit. 2 vol. in-8º. 12
STATISTIQUE DE MONTARGIS, in-8º. 6
MISÈRES DE LA VIE POLITIQUE, in-12. . . . 3
NOUVEAU GUIDE DES MAIRES, 4º édition, in-18. 3 50

DES
LIBERTÉS
GARANTIES

PAR LES INSTITUTIONS DE 1789 A 1830,

DANS LEUR RAPPORT

AVEC LA CONSTITUTION DE 1852.

Par **N.-J.-B. BOYARD**,

PRÉSIDENT HONORAIRE DE LA COUR IMPÉRIALE D'ORLÉANS,
ANCIEN DÉPUTÉ DU LOIRET.

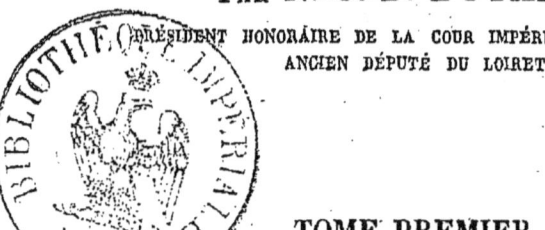

TOME PREMIER.

PARIS

RORET, LIBRAIRE ÉDITEUR,

RUE HAUTEFEUILLE, 12.

1853

OBSERVATIONS PRÉLIMINAIRES.

Au milieu des théories qui depuis plus d'un siècle agitent ou paralysent la France, il est fort difficile de discerner les véritables caractères de la liberté politique; c'est une divinité fantastique que les uns voient où elle n'est pas, où elle n'a jamais été, où elle ne sera jamais; que d'autres refusent de voir où elle est, par cela seul qu'elle n'est pas telle qu'ils voudraient qu'elle fût.

Il n'en est pas de même des libertés civiles et religieuses. Elles sont assises sur des bases solides, elles résistent à toutes les commotions, et quelques efforts qu'on fasse pour les ébranler ou les pervertir, elles restent là comme des points de ralliement auxquels doivent toujours se rattacher les débris épars de la société politique.

Le despotisme et l'anarchie ont pu tour à tour bouleverser l'ordre social, grandir, dénaturer, restreindre le cercle de la liberté politique, ils n'ont rien pu contre les libertés civiles et religieuses. — D'où cela vient-il ?

De ce que la liberté politique dépend de la mobilité des passions des hommes, tandis que les libertés civiles et religieuses dépendent de la raison et de la conscience, qu'on peut bien momentanément comprimer, mais qu'aucune puissance humaine ne saurait étouffer.

En considérant avec attention les institutions antérieures à 1789 ; celles élaborées à cette époque de régénération, celles plus ou moins altérées de l'an VIII, de 1815, de 1830, et en les comparant avec la Constitution de 1852, on se demande si nous marchons en avant ou si nous reculons.

Il ne suffit pas pour résoudre une question de cette gravité, d'interroger le temps présent ; il faut même s'isoler de certains faits nés de circonstances qui ne se représenteront plus et pénétrer franchement au sein des institutions formulées, détruites, restaurées par des mains amies et ennemies, et renversées encore par les fanatiques de la licence, plus dangereux que ceux du despotisme, quel qu'il soit.

Un tel travail demande un esprit libre de toutes les préoccupations du jour ; il veut une abnégation complète, car il en faut beaucoup pour s'exposer aux haines des partis, dans le seul intérêt de la chose publique.

Vivement frappé des inconvénients de publications menaçantes, dangereuses même pour le parti qui les fait, j'osai entreprendre une tâche difficile, et si je n'écoutais que mon intérêt personnel; je m'arrêterais peut-être au point où je suis; mais quand j'écoute l'intérêt du pays, une conviction vigoureuse me crie : marche! marche encore! tu as pour toi l'opinion publique, la raison et la justice; tout le reste n'est rien.

Mais, dirai-je à mon tour, l'opinion publique, cet appui si inconstant, si fragile, est rarement du côté de ceux qui l'invoquent.

La raison! mais qui donc sait ce qu'elle est aujourd'hui, ce qu'elle sera demain? qui donc ne croit pas l'avoir pour lui, quand il s'adresse au public?

La justice! mais n'est-elle pas une chimère que chacun flatte et que nul ne saisit. Il n'est en révolution qu'une justice, c'est la force, et celle-ci me manque à moi infime; c'est contre elle que j'élève la voix, car c'est elle qui détruit, et je voudrais n'être inspiré que par la justice qui sauve et qui soutient. A quels attributs peut-on la reconnaître en politique? à quelles conditions est-elle accessible à nos vœux? je l'ignore, et cependant je compte sur elle; elle a ma foi, pourquoi n'aurais-je pas son assentiment?

Dominé par cette dernière idée, j'ai longtemps médité sur nos institutions, longtemps compulsé les textes, longtemps analysé les passions politiques; j'ai cherché, j'ai trouvé peut-être le terme des oscillations du pouvoir et reconnu celles de nos institutions qui feraient sa force et la sécurité du pays.

Je veux démontrer que la liberté politique n'était compatible ni avec la constitution de 1791, créant une démocratie royale sans royauté; ni avec celle de l'an III organisant l'anarchie; ni avec celle de l'an VIII confisquant le pouvoir, étouffant la liberté politique, mais relevant la liberté civile et la liberté religieuse par le Code et par le Concordat; ni avec la charte de 1815 appuyée sur la censure, la chambre des pairs et les cours prévôtales, et sur un fantôme d'aristocratie haineuse et rapace qui suffisait lui seul au renversement des Bourbons. Elle était même incompatible avec la royauté bourgeoise sortie de la révolution de juillet, car cette révolution, faite par le peuple et tournée contre le peuple, devait nécessairement aboutir à l'avènement du peuple. — C'est dans cet esprit de peur qu'ont agi tous les ministres, ou pour parler plus nettement, tous les commis qu'appela Louis-Philippe à l'exécution de sa volonté immuable de contenir la force brutale des masses par l'ascendant des intérêts matériels et par d'audacieuses corruptions.

Je veux mettre sous les yeux du lecteur les pièces de ce grand procès et l'amener lui-même à conclure que de toutes les phases qu'ont parcourues nos libertés, il n'en est pas de plus favorable à la France que celle à laquelle nous touchons.

Je sais que mes doctrines politiques seront combattues par les uns, comme empreintes d'un esprit républicain qui n'est plus de saison; par les autres, comme empestées d'un esprit despotique qui étouffe toute liberté. En me plaçant entre les deux je serai dans le vrai, car je veux la liberté sous un gouvernement fort.

Je sais que mes doctrines religieuses soulèveront les ultramontains de toutes les sectes, de toutes les congrégations; la vérité les irrite, la contradiction les exaspère, et je puis pressentir leurs procédés à mon égard par la violence de leurs discussions, lors même qu'ils sont sans contradicteur : leurs cris seront la preuve que j'ai frappé juste, car je veux la religion vénérée, les prêtres respectés ; je ne veux pas des exagérations qui créèrent le protestantisme, et je crois fermement que si elles n'étaient pas réprimées, elles nous conduiraient au déisme ; peut-être à quelque chose de pis.

J'entends aussi certains oracles de la tribune qui se trouvent étouffés, raccourcis de plus de cinquante coudées, parce qu'ils ne peuvent plus renverser les ministères ni démonétiser la royauté par des coalitions ayant pour devise *le roi règne, le roi ne règne pas ;* ou bien *le roi gouverne, le roi ne gouverne pas*, quand le roi régnait et gouvernait bel et bien, si bien qu'à l'époque de sa chute il ne put s'en prendre qu'à lui-même ou à ceux qui suivirent le plus fidèlement ses vues gouvernementales [1]. A ceux-là je réponds : ne criez pas si haut, car c'est à vous plus encore qu'à Louis-Philippe que l'opinion nationale reproche la catastrophe de 1848 ; elle a ses raisons pour applaudir à votre repos ; restez en disponibilité, et restez-y longtemps.

Ceux qui crieront le plus, sans aucun doute, et qui crieront à bon droit, figuraient sur les bancs de la petite constituante de 1848 et de la plus petite législative de 1850, fameuses toutes deux par des discours, tantôt admirables, tantôt insensés ; toujours déplorables, car

---

[1] La vraie devise de la coalition de 1838 était celle-ci : LE ROI RÈGNE ET NE GOUVERNE PAS ; que les ennemis de Louis-Philippe traduisaient en ces mots, LE ROI EST PARFAITEMENT INUTILE.

organisant l'anarchie ; ni avec celle de l'an VIII confisquant le pouvoir, étouffant la liberté politique, mais relevant la liberté civile et la liberté religieuse par le Code et par le Concordat ; ni avec la charte de 1815 appuyée sur la censure, la chambre des pairs et les cours prévôtales, et sur un fantôme d'aristocratie haineuse et rapace qui suffisait lui seul au renversement des Bourbons. Elle était même incompatible avec la royauté bourgeoise sortie de la révolution de juillet, car cette révolution, faite par le peuple et tournée contre le peuple, devait nécessairement aboutir à l'avènement du peuple. — C'est dans cet esprit de peur qu'ont agi tous les ministres, ou pour parler plus nettement, tous les commis qu'appela Louis-Philippe à l'exécution de sa volonté immuable de contenir la force brutale des masses par l'ascendant des intérêts matériels et par d'audacieuses corruptions.

Je veux mettre sous les yeux du lecteur les pièces de ce grand procès et l'amener lui-même à conclure que de toutes les phases qu'ont parcourues nos libertés, il n'en est pas de plus favorable à la France que celle à laquelle nous touchons.

Je sais que mes doctrines politiques seront combattues par les uns, comme empreintes d'un esprit républicain qui n'est plus de saison ; par les autres, comme empestées d'un esprit despotique qui étouffe toute liberté. En me plaçant entre les deux je serai dans le vrai, car je veux la liberté sous un gouvernement fort.

Je sais que mes doctrines religieuses soulèveront les ultramontains de toutes les sectes, de toutes les congrégations ; la vérité les irrite, la contradiction les exaspère, et je puis pressentir leurs procédés à mon égard par la violence de leurs discussions, lors même qu'ils sont sans contradicteur : leurs cris seront la preuve que j'ai frappé juste, car je veux la religion vénérée, les prêtres respectés ; je ne veux pas des exagérations qui créèrent le protestantisme, et je crois fermement que si elles n'étaient pas réprimées, elles nous conduiraient au déisme ; peut-être à quelque chose de pis.

J'entends aussi certains oracles de la tribune qui se trouvent étouffés, raccourcis de plus de cinquante coudées, parce qu'ils ne peuvent plus renverser les ministères ni démonétiser la royauté par des coalitions ayant pour devise *le roi règne, le roi ne règne pas ;* ou bien *le roi gouverne, le roi ne gouverne pas,* quand le roi régnait et gouvernait bel et bien, si bien qu'à l'époque de sa chute il ne put s'en prendre qu'à lui-même ou à ceux qui suivirent le plus fidèlement ses vues gouvernementales (1). A ceux-là je réponds : ne criez pas si haut, car c'est à vous plus encore qu'à Louis-Philippe que l'opinion nationale reproche la catastrophe de 1848 ; elle a ses raisons pour applaudir à votre repos ; restez en disponibilité, et restez-y longtemps.

Ceux qui crieront le plus, sans aucun doute, et qui crieront à bon droit, figuraient sur les bancs de la petite constituante de 1848 et de la plus petite législative de 1850, fameuses toutes deux par des discours, tantôt admirables, tantôt insensés ; toujours déplorables, car

---

(1) La vraie devise de la coalition de 1838 était celle-ci : LE ROI RÈGNE ET NE GOUVERNE PAS ; que les ennemis de Louis-Philippe traduisaient en ces mots, LE ROI EST PARFAITEMENT INUTILE.

aucun n'était sincère. — A ceux-là je ne répondrai rien ; je me bornerai à leur rendre aujourd'hui la parole, à rapporter fidèlement ce qu'ils ont dit, trop heureux si la résurrection de leurs discours produisait l'effet que j'en attends et consolait les lecteurs du malheur qu'ils ont de ne plus les entendre.

Ainsi, de quelque côté que j'envisage la question, je vois partout poindre un danger, mais il n'a rien de sérieux, car il y a bien plus de juges impartiaux que d'adversaires ou de contradicteurs ; et si le public, dont je cherche à traduire la pensée, se range du côté du patriotisme et de l'indépendance, je dois espérer de lui le plus sûr et le plus honorable des appuis.

N'est-ce pas en effet travailler pour lui que d'élaborer des questions qui touchent de si près à son bonheur, à celui de ses enfants (1), à son industrie, à sa fortune ; ne verra-t-il pas avec une vive satisfaction le raffermissement des institutions auxquelles on doit la liberté civile, la liberté commerciale aussi bien que la liberté politique. Ne se sentira-t-il pas relevé, honoré, en reconnaissant que c'est à ces institutions de 1789, si décriées et pourtant si belles, qu'il doit la liberté de sa personne et celle de sa conscience (2). Ne reconnaîtra-t-il pas que de ces institutions tutélaires sortit aussi l'égalité devant la loi, la seule qui ne soit pas une chimère (3).

Et quand il comparera ce que promettait la révolution

---

(1) Loi sur la liberté de l'enseignement. Livre II.
(2) Art. 1er de la Constitution de 1852.
(3) Le principe de l'égalité devant la loi remonte à 1789. Il fut consacré même par la charte de 1815.

de 1848 avec ce que nous a donné celle de 1852; l'état de prospérité du commerce et de l'industrie, avec l'état de déconfiture presque générale qui nous menaçait, ne bénira-t-il pas la main qui saisit courageusement les rênes de l'Etat au moment où elles tombaient entre celles des promoteurs de l'impôt progressif, du droit au travail, et de tant d'autres systèmes tous plus désastreux les uns que les autres.

Je ne suis pas ennemi de l'Empire tel qu'il vient d'être reconstitué. Je crois même que la Constitution nouvelle présente plus de garantie que la Constitution impériale avec ses commissions militaires, ses cours spéciales, son grand électeur et ses commissions sénatoriales. Cependant, si l'on en croit de bons esprits, il fallait moins se hâter. Quant à moi, convaincu comme je le suis, que jamais aucun souverain n'eut un pouvoir égal à celui que les élections de 1852 donnèrent à Louis-Napoléon en sanctionnant le coup d'Etat du 2 décembre 1851, j'eusse mieux aimé voir le Prince Président développer un système de gouvernement qu'il s'était fait avec l'assentiment de la nation régulièrement consultée. Je trouvais au Prince Président vainqueur de la démagogie, autant de grandeur que lui en peut donner le titre d'Empereur.

Ce titre impose une cour. Le Prince qui inspirait tant d'enthousiasme aux populations par son attitude simple et bienveillante, par ses tentatives pour le bonheur de tous, ce Prince couronné maintenant ne sera-t-il pas circonvenu par une foule d'hommes intéressés à le séparer du peuple? — C'est assez de ce doute pour effrayer l'homme qui fondait de grandes espérances sur le vote spontané, merveilleux, de 10 ans de règne avec un titre sans faste.

Je ne puis cependant, devant des faits accomplis, manifester des regrets superflus, je ne puis non plus me livrer à de trop flatteuses illusions, car j'entrevois plus d'un embarras qu'on a créés et qu'on pouvait conjurer. Mon unique objet est d'examiner et de porter mes lecteurs à un sérieux examen de la situation. Je me crois bien placé pour apprécier ce qui fut, ce qui est, et peut-être entrevoir ce qui sera.

C'est par la comparaison des faits et des institutions qui sont sorties de plus de 60 ans de débats politiques puérils, souvent horribles et quelquefois glorieux, que j'ai tenté d'initier mes lecteurs à la connaissance des droits et des devoirs de chaque habitant de la France, car je vais passer en revue tous les grands intérêts du peuple; je vais mettre sous ses yeux, ou plutôt sous les yeux de ceux qui le dirigent, tout ce qui contribua à l'établissement de nos libertés, tout ce qui les compromit et ce qui peut les raviver et les maintenir.

Ce travail sera divisé en six Livres, où seront traitées les grandes questions soulevées en 1789 (car toutes viennent de là) et furent diversement résolues aux époques des petites révolutions, qui semblaient suscitées par l'amour de ces libertés, et qui ne l'étaient, en effet, que par de vils intérêts personnels.

Le premier Livre est consacré à la liberté des cultes, la plus ancienne et la plus contestée de toutes nos libertés, jusqu'aux jours où elle faillit périr par suite d'une licence effrénée. — Chacun alors eut le droit de choisir et d'exercer son culte à sa fantaisie ; il n'y avait de proscriptions ou d'échafauds que pour ceux qui voulaient garder celui de leurs pères.

Le Concordat, œuvre immortel du grand Consul et d'un pontife homme de bien, releva la religion sur les débris de ses monuments mutilés, réduits en masures, en magasins à fourrages, en dépôts d'artillerie, et rappela les proscrits pour desservir les autels. Alors s'éleva, grandit la véritable liberté religieuse : — alors reparurent les pompes du Christianisme ; alors se rouvrirent les temples, les synagogues aussi bien que les cathédrales et les églises. C'était la restauration du sentiment religieux; c'était la porte du Ciel ouverte à toutes les croyances.

Quel spectacle touchant que celui de ces populations rendues aux espérances célestes, adorant le même Dieu, chacune selon l'impulsion de sa conscience!...

Des cultes reconnus par l'Etat, un seul fut troublé par des esprits inquiets qui ne peuvent jouir de leur religion qu'autant qu'elle est imposée à d'autres, comme un dogme infaillible auquel tout doit obéissance. De là des débats, des revers, des troubles, des amoindrissements où la religion se trouvait impliquée, malgré les prescriptions du Concordat et malgré l'intérêt réel de cette religion trois fois divine par sa morale, par le bien qu'elle fait, par le mal qu'elle empêche.

Nous verrons tout ce qu'elle gagne d'autorité par la sagesse de ses ministres. Jamais le clergé ne fut en effet plus digne de respect que dans le temps où nous vivons. Nous verrons aussi tout ce qu'elle pourrait perdre par le fanatisme de ceux qui s'efforcent d'autant plus de la défendre, qu'elle ne fut en aucun temps moins attaquée que de nos jours.

Et pourquoi serait-elle attaquée? ne se montre-t-elle pas partout avec son ineffable mansuétude? le clergé français fut-il jamais plus pur, plus bienveillant, plus désintéressé, que nous le voyons, aussi bien dans les cités que dans les villages?

Pourquoi donc parle-t-on de luttes ; pourquoi les fait-on naître? n'en comprend-on pas le danger?

Les ecclésiastiques sincères et prudents les déplorent ; ils en sont innocents : uniquement livrés à l'exercice de leur saint ministère, ils ne demandent que du calme et de la piété. — Mais à côté d'eux, au milieu d'eux, se montrent des hommes excités par des intérêts mondains, parés d'une ferveur ultramontaine antipathique à l'église gallicane qu'ils détestent. Ce qu'ils firent autrefois, ils le font encore ; ils le feront toujours, si les dépositaires de la loi ne contiennent leur turbulence envahissante.

Nous traiterons aussi dans un autre Livre de la liberté de l'enseignement ; nous verrons ce qui naguère était un soupçon, devenir tout-à-coup une certitude, et nous acquerrons la preuve que l'intérêt ultramontain lutte avec persistance contre l'intérêt religieux, tel que l'ont toujours compris nos meilleurs écrivains et nos plus illustres prélats.

Comme toutes les libertés sont sœurs, elles sont aussi solidaires ; l'une ne souffre jamais sans que l'autre en soit affectée ; l'une n'entre jamais dans la plénitude de ses droits sans que les autres participent à son triomphe.

Ainsi la liberté de la presse apparaît ou s'éclipse avec la liberté religieuse.

Le clergé la croit hostile, c'est qu'il confond la licence avec la liberté. Ah ! sans doute, il y a des écrits agressifs contre certain esprit qu'on qualifia malheureusement d'esprit-prêtre, mais citerait-on dans nos jours de liberté un seul livre qui s'attaquât à la religion, à ses ministres ?

A quoi bon ? Telle est la sincérité du sentiment religieux, que tous les gens de bien se plaindraient, et que ce livre ne serait pas lu.

Nous verrons dans quelques instants, que tous les écrits irréligieux sont de l'époque où régnait la censure.

Quand nous traiterons de la presse politique et sociale, nous verrons également que, sauf les temps de révolutions, notre presse a toujours, au moins dans les livres, montré plus de respect pour la religion, pour les institutions, pour le gouvernement, que celle qui régnait sur les esprits avant 1789.

C'est un point fort délicat que celui de savoir si, dans les luttes quotidiennes, les ministres de la Restauration n'avaient pas plus de torts que les écrivains dont ils se plaignaient.

Est-ce la presse qui a conseillé ou rendu nécessaires les ordonnances du 25 juillet 1830 ?

Est-ce la presse, par exemple, qui a voulu en 1847 qu'on soumît les banquets à la police des foires et des marchés ?

Est-ce la presse qui, en 1848, a fondé le gouvernement provisoire et créé la République ?

Est-ce que ce qui est arrivé à ces trois époques ne serait pas arrivé aussi bien sous le régime de la censure que sous celui de la liberté de la presse ?

La licence était au comble; mais pourquoi? parce qu'en 1830 elle voyait que la monarchie voulait confisquer la liberté, et elle voyait juste.

Parce qu'en 1847 un gouvernement anti-national affrontait, stimulait peut-être les excès, se croyant sûr d'en triompher, et espérant exploiter ce triomphe de manière à affermir, à rendre plus oppresseur un pouvoir odieux, ce qui a produit la désaffection et l'abandon.

La licence était plus menaçante encore en 1848, parce que le gouvernement étant tombé sans combat, sans dignité, sans courage, les meneurs du peuple, étonnés de leurs succès, crurent que leur heure était venue, et s'ils abusèrent de la presse dans l'intérêt de leurs passions frénétiques, c'est à la chute du pouvoir qu'il faut s'en prendre, et non pas à la liberté qui gémissait des excès qu'on lui imputait, et qui en prévoyait les conséquences.

Mais, dit-on, tout ce qui s'est passé à ces trois époques avait été préparé par la presse; c'est possible; mais ce n'est pas démontré; car il y a eu en France, en d'autres temps, une ligue, une fronde, une Saint-Barthélemi, des dragonnades, et il n'y avait pas alors de liberté de la presse. C'était au nom de Dieu qu'on proscrivait, qu'on massacrait, et non pas en suivant l'impulsion des écrivains politiques.

Est-ce que l'Angleterre et l'Amérique n'ont pas la liberté de la presse la plus étendue? Pourquoi donc n'y a-t-il pas de séditions et d'émeutes? Parce que les gouvernements respectent les institutions; parce que les ministres y subissent les conséquences du gouvernement établi, et ne se cramponnent pas au pouvoir, au risque de l'entraîner dans leur chute.

Le Livre troisième traite de la liberté individuelle, la plus belle et la plus utile de toutes les conquêtes de 1789. Nous ne remontons aux temps anciens que pour y trouver la preuve de cette vérité : qu'en aucun temps les Français ne jouirent de ce bienfait avec autant de quiétude qu'en ce moment, et en effet :

L'ancien régime avait ses tribunaux d'exception : les bastilles et la question ordinaire et extraordinaire. La Convention, ses massacres par catégories et ses prisons encombrées d'innocents ; le Directoire, ses tables de proscription.

L'Empire eut autrefois ses commissions militaires et ses cours spéciales ; la Restauration, sa cour des pairs et ses cours prévôtales.

Le Président de la République, obligé de sévir dans un moment critique, ne ferma pas les prisons, et Louis-Napoléon, devenu Empereur, donnant un libre cours à sa clémence, compte ses jours par les grâces qu'il accorde à tout ce qui manifeste un repentir. Ainsi, pas de comparaison possible entre ce qui fut et ce qui est.

Nous avons, dans le Livre quatrième, traité des systèmes électoraux depuis 1789 jusqu'à 1852. Tous ont été reconnus vicieux par ceux qui les ont renversés tour à tour ; et c'est encore une grave question que celle de savoir si la loi qui nous régit n'est pas empreinte de réaction contre les lois précédentes. Nous avons dû sur ce point encore rapprocher, comparer les institutions anciennes et nouvelles, et tirer de cette comparaison avec la loi de 1852, cette conséquence que, sous ce rapport aussi, la France a plus de garanties qu'elle n'en eut jamais.

La liberté de l'enseignement, cette utopie républicaine qu'on voulait transformer en loi afin d'ôter au clergé et surtout aux corporations cléricales l'éducation des enfants, a reçu par la loi de 1850 une application diamétralement opposée. Je me suis efforcé, autant qu'il est possible, de mettre au grand jour les vues secrètes des partis et de développer les vrais principes sur cette matière qui touche si intimement aux intérêts des familles, et par conséquent à l'intérêt du pays.

Pour démontrer combien d'illusions se sont évanouies devant le plus simple examen, j'ai enfin, dans le sixième Livre, exposé, critiqué les principes nouveaux qui surgirent de la révolution de 1848. C'est surtout quand le calme est revenu, quand les passions se sont refroidies, qu'il convient de toucher de semblables questions, non parce qu'elles ont un danger actuel, imminent, mais parce que si nous retombions dans l'ornière dont nous sommes sortis, ce serait un grand point d'avoir élucidé des systèmes qui ne manqueraient pas de se reproduire encore. Les doctrinaires Robespierre et Babœuf ont eu des successeurs en 1848, pourquoi ces derniers n'en auraient-ils pas aussi. Les passions sont toujours les mêmes.

Ce tableau des questions soulevées et résolues est loin d'être complet. Je prie mes lecteurs de se reporter aux chapitres où je leur soumets mes opinions avec confiance, parce qu'elles ont été écrites avec sincérité.

La question financière est, sans aucun doute, celle qui préoccupe le plus les esprits sages et réfléchis.

Si l'on méditait consciencieusement sur la situation et

les embarras de la France financière en 1789, on serait tenté de sourire en voyant quel déficit fut le prétexte de la crise révolutionnaire ; si l'on s'arrêtait aux époques postérieures, aux désastres de 1790 à 1795, où le trésor public était toujours vide, où tous les services étaient suspendus et les besoins de plus en plus impérieux ; si l'on calculait ce que l'Etat possédait et ce qu'il devait même en 1800 ; ce que l'Empire, malgré ses contributions de guerre, laissa de dettes à payer et de désastres à réparer ; ce que la Restauration a coûté ; ce que la royauté démocratique a dépensé en tenant sur pied une armée formidable et parfaitement inutile à la monarchie; ce que la République de 1848 a gaspillé en si peu de temps, on reconnaîtrait aisément que depuis 1789 jusqu'à nos jours nous avons été de mal en pis, et que cependant notre situation fâcheuse, inquiétante, est meilleure que celle de tous les gouvernements qui nous ont obérés, et de tous les autres états de l'Europe, par la raison toute simple que notre dette publique n'est pas hors de proportion avec les ressources nouvelles qu'ont créées le crédit, l'industrie et la richesse généralement augmentés dans toutes les classes de la nation.

La facilité de la perception des impôts est un des caractères les plus incontestables de la prospérité des finances, c'est un thermomètre qui ne trompe pas, mais c'est aussi, pour les gouvernements imprévoyants, une cause d'augmentation dans les dépenses. J'examinerai où nous en sommes et ce que nous avons à cet égard à craindre ou espérer pour l'avenir.

Je serais heureux qu'on ne vît dans cet ouvrage, fruit

de longues méditations et de recherches opiniâtres, qu'un moyen désintéressé de venir au secours de ceux qui désirent connaître nos institutions et qui n'ont pas toujours la faculté de les étudier eux-mêmes.

Je termine l'analyse et l'appréciation des institutions par quelques chapitres sur les idées nouvelles plus ou moins applicables au temps où nous vivons ; je démontre qu'elles ne sont nullement populaires. C'était un point capital. C'était leur ôter le principal mérite qu'on leur attribuait. La comparaison de ce qu'on voulait faire avec ce qu'on a fait, prouve à la fois l'audace et l'impuissance des réformateurs de ce siècle fécond en inventions merveilleuses. Applaudissons donc aux discordes, aux jalousies qui entravèrent leur marche prétendue progressive ; car nous leur devons évidemment d'avoir échappé à une ruine qui devait envelopper à la fois et précipiter dans le même abîme et la fortune des familles et la fortune de l'Etat.

LIVRE PREMIER.

DE LA LIBERTÉ DES CULTES EN GÉNÉRAL.

Les guerres religieuses, les dissensions intestines, étant les plus grands fléaux des états, la liberté des cultes telle que nous en jouissons, doit être le plus grand des bienfaits pour les peuples. Avec elle, toutes les querelles religieuses entre les sectes diverses sont sans importance, et le respect que la loi commande étant le même pour toutes, il s'ensuit que toutes gagnent au fond ce que l'une d'elles a perdu dans les formes.

La piété devient un sentiment commun; les vœux des fidèles s'élancent directement vers les cieux, et le prêtre chargé de diriger les cérémonies du culte, ou d'y présider, n'étant plus distrait de ses augustes fonctions par les exigences d'un parti, par les efforts du prosélitisme ou par la crainte de voir triompher les pasteurs des autres cultes, qui, comme lui, sont contenus dans les limites que les lois ont posées, peut se livrer tout entier au soin de son troupeau. Pasteur bienveillant, ami des malheureux, consolateur des affligés, il voit alors accourir sur ses pas ce que son pays compte d'hommes éclairés et d'amis de l'humanité.

S'il est un rapport sous lequel la révolution française de 1789 puisse obtenir grâce aux yeux des rois, c'est donc assurément sous celui du service immense qu'elle a rendu à tous les trônes, en faisant descendre les prêtres ambitieux des degrés sur lesquels ils s'étaient élevés par suite d'usurpations successives ; et s'il est un aveuglement qui passe tout ce qu'on a vu dans les siècles d'ignorance et de superstition, c'est assurément aussi celui qui entraîne les amis des monarchies absolues vers cet ancien état des choses, où les rois avaient incessamment à lutter contre les entreprises d'une puissance rivale, d'autant plus à craindre qu'elle prétend être *émanée de Dieu même*, et conséquemment supérieure à la puissance royale, qui n'est qu'une *institution humaine*.

C'est par suite d'une transaction entre ces deux pouvoirs, que nos rois se disaient ROIS PAR LA GRACE DE DIEU. Nos monarques espéraient par là se placer au niveau du pouvoir spirituel ; mais celui-ci, en concédant cette formule, n'a pas entendu céder son droit : il a toujours dit, *vous êtes rois par la grâce de Dieu ;* mais, qui déclare la volonté de Dieu ? qui sanctionne les droits humains ? qui vous soutient sur le trône ? C'EST MOI ; qui peut vous en renverser ? C'EST ENCORE MOI. Il y eut là matière à de nombreux débats, et ce n'est qu'à force de concessions que les gouvernements sont parvenus à s'entendre. Cette entente, on le sait, n'est pas l'affaire d'hommes qui ne peuvent vivre sans agitation, sans combats. — Nous verrons plus tard ce qu'ils gagnent à cette guerre incessante, et nous indiquerons le vrai moyen de la faire cesser.

Que des rois se soient laissés épouvanter par de telles prétentions dans les temps où les lumières, les richesses, la puissance d'opinion, étaient pour les hommes d'église, cela se conçoit. Leur premier vœu était de régner; leur premier intérêt de bien vivre avec ceux qui donnaient, maintenaient ou enlevaient les couronnes; mais qu'un Louis-le-Grand ait tremblé devant cette puissance! qu'il se soit mis sous sa protection! qu'il ait porté la plus rude atteinte *à sa gloire de roi*, dans le désir de préparer les voies du *salut de l'homme!* Voilà ce qu'il ne nous est pas donné de comprendre! voilà ce qu'on ne peut expliquer que par un affaiblissement de ses facultés intellectuelles; voilà ce qui prouve à quel point les préjugés et les intrigues de cour dominent toutes les dominations.

Eh bien! cette puissance tyrannique n'est plus; la révolution en a affranchi la France, le peuple a secoué le joug, le talisman sacerdotal est brisé, et ce que la faulx du temps a moissonné ne peut plus se relever sur la terre. Toutes les tentatives de collisions ne peuvent donc aboutir qu'à des discussions fâcheuses, sans résultat autre que le mal qu'elles produisent en effrayant, en égarant les âmes crédules ou timorées qui ne se doutent pas de ce qu'il y a de creux ou de stupide dans les déclamations ultramontaines.

Rien n'en prouve mieux les dangers que la répugnance

et la douleur que ces débats causent aux ecclésiastiques voués à leur saint ministère.

Ces premiers mots peuvent donner une idée de l'importance du sujet de ce livre. Il sera divisé en nombreux chapitres, où nous examinerons les phases principales du pouvoir ecclésiastique, les effets anciens et nouveaux de ce pouvoir sur tous les autres ; les inconvénients des privilèges accordés à un seul culte ; le danger des corporations religieuses mal constituées, la nécessité de l'application des lois en cette matière, et les avantages de la liberté des consciences, tant dans l'intérêt des souverains que dans celui de l'espèce humaine et de toutes les religions elles-mêmes.

CHAPITRE PREMIER.

DE LA RELIGION TANT QUE LES PRÊTRES NE S'OCCUPÈRENT QUE DES CHOSES CÉLESTES.

Il n'est pas un chrétien vraiment digne de ce nom qui ne soit disposé à remonter jusque dans l'antiquité, lorsqu'il s'agit d'étudier cette religion de paix et de bonheur, qui fut révélée au monde esclave il y a dix-huit siècles, et qui ne tarda pas à verser dans tous les cœurs l'amour de l'égalité. *Égalité devant Dieu :* grand principe de vie, de prospérité, qui soutient la dignité de l'homme et lui apprend ce qu'il est et ce qu'il vaut. — Principe politique que les lois civiles se sont empressées d'admettre, et qu'elles ont conquis à jamais sur l'orgueil et la tyrannie; premier bienfait de la religion, de la civilisation; premier pas vers la liberté !

Le grand Homme, l'Homme-Dieu qui prit ce principe pour base de sa religion, prouva par là qu'il connaissait la nature humaine, et que tôt ou tard l'être avili sous le joug, peut relever la tête quand il est assez instruit pour connaître, ou du moins pour entrevoir sa destinée en ce monde et dans l'autre.

N'était-ce pas en effet ouvrir les yeux aux puissants comme aux faibles, aux maîtres comme aux esclaves, que d'apprendre à tous, que Dieu les a formés du même limon ; qu'il les a animés du même souffle de vie ; qu'ils sont égaux en naissant, égaux en mourant, et que les peines de ce monde seront des sources de bonheur pour un monde meilleur ?

Tel est l'esprit de l'Évangile ; tel était celui de notre religion primitive.

Ceux qui l'enseignèrent parurent d'abord marcher au hasard ; les hommes n'étaient pas assez éclairés pour voir le but où elle tendait. Mais hélas ! divine à son berceau, elle devint mondaine en grandissant.

Les passions humaines l'ont pervertie, calomniée, détruite ; elle n'a trouvé de refuge que dans le cœur des hommes de bien.

Voyez-la, cette religion si humble, ne se révéler partout que par ses bienfaits ; voyez-la, résistant aux fureurs de la tyrannie. Quelle discipline ! quelle politique ! quelle morale !... tout est spirituel, tout est céleste !... La charité, l'amour, la paix, la liberté la soutiennent, l'accompagnent en tous lieux. Son but unique est l'intérêt de l'espèce humaine.

Son essence divine se déclare par le choix des pasteurs. Leur mérite et la pureté de leurs sentiments les font appeler au gouvernement de l'Église ; ils ne sollicitent pas, ils obéissent, et les peuples se plaisent à les considérer comme envoyés de Dieu, et comme tenant ici-bas la place de Dieu.

C'est l'amour des peuples qui fait leur autorité ; ils ne

prétendent pas dominer comme les puissances du siècle, ni se faire obéir par la contrainte extérieure.

Leur force est dans la persuasion :

C'est la sainteté de leur vie, leur doctrine, la charité qu'ils témoignent à leur troupeau, qui les rendent maîtres des cœurs. Plus ils ont d'autorité, moins ils s'en attribuent ; moins ils paraissent désirer le pouvoir, plus on s'empresse de le leur accorder.

La politique humaine n'a aucune part à cette conduite ; les évêques ne cherchent à se soutenir par aucun avantage temporel, ni de richesse, ni de crédit, ni de faveur auprès des princes et des magistrats ; ils ne voudraient pas même le tenter sous prétexte du bien de la religion. — Leur conduite est droite et simple, ferme et vigoureuse sans hauteur ; prudente sans finesse, sans égoïsme et sans déguisements.

La sincérité était le caractère propre de cette religion de vérité ; tout ministre qui s'en fût écarté eût semblé sortir de la loi évangélique. Quel besoin avait-elle d'artifices ou de secours étrangers ! ne se soutenait-elle pas par elle-même ? et sa candeur, sa simplicité ne suffisaient-elles pas pour montrer partout sa céleste origine ?

« Je sais, dit l'abbé Fleury, que tous les évêques
» n'ont pas également suivi les saintes règles, et que la
» discipline de l'Église ne s'est pas conservée aussi pure
» et aussi invariable que la doctrine. Tout ce qui gît en
» pratique dépend en partie des hommes et se sent de
» leurs défauts. »

Cet aveu dut lui coûter beaucoup, mais il était trop vertueux, trop pieux, pour ne le pas faire. Fleury s'est proposé d'instruire et non de tromper. Il admirait l'ancienne discipline, il en souhaitait le retour ; il déclare que les vœux de tous les gens de bien en demandaient à Dieu le rétablissement, et il ajoute : « nous voyons — depuis deux cents ans — un effet sensible de ces prières. »

Il ne prévoyait pas alors de quelles catastrophes était menacée non-seulement la discipline de l'Église, mais la religion elle-même. Qui ne sait à présent que le clergé fut frappé en 1793, lorsqu'il était à l'abri de tout reproche, et que ce fut précisément sur ce qu'il comptait d'hommes remarquables par leurs vertus que tombèrent les coups les plus rudes!...

CHAPITRE II.

DU VÉRITABLE ESPRIT DE LA RELIGION CHRÉTIENNE.

Le juste parfait, dit Platon, dit Confucius, dit l'Évangile, disent tous les Pères de l'Église, le juste est celui qui ne cherche pas à paraître bon, *mais à l'être*.

Tel est l'esprit des disciples de Jésus-Christ ; tout gouvernement, disaient-ils, a pour but le bien de celui qui est gouverné et non pas de celui qui gouverne. Les évêques étaient chargés de propager ce principe bien plus par leurs actions que par leurs discours ; aussi ne les voyait-on nulle part afficher le faste et la puissance. Ils vivaient pauvrement, quelques-uns travaillaient même pour ne point être à charge à leur troupeau ; *le vivre et le vêtement suffisaient pour les contenter*.

Il est naturel de penser que de tels hommes ne se piquaient nullement d'imiter la domination des rois de la terre, à plus forte raison ne cherchaient-ils point à partager leur puissance. — Ils auraient regardé comme un crime d'empiéter sur des droits que Dieu avait reconnus en disant : rendez à César ce qui est à César.

Les instructions qu'ils donnaient étaient leur ouvrage, *car ils ne confiaient à personne le soin de prêcher la parole divine;* — mais toutes les fois qu'il fallait prendre des mesures de discipline ou de gouvernement spirituel, tout se faisait en conseil. On ne voyait pas parmi les évêques, de ces despotes présomptueux qui pensent connaître seuls la vérité, qui se croient inspirés, et ne parlent qu'en maîtres. Ils se défiaient de leurs lumières, n'étaient nullement jaloux de celles des autres, et cédaient volontiers à celui qui paraissait ouvrir le meilleur avis.

On ne les voyait pas non plus s'insinuer dans les affaires de l'État, lors même que l'intérêt des autels eût réclamé quelques secours du pouvoir temporel. L'esprit de la religion était tellement empreint de douceur et de charité, que les premiers évêques eussent été considérés comme indignes de leur ministère s'ils eussent réclamé des lois répressives. Ils se faisaient au contraire une obligation d'intercéder pour les criminels, et s'ils entrevoyaient quelque moyen de les ramener dans le sentier de la vertu, ils l'employaient avec ferveur, et se conquéraient ainsi l'admiration de ceux mêmes qui ne leur ressemblaient pas.

Le vertueux Fleury, si digne de comprendre tout ce que cette conduite des premiers évêques a de séduisant, et si capable d'entrevoir de quels secours auraient été de son temps des sentiments aussi doux, professés avec tant de candeur, s'écriait dans un de ses beaux discours sur l'histoire ecclésiastique : « Étudions leur prudence et
» leur discrétion, pour nous accommoder à l'état présent
» des choses et ne pas rendre odieuses leurs saintes maxi-
» mes en les poussant trop loin, ou les appliquant mal à
» propos. — Évitons l'impatience et l'empressement.

» Pour bien rétablir l'antiquité il faudrait la ramener
» tout entière : une partie sans l'autre n'aurait point de
» proportion avec le reste et serait déplacée. Attachons-
» nous d'abord au plus essentiel : *à nous réformer nous-*
» *mêmes, par une grande application à la prière, au rè-*
» *glement de notre intérieur et de nos mœurs.* Ensuite
» faisons part aux autres des vérités que Dieu nous aura
» fait connaître, sans contention, sans aigreur, sans re-
» proche. Pratiquons les premiers, ce que nous croyons
» le meilleur, ce qui dépend de nous, et attendons avec
» patience qu'il plaise à Dieu d'avancer son œuvre. » ([1])

Si l'on considère que l'homme qui parlait ainsi n'avait nullement besoin de se réformer, et qu'il pratiquait effectivement dans toute leur étendue les préceptes qu'il présentait à l'admiration de ses contemporains, on ne peut trop s'étonner de voir aujourd'hui des prêtres imberbes placer l'abbé Fleury au rang des *idiots* du grand siècle. Fénelon aussi professait les mêmes principes ; c'est par là sans doute qu'il a mérité la haine des fanatiques qui secouent des torches autour des autels, incapables qu'ils sont d'écrire à la lueur de flambeaux aussi purs.

Nous venons de voir ce qui fit chérir et prospérer la religion naissante ; nous allons maintenant jeter un coup-d'œil sur ce qui l'ébranla dans les siècles suivants, et nous examinerons ensuite les abus qui faillirent l'arrêter ou la perdre, si elle pouvait être perdue.

(1) Nous recommandons ce passage à nos modernes docteurs.

CHAPITRE III.

DE LA RELIGION DÈS QUE LES PRÊTRES S'IMMISCÈRENT DANS LES INTÉRÊTS MATÉRIELS.

L'invasion des barbares au VIIe siècle fit régner l'ignorance ; l'ignorance rendit les hommes crédules et superstitieux, et les prêtres qui n'avaient malheureusement plus cette candeur, cette franchise, ce désintéressement dont nous venons d'esquisser le tableau dans le chapitre précédent, laissèrent de côté la morale de l'Evangile, et s'attachèrent à tout ce qui pouvait flatter ou terrifier des peuples abrutis par la conquête et par l'esclavage.

Le goût du merveilleux est naturel aux ignorants ; il suffit qu'ils ne comprennent pas pour qu'ils admirent. Cette triste vérité fit faire de bien étranges choses qu'on qualifia de miracles. Dans quel but ? qui le sait ; mais ce qu'il y a de certain, c'est que ces choses tournèrent au détriment de leurs auteurs.

Les prêtres devenus mondains, et souvent avares, soignaient leurs intérêts temporels avec autant d'assiduité que leurs prédécesseurs en avaient montrée à cultiver la morale évangélique.

Leur offrir des présents était, disait-on, un nouveau moyen de gagner le ciel.

Les prières, les messes, les sacrements se vendaient ; et l'on ne craignait même pas, pour attirer des offrandes, de propager des bruits de guérisons miraculeuses.

Ce rôle était celui des prêtres vulgaires, mais les *puissances ecclésiastiques* ne le négligeaient pas non plus ; elles voulaient retenir, au moins par les peines temporelles, ceux qui étaient peu touchés des peines éternelles.

L'enfer et tous ses démons figurèrent alors dans les discours, dans les instructions pastorales ; ils y tinrent la place qu'y devait occuper la miséricorde divine ; — on ne se borna plus à peindre les tourments comme devant atteindre les pécheurs au sortir de la vie, mais comme prêts à fondre sur ceux qui ne se soumettraient pas à ce qu'on exigeait d'eux.

Ce système put produire quelque effet au commencement de ces grandes démonstrations cléricales ; mais quelque ignorant que soit un peuple, il en sort de temps à autre des incrédules qui se jouent des menaces, qui les bravent, qui appellent en quelque sorte les châtiments ; ils restent impunis, et dès lors paraissent au grand jour la fausseté, la supercherie, l'absurdité de déclamations qui ne trompent plus personne.

Ceci ne serait pas un mal, si l'on n'avait pas à redouter les conséquences, c'est-à-dire, l'incrédulité, l'impiété même.

En effet, lorsqu'un prêtre avait trompé le peuple en annonçant des miracles qui ne se réalisaient point, avait-il le droit d'être cru pour tout ce que la vérité la plus pure pouvait lui inspirer?... assurément non. Il s'ensuivit que les ruses imaginées dans un intérêt individuel tournaient contre la religion elle-même; qu'on lui ôtait à la fois, et la puissance qu'elle tire de sa morale sublime, et l'autorité qu'elle emprunte des miracles consacrés qui furent alors mis au rang de ceux imaginés par les intrigants.

Les prêtres voyant leur pouvoir s'évanouir par suite de leur imprudence, songèrent dès lors à le reconquérir par d'autres voies également pernicieuses à la religion; mais qui ne laissèrent pas de leur procurer de grands avantages. On peut dire que tout ce que la religion perdait, le prêtre le gagnait. Les évêques n'eurent plus de troupeau proprement dit, mais ils eurent des esclaves; ils négligèrent les autels, mais ils établirent des seigneuries; ils abandonnèrent la maison de Dieu, mais ils fréquentèrent les palais des princes, et, fiers de cette alliance que leurs prédécesseurs avaient évitée parce qu'elle est un outrage à l'humilité qui leur était recommandée, ils préludaient ainsi à l'établissement d'une puissance qu'ils prétendaient sacrée, qu'ils déclarèrent d'abord égale, et *bientôt supérieure à celle des rois.*

Tantôt, comme prêtres, ils s'assemblaient en concile où se réglaient les affaires spirituelles bien moins que les intérêts terrestres; tantôt, comme seigneurs, ils pénétraient dans les conseils des princes; tantôt, comme princes de l'Église, ils prenaient à la lettre des titres qui étaient l'effet de la courtoisie, et se considéraient comme véritables administrateurs de l'État, confondant ainsi le temporel et le spirituel qui avaient constamment été regardés par le fondateur de notre religion comme deux lignes parallèles qui ne devaient jamais se toucher.

Ils étaient dans une trop belle voie pour s'arrêter; il est de leur essence de ne jamais rester stationnaires; il faut qu'ils montent ou qu'ils descendent, et ils montent, montent aussitôt qu'ils ne sont pas contenus.

La faiblesse de plusieurs monarques, l'intérêt mal entendu de quelques autres, l'audace toujours ardente des prélats du moyen-âge, leur procurèrent un mouvement d'ascension prodigieux sous le pape Nicolas Ier. Ce pontife profitant de cette élévation osa s'arroger le droit d'élire, de juger, de renverser les rois: Charles-le-Chauve, Louis d'Outre-mer et Louis-le-Débonnaire se soumirent à cette humiliation.

On regarde aujourd'hui ces usurpations comme des titres de gloire; on en rêve le retour; mais il n'est pas donné à notre époque de reproduire des papes des xe et xie siècles, et les peuples ne souffriraient pas des rois aussi peu dignes de l'être. Comment les ultramontains ne comprennent-ils pas cela? — comment la dernière révolution italienne ne leur a-t-elle pas ouvert les yeux? — comment ne reconnaissent-ils pas que la tiare tombait sans le secours que lui a porté le bras de la France!..... Les ingrats! ils n'oseraient pas souffler si ce bras ne les avait retirés de la poussière où ils se tenaient cachés!....

CHAPITRE IV.

DE LA DOMINATION ULTRAMONTAINE.

Les prêtres de France étaient, au moyen-âge, aveuglément soumis aux instructions qui leur venaient de Rome, lesquelles étaient, bien entendu, contraires aux intérêts des rois et des peuples, qui n'eurent pas toujours la force de résister. Mais il est avéré que chaque fois qu'on l'osa, les ultramontains abandonnèrent ou qu'ils suspendirent au moins leurs tentatives de domination universelle.

Ainsi, lorsqu'ils eurent l'incroyable audace de se déclarer contre Louis-le-Débonnaire; d'allumer entre ce prince et ses enfants les torches de la guerre civile; de donner au peuple l'exemple de la désobéissance et de la rébellion, ils réussirent dans leur entreprise.

Mais lorsque le pape Innocent III excommunia Philippe-Auguste, qu'il mit le royaume de France en interdit, qu'il délia les Français du serment de fidélité, ce monarque déclara le souverain pontife usurpateur et prêtre indigne d'occuper la chaire de saint Pierre; et cette fermeté, loin de le brouiller avec le Pape, porta l'évêque de Rome à excommunier Jean d'Angleterre et à *donner son royaume* à Philippe-Auguste, en attendant que sa sainteté pût déclarer la Grande-Bretagne, — *fief de l'église romaine.*

L'histoire nous a révélé ces grandes erreurs, disons ces scandales, ces calamités, trop capables hélas! de compromettre la religion, parce que les peuples n'étant plus instruits de sa morale divine, par l'exemple de la vie des prêtres, et ne jugeant de son essence que par les exactions, qu'on se permettait en son nom, attribuaient tout naturellement aux choses ce qu'ils ne devaient attribuer qu'aux personnes. — Il en résulta des luttes perpétuelles entre le trône et l'autel, des guerres sanglantes entre les seigneurs et les évêques.

Il en résulta le protestantisme et des maux infinis pour les nations entraînées dans les querelles religieuses.

L'ultramontanisme était incontestablement *le grand fantôme* de cette époque, il est toujours le même; il est pour la nation ce que pour Rome est l'esprit philosophique. Je dis fantôme, et c'est bien le mot; il n'y en a pas d'autre.

Rome le sait; aussi marche-t-elle avec inquiétude, avec terreur. — Elle est trop clairvoyante pour compter beaucoup sur un tel auxiliaire. Elle ne s'appuie sur lui qu'en attendant mieux. Mais ce mieux, nous pouvons quand nous voudrons l'empêcher de naître.

Tout est en nos mains, rien n'est dans les siennes.

C'est vainement que les congrégations, les missionnaires, les jésuites, les docteurs à leur suite, ont, depuis trente ans, tout mis en œuvre pour tracasser, inquiéter, irriter une nation qui ne demandait que du repos et des lois sages; ils ont fait des dupes, mais ils n'ont fanatisé personne. C'est vainement aussi que leurs enfants perdus exaltent chaque jour l'idée de suprématie spirituelle d'un autre temps, pour l'implanter dans les séminaires et dans les têtes de jeunes prêtres accessibles à ces exagérations ; ils sont surveillés de trop près pour obtenir ce qui leur donne tant de zèle et tant d'audace.

Que faisait le clergé au milieu de tous ces débats ? Vingt mille prêtres pénétrés de l'esprit de l'Évangile ramenaient au pied des autels les ouailles égarées ; les temples redevenaient fréquentés, et les mœurs des pasteurs servaient de modèle à des peuples aussi faciles à contenir par le bon exemple, qu'aisés à pervertir par le mauvais. La religion se relevait florissante, quand quelques brouillons ambitieux surgirent tout-à-coup, et tantôt, tartufes enfroqués, parcoururent la France pour enlever la substance du pauvre ; tantôt, voyageurs en surplis, s'emparèrent des églises ; tantôt, rugissant auprès d'un encrier plein de fiel, se firent un devoir sacré de décrier les institutions de la patrie.

Qu'ont-ils fait les malheureux ?... ils ont détruit le bien qu'avaient opéré nos bons prêtres ; ils ont substitué la polémique à la foi ; ils ont fait des raisonneurs de ceux qui devenaient des croyants. — Et ils ne s'en tiennent pas là !... Et le *compelle intrare* est leur devise !... Mais la France ne voit que trop dans quel précipice ils voudraient la jeter encore une fois.

Celui de nos écrivains qui connut si bien le génie du christianisme, leur disait pourtant : « Prouvez que de » toutes les religions qui ont jamais existé, la religion » chrétienne est la plus poétique, la plus humaine, la

» plus favorable à la liberté, aux arts et aux lettres. » Loin d'écouter ce sage conseil, ils s'acharnaient contre les œuvres du génie, contre les libertés publiques, contre les artistes, contre les livres, et l'on est tenté de croire après les avoir entendus, après les avoir lus, qu'on ne peut être chrétien qu'autant qu'on est stupide et paresseux, idiot ou fanatique.

« Montrez, leur disait-il encore, montrez qu'il n'y a
» rien de plus divin que la morale de l'Évangile, rien de
» plus aimable, de plus pompeux que ses dogmes, sa
» doctrine et son culte. »

Ils montraient qu'il n'est rien de plus terrible que l'enfer ; — de plus intolérant que les prêtres ; — de plus obscur que les dogmes ; — de plus pompeux que les cérémonies extérieures qu'ils imaginaient pour attirer les yeux du vulgaire.

C'est en vain que le génie du christianisme leur annonçait à voix basse : « Que nous ne sommes plus au temps
» où il était bon de dire : *croyez et n'examinez pas;* »
ils criaient à tue-tête : *croyez ou vous êtes damnés!... n'examinez pas ou vous êtes impies!...*

Que s'ensuivit-il ? que l'on examina malgré eux, et que leurs fureurs en augmentant le triomphe des incrédules diminuaient chaque jour le nombre des fidèles. La France était cependant disposée à revenir aux idées religieuses, elle l'est encore plus; il ne faudrait peut-être, pour opérer une révolution complète, que suivre cet autre conseil du même écrivain : « *Parlez la langue de vos auditeurs.* Dieu
» ne défend pas de suivre les routes fleuries quand elles
» servent à revenir à lui, et ce n'est pas toujours par les

» sentiers rudes et sublimes de la montagne, que la brebis
» égarée retourne au bercail. »

Il était à propos de signaler ces écarts du pouvoir ultramontain et de comparer les temps anciens et le temps où nous vivons ; c'est ce que nous avons fait. C'est en signalant les abus qu'on les anéantit, ou qu'on en paralyse au moins l'effet. Quand le danger sera mieux connu, la terreur qu'il inspire sera presque dissipée.

Cette idée ne sera peut-être pas du goût de certain docteur moderne dont je vais citer un petit passage, tant je suis résigné au malheur de ne pas lui plaire. Il imprimait en l'an de grâce 1851, pour notre édification, et comme preuve de sa foi profonde, et de son équité toute apostolique, il imprimait ceci : « Ni les angoisses, ni les
» humiliations, ni les mécomptes, ni les catastrophes,
» ni les calamités de toute espèce, n'ont pu ramener
» l'enfant prodigue au giron maternel. Loin de là, son
» éloignement pour l'église est allé en augmentant ; il
» s'est changé en haine, en haine toujours vivante, toujours agissante, si bien que depuis *trois siècles*, l'Europe ne semble savoir faire que trois choses, mais elle
» les fait avec une perfection désespérante : DÉPOUILLER
» L'ÉGLISE, ENCHAÎNER L'ÉGLISE, SOUFFLETER L'ÉGLISE [1]. »

C'est ainsi que ces messieurs entendent aujourd'hui prêcher l'Evangile, non seulement à l'Université, non seulement à la nation française, mais à l'Europe entière.

---

[1] M. l'abbé Gaume, vicaire-général de Nevers et docteur de l'Université de Prague.

CHAPITRE V.

DE LA SITUATION DES PEUPLES ET DES ROIS SOUS L'ANCIENNE INFLUENCE SACERDOTALE.

Les dangers de l'alliance de l'épiscopat avec la seigneurie temporelle ne tardèrent point à se développer; mais les prêtres ambitieux feignirent de ne les point apercevoir. Ils préféraient le titre de SEIGNEURS à celui de PASTEURS; ils oubliaient que Jésus-Christ, qu'ils avaient la prétention de représenter sur la terre, avait enseigné que *la vertu toute seule, vaut mieux que la vertu avec les richesses*. Aussi ne tarda-t-on pas à les voir figurer dans toutes les contestations politiques entre les rois et les papes, et dans toutes les discussions entre les seigneurs, qu'ils prétendaient soumettre, en qualité de princes, ou juger en qualité d'arbitres.

Ce fut un grand évènement que la résistance d'un archevêque aux volontés d'un pape. Hincmar, religieux de Saint-Denis, devenu archevêque de Reims, en donna l'exemple au milieu du IX⁰ siècle, et se rendit fameux par son amour pour les *libertés de l'église gallicane*.

Voici dans quelle circonstance :

Adrien II., successeur de Nicolas I⁰⁰., brûlait autant

qué ce dernier du désir d'étendre la puissance des pontifes romains. Il considérait Louis II, frère de Lothaire, comme capable de l'aider dans ses desseins ; il se déclara en sa faveur lors des prétentions que Charles-le-Chauve, neveu de l'empereur, éleva sur une partie de sa succession. Le pape qui croyait fortement, ou qui feignait de croire qu'il avait le droit de régler les différends entre les souverains, ordonna à Charles de renoncer à ses prétentions, sous peine d'excommunication, comme usurpateur. Mais Hincmar conseilla au roi de ne rien craindre de cette menace. — Il adressa au pape des remontrances vigoureuses, où, lui rappelant le souvenir du respect et de la soumission des anciens pontifes à l'égard des princes, il déclarait que sa dignité ne lui donnait aucun droit sur le gouvernement des états ; qu'il ne pouvait être tout ensemble ÉVÊQUE et ROI ; qu'aux peuples seuls appartenait le droit de choisir leur souverain ; *que les anathèmes mal appliqués n'ont aucun effet, et que les Français ne se laisseraient point asservir par un évêque de Rome.*

Adrien, loin de se rendre à ces raisons, s'en irrita.

Il voulut foudroyer Charles et l'archevêque lui-même. Il prit le parti de Carloman, fils du roi, devenu rebelle et chef de brigands ; il ordonna au roi de le rétablir dans ses biens et ses honneurs ; il défendit aux sujets du roi, *sous peine de damnation*, de porter les armes contre son protégé ; mais Hincmar fut inébranlable. Il annonça que le souverain pontife n'avait pas le droit d'excommunier pour ôter ou donner un royaume temporel, et qu'il ne lui persuaderait jamais qu'on ne peut arriver au ciel qu'en recevant les rois qu'il plairait au pape de donner sur la terre. — Hincmar avait pour lui le droit et l'évangile.

Adrien s'aperçut un peu tard de sa méprise; il vit ses foudres s'éteindre entre ses mains, et fléchissant soudain, il écrivit à Charles, le combla d'éloges, admira sa piété, sa sagesse, et lui promit de ne reconnaître que lui pour empereur *quand on l'en voudrait détourner par des boisseaux d'or*. — Cela est fort remarquable.

C'était un premier pas rétrograde. Les papes en firent autant, chaque fois que les monarques voulurent sérieusement s'opposer à leurs entreprises.

La résistance des rois à l'égard des papes autorisa celle des seigneurs à l'égard des évêques; non-seulement on leur refusa ce qu'ils exigeaient, mais on se permit d'examiner leur conduite, de discuter leurs droits *et même de les accuser*. Chose déplorable! un exemple d'une sévérité inouie fut donné sur un autre Hincmar évêque de Laon, neveu de celui qui, quelques années auparavant, avait soutenu avec tant de force les droits de la couronne; il fut accusé de sédition, de calomnie, de désobéissance au roi, à main armée, et condamné à perdre la vue et la liberté.

— Brûler les yeux d'un évêque!... heureux temps!

La confusion ne tarda pas à s'établir dans toutes les parties de l'administration. Les prêtres étaient partout, et l'anarchie dévorait le royaume.

Que pouvait gagner la religion à cette puissance usurpée?... Rien. Elle ne pouvait qu'y perdre, et les prêtres eux-mêmes y perdirent autant qu'elle.

Voici comment : Les seigneurs voyant les évêques concourir avec eux à toutes les faveurs de la cour, pensèrent qu'ils ne pouvaient mieux rétablir l'équilibre qu'en les imitant; et, de même que les évêques s'attribuaient une partie de l'administration de l'État, de même les seigneurs usurpèrent une partie de l'administration épiscopale ; ils se permirent de placer *eux-mêmes, et sans la participation des princes de l'Église,* des prêtres de leur choix dans les temples qui dépendaient de leurs terres. — Les rois approuvèrent, imitèrent même ces empiétements, et c'est de cette époque que date le droit qu'ils prétendent avoir de disposer des évêchés, malgré toutes les règles canoniques, *qui voulaient des élections ;* et ce droit est reconnu.

Ainsi, la puissance ecclésiastique vit tourner contre elle-même tout ce qu'elle avait entrepris pour s'accroître aux dépens de la puissance royale.

Les richesses amassées avec tant de peines, au prix de la gloire des évêques, ne leur furent pas plus profitables que les honneurs temporels; elles excitèrent l'ambition des gouvernants ; et, si d'un côté, les prêtres déterminaient les riches à renoncer au monde afin que leurs biens revinssent à l'Église, au préjudice des héritiers légitimes, d'un autre côté, les trésors des autels, c'est-à-dire, les vases sacrés, les reliquaires resplendissants de pierres précieuses, excitaient la convoitise des infidèles qui accouraient au pillage des églises.

De la simonie naquit l'impiété.

C'est dans ces siècles d'ignorance et de désordre qu'on vit éclater de toutes parts les querelles licencieuses, les outrages à la religion, et les vices les plus abominables.

On pourrait rapporter ici des faits nombreux qui prouveraient que la puissance des prêtres sur les choses temporelles est un fléau pour la religion ; on douterait de leur exactitude, tant ils sont horribles. Il faut donc se garder de peindre l'empereur Michel se promenant dans les rues avec les compagnons de ses débauches, contrefaisant les processions et même les cérémonies les plus augustes de la religion ; il faut rejeter de ce livre le récit des abominations de Photius, le modèle des hypocrites de tous les temps, qui, selon l'abbé Fleury, *agissait en scélérat et parlait en saint*.

Ne nous occupons que de l'occident, nous y verrons les rois vendant aux plus offrants les évêchés et les abbayes, et les évêques s'indemnisant en détail de ce qu'ils avaient une fois donné. Ils vendaient les sacrements, ils imposaient des pénitences rachetables en argent, et si les pécheurs refusaient de se soumettre, les évêques les y contraignaient en invoquant la puissance temporelle, ce qui pouvait bien irriter, mais ne pouvait jamais convertir.

Grégoire VII régnait ; sa devise était fort peu évangélique : il disait : MAUDIT SOIT CELUI QUI N'ENSANGLANTE PAS SON ÉPÉE. Mots qui caractérisent tout un règne.

Grégoire ne se contentait pas de déposer les évêques avec autant de légèreté que *certains prélats destituaient les curés;* il prétendait ouvertement que, comme pape, il avait le droit de déposer aussi les rois rebelles à l'Église. Voici sur quel fondement :

Un pape, disait-il, a le droit d'excommunication ; or, les excommuniés étant pour ainsi dire séquestrés de la société, devant être abandonnés de tout le monde, il s'ensuit qu'un roi excommunié n'a plus le droit de donner des ordres, qu'il ne doit plus être servi, ni reconnu, et *que dès lors il cesse d'être roi.*

Grégoire allait plus loin, il pensait que l'Église ayant droit de juger des choses spirituelles, pouvait, à plus forte raison, juger des choses temporelles ; *que le moindre exorciste est au-dessus des empereurs, puisqu'il commande aux démons* : QUE LA ROYAUTÉ EST L'OUVRAGE DU DÉMON FONDÉ SUR L'ORGUEIL HUMAIN, AU LIEU QUE LE SACERDOCE EST L'OUVRAGE DE DIEU.

Voilà des propositions qu'on ne proclame plus aussi ouvertement ; mais elles sont toujours en honneur chez les ultramontains ; toujours ils en tirent la conséquence qu'au pape appartient le droit de distribuer les couronnes, et que les princes chrétiens ne sont que les vassaux de l'Église romaine. Et ce qu'on regarde à Rome comme un droit fort contestable, des stipendiés de Rome le regardent comme droit incontesté reconnu. Il semblerait, en vérité, que certains esprits imprudents ont conçu le dessein de compromettre et de déconsidérer le sacerdoce ([1]).

Est-ce là ce que Jésus-Christ enseignait à ses disciples ? celui qui ne demanda jamais rien à la force, et qui obtint tout par la persuasion ; celui qui a dit : MON ROYAUME N'EST PAS DE CE MONDE ; celui qui, sous le règne d'un tyran comme Tibère disait, RENDEZ A CÉSAR CE QUI EST A CÉSAR ;

([1]) Qu'en pense aujourd'hui le modeste abbé qui imprime ce qui suit, dans un ouvrage destiné aux ecclésiastiques ? « L'ancien droit français » enseignait que la souveraineté vient de Dieu *par le peuple*, que les rois » ne sont pas irresponsables devant les hommes ; que leur puissance peut » se perdre et leurs sujets être déliés du serment de fidélité. » Ces belles sentences sont extraites des œuvres du cardinal Bellarmin. Pourquoi avoir supprimé cette autre qui a bien son prix : « *Le peuple ne peut exercer son droit que sous la direction du pape.* »

Ajoutons que ce jésuite, devenu cardinal, est celui qui a décidé que le système de Copernic est contraire à l'écriture sainte, et qu'en conséquence on ne peut le défendre ni le soutenir.

celui qui prêchait l'obéissance aux magistrats, a-t-il jamais pu penser que ceux qui prendraient le titre de successeurs de saint Pierre auraient le droit de semer entre les princes et les peuples des principes de discorde, de guerre civile et de mort? soit par eux-mêmes, soit par des instruments de leurs passions.

C'est le sort de toutes les prétentions exagérées, d'aller toujours en déclinant. Nous avons vu les prêtres ambitieux et mondains marcher les égaux des rois, des seigneurs, puis, leur influence s'évanouir, parce que la guerre éclatant souvent entre tant de prétendants au pouvoir, ils finissaient toujours par succomber quand le bras séculier cessait de les soutenir; nous allons les voir à présent se livrer à tous les désordres de l'avarice et de la chicane. Ils devinrent tellement odieux au peuple, que les papes eux-mêmes en furent effrayés, et firent de vains efforts pour arrêter la décadence de leur autorité.

C'est avec douleur que nous reproduisons de telles observations, et que nous rapportons de tels faits; nous en omettons beaucoup, nous aurions voulu en omettre un plus grand nombre, mais quand nous entendons ce qui se dit, quand nous lisons ce qui s'imprime au nom de la religion, nous ne pourrions sans lâcheté ne pas jeter à la face des contempteurs de notre temps, les abominations dont ils appellent le retour de tous leurs vœux impies.

CHAPITRE VI.

DE L'INTERVENTION DES PRÊTRES DANS LES FAMILLES ET DANS L'ADMINISTRATION DE LA JUSTICE.

C'est vers le treizième siècle que les prêtres, oubliant tout-à-fait que les pouvoirs conférés à l'Église ne regardent que les biens spirituels, s'occupèrent avec un zèle inouï des moyens de pénétrer dans les intérêts des familles; ils les obtinrent facilement par la direction, par l'enseignement, par la confession, par l'administration des sacrements.

Une fois parvenus à ce point, ils sentirent qu'ils pouvaient étendre au temporel la juridiction ecclésiastique : ils y parvinrent avec une adresse infinie. Ils commencèrent par engager les fidèles à exposer leurs querelles à leur évêque, qui devait les juger *suivant la loi de Dieu*. Les premiers procès furent promptement terminés, presque sans frais, et toujours sans appel; il n'en fallait pas plus pour déterminer les plaideurs à recourir à ce tribunal bienfaisant, économique, au moins en apparence.

Là, commença la lutte entre la magistrature et les tribunaux ecclésiastiques.

Il était de principe général que les clercs comme les

laïques étaient soumis à la justice royale pour tous les faits qui étaient regardés comme des crimes; mais les évêques portèrent souvent atteinte à ces règles fondamentales. Ils avaient trois moyens d'étendre leur juridiction, et ce ne fut pas sans de grands efforts que la magistrature put résister à leurs empiètements perpétuels.

La tendance qu'on remarque aujourd'hui dans la conduite d'une portion du clergé, rend nécessaire l'examen détaillé des prétentions qu'il avait alors; car il est bon de savoir ce qui nous est réservé, si nos ultramontains réussissent à nous faire reculer de quelques siècles. Le danger n'est pas grand selon nous; les exigences actuelles étant fort au-dessus des moyens qu'a le gouvernement de les satisfaire, nos bons ultramontains ne tarderont pas à passer dans l'opposition; et alors, comme toujours, le gouvernement s'en défera aussi facilement qu'il l'a fait en d'autres temps. Cela mérite un examen approfondi.

Les trois grands moyens qu'on employait, étaient :
1° La qualité des personnes.
2° Celle des causes.
3° La multiplication des juges.

Les évêques, qui ne perdaient jamais de vue leurs projets d'envahissement, parvinrent, au moyen de concessions obtenues des rois, à soustraire les clercs aux juridictions royales, et pensèrent avec raison, qu'en en multipliant le nombre ils étendraient leur puissance de juger. Partant de cette idée, il s'en est peu fallu que toute la France ne fût tonsurée. — Il faut laisser parler l'abbé Fleury, car un laïque serait taxé d'exagération s'il rapportait les faits sans citer les sources où ils ont été puisés.

Ce vénérable ecclésiastique qui a tant gémi sur les déréglements du clergé et sur l'abandon de la véritable religion, dit en propres termes : « que les évêques firent autant de clercs qu'ils voulurent, sans choix et sans
» mesure, quelquefois par le seul motif d'étendre leur
» juridiction. Plusieurs n'étaient que tonsurés, plusieurs
» recevaient les ordres mineurs, et, comme ils ne sont
» pas incompatibles avec le mariage (1), tout était plein
» de clercs mariés, qui, sans rendre aucun service à
» l'Église, s'occupaient du trafic et des métiers même les
» plus indécents : jusque-là que le concile de Vienne se
» crût obligé de leur défendre d'être bouchers et de tenir
» cabaret, et auparavant on leur avait défendu d'être
» jongleurs ou bouffons de profession. »

Il peut être permis de se demander, après cela, s'il est bien vrai que le moyen-âge était l'âge d'or de l'Église, et s'il est bien juste de prétendre que nous sommes des païens en comparaison des chrétiens dont nous venons de parler.

---

(1) Ces ordres mineurs comprenaient l'office d'*exorciste* ainsi que celui d'*acolyte*.

Les exorcistes avaient pour mission de conjurer les démons; ils furent longtemps en honneur. Tertullien, Cyprien, Ambroise et d'autres pères, ont soutenu la vérité et la légitimité de l'exorcisme.

Les acolytes étaient chargés du luminaire, de porter les cierges, ils figuraient dans les processions solennelles. — On n'en fait plus officiellement.

CHAPITRE VII.

SUITE DU MÊME SUJET.

———

La compétence résultant de la nature et de la qualité des causes était un outrage aux lois civiles, aux mœurs des gens d'église; mais cela ne touchait ni les princes faibles qui voulaient vivre en paix avec le clergé, ni le clergé, qui voyait qu'en ménageant ces princes, il en obtiendrait la permission de saigner à blanc ceux qu'ils taillaient à merci.

Les tribunaux ecclésiastiques étaient d'autant plus odieux, qu'ils annihilaient le droit civil, puisqu'il n'était plus appliqué; et comme le droit civil permet à tout citoyen de lutter pour défendre ses biens ou sa vie contre ceux qui les attaquent, il garantissait et l'on pouvait invoquer cette garantie; tandis que l'autre essentiellement despotique et spoliateur ne pouvait être invoqué par personne autre que ceux qui l'appliquaient à leur profit.

C'est une grande consolation pour celui qui souffre de pouvoir se plaindre et d'appeler à son secours; c'est une grande sécurité que d'espérer en la justice de l'Etat; ce devait donc être un grand tourment que de se voir livrer à des juges pleins d'âpreté qui répondaient à une plainte par un refus d'absolution, à des cris par une excommunication. — C'était contraire aux lois chrétiennes.

Il n'y avait là ni droit ni justice, c'était plus que de l'arbitraire, c'était de l'odieuse tyrannie.

Quand on suit avec attention la marche ascendante de l'esprit prêtre, on est stupéfait de l'art, de l'audace avec lesquels il touchait à tout, tantôt par force ouverte et tantôt par induction.

Des casuistes zélés trouvèrent dans ces temps où ils avaient toujours raison, que tous les contrats de la vie civile avaient un point quelconque de connexité avec la juridiction ecclésiastique; et que, dès lors, toutes les matières à procès avaient quelque chose de spirituel, dont l'Église devait juger à l'exclusion de la magistrature, à laquelle on ne devait recourir, disait-on, que dans des cas présentant de graves difficultés.

Il semblerait qu'une contestation relative à une dot, à un préciput et autres conventions réglées par la loi ou par le contrat authentique, ne dût jamais tomber en juridiction ecclésiastique; mais ce serait une erreur.

Les casuistes disaient : *Le mariage est un sacrement*, tout ce qui tient au sacrement doit être jugé par l'Église; or, *le sacrement étant le principal, et l'accessoire ne pouvant en être séparé*, il s'ensuit que les contestations qui s'élèvent relativement au mariage, ainsi qu'aux actes civils qui l'ont précédé, accompagné et suivi, doivent être jugées par le tribunal qui statue sur le principal.

On ne s'arrêtait pas là; après avoir posé de tels principes, on en déduisait les conséquences : et comme l'état des enfants, la fidélité conjugale, voire même l'adultère, avaient des points de connexité avec le sacrement, il s'ensuivait aussi que les tribunaux ecclésiastiques s'arrogeaient le droit de déclarer bâtards ou légitimes, les enfants nés dans telle ou telle circonstance.

Les causes d'adultère devaient être fort édifiantes, si l'on considère qu'elles étaient jugées sous la présidence de l'évêque entouré de son clergé, après avoir entendu les parties, non pas par des avocats, mais *en personnes*.

On se plaint aujourd'hui comme il y a 60 ans, de l'intervention trop fréquente des prêtres dans les choses du monde; à côté du principe : le prêtre doit vivre de l'autel, on proclame très-haut que hors l'église il n'a plus de pouvoirs autre que celui de l'exemple ; il y a en cela de l'injustice. Il faut reconnaître que le clergé nouveau est plus moral que l'ancien. La suppression des bénéfices a amené celle des abbés de cour et de boudoir. Qu'ils règnent sur l'esprit de certains hommes, de certaines femmes, c'est une chose incontestable : cela plaît aux dupes, nous n'avons rien à y voir. S'il en résulte des abus dans la disposition des biens, dans la rédaction des testaments; s'il survient des contestations sur les intérêts civils, ce n'est plus le tribunal ecclésiastique qui prononce, c'est le conseil d'Etat ou les tribunaux ordinaires; c'est le gouvernement. La certitude qu'on a d'obtenir justice, rend les donataires ou légataires plus circonspects et les personnes frustrées plus hardies dans leurs réclamations.

Les abus d'autrefois seront donc peu à craindre tant que la loi civile aura sa force, tant que le juge ordinaire sera chargé de l'interpréter; mais il est toujours bon de les signaler, et c'est ce que nous ferons plus complètement dans le chapitre qui suit.

CHAPITRE VIII.

DE L'INTERVENTION DES PRÊTRES DANS LES ACTES PUBLICS OU SECRETS.

Tout ce que l'on vient de voir dans les chapitres précédents était sans doute très-productif. Mais cela ne suffisait pas encore à la rapacité des hommes qui délaissaient l'autel pour courir à la fortune, par tous les moyens que leur donnaient leur audace et la faiblesse des gouvernants. La plus belle mine à exploiter était sans contredit le droit de surveiller la rédaction des testaments et de prononcer sur les questions de validité et d'exécution que pouvaient faire naître ces actes importants de la vie civile.

Une première règle les préoccupait surtout; elle portait que ces actes devaient, sous peine de damnation, contenir des legs pieux. Cependant, il arrivait quelquefois que le testateur préférait l'aisance de sa famille à toutes les récompenses célestes qu'on offrait de lui vendre; il arrivait qu'il oubliait de se racheter, en la ruinant; c'est pour remédier à cet abus, que plusieurs conciles ordonnèrent que les testaments seraient faits *en présence du Curé*, et que l'évêque se ferait *rendre compte de l'exécution*. Or, comme dit encore l'abbé Fleury, qu'on ne saurait trop citer : *la connaissance des testaments attirait les scellés et les inventaires.*

Les scellés et les inventaires! quelle mine féconde!... C'est par là qu'on pénétrait dans l'intérieur de toutes les familles, et qu'on pouvait, au décès du testateur, calculer par avance quel serait *le legs pieux* que chaque héritier pourrait faire un jour.

Ces causes, quelque étendues, quelque nombreuses qu'elles fussent, n'étaient pas encore les seules qui alimentassent les trésors du clergé. Ses tribunaux jugeaient également tout ce qui concernait l'hérésie, le schisme, l'usure, le concubinage, et, comme les biens des hérétiques étaient confisqués, on ne manquait jamais d'accuser ceux qu'on voulait perdre et dépouiller.

Le troisième moyen d'étendre la juridiction ecclésiastique était, comme nous l'avons dit, la multiplication des juges; — or, leur création ne dépendant que de l'autorité épiscopale, on n'en laissa manquer ni les villes ni les bourgs. Les évêques des grands diocèses établirent des officiaux en divers lieux; les archidiacres eurent aussi les leurs. Ces officiaux eurent des vice-régents, des délégués, des subdélégués, et d'autres commissaires.

Mais, dira-t-on peut-être, comment pouvait-on trouver un si grand nombre de juges capables de bien remplir leurs fonctions?... C'est ce qui intéressait le moins; l'essentiel était le revenu. — Aussi tous ces juges, quelque incapables qu'ils fussent, étaient-ils plus jaloux de leur juridiction outrée, que des véritables droits de l'Eglise; et s'écriaient-ils : qu'on voulait les réduire en servitude, dès qu'on cherchait à mettre des bornes à leurs entreprises.

Rien ne ressemble plus à l'anarchie qu'un tel ordre de choses. Cependant Philippe de Valois, sous lequel tous ces abus furent portés à l'excès, n'eut pas le courage d'en arrêter le cours. Les plaintes des peuples ne le frappèrent nullement. Elles ne furent entendues que par le parlement, et notamment par Pierre de Cugnières, avocat général, qui osa, en l'an 1329, dénoncer au roi les empiètements du clergé contre les droits de la couronne. Cet acte courageux ligua tous les prêtres contre lui, et entraîna même le monarque à condamner le zèle et la fidélité qu'avait montrés le magistrat pour les intérêts du trône et du pays.

Cugnières fut tourné en ridicule par le clergé; il fut blâmé à la cour; mais il n'en rendit pas moins son nom immortel. C'est avec un juste orgueil que la magistrature s'honore d'avoir vu sortir de son sein, l'homme intègre et pieux qui, au risque de passer pour hérétique, se sacrifia pour le bonheur de sa patrie.

Dès lors, l'opposition de la magistrature devint le fondement de ces longs débats qui mirent à découvert le corps ecclésiastique qu'on était habitué de regarder comme invulnérable. Le courage des parlements servit les rois et la chose publique. Des digues furent imposées aux envahissements du clergé; il combattit longtemps, mais il finit par être vaincu, et l'institution de l'APPEL COMME D'ABUS, fut le coup mortel qui réduisit à des intrigues momentanées et souvent déjouées, la puissance colossale de l'épiscopat dans les choses temporelles.

CHAPITRE VIII.

L'évêque de Rome en fut très-épouvanté ; *il vit la plus belle portion de son royaume prête à sortir de ses mains.*

Plus il fit d'efforts pour ressaisir le temporel en France, plus on sentit combien il était intéressant de ne plus retourner sous le joug ultramontain ; et c'est à dater de cette grande victoire de la magistrature sur le clergé, que l'on vit renaître les franchises gallicanes, à l'ombre desquelles ce beau pays échappa aux bûchers de l'inquisition, qui ont réduit au néant l'Espagne et l'Italie (1).

Cela explique à merveille la haine furieuse que les ultramontains manifestèrent toujours contre la magistrature, haine dont héritèrent les hommes ligués en France, contre toutes les libertés publiques ; haine qu'on vit revivre en 1816, aussi vigoureuse, aussi stupide qu'au moyen-âge ; haine qui prépara si bien le retour de l'auteur du concordat ; haine plus déguisée, mais non moins tenace, qui consomma la chute de Charles X et de sa dynastie ; haine, enfin, qu'on voit encore aujourd'hui dans les écrits, dans les journaux publiés par les délégués de la congrégation ultramontaine, qui n'a, comme nous le verrons, renoncé à aucun des principes du moyen-âge.

---

(1) L'inquisition a fait torturer et brûler en Espagne 341,021 individus. On compta dans la seule année 1484 et dans la seule ville de Villa-Réal, 3,377 auto-da-fé. — Si l'on ajoute à ces assassinats les millions d'hommes exterminés en Amérique, les jacobins, dit l'abbé de Montgaillard, ne paraîtront que des écoliers à côté des inquisiteurs d'Espagne, et il faudra conclure encore que le fanatisme religieux est plus féroce que le fanatisme politique.

Histoire de France, tome 4, page 343.

CHAPITRE IX.

DES LIBERTÉS DE L'ÉGLISE GALLICANE.

Il est difficile de se faire une idée précise de ce que l'on doit entendre par les LIBERTÉS DE L'ÉGLISE GALLICANE.

Les uns les considèrent comme le résultat des protestations de la France contre la puissance de Rome. Les autres, comme un contrat tantôt exprès et tantôt tacite entre le pape et les rois de France.

L'objet des contractants était de sacrifier le moins possible de leur autorité : les papes, tempérant un peu leurs prétentions pour ne pas perdre entièrement leur influence sur un royaume qui est le plus bel apanage de l'héritier de saint Pierre; — les rois, laissant échapper de leurs mains quelques-unes de leurs prérogatives, espérant s'assurer le concours du clergé, et s'en servir comme d'un moyen de domination sur leurs peuples.

Cette idée de l'influence du prêtre sur l'individu a toujours été exploitée chez les anciens comme chez les modernes; elle l'est encore aujourd'hui, c'est elle qui a perdu la restauration. Louis-Philippe fit de grands efforts pour en tirer parti, mais il échoua complètement, parce qu'il avait un compétiteur. — Les prêtres regardaient son pouvoir comme purement transitoire, purement de fait. Ils se réservaient pour le droit ; et ils se réservaient avec d'autant plus de résignation que ce droit se disait divin, c'est-à-dire allié de l'Eglise, ou, si l'on veut, du prêtre ; ce qui n'est cependant pas tout-à-fait la même chose.

Les prêtres haïssaient en Louis-Philippe un enfant de la révolution — un fils de révolutionnaire — un parent du prétendant, un usurpateur en un mot. C'est sous lui que les ultramontains ont montré le plus d'audace contre les libertés de l'Eglise gallicane. — Mais n'anticipons pas et revenons à ce qui concerne ces libertés.

Il serait peut-être juste de les définir ainsi : « Le droit » que possède la France de se gouverner suivant les an- » ciens canons de la discipline universelle. »

Nous avons vu dans les chapitres précédents quelle était l'étendue de ce droit. Nous avons vu aussi combien de moyens subtils, fallacieux ou violents ont été employés pour enlever à la France ses antiques franchises. Nous allons voir maintenant qu'elles se sont maintenues, malgré les nombreux efforts de la cour de Rome ; et que, la magistrature peut mettre au nombre de ses titres de gloire, les combats qu'elle a soutenus contre cette ligue impie, qui, pendant plusieurs siècles, a tout fait pour placer le sceptre de France sous le joug du Vatican.

Il y avait autrefois un moyen de résister aux volontés arbitraires des papes, c'était L'APPEL AU CONCILE. Il y en avait également un très-efficace de s'opposer aux excès de pouvoir des évêques et des prêtres en général, c'était

L'APPEL COMME D'ABUS. Où sont maintenant ces deux colonnes qui soutinrent l'édifice de nos libertés gallicanes?

Les ultramontains se sont souvent écriés contre ces appels qu'ils considéraient comme des hérésies; mais tout ce qu'il y eut d'éclairé, de généreux, d'élevé dans l'épiscopat français, considéra le droit d'appel comme tellement enraciné dans notre sol, que, suivant l'expression de l'un de nos évêques, *on enlèverait plutôt le mont Apennin de l'Italie que de priver la France de ce droit précieux*.

Cet appel au concile n'était point une protestation contre la puissance légitime du pape, mais contre ses erreurs, mais contre les usurpations de son gouvernement. Cependant quelque important que soit ce droit en lui-même, il l'est beaucoup moins que *l'appel comme d'abus*. Peu d'hommes avaient besoin d'appeler au concile, parce que peu d'hommes avaient individuellement à craindre les effets de la puissance des papes; mais combien de plaintes n'entendait-on pas aux 14, 15, 16 et 17e siècles, contre les vexations de l'autorité ecclésiastique!...

C'est le plus grand des avantages de l'ordre social que la nécessité de tout soumettre à l'empire des lois; c'est le plus grand intérêt des prêtres qui spéculent sur la religion, que de se soustraire à cet empire, et d'y substituer l'autorité d'une loi qu'ils appellent divine. — Ce système eut longtemps une influence énorme sur la destinée de la France; il fut singulièrement modifié par les parlements chargés de prononcer sur les appels comme d'abus.

Il fut renversé de fond en comble par un souffle de l'Assemblée constituante; ce qui prouve encore une fois de plus que le clergé ultramontain ne trouvait de force que dans la faiblesse de ses adversaires.

Ainsi, les rois étaient à l'abri des bulles foudroyantes par le principe que *les décrets de Rome, non reçus dans le royaume, ne doivent avoir effet*. Les peuples résistaient aux ordres illégaux du clergé en se réfugiant sous le bouclier tutélaire de la magistrature.

Il n'entre point dans notre plan d'examiner les effets de la pragmatique sanction. — Ce grand acte émané de Saint Louis était pour les libertés religieuses ce que fut la Charte constitutionnelle pour les libertés publiques.

Chose remarquable!... Saint Louis, le plus pieux des monarques, avait senti qu'il n'était point de la dignité de sa couronne de traiter avec les papes. Il avait considéré la discipline de l'Eglise comme une chose temporelle qui devait être en harmonie avec son système de gouvernement. Il avait en conséquence octroyé la pragmatique sans s'inquiéter des mécontentements de la cour de Rome.

Saint Louis mettait ainsi l'église *dans l'Etat* ou *hors de l'Etat*, et il consacrait à jamais le grand principe que l'Etat n'est pas dans l'Eglise.

Depuis 1438 jusqu'en 1516, tous les efforts du Saint-Siège se dirigèrent contre cette Charte religieuse qui reportait la France sous l'influence des conciles de Bâle et de Constance et des anciens canons de l'Eglise universelle. Si Louis IX s'acquit des droits immortels à la reconnaissance de la postérité par cet acte d'une piété courageuse et bien entendue; — si Charles VII, Louis XII, marchèrent sur les traces de ce monarque en publiant la nouvelle pragmatique, et la belle déclaration de 1499 qui, malgré les vives instances de Sixte IV, ordonna la perpétuelle et inviolable exécution de cette loi sacrée, Louis XI et

François Ier s'acquirent une autre espèce d'immortalité : l'un, en révoquant la pragmatique, qu'il fut obligé de rétablir trois ans après ; l'autre, en signant, par terreur, le fameux concordat de Léon X, qui, disait-on, la renversait pour toujours.

Mais François Ier apprit bientôt qu'on n'enlève pas impunément aux peuples les institutions qui leur sont chères. La nation entière se souleva contre le concordat qui la privait des droits les mieux établis ; la magistrature présenta au roi les protestations les plus énergiques ; le clergé lui-même déplora les effets de cet acte désastreux, en ce qu'il étendait la puissance de Rome et supprimait l'élection des évêques ([1]).

Ainsi, le roi François Ier eut la douleur de voir en même temps son concordat méprisé, inexécuté ([2]), et le malheur de ne pas voir que les mesures qu'il prit ne pouvaient avoir

---

([1]) L'élection des évêques avait l'heureux effet d'empêcher l'élévation à l'épiscopat d'abbés de cour qui, constamment occupés d'intrigues mondaines, abandonnaient

A des chantres gagés le soin de louer Dieu.

Ces prêtres courtisans devinrent bientôt la cause visible de la dépravation des gens d'église. Comment en aurait-il été autrement ? le haut clergé ne devait-il pas être imité par ce qu'il appelait le bas clergé ? et d'ailleurs, comment surveiller les mœurs, les sentiments, les revenus des prêtres de campagnes ou de petites villes, quand on ne paraissait au chef-lieu du diocèse que pendant quelques instants ? la vertu est impuissante sans la résidence ; mieux eût valu, pour les provinces, n'avoir pas d'évêques, de cardinaux, que d'en avoir qui allaient dépenser d'énormes revenus à 30, 40 et 80 lieues de leurs diocèses.

([2]) Le parlement ne l'enregistra qu'avec la clause : *ex ordinatione et præcepto domini* ; protestant qu'il continuerait à juger les procès suivant la *pragmatique*. (Voyez l'*Histoire Ecclésiastique*, par Fleury, tome 25, livres 124 et 125. Voyez aussi l'Appendice à la fin de ce volume. Pièces justificatives n{os} 1 et 2.)

d'autre résultat que d'appeler sur sa tête une effroyable responsabilité.

C'est assez de ces observations sans doute, pour prouver à ceux qui l'ignorent, que les franchises gallicanes existaient avant les débats de Rome avec Louis XIV, et que Bossuet, qu'ils attaquent chaque jour comme un prélat de cour qui a sacrifié les droits de l'Eglise à son ambition personnelle, n'a fait autre chose en 1682 que consacrer des droits préexistants ([1]).

Si nos ultramontains les plus exaltés étudiaient les institutions avec quelque scrupule, au lieu de propager les doctrines qui leur sont expédiées de Rome, ils donneraient beaucoup moins de prise à leurs adversaires. Leur imprudence est souvent égale à leur ignorance. C'est pour cela qu'ils n'écoutent ni l'expérience des temps anciens, ni les leçons du présent, et qu'ils appellent dans des discussions irritantes des hommes qui viennent, en les combattant, au secours du clergé et des évêques les plus justement renommés par leur sagesse.

[1] Voyez pièces justificatives, Appendice, N° 8.

CHAPITRE X.

CONSÉQUENCE DES FAIBLESSES DE FRANÇOIS Ier A L'ÉGARD DE LA POLITIQUE ROMAINE.

Les luttes avec les prêtres ont un caractère de perpétuité qui leur assure presque toujours la victoire, car les gouvernements n'ont ni la même obstination, ni les moyens détournés qui s'élaborent à Rome. C'était autrefois un triomphe en ce pays que d'humilier un roi ; aussi le pontife romain ne tarda-t-il pas à tirer parti d'une aussi belle victoire que celle remportée sur Louis XI et François Ier. Il couvrit la France de moines dont les chefs étaient sous sa main. Il les combla de privilèges qui les mettaient à l'abri du pouvoir des évêques, dont la plupart regrettaient la pragmatique. — On vit pulluler les disciples de Dominique, ceux d'Ignace de Loyola ; et tous ces moines dévoués exclusivement aux intérêts de Rome, qui étaient les leurs, s'acharnèrent contre les libertés de l'Eglise gallicane, dans l'idée qu'après un premier succès, ils devaient aisément parvenir à plier de nouveau la France sous le joug ultramontain.

Les jésuites se faisaient par-dessus tout remarquer

par l'audace de leurs entreprises et la violence de leurs prédications. Ils osèrent, le 12 septembre 1661, faire soutenir une thèse d'autant plus révoltante qu'elle accordait au pape la même infaillibilité qu'à Jésus-Christ.

Les esprits s'échauffèrent, les magistrats redoublèrent leurs efforts, le véritable clergé défendit la vraie religion des attaques réitérées que lui livrait l'ultramontanisme dans des intérêts purement humains. — Le pape, de son côté, soutint ses émissaires par des brefs et des décrets qui devaient terrifier tous les opposants, mais qui, bien loin de là, ne firent qu'irriter les esprits. François Ier mourut sans avoir pu réparer les maux sortis de son concordat. L'Etat fut longtemps livré à une anarchie déplorable, et il ne fallut rien moins que Louis XIV, Bossuet et Fénelon, pour imposer un frein aux envahissements qui menaçaient l'Eglise de France.

Ce sera pour Bossuet une gloire immortelle que celle d'avoir arrêté cet envahissement au moment où les ultramontains se croyaient le plus près du triomphe.

Louis XIV avait balancé longtemps; il espérait que l'autorité des parlements et les lumières du clergé suffiraient pour détruire les faux principes religieux répandus dans son royaume; mais quand il vit que Innocent XI soutenait les prétentions de Léon X avec une sorte de tyrannie; quand il vit ce pape, *osant condamner au feu*, un arrêt du 24 septembre 1680, qui était rendu selon les lois du royaume; et dans lequel le parlement de Paris exposait et défendait avec énergie les maximes de l'Eglise de France, — ce monarque prit le parti d'en appeler aux lumières du haut clergé.

Une déclaration solennelle du 6 mai 1681, lui faisait connaître parfaitement les sentiments de ce corps, elle portait que « la liberté des églises était asservie, les formes » de la discipline ecclésiastique détruites, l'honneur de » l'épiscopat avili, et les bornes sacrées que la main de » nos ancêtres avait été si longtemps à poser, renversées » en un moment. »

Bossuet fut chargé de rédiger une nouvelle déclaration des droits de l'Eglise gallicane, et le clergé assemblé par l'ordre du roi, adopta les maximes contenues en l'arrêt de 1680, *que le pape avait condamné au feu*. En sorte que la cour de Rome voyait s'élever contre elle, le peuple, le clergé, l'université, la magistrature et le monarque le plus puissant de l'Europe (V. Appendice, N° 8).

Cet acte solennel de 1682, vulgairement appelé *les quatre articles*, parce qu'il se divise en quatre parties distinctes, n'est autre chose qu'un retour à la pragmatique sanction et aux canons de l'Eglise universelle. Il fut tempéré par la déférence des expressions et par des protestations de respect pour le Saint-Siège; mais Rome, blessée dans ce qu'elle avait de plus cher, le considéra comme un attentat contre la religion même.

Louis XIV, tout en ayant l'air de faire des concessions, n'en maintint pas moins son édit du 23 mars, qui mettait la déclaration au nombre des lois de l'Etat. Le parlement se hâta de l'enregistrer, puis il envoya le premier président, le procureur général, et six conseillers pour la faire enregistrer aux facultés de droit canon et de théologie.

Le pape voulut se venger en refusant des bulles à ceux

des évêques qui ne se rétracteraient pas (¹). Ces petites querelles durèrent quelques années; mais Louis XIV, impatient de voir cesser toutes ces chicanes, y mit fin en faisant savoir au pape que « s'il s'obstinait, la France
» serait réduite à prendre des mesures pour donner des
» pasteurs aux églises vacantes; et que le clergé, les
» parlements, les universités demanderaient le rétablis-
» sement des choses *dans l'état où elles étaient avant le*
» *concordat.* »

Cela suffit pour amener le pape à transiger. — Moyennant quelques satisfactions de déférence, exprimées dans des lettres écrites par les évêques nommés, le Saint-Père ne refusa plus les bulles d'institution, dans la crainte qu'une opposition prolongée n'aggravât sa situation et celle de l'Église (²).

Cependant, après huit ans d'instances, de menaces, de prières, voyant qu'il était impossible d'obtenir, soit des rétractations des évêques, soit le rapport de l'édit du roi, le pape se décida à lancer une bulle foudroyante contre la déclaration du clergé. On y remarquait ces mots :
« Après avoir poussé des soupirs vers le ciel et répandu
» des larmes devant le Seigneur, nous annulons cette dé-
» claration, ainsi que tous les mandements, édits, arrêts,
» décrets rendus sur cet objet. Dispensons de leur ser-
» ment ceux qui en ont juré l'obéissance, et statuons
» qu'on ne pourra jamais se faire un droit de ces articles,

---

(1) Cette tactique, peu digne de l'héritier de saint-Pierre, fut renouvelée sous l'Empire, et Napoléon Ier eût assurément pris le même parti que Louis XIV, si le pape n'eût cédé alors comme son prédécesseur le fit autrefois.

(2) La même chose arriva pour les évêques nommés par l'Empereur.

» ni une cause de prescription, quelque longue qu'elle
» soit. »

Cette bulle, qui avait moins d'odeur de sainteté que de colère, n'était pas de nature à rétablir l'harmonie entre les deux trônes, aussi ne fut-elle publiée ni à Rome ni à Paris. Elle resta secrète jusqu'à la mort du Saint-Père, qui, probablement pour l'acquit de sa conscience, l'envoya à Louis XIV au moment de rendre le dernier soupir, car le monarque la reçut en même temps que la nouvelle de la vacance du Saint-Siège.

Etait-ce un acte d'autorité, était-ce un monument que le pape voulait léguer à ses successeurs, afin qu'ils ne fussent pas gênés dans ce qu'ils voudraient faire pour ressaisir le pouvoir temporel, si l'occasion s'en présentait ? C'est ce que personne n'oserait décider ; mais c'est quelque chose d'assez curieux et d'assez instructif à la fois, que les efforts que font nos ultramontains pour reprendre au moins les choses au point où cette bulle les a laissées ; cela sera démontré plus tard.

CHAPITRE XI.

DES ATTEINTES PORTÉES AUX LIBERTÉS DE L'ÉGLISE GALLICANE (¹).

On ne peut trop admirer la conduite de Louis XIV dans la grande lutte de 1682; il avait à la fois à vaincre et sa tendance vers une piété qui devait le rendre très-circonspect à l'égard du Saint-Siège, et l'influence du père La Chaise son confesseur, qui, en sa qualité de jésuite, combattait en secret pour la puissance papale, avec autant de persévérance que le parlement en déployait contre les empiétements des ultramontains.

Il n'est pas permis de douter que ce ne soit à cette influence secrète que les parlements durent la suppression du droit de remontrance; peut-être ne doit-on pas douter non plus que ce ne soit à la suppression de ce droit important, que Louis XIV dut de tomber dans des fautes qui ont, de beaucoup, diminué l'éclat de la première partie de son règne.

(1) Voyez à l'Appendice, N° 8, la déclaration du 12 mars 1682, connue sous ce titre : *Les quatre articles, sur les libertés de l'église gallicane.*

Tout bon Français doit se plaire à penser que ce monarque, — qui sut choisir Turenne, Condé, Villars pour commander ses armées ; Colbert pour diriger l'administration de son royaume ; Bossuet, Bourdaloue et Massillon pour l'éclairer sur les devoirs de la royauté, comme fils aîné de l'Eglise ; Molé, Lamoignon et d'Aguesseau pour rendre la justice en son nom, — n'eût jamais quitté ce cortège de génies supérieurs, s'il n'eût écouté que son propre génie. Il s'y complut tant qu'il fut roi ; il s'en écarta quand il devint le pénitent d'un homme adroit, zélé, prudent, qui captiva toute sa confiance en palliant les torts de la jeunesse du monarque, et en le conduisant pour ainsi dire par la main vers la porte du salut, sans lui imposer trop de rigueurs.

On tolérait les parties de plaisir, pourvu que le monarque tolérât les dragonades. — On permettait que les donations fussent faites aux consistoires, pourvu que le montant fût appliqué aux établissements catholiques ; on élevait partout des églises, des couvents, et plus de sept cents temples protestants étaient abattus. On pardonnait enfin l'adultère qui ne nuisait point au jésuitisme, ni à la cour de Rome, à condition que le prince accorderait la révocation de l'édit de Nantes.

Ce serait peut-être ici le cas de retracer le tableau des efforts des Romains pour déterminer Louis XIV à sévir contre les hérétiques, d'analyser les remontrances que le clergé ne cessait de présenter au roi pour intéresser *sa piété* à l'extermination d'une partie de ses sujets, de rapporter ces ordres secrets, ces édits, ces arrêts, qui eurent d'abord pour objet de gêner l'exercice de la religion pro-

CHAPITRE XI. 51

testante (1), puis de faire des conversions par l'intrigue, par la crainte, par la force (2); puis enfin de punir, de proscrire, d'exterminer tous ceux qui ne se convertissaient pas (3); mais cet effroyable tableau a tant de fois été mis sous les yeux des Français, qu'il n'est ni utile ni intéressant de le reproduire encore (4).

Tant d'actes impolitiques compromirent à la fois et le sort de l'Etat et celui de la religion, et il faut bien le dire, la gloire de la couronne.

Le 22 octobre 1685 (jour de la révocation) dut venger le pape de la défaite du 23 mars 1682. Mais Innocent XII ne se tint pas encore pour satisfait. Il crut le moment favorable pour remettre en question ce qui avait été décidé

---

(1) Voyez dans le recueil des *Mémoires du Clergé* les différentes méthodes dont on peut se servir pour la conversion des hérétiques, tome 4, pages 26 et suivantes.

Voyez aussi lettre du roi du 10 juillet 1682, par laquelle il recommande la plus grande modération et le respect des édits en vertu desquels l'exercice de la religion réformée est toléré dans le royaume.

Voyez le rapport de l'archevêque d'Alby de 1683, et l'édit du mois d'août de la même année.

(2) Voyez l'édit de 1534, dont l'extrait est ci-joint n° 3 des pièces justificatives.

Voyez aussi l'édit de 1540, n° 4; celui de 1551, n° 5; la déclaration du 22 mai 1683; celle du 26 décembre 1684; l'arrêt du conseil du 14 juillet 1633, n° 6. Voyez encore l'édit de 1567 relatif aux magistrats, n° 7.

(3) Voyez enfin l'édit de janvier 1686, n° 8; la déclaration du 29 avril 1686, n° 9, et la déclaration de Louis XV, n° 10.

(4) Il est quelquefois nécessaire de s'arrêter sur les actes de cette époque. C'est là qu'on apprend à connaître les événements; et comme l'analyse de tous ceux que nous avons lus ralentirait trop notre marche, nous nous sommes borné à indiquer ci-contre les sources où nous avons puisé. Voyez encore les *Mémoires du Clergé*, tome 1, pages 1101, 1398, 1849, 1963, 2106, et tous nos historiens.

par les quatre articles de 1682, il continua de protester, de refuser des bulles d'institutions, et finit par obtenir la promesse secrète que ces articles ne seraient point exécutés ; mais il n'obtint jamais ni rétractation des évêques nommés, ni la révocation de l'édit du 23 mars, ainsi qu'on en peut juger par les mémoires que nous avons de d'Aguesseau (¹).

Il ne faut pas perdre de vue comme paraissent l'avoir fait plusieurs auteurs modernes, que selon l'édit, les quatre propositions *devaient être nécessairement enseignées et soutenues,* dans les écoles du royaume ; que les papes Innocent XI, et Alexandre VIII demandaient *une rétractation* de ces propositions ; et que Louis XIV persista à la refuser, parce que, disait-il, l'assemblée de 1682 n'avait point fait un décret, mais seulement *une déclaration de la doctrine du clergé et des maximes inviolables de son royaume.*

Que fit alors le pape Alexandre ?... Il se réduisit à demander que Sa Majesté voulût bien cesser de tenir la main à l'exécution de l'édit, au sujet de la puissance spirituelle et temporelle des papes, et en assurer Sa Sainteté par une lettre de sa main ; et que de plus, *pour sauver l'honneur de la cour de Rome,* qui ne voulait pas avouer d'avoir prétendu aussi longtemps, sans nulle raison, une rétractation de la part des évêques nommés, ils lui écrivissent *une lettre d'honnêteté* que l'on pût regarder à Rome comme une satisfaction, et qui contînt au moins des assurances, *qu'ils n'avaient pas eu intention de rien*

---

(1) Voyez tome 13, page 417 des *OEuvres du Chancelier,* édition in-4°.

définir ni régler dans cette assemblée, qui pût déplaire au Saint-Siège.

Les lettres furent écrites, et tout ce débat d'amour-propre fut terminé sous Innocent XII, au moins en apparence. Nous disons en apparence, parce que Clément XI qui succéda en 1713 au pape Innocent XII, imagina de considérer comme des engagements sérieux de ne plus enseigner ni faire enseigner les quatre articles de 1682, ces lettres *d'honnêteté*, que la cour de Rome avait sollicitées. Le Saint-Père refusa en conséquence d'accorder des bulles à l'évêque de Beauvais s'il ne se déterminait pas auparavant à *rétracter les articles*.

Mais Louis s'opposa encore à cette rétractation; il soutint que ce serait gêner la liberté de conscience et violer les maximes de l'Église de France. Le roi terminait ainsi sa dépêche :

« Sa Sainteté n'est donc pas fondée à se plaindre que
» je manque aux engagements que j'ai pris avec son pré-
» décesseur ; mais j'aurais moi-même de trop justes
» sujets de me plaindre qu'elle ne satisfait pas aux con-
» cordats faits entre le Saint-Siège et ma couronne si elle
» persistait à refuser des bulles à un sujet dont la doc-
» trine ne peut être reprise. Je ne puis sans peine envi-
» sager les suites d'un semblable refus, et je m'assure
» qu'un pape, aussi plein de zèle et de lumières, en sera
» lui-même assez frappé, pour se désister d'une préten-
» tion *toute nouvelle*, et sur laquelle je ne puis admettre
» aucun expédient. »

C'est donc un fait bien constant, irrévocablement établi :
QUE LES QUATRE ARTICLES NE FURENT JAMAIS RÉTRACTÉS.

On s'est pourtant efforcé à Rome de trouver une rétractation dans les lettres des évêques et même dans celle de Louis XIV ; — mais pour peu qu'on y réfléchisse, on reconnaîtra de suite que des soumissions faites par des évêques nommés, à l'effet d'obtenir leurs bulles, ne peuvent, sous aucun point de vue, être regardées comme des rétractations. — Quant à la dépêche de Louis XIV, en la lisant telle qu'elle est, non telle qu'on la fait, on trouvera également qu'elle n'affaiblit en rien la déclaration, *car elle ne s'y applique pas.* Voilà, en effet, ce qu'on trouve dans l'original : « Je suis bien aise de faire savoir à V. S.
» que j'ai donné les ordres nécessaires pour que les
» choses contenues dans mon édit du 22 mars 1682,
» touchant la déclaration du clergé, à quoi les conjonc-
» tures passées m'avaient obligé, ne soient pas observées. »

Cette lettre confirme au contraire la déclaration, et il en résulte manifestement que la courtoisie du roi n'allait pas au-delà du sacrifice d'un édit qui ne lui était plus bon à rien.

Voyons maintenant quels moyens on employa pour en éluder les dispositions, et comment la magistrature parvint, sinon à vaincre tous les ennemis des libertés de l'Eglise gallicane, du moins à préserver l'Etat de guerres et de bouleversements qui eussent été plus funestes à la religion qu'au trône, ainsi qu'on l'a vu en Allemagne et en Angleterre, où les trônes sont restés puissants et les nations florissantes, malgré l'entière destruction du pouvoir papal.

CHAPITRE XII.

DES INTRIGUES ULTRAMONTAINES POUR VAINCRE LA RÉSISTANCE DE LOUIS XIV ET DE BOSSUET.

La cour de Rome qui, suivant l'expression de Dumarsais, ne craint que ceux qui ne la craignent pas; Rome qui ne cède qu'à ceux qui ne veulent pas lui céder; Rome qui n'a de vigueur que contre la faiblesse de ceux qui lui sacrifient leurs droits; Rome, contenue par la gloire et la puissance colossale de Louis XIV, n'osa point mettre son royaume en interdit; mais elle se flatta d'obtenir par l'adresse, ce que la politique et l'audace ne pouvaient plus lui donner.

La France fut bientôt engagée dans un système de tracasseries et de petites intrigues, qui, si elles ne troublaient pas le royaume, inquiétaient au moins les esprits, les consciences, et qui même tourmentaient beaucoup le monarque, grâce aux scrupules que le jésuite La Chaise et le jésuite Le Tellier, ses confesseurs, eurent l'art de jeter dans cette âme qu'ils avaient assouplie.

De nombreux monuments diplomatiques, viennent, à cet égard, se joindre aux monuments de la jurisprudence pour constater combien d'embarras furent suscités à la France par la politique italienne, et par cet esprit de suprématie qui est de son essence. On voit partout que si la cour de Rome ne se sentait pas la force de dominer un prince qui faisait trembler l'Europe, elle n'en avait pas moins l'espérance d'arriver plus tard à son but, et que l'un des moyens sur lesquels elle comptait le plus, était l'envahissement de l'autorité épiscopale; autorité qui lui était devenue odieuse depuis la déclaration de 1682.

Le cas de conscience et la fameuse bulle *Vineam Domini*, donnèrent lieu à des discussions nombreuses, dans lesquelles les écrivains ultramontains, les jésuites, et surtout les prêtres ambitieux des hautes dignités ecclésiastiques, firent connaître à la France toutes les arrière-pensées de la cour de Rome. Autant le roi, le haut clergé montrèrent alors d'hésitation et de condescendance, autant les parlements montrèrent de vigueur et de dévouement aux libertés de l'Eglise de France.

On vit bientôt que la cour de Rome ne temporise pas quand elle est sûre du succès, car dès le 12 février, parut un bref qui condamnait *in globo*, les propositions contenues dans le cas de conscience, avec les qualifications *telles que les jésuites et les sulpiciens pouvaient le désirer*, ce qui est une nouvelle raison de penser que ce CAS DE CONSCIENCE, et tout ce qui en a été la suite, était l'ouvrage des jésuites ou des sulpiciens.

Les brandons de la discorde étant ainsi rallumés, les esprits sages s'en effrayèrent, et conjurèrent le roi d'interposer son autorité pour les étouffer, avant qu'ils ne fussent passés dans les mains des ultramontains ; mais le foi, trompé par ceux qui l'entouraient, faiblit d'abord ; il fut engagé dans une voie tortueuse où il marchait en aveugle, et il ne revint sur ses pas que lorsque le parlement fit briller à ses regards le flambeau de la justice.

D'Aguesseau, Pontchartrain et Achille de Harlai se hâtèrent de prendre l'initiative pour empêcher que le bref ne fût publié solennellement dans le royaume. On imagina dès lors, de se passer du parlement, et de se borner à envoyer le bref aux évêques, avec une lettre officielle dans laquelle on faisait connaître que le roi et le pape étaient dans les mêmes sentiments, et qu'ils travaillaient d'accord à maintenir ce qu'on ne craignait pas d'appeler l'intégrité de la foi.

Ce moyen paraissait devoir être couronné d'un plein succès. On savait bien que plusieurs évêques se trouvant suffisamment autorisés par cette communication, publieraient le bref dans leurs diocèses, et que, s'il s'en trouvait qui résistassent à cette impulsion, on finirait par les entraîner un peu plus tard.

« Les plus ardents à faire leur cour, nous dit encore
» d'Aguesseau, crurent voir dans la lettre ce qui n'y était
» pas, et se donnèrent eux-mêmes l'ordre qui y manquait
» de publier le bref. »

Le mandement de l'évêque de Clermont parut des premiers ; *le père La Chaise le présenta à la cour avec éloge.* Le roi le reçut d'abord favorablement, et plusieurs prélats attentifs aux louanges que Louis XIV donna au zèle de l'évêque de Clermont furent très-affligés de n'avoir pas *prévenu* ce prélat. — Ils s'en consolaient *en le suivant.*

Cependant la magistrature, qui s'était peu occupée du

fond de cette grande affaire, ne tarda pas à voir qu'elle devenait importante, par ses incidents, et qu'elle tendait ouvertement à la subversion de l'ordre public et des maximes les plus inviolables du royaume.

Ce qu'elle avait à faire se réduisait à deux points :
« L'un de montrer, par une action d'éclat, l'irrégularité
» de la conduite des évêques, qui, en publiant un bref,
» sans qu'il eût été revêtu de lettres patentes du roi,
» donnaient atteinte aux premiers principes du gouver-
» nement politique en cette matière; l'autre, plus impor-
» tant encore, d'arrêter le progrès d'une affaire qui allait
» rallumer le feu, et d'empêcher qu'un bref si contraire
» à nos libertés ne fût revêtu de l'autorité du roi qu'on y
» voulait conduire par degré. »

CHAPITRE XIII.

ÉNERGIE DE D'AGUESSEAU, FAIBLESSE DE LOUIS XIV.

Il y avait grande urgence de sortir d'une position aussi critique que celle dont nous venons de parler. Puisque plusieurs évêques avaient cédé, on devait craindre que le plus grand nombre ne cédât; car dans les grandes affaires, les prélats n'agissaient guère sans s'être concertés.

Joly de Fleury et d'Aguesseau prirent donc la résolution de se rendre auprès de Louis XIV pour lui demander la permission de porter plainte au parlement contre le mandement de l'évêque de Clermont. — Cette première démarche fut assez mal accueillie. Le roi leur répondit : *je ne vous le permets ni ne vous le défends*, mais je verrai le parti qu'il convient de prendre.

Il alla même jusqu'à dire que l'évêque n'avait fait *qu'exécuter ses ordres*.

D'Aguesseau répondit que le prélat avait au moins excédé ces ordres en ordonnant la publication du bref dont la lettre qu'il avait reçue ne parlait point. — Cette réponse parut embarrasser le roi, qui se retira d'un air de mécontentement qui ne lui était pas naturel.

Les deux magistrats se retirèrent aussi, le cœur triste et l'esprit agité de nouvelles appréhensions. — Mais une circonstance fortuite vint ranimer leurs espérances.

Il y eut de tout temps des hommes, des brouillons, qui compromirent les factions par l'excès d'un zèle mal entendu. — Il pourrait bien y en avoir même de nos jours, c'est ce que nous verrons plus tard; toujours est-il que ce que n'avaient pu faire les meilleures raisons de deux magistrats instruits et dévoués, l'imprudence d'un évêque l'opéra bientôt; voici comment :

Quelques instants après la visite que le roi venait de recevoir (celle de d'Aguesseau et Joly de Fleury), on tint conseil pour les affaires ordinaires. Il ne devait pas être question de l'évêque de Clermont, mais le marquis de Torcy ayant tiré de son portefeuille un mandement de l'évêque d'Acqs, par lequel il donnait au pape les éloges les plus ridicules relativement au bref sur le cas de conscience, et prêchait en termes bizarres la doctrine de l'infaillibilité; tout le conseil manifesta l'idée qu'on ne pouvait épargner une ordonnance si extravagante, et le roi donna ordre d'écrire au procureur général du parlement de Provence *d'interjeter appel comme d'abus de ce mandement et d'en faire un exemple.*

Le chancelier ne laissa point échapper l'occasion de montrer que si l'on voulait justice du mandement d'Acqs, on ne pouvait se dispenser de poursuivre aussi celui de Clermont, et malgré l'avis de plusieurs membres du conseil, le roi chargea également le chancelier d'écrire à d'Aguesseau, *qu'il trouvait bon* qu'on formât l'appel comme d'abus, du mandement que quelques heures auparavant Louis XIV avait regardé comme l'exécution de ses propres volontés. Il dut en coûter beaucoup à un homme de sa trempe d'ordonner le contraire de ce qu'il avait voulu ; — mais c'est le propre des hommes de génie de reconnaître leurs erreurs, et Louis XIV le fit avec ce tact et cette résolution dont il a donné tant de preuves.

Ce monarque, qui fut toujours grand quand il fut roi, fit mander les magistrats qu'il venait de recevoir si froidement ; il approuva leur zèle en termes flatteurs, ce qui fait dire à d'Aguesseau : « Qu'en comparant ses discours » du dimanche avec ceux du mardi, il était aisé de juger » que c'étaient les *jésuites et les sulpiciens* qui avaient » parlé le dimanche, et que c'était le roi qui parlait le » mardi. »

Les réquisitions furent prises le mercredi 9 mai 1703. Le même jour, arrêt fut rendu, par lequel non-seulement on censurait le mandement de Clermont, mais on renouvelait encore la règle qui défendait, en général, de publier, dans le royaume, aucune bulle sans qu'elle eût auparavant été revêtue de lettres patentes et enregistrée au parlement.

On ne saurait exprimer quelle fut la surprise de la cour de Rome, et de ceux de la cour de France qui avaient engagé le roi dans une démarche aussi scabreuse. L'arrêt du parlement fut pour eux un coup de foudre dont ils se sentirent frappés avant que de l'avoir vu partir ; le coup fut même redoublé par les arrêts que les parlements de Provence et de Guyenne rendirent contre les mandements des évêques d'Acqs et de Sarlat qui, après avoir partagé la faute de l'évêque de Clermont, en partagèrent aussi la pénitence. D'autres prélats prêts à les suivre, et qui se reprochaient peut-être même avant l'arrêt de ne les avoir pas devancés, furent si effrayés, qu'ils firent retirer leurs mandements; et la perte, dit d'Aguesseau, fut peu regrettée du public (1).

Les évêques sentirent bientôt la nécessité d'être plus circonspects. L'attitude des parlements leur tint lieu de prudence, et l'on vit à l'assemblée de 1705, où l'on discuta si librement sur la bulle *Vineam Domini*, que le clergé rentrait enfin dans les lignes des franchises gallicanes dont il ne s'éloigna jamais sans péril. Il est à regretter que cette vérité, qui se manifeste à chaque page de l'histoire, ne soit pas plus répandue de nos jours. Nous verrons même qu'elle est complètement méconnue par nos théologiens de la petite Église, ou, si l'on veut, par les disciples de Lamennais. Cela est aussi déplorable pour le clergé raisonnable et bon, que pour le plus grand nombre de nos prélats, qui font de vains efforts pour arrêter ce zèle intempestif et compromettant (2).

C'est dans cette assemblée de 1705 que fut de nouveau consacré le principe : « que les évêques français ont droit de juger *avant, avec* et *après* le pape. » Principe qui irrita tellement le Saint-Père, que, le 31 août 1706, il lança un nouveau bref qui dépouillait les prélats du caractère de juges de la foi, et semblait les transformer en simples mandataires des volontés de Rome. Il contenait cette sentence : *Venerari et exequi discant, non discutere aut judicare præsumant*.

---

(1) D'*Aguesseau*, t. 13, p. 215. — (2) V. Appendice, Nos 18, 19, 20.

La conduite pleine de vigueur et de loyauté de la magistrature française produisit, dans plusieurs autres circonstances, les résultats que l'on devait en attendre. Elle n'eut pas moins d'influence sur le pape que sur les évêques; et comme il arrive souvent aux politiques de s'abaisser par vanité, le Saint-Père, dans une occasion délicate et grave, porta la défiance et l'inquiétude jusqu'à prendre l'humiliante précaution de communiquer à la cour de France le projet et la substance de la bulle que Sa Sainteté méditait, afin d'être plus assuré, comme elle l'a dit dans le bref sur l'assemblée de 1705, *qu'il n'y avait rien dans cette bulle qui pût déplaire aux zélateurs les plus délicats des usages de la France.* Quel langage ! et comme il prouve bien qu'un roi vraiment roi n'a rien à redouter de cette cour aussi vaine qu'impuissante, chaque fois que des intérêts mondains viennent s'associer aux biens célestes qu'elle a mission de répandre pour le bonheur de l'espèce humaine.

CHAPITRE XIV.

DU CLERGÉ PENDANT LA RÉGENCE ET LE RÈGNE DE LOUIS XV.

Tout dégénère, tout se corrompt, se dissout, quand le chef de l'Etat n'est point à la hauteur de ses destinées.

Nous n'avons rien dit de l'enregistrement de la bulle *Unigenitus*, opéré « *sans préjudice des libertés de l'Eglise gallicane*, et sous la réserve du principe : Qu'on ne
» peut jamais prétendre que lorsqu'il s'agit de la fidélité,
» de l'obéissance due au roi, et de l'observation des lois
» de l'Etat, la crainte d'une excommunication injuste
» puisse empêcher les sujets du roi de les accomplir. »

Nous ne dirons rien non plus de la légende de Grégoire VII, opposée à la déclaration de 1682. Il s'agit bien moins pour nous de faire un gros livre qu'un livre substantiel. Il nous suffira donc de rapporter que cette légende fut proscrite par arrêts des parlements de Paris, Metz, Rennes, Bordeaux et Toulouse ; et que le pape, qui sentait bien qu'il n'avait plus affaire à Louis XIV, publia, le 19 décembre 1729, un bref qui *annulle et révoque, casse et anéantit tous les arrêts, édits, règlements et autres actes des cours*, des officiers de justice et de toute puissance laïque contre cette légende.

Elle avait pourtant été réprouvée par les mandements de Bossuet, Caylus, Colbert, Beaujeu, Coislin, d'Hattancourt, et par une grande partie du clergé français.

Il est aisé de concevoir que l'autorité du parlement n'était plus rien sous le ministère de Dubois. Quand les magistrats montraient de l'opposition, on les exilait, lors même que cette opposition était dans les intérêts de la couronne. On les traitait de séditieux, parce qu'ils n'étaient point assez lâches pour approuver, ni assez rampants pour se taire.

S'il arrivait ensuite une transaction, elle rendait le parti prêtre plus exigeant, et c'est ainsi que Dubois, qui voulait devenir cardinal, exigea du parlement qu'il enregistrât une seconde fois la bulle *Unigenitus*, sous peine d'être relégué à Blois, ou supprimé et remplacé par un corps purement judiciaire.

Il était alors en exil à Pontoise. Il céda; mais toujours dans un esprit de retour aux bons principes auxquels il espérait revenir aussitôt que les folies de la régence, les concussions de Law et les infamies de Dubois auraient ruiné, fatigué, soulevé la population, qui valait infiniment mieux que le gouvernement.

Telle était la situation de l'Etat, que l'on n'attendait le bien que de l'excès du mal.

Cependant, au moyen de concessions nécessitées par la force des choses, le parlement rentra dans Paris, et Dubois parvint au cardinalat, comme s'il ne lui manquait plus que cette dignité pour accroître son insolence et son faste et pour prouver à la France, avilie sous son joug, qu'il possédait tous les titres qu'un ministre félon peut avoir au mépris public.

L'Etat fut délivré de ce fléau le 10 août 1723. Dubois mourut, dit-on, des suites de ses débauches. Il mourut avec le cynisme qu'il avait affiché toute sa vie ; et ce qui est surtout très-caractéristique dans un cardinal, il mourut sans recevoir les sacrements de l'Eglise, sous le vain prétexte qu'il fallait pour lui, en sa qualité de prince romain, un cérémonial particulier sur lequel il devait consulter d'abord les autres cardinaux.

Dubois, de fils d'apothicaire, devint non-seulement cardinal, mais SUCCESSEUR DE FÉNELON, par la protection du jésuite Laffiteau ; ce qui est une nouvelle preuve de l'ascendant funeste de cet ordre qu'on ne craint pas aujourd'hui de proclamer l'appui de l'Eglise. Et, chose digne de remarque, il ne s'agissait plus alors d'un bénéfice, d'une sinécure productive, mais bien de la première dignité de l'Eglise.

Il ne l'eut pas plus tôt acquise par des moyens honteux et frauduleux, qu'il voulut être ministre, et qu'il le fut. Il manœuvra si bien, que dans ses dernières années, il se faisait un revenu de deux millions qui, aujourd'hui, en vaudrait près de quatre.

Le grand personnage dont Dubois avait perverti la jeunesse, et qui avait subi son influence jusqu'à sa mort, lui fit cette courte épitaphe : *Morte la bête, mort le venin*. Ce trait satirique, haineux et bas ne frappe-t-il pas aussi bien celui qui le lance que celui contre lequel il est lancé, quand il vient d'un maître qui a fait la fortune de la bête et qui a si souvent usé de son venin ?

Dubois laissa des richesses immenses, une extrême quantité de vaisselle d'argent et de vermeil, les meubles les plus précieux, les bijoux les plus rares, et les plus somptueux équipages. Tout cela ne lui provenait probablement pas de la boutique de son père, mais de ses concussions, mais de ses usurpations de bénéfices, et d'une pension qu'il ne rougissait pas de toucher de l'Angleterre ; or, on sait que les étrangers ne paient que ceux qui se sont vendus.

Quel exemple pour un prêtre !... Et l'on accuse les peuples d'impiété ! Et l'on s'en prend à la philosophie quand on voit éclater des révolutions après le visirat de Dubois ! Et l'on ne voulait pas voir tout ce qu'un tel cardinal faisait de mal à la religion, aux mœurs, à la justice, et aux finances de l'Etat. — O malheureuse France ! que pouvais-tu devenir sous la domination d'un tel ministre ? et sous celle d'un régent qui ne sortait des saturnales du vice que pour encenser les autels de l'athéisme ! [1]

---

(1) Ouvrez l'histoire et vous verrez dans le même temps le parlement de Grenoble condamner deux cents individus de tout sexe et de tout âge, les hommes aux galères et les femmes à la réclusion, pour avoir assisté au prêche, participé à la cène ou fait baptiser leurs enfants par des ministres protestants. (L'arrêt est de 1746.)

Vous verrez, le 24 novembre 1757, le parlement de Bordeaux enjoignant aux prétendus mariés ou mariées de se séparer incontinent ; vous l'entendrez appeler concubinage la cohabitation des époux protestants et flétrir leurs enfants du titre de bâtards.

Et si vous voulez aller jusqu'en 1765, vous apprendrez que le clergé proclamait que : « Si la loi qui a révoqué l'édit de Nantes, si la déclara-
» tion de 1724 avaient été exactement observées, il n'y aurait plus de
» calvinistes en France..... » Vous retiendrez encore cette prière des évêques de France : *Que le renouvellement solennel de cette déclaration, fruit de votre sagesse et de votre piété, soit l'heureux fruit de nos remontrances.....* Après cela réfléchissez.....

Un mandement de l'archevêque de Paris, plein de principes ultramontains, devint, le 27 mars 1732, un nouvel aliment de contestations. Vingt-deux curés avaient refusé de le publier; le parlement se disposait à le censurer, quand un arrêt du conseil lui en retira l'examen. Cependant ce coup d'État ne fit qu'irriter les esprits; la magistrature revendiqua sans ménagement son droit de haute police sur tout ce qui peut compromettre l'intérêt de l'État et des franchises nationales. On répondit à des discours véhéments par des arrestations. Le parlement cessa ses fonctions. On intrigua pour les lui faire reprendre, il ne remonta sur les rangs que pour déclarer le mandement abusif, et son arrêt *fut cassé par le conseil, qui, en même temps, réserva à la grand'chambre seule la connaissance des appels comme d'abus.*

Que pouvaient faire alors les membres des enquêtes et des requêtes qui formaient la majeure partie du parlement?... Ils savaient bien que Louis XV n'était pas de ces rois qui font tout par eux-mêmes, et qui disent: L'ÉTAT C'EST MOI..., ils voyaient des ministres aussi faibles que dissolus, précipitant la ruine du royaume; devaient-ils souffrir que le gouvernement pût s'appuyer sur la minorité, et signaler comme factieux les magistrats formant la majorité? devaient-ils se soumettre en attendant le retour du calme et de la justice?

Ils en pensèrent autrement; ils donnèrent leur démission, par le motif que les magistrats ayant à craindre l'exil ou la prison s'ils opinaient, ou le déshonneur s'ils gardaient le silence, ils devaient remettre leurs charges au roi pour éviter d'être complices de l'avilissement dans lequel on précipitait la première cour du royaume (¹).

Ce parti vigoureux dut effrayer un gouvernement sans vigueur, sans principes arrêtés et qui semblait vivre au jour le jour. On négocia; les démissions furent rendues; mais les conseillers ne les reprirent que pour saisir l'occasion de faire de nouvelles remontrances.

De son côté, le roi, sans expérience, obsédé par l'intrigue, et incapable de se conduire de lui-même dans des circonstances aussi délicates, convoqua un nouveau lit de justice, rejeta les protestations des magistrats, et les frappa d'un exil général. — Cet acte de colère fut bientôt suivi d'un rappel; mais on put se convaincre que, s'il était aisé de déplacer les hommes, il ne l'était pas de rendre à l'Etat le calme que tous ces coups d'autorité avaient fait disparaître pour jamais.

Tel était le gouvernement monarchique sous ce qu'on appelait le droit divin; telles étaient les vicissitudes du pouvoir absolu, qu'il ne se manifestait plus que pour se dégrader et décrier les institutions qui faisaient sa force, ou qui pouvaient du moins arrêter l'effet de ses faiblesses.

(1) En 1730 on avait vu trois curés d'Orléans excommuniés par leur évêque pour avoir exposé leur sentiment sur la bulle *Unigenitus*. Ces prêtres qui n'avaient d'autre tort que de dire ce que tout le monde pensait, appelèrent comme d'abus de la sentence épiscopale, sur une consultation de quarante avocats. C'était user d'un droit, tant de la part des excommuniés que de celle du barreau; mais le cardinal de Fleury, indigné de tant d'audace, fit rendre contre la consultation un arrêt du conseil qui en flétrissait les auteurs et leur ordonnait de se rétracter.

Le cardinal n'avait nullement calculé la résistance que lui opposerait l'esprit de corps. Il fit comme tous les ministres sans caractère, il se montra d'abord violent, sauf à se montrer faible quand la réflexion serait venue. Les avocats de Paris et de Rouen protestèrent contre l'arrêt du conseil. Ils cessèrent de plaider; tout l'ordre en fit autant, et le cardinal-ministre fut obligé de se rétracter au lieu d'obtenir une rétractation.

Les guerres que la France eut à soutenir jusqu'en 1748, firent quelques diversions dans les esprits. Cependant la guerre de plume était, à Paris, beaucoup plus active que celle que les armées soutenaient sur les frontières. La philosophie s'insinuait partout. Le clergé s'alarmait avec raison de ses progrès; il s'irritait surtout des révélations indiscrètes et souvent piquantes de certains écrivains.

Je ne veux rien spécifier, car il est loin de ma pensée d'aigrir les esprits et de soulever l'indignation contre ces prêtres dégradés, mais il est facile à chaque lecteur intelligent de mettre un nom propre au bout de chacune de mes lignes. Je le ferais moi-même, si je partageais les sentiments de certains auteurs qui se font un jeu de soulever des récriminations, des haines, comme au temps où les écrits de cette nature étaient tout puissants sur l'opinion du clergé. Il faut les laisser attaquer la philosophie, les études classiques, comme coupables de la révolution de 1789, et persister à soutenir qu'elle fut plus immédiatement l'œuvre des courtisans, des mauvais ministres et des mauvais prêtres.

La dissolution des abbés et des prélats de cour venait à l'appui des satires, des chansons, des pamphlets de toutes couleurs, qui se distribuaient avec autant de facilité que si la presse eût été parfaitement libre.

Les prêtres sentaient la faiblesse de leur parti. Ils voyaient qu'ils ne pouvaient plus faire cause commune avec la religion; et d'ailleurs on ne savait plus s'il y avait en France une religion catholique, tant le *protestantisme de fait*, le *déisme*, le *philosophisme*, le *rationalisme* et même *l'athéisme* avaient étendu leurs conquêtes.

Au lieu de transiger avec l'époque, et de chercher à ramener par la douceur, ils mirent dans leurs procédés plus de rigueur que jamais ; et, les refus de sacrements, dont alors on se souciait fort peu, devinrent une nouvelle occasion de trouble pour le peuple, pour la cour et pour le parlement.

On vit des athées revendiquer violemment des sacrements dont ils s'étaient moqués toute leur vie. — Ils se faisaient dévots pour avoir un moyen d'attaquer le clergé.

Un arrêt décida que le refus était abusif.

Un arrêt de conseil le cassa pour empiètement de l'ordre judiciaire sur la juridiction ecclésiastique.

Nouvel arrêt le 18 avril 1752, avec défense de refuser les sacrements ; nouvelle cassation.

L'aigreur allant toujours en croissant, le parlement, sans s'inquiéter des arrêts du conseil, mit l'archevêque de Paris en cause, saisit son temporel, convoqua les pairs, et se livrant à une espèce de révolte ouverte, il osa résister aux ordres du roi, qui, voyant son autorité méconnue, se crut obligé d'exiler cette fois, non-seulement les enquêtes, mais la grand'chambre elle-même.

Qu'on juge de la situation des esprits, par de telles mesures ! Voilà le premier corps de l'Etat exilé, la justice suspendue, le trône compromis, le peuple dans l'alarme ; et pourquoi ? parce qu'il plut à des prêtres plus fanatiques qu'éclairés d'exiger, au nom de la religion, de vaines formalités que la religion n'a jamais prescrites, et dont l'esprit de l'Evangile ne permet pas même de supposer la nécessité.

Si les légitimistes qui nous faisaient naguère tant de

promesses au nom de leur idole, se donnaient la peine d'étudier sérieusement l'histoire des derniers temps de la monarchie, ils ne résisteraient certainement pas à l'évidence des faits et ils se convaincraient que tout ce qu'ils appellent principes de droit divin, ne sont que de brillantes utopies. Quand celui dans lequel ils mettent toutes leurs espérances n'aurait pas pris le soin de les démentir; quand sa politique, en admettant qu'il en eût une, ne serait pas de gouverner tantôt avec eux, tantôt contre eux, selon la peur que lui ferait l'opinion publique sur laquelle il ne compte pas, ils devraient encore renoncer à leurs projets de troisième restauration, bien plus difficile que les deux autres, maintenant que le suffrage universel qu'ils invoquaient s'est prononcé contre eux ([1]).

Le peuple inquiet, opprimé, commençait à se repentir de l'amour qu'il avait montré à son roi; il révoquait le surnom de *bien-aimé*.

D'un autre côté, le parlement s'abusant sur l'étendue de ses moyens, de ses pouvoirs et de son influence, commettait l'imprudence d'entreprendre l'établissement d'une ligue entre tous les parlements du royaume, ce qui était illégal, impolitique, séditieux.

---

[1] Quel cas, des esprits sérieux peuvent-ils faire d'un parti qui depuis trente ans demande le suffrage universel, et qui, quand il arrive, n'ose pas même en faire usage. D'un parti qui, lorsqu'un de ses membres les plus aventureux osa proposer de soumettre au peuple français cette immense et imprudente question : Y aura-t-il république ou monarchie, a repoussé cette proposition, parce qu'il comprenait bien qu'elle serait résolue contre lui. Il n'avait plus qu'une chose à faire, se retirer du champ-clos de l'opinion publique. Il ne comprit pas même cette nécessité; au lieu d'une rupture, il inclina vers une bouderie. L'esprit de futilité qui le caractérise depuis si longtemps ne se dissipera donc jamais !...

Aussi, loin d'accroître sa puissance, il donna au monarque l'occasion de la limiter sur un point, et de la détruire sur plusieurs autres. En effet, une déclaration du 13 septembre 1757 réduisit à l'appel comme d'abus tous ses droits en matière religieuse, et renvoya le jugement des refus de sacrements aux tribunaux ecclésiastiques. Ce fut aussi un présent funeste pour le clergé, car il arriva que le peuple n'espérant plus obtenir justice, imagina de se la faire lui-même ; de là l'exaspération qui ne tarda pas à éclater contre le clergé.

Cette déclaration était un véritable coup d'Etat.

Il fallait, pour faire exécuter ces mesures violentes et intempestives, une autre volonté que celle d'un monarque aussi indolent que Louis XV, ou plutôt que celle d'un ministre aussi faible que Fleury ([1]) ; on ne doit donc pas s'étonner de ce que la déclaration ait été suivie des évènements les plus déplorables et qu'elle ait porté dans les esprits une telle haine du Pouvoir, que *la disgrâce des magistrats devint un triomphe*, et que l'acte qui les atteignait, suscita au roi de nombreux ennemis, parmi lesquels la France vit avec horreur un assassin.

Le danger que courut Louis XV sous le poignard de Damiens, l'aveu de ce monstre, *qu'il fut porté à son crime*

(1) Personne ne rend plus que moi justice au savoir et aux éminentes qualités du cardinal de Fleury. Homme d'esprit, bienveillant, prudent, rempli de finesse et de probité, il fut de tout point créé pour servir de contraste à son prédécesseur ; il s'éleva sans intrigue, dédaigna les avantages de la fortune et mourut pauvre, après une longue administration, durant laquelle il aurait pu faire sa fortune sans recourir aux moyens scandaleux que les intrigants employaient sans scrupule ou si l'on veut sans prudence ; mais il était à l'âge où les ministres doivent déployer de l'activité, de la fermeté, sous peine d'être au-dessous de leur mission.

par le mécontentement général, occasionèrent un changement subit dans tous les esprits. Le roi, s'apercevant un peu tard peut-être que les moyens violents ne convenaient point à sa position, proclama l'oubli du passé, rappela quelques évêques exilés et rétablit le parlement, ce qui lui réussit mieux que les coups d'Etat.

C'est toujours le retour à la justice qui cicatrise les plaies des nations victimes des intrigues de cour et de sacristie ; ceci est vrai dans tous les temps et sous tous les gouvernements. Ce l'est surtout quand les factieux se couvrent du masque religieux, le plus respectable ou le plus perfide de tous.

CHAPITRE XV.

DES JÉSUITES HORS DE FRANCE.

Nous avons vu quelle était la nature des obligations imposées aux jésuites, et comment ils s'y conformaient. Leur puissance sous Henri IV et Louis XIV en dit plus que tout ce que nous pourrions extraire de leurs actes patents, ou de leurs écrits.

Sortons de France, suivons-les dans un autre hémisphère, et nous verrons que, tandis qu'ils luttaient avec avantage contre la Sorbonne, contre nos parlements, et la majorité du clergé, ils régnaient de fait en Portugal, en Espagne, en Italie. Ils étaient les véritables pontifes des possessions d'outre-mer, où les toléraient les monarques de la Péninsule européenne. Ils élevaient partout des monastères, ils recrutaient des compagnons dans toutes les classes de la société. Ils entraînaient les populations, levaient des armées, *et créaient des républiques* dont ils se proclamaient les chefs.

Lorsque des hommes s'avancent, au nom de Dieu, parmi des populations ignorantes et grossières, ils marchent à pas de géants; ils arrivent promptement aux sommités d'une société inerte, incapable de résistance et disposée même à passer sous un joug qu'on lui présente comme salutaire et léger.

S'il n'en coûte rien pour faire des promesses, il n'en coûte rien non plus pour y croire. Il est si doux de se livrer à l'espérance!...

Tout concourt donc à favoriser les entreprises des conquérants spirituels. Comme ils sont inoffensifs, comme ils parlent en amis, comme les maux qui les suivent ne peuvent être aperçus, et comme le bien qu'ils font est vu, senti, exagéré par une foule de partisans, il est aisé de concevoir que leurs succès doivent être rapides. Mais en marchant si vite on fait des faux pas. — En édifiant si promptement on n'élève que des monuments sans base. En acquérant tant de pouvoir, on crée des esclaves; et le public, faisant un retour sur lui-même, ne tarde pas à s'apercevoir qu'il a été dupe de vaines promesses. Il voit que ceux qui s'arrogent le droit de diriger ne sont pas plus infaillibles que ceux qu'ils dirigent. Il apprend qu'en attendant les biens éternels, on perd une partie de ceux de ce monde. Il sent enfin que s'il faut ici-bas du despotisme, celui d'un homme est bien moins à charge que celui d'une collection d'êtres qui s'en partagent les douceurs et les résultats, et qui conséquemment se portent au plus haut degré; cela, il faut le dire, n'est pas seulement vrai pour les jésuites, c'est vrai pour toute congrégation.

Ceux qui passèrent dans les Indes, en Amérique, en Chine, eurent une existence mêlée de succès et de revers, faite pour exciter leur zèle ou pour l'anéantir. Ils portèrent dans ces pays lointains la parole divine ; ils arrachèrent à l'idolâtrie des populations dont ils surent se faire aimer ou redouter tour-à-tour. Bons pour les convertis fidèles, sévères pour ceux qui ne montraient ni foi ni obéissance.

On ne saurait trop admirer la persistance et le dévouement de ces hommes toujours prêts aux plus grands sacrifices, même à celui de leur vie. C'est en cela qu'ils entraient parfaitement dans les vues de leurs fondateurs.

Si une société si fermement organisée se livrait, sans mélange d'intérêts personnels, à l'instruction religieuse, à l'enseignement des enfants, à la direction des populations, partout où le service des églises est mal organisé, partout où les écoles manquent de maîtres, ce serait la plus belle et la plus puissante institution connue. Mais elle porte avec elle un vice dont elle se défera difficilement et qui la fera proscrire de tous les Etats, c'est la nécessité où elle est, où elle croit être au moins, de mêler aux intérêts religieux, la politique et les intérêts mondains.

Nous sommes loin de croire au fondement de tous les reproches qui leur ont été faits, mais comment n'avoir pas quelques doutes, quand on voit cette corporation bannie de tous les Etats où elle parvint à s'établir. On la dit favorable au despotisme ; c'est déjà un malheur pour elle ; et ce malheur est irréparable. Méritée ou non, cette imputation la suit partout ; et partout elle la tient en état de suspicion légitime. Il est injuste sans doute d'attribuer à la corporation les fautes de quelques-uns de ses membres. Mais cette injustice est ancienne, elle est perpétuelle ; personne ne peut ou ne veut s'en défendre,

La Russie elle-même, si puissante par la vigueur du pouvoir qui la gouverne, ne s'est pas crue à l'abri de ses intrigues ou de ses coups ; et l'autocrate a banni les jésuites comme prédicateurs et comme instituteurs (¹).

Il a fallu en France une révolution démagogique pour qu'ils osassent s'y remontrer au grand jour. Ils y sont, mais les répugnances qu'ils soulèvent, sont un avertissement dont ils doivent comprendre la portée. Il serait à désirer qu'ils ne fussent pas les seuls à profiter de cet avertissement salutaire, et que le gouvernement lui-même, quelque inaccessible qu'il soit à la crainte, examinât sérieusement quelles sont les causes d'un sentiment de répulsion si prononcé, si général. Nous reviendrons sur ce point dans un chapitre spécial (²).

(1) Voyez Appendice, n° 14. — (2) Voyez livre II, Chapitre dernier.

CHAPITRE XVI.

RÉACTION CONTRE LES JÉSUITES.

Les sociétés une fois parvenues au point où commence la réflexion, s'entretiennent de leur malaise et des moyens de le faire cesser. Les conquérants s'en étonnent; ils font de nouvelles protestations, promettent des biens efficaces pour l'avenir; mais les peuples ne voient plus que le présent, ils se plaignent; leurs maîtres s'irritent, la lutte commence sourdement d'abord; puis elle s'anime, éclate et se soutient bientôt avec fureur.

C'est alors qu'il faut déployer, pour se maintenir, des ressources auxquelles on n'avait pas songé dans l'ivresse de la conquête. Chaque pas rétrograde est une chute; de chute en chute, le pouvoir usurpé tombe dans le mépris, et il n'est plus d'autre voie pour en sortir que la tyrannie.

Si ces idées sont vraies relativement aux pouvoirs politiques, elles le sont bien plus quand il s'agit des pouvoirs d'un ordre inférieur. Qu'est-ce qu'une tyrannie de moines? qui consent à la supporter? Autant on les craignait quand on ne les connaissait pas, autant on les dédaigne quand on les voit à nu. — L'erreur les éleva, la vérité les renverse. Voilà en peu de mots toute l'histoire des jésuites. Tantôt ils vont de triomphe en triomphe, tantôt de chute en chute ; mais, comme des soldats bien disciplinés, ils reforment obstinément leurs rangs et sont toujours prêts au combat. Le grand secret de leurs triomphes consiste à ne désespérer jamais.

Un de nos historiens, examinant, avec toute la candeur qui le caractérise, les motifs qui devaient déterminer le gouvernement à *conserver la société de Jésus*, raconte que « les jésuites avaient à Paris ce qu'ils appelaient des *con-*
» *grégations*, c'est-à-dire des rassemblements d'hommes
» de tout état, qui venaient à des jours indiqués assister
» à des conférences, dans lesquelles il est notoire que ces
» religieux savaient mêler à propos aux instructions
» morales, *les opinions qu'ils voulaient faire prévaloir.*
» Il est encore certain, ajoute-t-il, qu'étant directeurs
» très-accrédités *ils savaient les secrets de presque toutes*
» *les familles*, se mêlaient de leur conduite intérieure, de
» mariages, de testaments, d'établissements honorables ou
» lucratifs ; *que rien n'échappait à leur surveillance.* Qu'at-
» tentifs à tout, ils plaçaient chez les grands et les minis-
» tres des affidés dont le dévouement et la pénétration sup-
» pléaient dans le besoin à la discrétion des maîtres. »

C'est Anquetil, chanoine de Sainte-Geneviève, homme de bien, auteur d'une *Histoire de France* et de l'*Esprit de la Ligue*, homme versé dans la diplomatie, qui nous tient ce langage !

On ne serait pas étonné de trouver dans Machiavel de semblables motifs, mais le parlement (et avec lui toute la France) voyaient dans ces faits incontestables autant de griefs qui démontraient la nécessité de supprimer cette espèce d'inquisition indigne d'un pays libre. Aussi ne tarda-t-il pas à saisir l'occasion de sévir contre les jésuites. Il jugea toute la société dans la personne du père Lavalette en déclarant qu'il y avait solidarité entre elle et ce moine banqueroutier de plusieurs millions. L'arrêt est du 8 mai 1761. Ces bons pères qui *avaient fait vœu de pauvreté*, payèrent en six mois plus de douze cent mille livres, somme énorme à cette époque; et, ce qui est remarquable, ils payèrent sans vendre aucun bien de la société.

Le Portugal avait été le premier protecteur des enfants d'Ignace; il fut le premier qui les proscrivit. L'éclat que produisit cette expulsion agita en France toutes les têtes philosophiques. Il mit en mouvement toutes les plumes; il leur fallut succomber sous ce torrent d'écrits et de malédictions. C'est en vain qu'ils protestèrent contre le fameux arrêt du 6 août 1762, que nous avons rapporté ailleurs (¹). Cette société si puissante s'évanouit sans bruit, mais non pas sans espoir.

Elle s'évanouit, mais les maux qu'elle avait causés n'étaient plus susceptibles d'être réparés; la jeunesse qu'elle avait formée tombait en dissolution avant d'atteindre l'âge viril. La religion, accommodée aux passions des hommes, n'était plus qu'un vain mot. Les prétendus philosophes, presque tous sortis des collèges jésuitiques, inculquaient aux peuples le mépris de la divinité, la haine des rois, des magistrats, des usages reçus; et ils avan-

---

(1) V. des *Droits et devoirs de la magistrature*, liv. 1, chap. 4, p. 48.

çaient ainsi l'épouvantable catastrophe que les fautes de Mazarin avaient préparée, que les déportements de la régence avaient rendue inévitable, et que l'opinion publique réclamait à grands cris, sans en prévoir les terribles conséquences. — La religion fut remplacée par l'athéisme au moins apparent, la soumission du peuple par la licence la plus effrénée. Mais de ce chaos effroyable sortit enfin un autre ordre de choses qui, sous le rapport des institutions politiques, religieuses et judiciaires, l'emporte de beaucoup sur ce que la révolution de 1789 a détruit. — Nous en parlerons plus loin.

Ce n'est pas l'avis des petits successeurs du grand Ignace de Loyola ; ils regardent les institutions nouvelles comme détestables en tout point. Nous les verrons plus tard chercher à faire revivre les questions sur le temporel et sur le spirituel, et se prononcer ouvertement pour la suprématie de la puissance romaine sur toutes les autres puissances. Nous les verrons lacérer les quatre articles de 1682 comme des actes révolutionnaires, et traiter le concordat et les articles organiques comme des actes de persécution. Ils mettraient volontiers Louis XIV, Bossuet, Fénelon, et presque tous les évêques de France dans le même pilon. Ils flétrissent tous les enfants, tous les adolescents, tous les hommes élevés par l'Université comme païens, comme ennemis acharnés de la religion, et ne semblent pas s'apercevoir que cet argument tourne contre eux, car ce n'est pas l'Université impériale qui a formé Rousseau, Voltaire, Diderot, Helvétius, Volney, Robespierre et Danton.

Ils oublient donc que l'ancienne Université comptait

beaucoup plus de jésuites que de philosophes, et que si son enseignement tourna si mal, ce n'est point à la philosophie qu'il faut s'en prendre.

Nous verrons bientôt ce qu'il faut penser d'un nouveau système d'éducation prôné par nos ultramontains, disciples de ceux du moyen-âge. Ils s'élèvent contre l'éducation du peuple, non plus en ce que l'Université n'est pas assez dévote; non plus en ce que les aumôniers des collèges sont insuffisants, mais, la chose est remarquable, en ce que depuis 300 ans les écoles des presbytères, des maisons religieuses, des jésuites même, n'enseignaient que le paganisme. Il est fort à propos de rapporter ici ce que pense de cette prétention un ecclésiastique qui mérite d'autant plus de confiance qu'il a écrit avec une extrême modération.

Le concile de Rennes s'est élevé contre le chaos d'opinions au milieu duquel nous vivons. Jamais, peut-être, il ne s'en vit de pareil. Dans le monde social, dans le monde philosophique, et dans la république même des lettres, quelle confusion d'idées! Dans ce désordre moral et intellectuel, chacun se croit appelé à dire son avis et s'imagine avoir trouvé le remède à nos maux. S'il ne fallait que des plans de réforme pour nous guérir, nous serions depuis longtemps hors de danger.

Cependant, parmi tous les périls qui nous environnent, il en est un sur lequel on avait jusqu'à ce jour fermé les yeux; on ne se doutait pas que toute l'éducation était païenne, et que c'est par là que la société périt. On savait bien, et on disait depuis longtemps, que le défaut de principes religieux dans un trop grand nombre de maisons d'éducation, était la plaie de notre société ; mais qui se serait imaginé que l'éducation fût païenne, jusque dans les maisons les plus religieuses? Voilà pourtant l'étrange paradoxe qui est soutenu dans un livre intitulé : *Le ver rongeur, ou le paganisme dans l'éducation*. Depuis plus de trois cents ans, si l'on en croit l'auteur de ce livre, dans toutes les maisons d'éducation chrétienne, *on a rompu manifestement, sacrilègement, malheureusement, la chaîne de l'enseignement catholique... on a coulé les générations dans le moule du paganisme, et on a eu des générations païennes... Des hommes à imagination saturent les générations de paganisme, et leur laissent ignorer le christianisme! Telle est la cause, le commencement et la fin de tous les maux dont souffre la société!* — En vérité, on croit rêver quand on lit de pareilles choses.

Le vénérable ecclésiastique qui tient ce langage ne pouvait pas être plus explicite. Mais croit-on que le public ne porte pas plus loin sa pensée? Croit-on qu'il ne voit pas dans ce *meâ culpâ* de quelque jésuite un désir plus qu'un regret? N'est-il pas permis de conclure de ces étranges paroles que le secret dessein de cette congrégation est de revenir au temps dont ses néophytes et ses patriarches font un si pompeux éloge. Le moyen-âge, pour eux, c'est l'âge d'or. Cette pensée recevra plus tard tout le développement dont elle est susceptible. Deux cents pages n'y suffiraient pas s'il fallait suivre l'écrivain dans toutes ses démonstrations.

Toujours est-il que les discussions intempestives qui s'établissent entre nos ultramontains et le clergé pacifique et instruit, jettent le trouble dans les esprits, et que le plus grand service que l'on puisse rendre à la religion, serait de la débarrasser de pareils auxiliaires (¹).

Peut-être les jésuites sont-ils étrangers à ces luttes déplorables, mais l'opinion les leur impute. Elle se reporte aux époques antérieures où cette compagnie remuante se mêlait à tous les débats religieux ou politiques; et comme elle ne conçoit pas que des esprits chrétiens aient la prétention d'accroître leurs exigences à mesure qu'elles sont satisfaites, elle s'alarme à bon droit des conséquences que de tels débats peuvent avoir pour la religion, ou tout au moins pour le clergé. Oui le clergé : il se trouve plus ou moins compromis comme corps dans les fausses démarches ou dans les plaintes mal fondées qui se font individuellement, dans l'intérêt souvent mal compris des principes religieux, et c'est un malheur que sentent profondément tous ceux qui voudraient jouir du triomphe pacifique de la religion (²).

(1) Nous n'entendons pas parler des moyens qu'on employait autrefois contre les hérétiques; il y en a un plus simple, — il est à Rome.
(2) Voyez Appendice, N° 6 et surtout N°⁸ 18, 19, 21 et 22.

CHAPITRE XVII.

DES LIBERTÉS DE L'ÉGLISE GALLICANE DEPUIS LA RÉVOLUTION JUSQU'A LA RESTAURATION.

Les contestations perpétuelles entre la couronne de France et la cour de Rome avaient depuis plusieurs siècles éclairé les Français les plus pieux sur leurs véritables intérêts spirituels. Le mélange du mondain et du céleste avait jeté l'ultramontanisme dans un si profond discrédit, que les bailliages et les sénéchaussées demandèrent presque à l'unanimité une réforme dans l'administration ecclésiastique.

On ne se borna pas à l'administration intérieure; on alla jusqu'à demander l'abolition du concordat ancien, des annates, des dispenses de Rome; le rétablissement de la pragmatique-sanction, de l'élection des évêques, des conciles nationaux et provinciaux, et surtout le *maintien de la déclaration de* 1682. La révolution crut plus simple de détruire que de réformer; elle abolit tout ce dont on demandait l'abolissement, et ne rétablit ni la pragmatique, ni les conciles; cela fut classé parmi les abus.

Qui donc avait formé tous ces hommes ennemis des abus en matière ecclésiastique? Évidemment ce n'était pas l'Université impériale ; ce n'étaient même pas les pensions, les institutions privées; il n'y en avait pas; tout l'enseignement était livré aux établissements religieux ; ce sont donc eux qui firent cette génération de damnés d'où sortirent tant d'hommes scandaleusement impies et tant de prêtres apostats.

Ce sont eux qui élevèrent aussi les hommes qui, en l'an IV, trouvant que la loi appelée Constitution civile du clergé était insuffisante pour une république, exagérèrent tout; et, il faut le dire, proclamèrent l'anarchie dans le culte comme ils l'avaient mise dans l'administration civile.

Mais lorsque le délire révolutionnaire fut arrivé au point où s'arrêtent tous les délires; quand tout fut détruit, l'ordre social suspendu dans le vague ne pouvait s'asseoir que sur des lois, sur une religion. Les lois ne manquaient point à la France. Quant à la religion, il fallait choisir entre le protestantisme et le catholicisme, comme fit autrefois l'Allemagne, ou bien adopter celle que créa l'Angleterre.

Mais l'homme qui présidait aux destins de la France se déclara pour le catholicisme; il souscrivit le concordat du 10 septembre 1801 qui rétablissait la publicité du culte de nos pères et renversait de fond en comble la constitution civile du clergé.

Cet acte subordonnait la publicité de l'exercice des cultes aux règlements de police que le gouvernement jugerait nécessaires pour la tranquillité publique.

Il imposait aux évêques le serment de fidélité au gouvernement républicain.

Il ordonnait qu'on récitât à la fin de l'office le *Domine salvos fac consules*.

Il sanctionnait les ventes de biens ecclésiastiques.

Il reconnaissait enfin dans le Ier consul les droits et prérogatives dont jouissait, près de Sa Sainteté, l'ancien gouvernement.

Sept mois après parurent les articles organiques du concordat qui firent revivre les libertés de l'Eglise gallicane, et qui furent un acheminement progressif vers le rétablissement de toutes les franchises et la répression des abus dont on avait eu si souvent à se plaindre avant la révolution. Ainsi, point de publication de bulle *sans autorisation du gouvernement*, chargé d'examiner leur conformité avec les lois, les droits et les franchises de l'Eglise de France.

Point d'institutions d'évêques sans la nomination préalable du chef de l'Etat.

Point de bénéfices.

Point de suprématie du pouvoir ecclésiastique sur le pouvoir civil.

Point de sacrements, de baptême, de mariage, d'enterrement même, qui ne dût être précédé d'un acte de l'état civil. On laissa bien, ou plutôt on n'interdit point aux curés un certain formulaire attestant les actes religieux, mais il fut sans force en dehors de l'église et ne put être invoqué comme preuve devant aucune autorité.

On trouve dans ces actes organiques quelque chose de plus significatif encore pour la suprématie du gouvernement, c'est la dévolution des appels comme d'abus au conseil d'Etat.

Les cas d'abus de la part des supérieurs et autres personnes ecclésiastiques sont clairement définis. Ce sont : l'usurpation ou l'excès de pouvoir ; la contravention aux lois et règlements de la république ; l'infraction des règles consacrées par les canons reçus en France ; l'attentat aux libertés, franchises et coutumes de l'Eglise gallicane ; et toute entreprise ou tout procédé qui, dans l'exercice du culte, peut compromettre l'honneur des citoyens, troubler arbitrairement leur conscience, dégénérer contre eux en oppression, ou en injure, ou en scandale public.

L'art. VII ajoute : « Il y aura pareillement recours *au conseil d'Etat*, s'il est porté atteinte à l'exercice public du culte et à la liberté que les lois et les règlements garantissent à ses ministres. »

L'art. VIII : « Le recours *compétera à toute personne intéressée*. A défaut de plainte particulière, il sera exercé *d'office par les préfets*. Le fonctionnaire public, l'ecclésiastique ou la personne qui voudra exercer ce recours, adressera un mémoire détaillé au ministre chargé des cultes, lequel sera tenu de prendre, dans le plus court délai, tous les renseignements convenables ; et, *sur son rapport*, l'affaire sera suivie et définitivement terminée dans la forme administrative. »

On trouve à la même date (8 avril 1802) dans le Bulletin des Lois, d'autres dispositions organiques des cultes protestants mises en harmonie avec celles relatives au culte catholique et avec les constitutions politiques qui avaient proclamé la liberté des cultes, circonstance importante qui prouve combien l'esprit de tolérance a fait de progrès depuis un demi-siècle, et combien il est vrai qu'il suffit de protéger également chaque culte pour empêcher le retour des contestations et des guerres religieuses.

C'est une chose remarquable en effet, que depuis le concordat, les pasteurs des deux cultes se soient si bien accordés qu'on n'ait eu à se plaindre d'aucune querelle suscitée par la différence des religions. Un zèle mal entendu a pu sans doute dans quelques localités protéger ou persécuter tel fonctionnaire à raison de son culte ; mais ces mesures maladroites n'ont eu aucune conséquence funeste.

Quelle différence entre ce qui se passe aujourd'hui et ce qui se passait du temps de Louis XIV ! Ce grand prince, dans l'intention de faciliter, de hâter la conversion des protestants, écrivait en 1682 aux évêques et archevêques : « J'espère que votre zèle appuyé de mon autorité
» pourra conduire mon projet à une fin heureuse : vous
» recommandant sur toutes choses de ménager avec dou-
» ceur les esprits de ceux de ladite religion, et de ne vous
» servir que de la force des raisons pour les ramener à
» la connaissance de la vérité, sans rien faire contre les
» édits et déclarations en vertu desquels l'exercice de leur
» religion est *toléré* dans mon royaume. »

On écrit de notre temps à tous les évêques : « Multipliez vos efforts pour établir ou maintenir l'harmonie entre tous les cultes reconnus par l'Etat. » Principes admirables dans un gouvernement qu'on accuse cependant d'impiété, comme si la piété consistait à perpétuer les haines des partis.

Au temps de Louis XIV, les instances des catholiques

ne faisaient qu'irriter les protestants. Ils répondaient par des écrits violents aux circulaires qu'on distribuait sur leur religion. Les évêques se désespéraient, ils protestaient contre les mauvais desseins des réformés envers la religion catholique, ils combattaient leurs écrits, mais comme cette guerre de plumes n'aboutissait à rien, ils firent en 1685 un rapport au roi, pour se plaindre de ce que « dans l'état florissant où sa valeur et sa sagesse » avaient mis le royaume, le clergé avait de très-justes » sujets de demander la révocation des édits qui contenaient la permission d'exercer la religion réformée ; » permission, disaient-ils, qui n'avait été donnée que *par* » *provision, et pour des raisons qui ne subsistaient plus.* » Ils n'insistaient pas encore sur cette révocation, mais ils demandaient qu'il fût ordonné aux réformés de ne parler *qu'avec respect des mystères de la religion catholique :* tels étaient les premiers pas vers la révocation de l'édit de Nantes. Tout alors était en combustion ; tout, de nos jours, est dans la paix la plus profonde ; et qui pourrait douter que cette paix ne soit l'effet du concordat de 1802 et des lois qui accordent à tous les cultes la même protection ?

Lorsque de ce concordat tutélaire pour l'époque à laquelle il a été fait, on passa à l'examen de son exécution, on ne tarda pas cependant d'y trouver des lacunes importantes.

On regretta notamment l'élection des évêques. Ce droit ancien dont le résultat était si favorable à la vertu modeste, y est remplacé par la nomination du gouvernement si favorable à l'intrigue. Ce fut un des grands griefs du clergé, mais il fut obligé de reconnaître, qu'au point où l'on était parvenu, l'élection n'était plus possible, sous peine de voir arriver aux sièges épiscopaux des hommes tout-à-fait indignes de cette position élevée.

Les éléments électoraux étaient en effet dispersés ou corrompus; le peuple égaré par les mauvaises doctrines qui déshonorèrent la révolution, eût été un très-mauvais appréciateur des vertus et de la capacité des candidats, et d'un autre côté, l'élection indépendante du gouvernement aurait pu ajouter encore aux embarras de la situation politique, sans améliorer la position religieuse.

Les places furent en conséquence données à ceux qui avaient salué le premier consul du beau titre d'ENVOYÉ DU TRÈS-HAUT, D'HOMME DE SA DROITE, de CYRUS, de CONSTANTIN, de THÉODOSE, de CHARLEMAGNE des temps modernes.

Le pape ne s'attendait pas sans doute à voir à la suite de son concordat ces articles organiques qui semblaient être une atteinte à sa puissance suprême. Il les fit examiner et combattre dans des termes assez virulents, surtout en ce qu'ils *consacraient de nouveau la déclaration de* 1682; mais l'archevêque de Tours les défendit avec succès, et Sa Sainteté ne put en obtenir la suppression, même en venant en France couronner de ses propres mains celui qui les avait promulgués.

C'était un principe constant, à l'époque où l'on rédigeait les dispositions du Code pénal, que les ministres des cultes n'étaient pas *fonctionnaires publics,* puisque nulle autorité temporelle ne leur était départie, et que toute leur influence devait se renfermer dans leurs devoirs religieux. On admettait cependant qu'il pouvait se présenter des circonstances où ces ministres de paix pourraient, par

inimitié pour l'ordre de choses établi, se livrer à des entreprises susceptibles d'inquiéter ou de troubler l'État, et l'on prit contre eux des précautions qui ne furent pas tout-à-fait inutiles, mais qui auraient pu être moins rigoureuses. « Autant la société doit de reconnaissance et d'é-
» gards à ces pasteurs vénérables dont les discours et
» l'exemple sont un constant hommage à la religion, aux
» mœurs et aux lois, autant elle doit s'armer contre ces
» fanatiques qui, au nom du ciel, voudraient troubler la
» terre, et n'invoqueraient la puissance spirituelle que
» pour avilir ou entraver la loi et le gouvernement. » Tel est l'esprit qui a dicté la troisième section du livre 3 du Code pénal.

On remarque d'abord que de l'ensemble des onze articles qu'elle contient, il résulte une combinaison différente de celles qui existaient dans les anciennes lois. Ce ne sont plus comme autrefois les cours civiles, ni les officialités ou autres tribunaux ecclésiastiques qui doivent juger les faits qualifiés de contraventions, de crimes et de délits. Les ministres des cultes restent sous l'empire du droit commun ; ce sont les tribunaux, les cours correctionnelles et les cours d'assises qui doivent juger les faits et appliquer les peines avec la même latitude, et d'après les mêmes formes, que pour les affaires ordinaires. C'est par suite de ce grand principe d'égalité devant la loi, que les cours d'assises appliquent les peines criminelles prononcées par les art. 202, 203, 204, 205, 206 et 208 du même code, contre les ministres du culte qui se seraient ingérés de les censurer dans des instructions ou mandements ; ou qui, par suite d'une correspondance avec une puissance étrangère, se seraient livrés à des faits contraires aux lois de l'Etat.

Peut-être cette législation se trouve-t-elle entachée de cette malveillance que le chef de l'Etat montrait alors envers le pape vénérable qu'il avait enlevé, exilé, emprisonné. C'est une législation de peur ou de colère. Aussi eut-elle le sort de toutes les lois trop dures : elle ne fut point appliquée, quoique plusieurs occasions de le faire se soient présentées.

Il était sans doute nécessaire que le Code pénal contînt des moyens de faire respecter la liberté des cultes, et d'assurer la soumission des prêtres au gouvernement établi ; mais n'était-il pas convenable et juste d'accorder aux ministres des cultes quelques garanties analogues à celles dont jouissent les fonctionnaires publics de tous les degrés? Hé quoi, un garde-champêtre, un commissaire de police ne pouvaient être poursuivis que selon des formes spéciales ; et le prêtre respectable, chargé de prêcher la parole de Dieu, pouvait, sur une dénonciation vraie ou fausse, être enlevé du sein de son troupeau et traduit sur la sellette correctionnelle.

Il y avait là une véritable iniquité.

De telles mesures ne se liaient nullement avec les moyens de conserver, de faire respecter les libertés de l'Eglise gallicane. C'était l'abus du système de l'égalité devant la loi. Système tout au plus praticable, quand il s'agit de crimes et délits ; et en ce cas même, il faut le dire, il eût été plus conforme à la raison, à la bonne politique, d'assimiler aux officiers civils les ecclésiastiques compromis, c'eût été aussi une application du principe de l'égalité devant la loi.

CHAPITRE XVIII.

DES LIBERTÉS DE L'ÉGLISE GALLICANE DEPUIS LA RESTAURATION.

L'article 5 de la Charte constitutionnelle est ainsi conçu : *Chacun professe sa religion avec une égale liberté, et obtient pour son culte la même protection.*

C'est la reproduction des principes de 1789 et de l'an VIII ; c'est conforme à l'esprit du concordat, et ces principes sont maintenus par la Constitution de 1852. Il ne pouvait en être autrement, quoi qu'en puissent dire nos docteurs de la petite église ultramontaine.

Ces deux lignes, placées sous le titre *des Droits publics des Français*, mettaient au néant, même sous les héritiers de Louis XIV, la révocation de l'édit de Nantes et toutes les lois sur les religionnaires et sur les juifs. — Elles font de tous les Français, comme l'a voulu l'Assemblée constituante, une seule et même famille. — C'est un mur d'airain que tout gouvernement sage opposera toujours avec succès aux entreprises des protestants contre les catholiques ou des catholiques contre les protestants. On n'y peut toucher qu'autant que la couronne le voudra ; on ne peut le renverser sans ébranler le trône jusqu'en ses fondemeuts, et cependant ce principe est attaqué chaque jour avec une légèreté désespérante pour le clergé, par des hommes qui semblent combattre en sa faveur (¹).

S'il est ici-bas des êtres méprisables, ce sont sans contredit ces hommes qui, vendus au Pouvoir, vont sans cesse, l'encensoir à la main, le louer de tout ce qu'il fait, quand bien même ses actes seraient inutiles ou nuisibles. Mais il en est qu'on peut regarder avec un mépris plus profond encore, ce sont ceux qui, par système ou par inimitié, supposent l'existence de faits qui n'existent pas, pour donner carrière à leurs satires ; ce sont ceux qui dénaturent des actes qu'ils ne sauraient flétrir qu'après en avoir envenimé les dispositions les plus précises et quelquefois les plus bienveillantes. Le public fait aisément justice des premiers, mais il n'en est pas de même des autres, qui le trompent souvent.

S'il est des êtres dangereux, ce sont ceux qui, ayant l'air de soutenir un gouvernement, l'attaquent cependant avec astuce ou même avec audace. Ils ont en cela deux buts principaux. Le premier, dit d'Aguesseau, est d'affaiblir et d'énerver autant qu'il leur est possible *la doctrine constante et perpétuelle de l'Eglise gallicane*, sur l'infaillibilité du pape. — Le second, de soutenir, de proposer comme de foi l'infaillibilité de l'Eglise dans les faits.

S'ils n'osent présenter le poison tout préparé, ils tâchent au moins de l'insinuer avec adresse, en le cachant sous l'écorce de plusieurs expressions équivoques *qu'ils entendent dans le mauvais sens lorsqu'ils n'éprouvent au-*

---

(1) Voyez Appendice, Nos 18, 21 et 22.

cune contradiction, et qu'ils expliquent dans le bon, lorsqu'on commence à les attaquer ; et en attendant qu'ils puissent répandre plus hardiment dans le public la fausse doctrine qu'ils renferment dans leur cœur, *ils introduisent toujours dans le royaume un style dangereux, qui prépare les esprits à recevoir les choses mêmes*, après s'être accoutumés insensiblement à recevoir les expressions.

D'Aguesseau attribuait ce mal, qu'il croyait plus grand qu'il ne le paraissait, *à la faute des maîtres*, ou à d'autres raisons encore plus dangereuses, qui lui faisaient craindre qu'une partie de la jeunesse ne fût infectée de ce *mauvais levain*, capable de corrompre et de pervertir un jour l'ancienne et salutaire doctrine de l'Eglise de France.

Combien de réflexions fait naître cette pensée !

Si donc il arrivait qu'on trouvât dans certains sermons, dans certains mandements, dans certaines brochures, dans certains livres fameux et même dans des écrits périodiques, des expressions plus fortes, des pensées plus hasardées, des principes plus tranchants, n'aurait-on pas le droit de redouter ces productions ? ce ne serait point assez peut-être de les considérer comme un mauvais levain capable de corrompre et de pervertir, il faudrait y voir le résultat d'une corruption effectuée, profonde ; il faudrait y voir un machiavélisme abominable introduit dans la théologie, le triomphe des intérêts personnels sur les intérêts de la religion, trahie par ceux qui semblent la servir, et livrée aux coups de ses ennemis.

Ce n'est pas sans une sorte d'indignation qu'on se voit obligé de réfuter de nos jours de semblables doctrines. La chose est cependant nécessaire, car les actes de cette nature sont si fréquents, que l'Eglise s'en épouvante pour l'avenir, et que les évêques s'en affligent pour le présent. (*Voyez* Appendice, N⁰ˢ 18, 22 et 23.)

Et cependant, attendez, attendez! s'écrient des gens que rien ne saurait émouvoir; ce zèle impétueux est louable, c'est le seul moyen de combattre et de vaincre *l'indifférence en matière de religion*. Ce n'est point un mal que les esprits soient agités; le calme succédera à ces petites tempêtes; et les partis apprenant à se connaître, sauront bientôt, à ne s'y plus tromper, si la force des raisons est du côté des impies, ou bien si cette force céleste n'est pas exclusivement dans le camp qui combat sous l'étendard de la croix.

D'Aguesseau avait encore prévu cette objection; il disait à ceux qui prétendaient que de tels débats ne devaient donner aucune inquiétude aux têtes couronnées : « Qui sait si l'on se renfermera toujours dans les bornes
» où l'on s'agite à présent? on le fera dans le commence-
» ment; toute opinion naissante est timide et défiante.
» La sagesse de ceux qui la soutiennent consiste à l'avan-
» cer avec une modération et une retenue qui ne puissent
» effrayer personne. Mais il est bien rare que de telles
» opinions s'arrêtent où elles ont commencé; le progrès
» est souvent insensible, mais il n'est pas moins certain,
» *et lorsqu'elles ont jeté de profondes racines et que le*
» *corps de l'arbre est puissamment affermi, on en voit*
» *sortir une infinité de branches différentes*, ou pour par-
» ler sans figure, on en voit naître une multitude de con-
» séquences, qu'on n'aurait pas osé avancer d'abord,
» parce que le principe n'était pas assez bien établi, et

» que l'on soutient ensuite avec confiance, comme étant
» nécessairement liées avec le principe qui a été trop fa-
» cilement reçu. »

Si d'Aguesseau, encore dans le doute, s'effrayait ainsi par le seul effet de sa prévoyance; si le parlement le soutenait avec tant de vigueur, mû qu'il était par un danger futur, de quelle inquiétude ne doit pas être tourmentée la France d'aujourd'hui, lorsqu'elle voit publier et répandre dans les écoles ecclésiastiques des écrits qui semblent des articles de foi, tant leurs auteurs affectent d'assurance, on pourrait dire d'infaillibilité, et qui ne sont cependant que des principes ultramontains.

On ne se donne plus, comme du temps du chancelier d'Aguesseau, la peine de déguiser les doctrines. *On ne cherche plus à insinuer le poison avec adresse, en le cachant sous l'écorce d'expressions équivoques ;* on le présente tout préparé, on le jette à pleine main à des insensés qui le prennent pour la manne la plus pure, et qui, dans le délire qu'il leur occasionne, s'empressent de le répandre comme un bienfait.

Devrais-je rapporter ici certaines instructions pastorales, certains discours, certains mandements ? Non. Glissons sur tout cela. Citons quelque chose de plus positif, de plus éloquent, émané du prêtre naguère ultramontain, aujourd'hui démocrate exalté, qu'on dit être chef de la petite Église.

L'ouvrage de M. de La Mennais, intitulé : *de la religion considérée dans ses rapports avec l'ordre politique et civil,* que l'on paraphrase, que l'on admire, que l'on propage par parcelles comme on fait des aliments délicats et rares, cet ouvrage, dis-je, nous apprend entre autres choses du même esprit, que :

« Les gouvernements engagés dans un système d'a-
» théisme légal, regardent avec défiance *la seule vraie*
» *religion* qui tend par son essence à *régler* et à modérer
» l'exercice du pouvoir *qu'elle affermit;* et que ne se
» croyant jamais assez en sûreté contre elle, ou ils la
» persécutent ouvertement, ou ils essaient de l'affaiblir
» par une guerre sourde, non moins dangereuse peut-
» être ([1]). »

Tel est le texte qui sert de base à des diatribes incessantes contre l'autorité publique.

Une loi a constitué l'Université de France pour présider à l'éducation de la jeunesse; elle peut mettre au nombre de ses titres de gloire la génération actuelle, infiniment plus pieuse, plus morale, plus instruite que celle qui s'était formée avant 1789 sous l'influence sacerdotale; voici cependant comment un homme de Dieu, c'est ainsi qu'on l'appelle, croit pouvoir en parler.

Si ses plagiaires effrontés daignaient au moins dire, ce n'est pas nous seuls qui parlons ainsi, c'est un homme éminent, c'est un démocrate de l'Assemblée nationale; mais non, ils s'attribuent de telles pensées; ils les donnent comme émanant de sentiments catholiques alarmés de ce qui se passe, et ils effraient ou égarent ainsi les têtes légères qui croient ces paroles autant que l'Evangile.

Ce n'est pas tout, M. de La Mennais et ses disciples ne se bornent pas à ces sortes d'excommunications; ils se

---

(1) Pages 7 et 8.

mettent sans scrupule à côté de la vérité ; le maître a dit par exemple, et les autres répètent :

« En usurpant, *pour la corrompre*, l'éducation publi-
» que, respectera-t-on du moins les droits immuables des
» évêques sur l'éducation cléricale ? Non (¹).

M. l'abbé de La Mennais ne se borne pas au ton sentencieux ; il emploie parfois avec une rare habileté l'arme de l'ironie ; on en trouve page 21, un exemple tout-à-fait digne d'être cité :

« Deux ministres de l'intérieur se sont efforcés tour à
» tour d'*envahir jusqu'à l'enseignement*, exigeant des
» évêques qu'ils fissent souscrire par les professeurs de
» théologie, et par les directeurs des séminaires, des pro-
» messes *incompatibles avec les règles conservatrices de la*
» *foi* (²) et du formulaire de doctrine imposé au nom de
» l'autorité séculière. Que deux avocats aient tenté de
» *singer* Henri VIII, c'est un des plus curieux phénomènes
» de notre siècle. Selon leurs idées, les bureaux de l'inté-
» rieur fussent devenus comme un concile œcuménique
» permanent, présidé par un ministre révocable en sa
» qualité de *pape civil* ; et l'on aurait vu M. Corbière, le
» front orné de la tiare ministérielle, après avoir invoqué
» les lumières de l'esprit qui jadis inspira les parle-
» ments (³), libeller et contre-signer des ordonnances

---

(1) Page 18. Ce *non* est fort remarquable dans un temps où les évêques étaient tellement maîtres absolus de la direction des séminaires, qu'il est constant et avoué que plusieurs d'entre eux les ont placés sous la direction des jésuites, malgré les lois qui défendent à ceux-ci de se mêler de l'instruction et d'avoir des établissements en France.

(2) Celle d'enseigner la déclaration de 1682. (*Voyez* Appendice, N° 8.)

(3) Cet esprit des parlements n'était pas aussi dédaigné du clergé quand

» dogmatiques obligatoires, sauf appel aux chambres;
» par les consciences constitutionnelles des Français (¹). »

Ceci s'écrivait sous la restauration ; il n'est pas besoin de commentaire. — Il faut seulement ajouter que le ministre ou l'avocat qui a eu l'étrange prétention de faire souscrire par les professeurs de théologie l'*obligation d'enseigner les quatre articles de* 1682, était l'un des hommes les plus honorables de France, non moins connu par son courageux dévouement que par la plus noble éloquence. Est-il besoin de nommer M. Lainé, ancien président de la chambre des députés?

C'était sans doute précisément parce qu'il s'agissait de deux notabilités de l'époque, qu'elles étaient attaquées avec tant de vigueur et d'injustice.

M. l'abbé de La Mennais examine-t-il la question de savoir si les évêques ont le droit de s'assembler ; il ne daigne pas s'arrêter aux lois existantes, et quoique le quatrième article organique du concordat *signé par le Pape infaillible* (²) porte textuellement *qu'aucun concile national ou métropolitain, aucun synode diocésain, aucune assemblée délibérante ne peut avoir lieu sans la permission expresse du gouvernement ;* M. l'abbé de La Mennais s'écrie de son autorité privée (page 13) :
« Que les évêques le sachent!... nulle loi n'empêche qu'ils

---

ils faisaient cause commune avec lui, pour torturer les hérétiques ; on voit dans les mémoires du clergé avec quelle déférence il les traitait chaque fois que les magistrats ne s'opposaient point aux projets de proscription.

(1) Est-il possible de porter plus loin l'oubli de toutes les convenances et de manifester plus d'aversion pour les institutions du pays?

(2) M. de La Mennais était grand partisan de l'infaillibilité du Pape.

» ne s'assemblent selon les ordonnances des canons; il
» suffit qu'ils le veuillent pour rentrer en possession de ce
» droit; parlons plus exactement *pour remplir ce devoir*
» *que les décrets de l'Eglise leur imposent.* »

Tels sont les principes que les disciples de cette petite Eglise s'efforcent de propager aujourd'hui. *Que les évêques le sachent!* disent aussi nos petits ultramontains. Et les assemblées délibérantes ont lieu!... et le gouvernement qui les permet est présenté comme les entravant!... et si le gouvernement ne les permettait pas, il suffirait que les évêques le voulussent pour qu'ils pussent, pour qu'ils dussent remplir ce devoir!...

Ne pourrait-on pas se demander, en lisant de telles doctrines, pourquoi l'on ne procède pas aux élections des prélats, comme le veulent aussi les anciens décrets de l'Eglise. Serait-ce parce que le concordat s'y oppose? Mais ils ne les reconnaissent pas plus que les articles organiques; tout cela, selon eux, est nul; tout cela est tyrannique. (*Voyez* Appendice, Nos 31, 33 et 34.)

M. de La Mennais parle-t-il de ce que Bossuet, d'Aguesseau, Louis XIV, Napoléon Ier et toute la France, ont appelé *les libertés de l'Eglise gallicane*; c'est sur le ton du dédain et presque de la pitié. Voici un premier exemple : « On a raison de défendre *les libertés* si l'on
» a résolu d'abolir en France toute religion. Du moins
» conduisent-elles directement à la destruction du catho-
» licisme et à la plus grande des servitudes, celle d'une
» Eglise nationale, dont partout l'établissement a produit
» l'ignorance et la corruption dans le peuple, dans les
» classes élevées un déisme vague, et l'athéisme dans le
» gouvernement. » (page 24.)

Autre exemple (page 33) : « Les libertés qu'on prê-
» che au clergé, il les a connues; il sait qu'elles aboutis-
» sent :
» Pour la religion à l'athéisme,
» Pour le prêtre à l'échafaud. »

M. l'abbé de La Mennais ne tarit pas sur ce sujet; on trouve, page 93, cette sentence qui enveloppe dans le même anathème et l'ancienne magistrature et l'ancien clergé : « Ce que la magistrature appelait des *libertés de*
» *l'Eglise*, l'Eglise l'appelait des servitudes et même
» d'hérétiques servitudes. *Tenter de les remettre en vi-*
» *gueur*, ce serait tenter de détruire l'Eglise, et par con-
» séquent le christianisme, et par conséquent la société. »

On pense bien qu'après avoir professé de pareils principes, M. l'abbé de La Mennais ne peut se dispenser d'accabler de ses foudres, les prélats qui proclamèrent les quatre articles de 1682; aussi dit-il (page 101) : « De
» serviles prélats se précipitent d'un mouvement aveugle
» du côté où le roi incline, voilà l'histoire de la célèbre
» déclaration. »

Et ses serviles imitateurs en disent tout autant, en foulant aux pieds les déclarations nouvelles, qui depuis cinquante ans font revivre ces principes anciens attaqués même sous une monarchie qui n'était certes pas suspecte d'hérésie, car elle faisait tout pour que la religion catholique, déclarée *religion de l'Etat*, contrairement aux principes de 1789 (si nécessaire) et de l'an VIII, pût recouvrer toute sa pompe et toute sa puissance spirituelle.

Ce qu'on voulait en 1816, en 1826; ce qu'on voulait sous le gouvernement de Louis-Philippe, on le veut encore aujourd'hui, ce sont toujours le même esprit, les mêmes tentatives. Il y a aussi la même nécessité d'arrêter ces efforts qui peuvent compromettre à la fois et la religion et la tranquillité publique.

Ayons donc le courage de continuer l'analyse de cet ultimatum du parti théocratique, et nous verrons quel est le but auquel il aspire.

» Il est temps, dit le héros de l'Eglise militante, il est
» temps que les évêques repoussent avec *publicité* des
» maximes fatales à l'Eglise, et qui sont devenues comme
» le symbole de tous ses ennemis. Qui ne résiste point à
» l'erreur l'approuve; et qui ne défend pas la vérité
» l'opprime. Qu'importent les inconvénients que s'exa-
» gère la timidité? et à quelle époque le devoir fut-il donc
» sans inconvénients? »

Voilà l'insurrection mise au nombre des devoirs des évêques; ils doivent, selon M. de La Mennais, faire sonner la trompette et proscrire les lois de l'Etat. Quel malheur que ce contempteur des quatre articles n'ait pas encore sur nos prélats l'influence qu'à juste titre il s'est acquise sur les séminaristes et les jeunes enfants d'Ignace de Loyola? Quelle gloire pour lui s'il pouvait opérer une révolution qui attachât son nom à celui de l'aigle de Meaux, comme Erostrate attacha le sien aux ruines du temple d'Ephèse! Mais hélas! nous n'en sommes pas là.

L'abbé de La Mennais, honteux peut-être d'être maintenant parodié par des disciples qu'assurément il n'avoue pas, car ils plaident sa cause de manière à la rendre haïssable, voit accomplir ses vœux apostoliques : les conciles départementaux ou provinciaux peuvent se réunir quand ils le veulent ; le gouvernement, qui comprend le peu de danger de ces réunions, les autorise ; l'Église est donc sauvée !... et cependant les déclarations de l'ultramontanisme continuent ni plus ni moins violentes ; elles sont les mêmes, au talent près. Nous ne sommes plus des déistes, des athées, nous sommes des païens ; et qui nous a fait païens? L'Université, qui se permet d'expliquer dans ses lycées, dans ses collèges, les œuvres des classiques, cet l'objet de l'étude et de l'admiration de l'univers entier ; cette source où puisèrent les plus beaux génies de notre Église.

Nous examinerons plus loin cette question des classiques ; mais nous ne pouvons, après avoir lu tout ce qu'on vient d'écrire et de rappeler dans des pages d'un obscurantisme désespérant, ne pas consigner ici une observation qui nous semble ruiner complètement ce système ; la voici : Depuis 1815, l'Université a été constamment en butte aux attaques furibondes des jésuites et de leurs chauds partisans. — Ils avaient d'excellentes raisons pour cela. Ces attaques ont amené des réponses énergiques, des débats pleins d'acrimonie. Les universitaires l'ayant emporté, s'étant justifiés de l'imputation ridicule d'avoir perverti la jeunesse, quand il est démontré que la jeunesse actuelle est plus morale, plus instruite, plus religieuse que celle du xviie et du xviiie siècle, leurs adversaires se rejettent sur un fait ; ils disent que les pères de l'Église font la critique la plus amère du système d'éducation dans lequel on commence par initier les enfants aux horreurs du paganisme ; et pour tous ceux qui ont recouru aux autorités citées, il est demeuré constant que saint Augustin, le plus hostile aux lettres païennes, les a beaucoup aimées, qu'il s'y est formé, et qu'il les permet aux adolescents. Eh bien, que s'ensuit-il? qu'il les proscrivait dans l'enfance, non à cause de la grammaire, mais à cause des images qu'elles contiennent, des descriptions licencieuses dont elles sont remplies, et qui sont destructives des idées religieuses qui doivent développer le cœur des enfants.

Personne, assurément, ne contredira saint Augustin; on reconnaît sans peine qu'il serait absurde de mettre entre les mains des enfants les aventures amoureuses de Jupiter, de Vénus et de presque tout l'Olympe. Il est, dans les écrivains païens assez d'autres sujets qu'on peut mettre à l'étude de la jeunesse et surtout des enfants. Mais comment ne voit-on pas que permettre les lettres païennes aux adolescents, après les avoir défendues aux enfants, c'est faire avec certitude tout le mal qu'on semble vouloir éviter. Quoi! on trouve dangereuses des images et des descriptions pour des enfants qui ne peuvent les comprendre, et on les permet à des adolescents chez lesquels elles éveilleront des sensations, des pensées corruptrices, chez lesquels elles effaceront les principes chrétiens dont on les aura nourris dès l'âge de l'innocence et de la croyance religieuse. — Cela ne se peut pas.

Disons donc, sans crainte de nous tromper, que les pères sur lesquels on prétend s'appuyer, ne sont pas compris; qu'ils n'ont pas dit ce qu'on leur fait dire, et que l'on confond à dessein les premiers principes du langage avec les premiers sentiments du cœur : premiers principes qu'il faut inculquer dans la langue vulgaire et non dans celle des poètes de l'antiquité; premiers sentiments qu'il faut développer par les belles actions des hommes illustres, des héros, des orateurs de l'antiquité.

Si telles sont les idées des pères qui ont écrit sur l'éducation, elles n'ont rien que de conforme à ce qui se pratique dans l'enseignement universitaire; et toutes les déclamations de l'ultramontanisme contre l'Université tombent d'elles-mêmes. Disons plus; disons que s'il en était autrement, les anciennes écoles de jésuites, de moines, de presbytères, d'épiscopats, seraient encore plus coupables que l'Université, puisque, connaissant le venin, elles l'auraient répandu bien avant l'Université; et que, de nos jours encore, les collèges tenus par des ecclésiastiques, le répandent à l'envi, pour égaler ou surpasser, dans la perfection de l'enseignement, les établissements universitaires.

Nous nous bornerons ici à cette réflexion, qui nous semble décisive, nous réservant d'examiner plus tard d'autres inculpations qui semblent fort à la mode quand il s'agit de faire concurrence à une rivale qu'on jalouse, qu'on hait encore plus qu'on ne la méprise, malgré les grands airs qu'on affecte de prendre en l'attaquant à outrance.

CHAPITRE XIX.

DES MISSIONNAIRES.

Ce n'était point assez de répandre avec profusion des livres qui étaient dévorés par les partisans de cette opinion, signalée comme *ultramontaine*, non-seulement dans des écrits courageux, mais encore dans les discours de nos orateurs les plus distingués. La faction théocratique savait que les masses ne lisent pas, et comme elle sent qu'elle est sans empire sur les classes éclairées, comme elle a vu tous ses projets dévoilés par la presse et combattus même par tout ce que le clergé avait de sages, et par tout ce que la politique possédait d'hommes clairvoyants, cette faction, changeant de batterie, conçut l'idée de s'appuyer sur les masses ignorantes.

Elle imagina, à cet effet, de se donner pour auxiliaires, des prédicateurs ambulants qui affectaient d'employer en France, dans nos plus belles cités, les moyens par lesquels les disciples d'Ignace de Loyola sont parvenus à convertir les peuplades gémissant sous le joug de l'islamisme ou de l'idolâtrie. C'est dans ce dessein que la

France se trouva parcourue par de jeunes prêtres sans expérience, sans talents, mais pleins de courage et d'ambition, qui faisaient naître partout l'agitation, la crainte et l'hypocrisie. Différents en cela de leurs prédécesseurs les jésuites, qui avaient du moins l'art de ménager les esprits, de ne point effrayer les consciences, et de soutenir les puissances civiles, desquelles ils attendaient une coopération efficace au plan qu'ils avaient formé pour arriver à la domination universelle. L'audace des jésuites avait quelque chose de respectable ; on se détermine difficilement à mépriser un corps qui aspire à la conquête du monde intellectuel. Mais pouvait-on avoir la moindre estime pour une corporation illégale qui ne prenait de l'institut des jésuites que ce qu'il avait de vicieux, et qui ne fondait l'espoir de quelques succès que sur l'ignorance et sur les terreurs de l'enfer ?

Les missionnaires, qui ont excité partout une sensation si pénible dans les esprits les plus religieux ; qu'il a fallu soutenir par la force armée, tant leurs prédications excitaient de haine et de fermentation ; dont on a vanté les services, malgré les démentis que les faits donnaient à leurs prôneurs, les missionnaires pouvaient donc n'être pas des jésuites proprement dits, mais il est certain que le parti qui les a créés, répandus, et protégés pendant dix années, a ressuscité en France le *jésuitisme* modifié par l'ignorance des adeptes, et par une haine furieuse contre les institutions politiques de la France. C'est ce que nous allons démontrer dans le chapitre suivant.

Avant d'aborder ce point important, consignons encore ici un fait irrévocablement acquis. C'est que les missions ont été complètement stériles, en ce sens qu'elles n'ont pas produit un seul orateur, et peut-être pas une conversion sincère.

Je dis pas un seul orateur, car les pères Ravignan et Lacordaire en étaient les deux colonnes, les deux ornements et non pas les élèves.

Et, chose bien digne de remarque, ces deux orateurs ont surtout été supérieurs par la richesse de leur imagination toute classique, par la pureté de leur élocution, par l'étendue de leurs connaissances historiques autant que par leur argumentation dogmatique. Ils sont une preuve de cette vérité que, pour qu'un orateur puisse attirer, charmer, convaincre, il faut avant tout qu'il ait étudié les grands orateurs de l'antiquité; ce fut le secret de Bossuet, de Fénelon, de Fléchier, de Bourdaloue, de Massillon; et si l'on pouvait citer les vivants, je dirais que malgré tant de criailleries des eunuques de l'ultramontanisme, c'est encore le secret de tout ce que nous avons d'orateurs distingués.

CHAPITRE XX.

DE LA RÉSURRECTION DU JÉSUITISME EN FRANCE.

Un empereur chinois disait il y a quelques siècles à un jésuite qui voulait convertir ses sujets : *Les disciples que vous faites ne connaissent que vous ; dans un temps de trouble ils n'écouteraient d'autre voix que la vôtre.*

Pascal dans ses pensées, et non dans ses provinciales, a dit aussi : *Qu'il faut tendre au général, et que* LA PENTE VERS SOI *est le commencement de tout désordre.*

Enfin un philosophe du dernier siècle a dit avec raison que *tous les livres qu'on a faits pour prouver la religion chrétienne sont plus capables de scandaliser que d'édifier.*

Leurs auteurs, dit-il encore, prétendent-ils en savoir plus que Jésus-Christ et ses apôtres ? c'est vouloir soutenir un chêne en l'entourant de roseaux ; *on peut écarter ces roseaux inutiles sans crainte de faire tort à l'arbre.*

L'empereur chinois, Pascal, et le philosophe du xviiie siècle avaient-ils raison ? Il est peu croyable qu'ils se soient entendus pour médire des jésuites, il y a présomption qu'ils étaient de bonne foi ; et, comme ils se sont exprimés sans aigreur, leurs pensées et les motifs qu'ils avaient de les exprimer méritent, ce me semble, toute notre attention.

S'il est vrai que les disciples des jésuites ne connaissent d'autres lois que celles du jésuitisme, et que dans les temps de troubles ils n'écouteraient d'autre voix que la sienne, il s'ensuit que le jésuitisme est le plus grand ennemi que puisse avoir un gouvernement, quel qu'il soit; qu'avec lui la liberté des cultes est impossible; qu'avec lui les libertés de l'Eglise gallicane sont en péril et tous les trônes menacés.

La liberté des cultes est impossible, parce que le jésuitisme n'en reconnaît qu'un, et qu'il a pour maxime que hors la cour de Rome, tout est hérésie, athéisme, impiété.

Les libertés de l'Eglise gallicane sont en péril, parce que le jésuitisme travaillant nuit et jour à l'agrandissement de la puissance papale, ne peut espérer de succès qu'en minant, qu'en renversant tous les obstacles, toutes les digues qui s'opposent aux envahissements des papes.

Les trônes sont menacés, parce que s'ils protègent le jésuitisme, c'est qu'ils le craignent, et que le craindre c'est reconnaître en lui une puissance rivale; or tout ordre politique ou religieux qui donne de lui cette idée est nécessairement au-dessus du prince qui l'a et devient véritable souverain. Les trônes sont encore menacés s'ils ne protègent pas; parce que les émissaires de Rome s'irritent du mépris dans lequel on les plonge, en ne les soutenant pas; et que dès lors tous leurs efforts se combinent pour arriver au jour de la vengeance. Or, quel corps ne compte point de fanatiques, quel jésuite n'a pas tout l'art qu'il faut pour en former? et de quoi ne sont pas capables les fanatiques de tous les partis!

Ces ambitieux voyant qu'ils n'ont, qu'ils ne peuvent avoir aucune influence sur ceux qui sont en état de les apprécier, s'attachent du moins à faire croire à cette influence, à leur enlever l'espèce de patronage que les propriétaires exercent sur les prolétaires ; ils réussissent pendant huit jours. L'espoir que les gens qui n'ont rien fondent sur la parole des gens qui leur promettent quelque chose, les rend crédules, dévoués, et tant que dure la ferveur, les missionnaires pourraient aisément disposer des masses ; mais vient le moment de réaliser : et, comme les comptes que font les dupes avec leurs directeurs aboutissent toujours à zéro, elles ouvrent les yeux, reconnaissent qu'on les a jouées, et alors le peuple confondant la religion avec le prédicateur, s'en prend à celle-là de ce que celui-ci l'a trompé. — Aux démonstrations bruyantes, succède l'indifférence ; souvent même les cantiques sont remplacés par des murmures, et ces murmures sont d'autant plus énergiques qu'ils trouvent de l'écho dans toutes les classes de la société.

Nos libertés gallicanes ont été établies dans l'amour de Dieu et dans la crainte de Rome ; donc il y a double motif de craindre le jésuitisme quand on considère que le général de l'ordre est à Rome, sous les ordres de Rome, et à l'abri de la responsabilité morale que Rome pourrait encourir pour certains actes qu'elle lui impose. C'est un agent tout-puissant pour le mal, impuissant pour le bien. Agent purement humain ; agent avide de pouvoir, parce qu'il offre celui qu'il acquiert en échange de celui qu'il reçoit de Rome. Agent altéré d'or, parce que c'est avec ce métal, qu'il a fait vœu de mépriser, qu'il soutient ses plans, qu'il corrompt ses amis, et qu'il impose aux rois de la terre. Doutez-vous de ces vérités? ouvrez les yeux; reportez-vous en arrière de quelques années, considérez l'Espagne, notre grande et noble voisine, notre antique alliée; elle n'avait plus ni trésors, ni armées, ni industrie, ni agriculture, ni marine, ni colonies, ni sciences, ni arts; tout était dans l'inertie et pourquoi? parce que l'esprit jésuitique la tenait asservie.

La France, légalement parlant, est à l'égard des jésuites, dans la plénitude de sa liberté. Plusieurs arrêts ont déclaré leur institut incompatible avec la tranquillité de l'Etat; ils ne sont que tolérés; ils sont rentrés en France à l'abri d'une liberté dont ils ne veulent pas; ils vont renouveler tous leurs efforts pour la confisquer, et je le dis avec une ferme conviction, c'est elle qui les tuera.

Voyez-les à l'œuvre, ils accaparent avec adresse les élèves des écoles primaires d'enseignement mutuel; ils substituent leur mode d'enseignement à celui consacré par le temps, en le modifiant suivant les localités.—C'est là qu'est leur puissance; mais voyez leurs élèves lorsqu'ils sortent de leurs mains, vous trouverez, en les étudiant bien, un signe évident de la future décadence de leurs maîtres. C'est donc à tort qu'on s'effraie de leur résurrection. Ils en sont à leur dernière épreuve. De même que les Romains laissent dormir leurs prétentions excessives d'autrefois, parce qu'ils sentent une main qui les gêne, de même les jésuites, dont la mission était de les soutenir, laisseront un peu dormir leurs principes politiques.

C'est évidemment la condition de leur retour, puisqu'ils n'abusent pas de la clémence du gouvernement. Ils mériteront leur grâce ; ils ne changeront rien à l'exercice de nos libertés, plus fortes maintenant que leur institut. Notre rôle n'est donc pas de les haïr, mais de les surveiller de près et de divulguer chaque atteinte qu'ils pourraient porter au pacte qui les protège au nom de la liberté même. Cette surveillance est d'autant plus nécessaire que les bons Pères ne travaillent pas seuls à la restauration de leur puissance ; et que certains fanatiques ne jugeant pas que ce soit assez de les recevoir, nous disent bien haut qu'il faut, en les reconstituant, reconstituer l'enseignement sur des bases purement catholiques, à l'exclusion de celles adoptées depuis quatre cents ans. N'est-ce point assez pour voir que la réforme vaut la peine qu'on y pense et qu'on l'examine de près ?

Ecoutez, en effet, leurs oracles du jour. Ils prêchent sans crainte de soulever l'indignation universelle, que depuis quatre siècles l'Europe est devenue païenne (1). Ils conviennent que les jésuites même ne faisaient que des païens, et pourquoi ? Parce qu'au lieu de n'enseigner que l'Ecriture sainte, ils enseignaient les lettres grecques et romaines. Rien de ce que nous pourrions dire à cet égard ne serait ni aussi piquant, ni aussi instructif que ce qu'écrivaient, en 1852, les plus chauds partisans du jésuitisme. Citons donc quelques passages, en attendant que nous touchions la question spéciale, relative à l'étude des classiques.

Pour apprécier ces citations à leur juste valeur, nous

---

(1) *Père Gaume*, page 18.

devons dire avant tout une chose qu'on ne peut révoquer en doute : c'est que les Pères, qui, dans leur vieillesse, se montrèrent ennemis déclarés des classiques, y avaient cependant puisé ce qu'ils savaient. Que plus d'une fois on les prit, de leur temps, en flagrant délit de plagiat; qu'on possède encore aujourd'hui des imitations tellement évidentes des œuvres païennes, par des écrivains chrétiens, qu'on est tenté de les prendre pour des extraits; d'où il suit que ces solitaires devenus vieux se rabattaient sur les livres sacrés, comme le font chez nous certains hommes qui, nourris dans leur jeunesse de lectures licencieuses, ne veulent plus entendre parler que de livres pieux dès qu'ils imaginent qu'il est temps de s'occuper sérieusement de leur salut; et l'on part de là pour transformer en préceptes presque sacrés ce qui, en réalité, n'était autre chose que des opinions controversées entre les Pères, et souvent même des contradictions dans les œuvres du même écrivain.

Cela posé, pour soutenir l'attention des lecteurs, passons maintenant au texte même des préceptes proclamés par nos docteurs de la nouvelle école, qui ne sont, il ne faut pas le perdre de vue, que les pâles imitateurs et continuateurs de l'abbé de La Mennais.

Selon le père Gaume, l'acharnement opiniâtre avec lequel, dans tous les temps et dans tous les lieux, les deux puissances du bien et du mal se disputent l'empire de l'éducation, prouve que tout vient de l'éducation, et qu'elle est le seul levier avec lequel on puisse soulever le monde.

Il ajoute : « Sous la question, en apparence fort sé-

» condaire, de savoir qui approchera de l'enfant pour lui
» enseigner la lecture, l'écriture, le calcul, le grec ou le
» latin, se cache en dernière analyse une question de
» souveraineté : LA FÉRULE DU MAITRE EST LE SCEPTRE DU
» MONDE. » — Cela est-il assez clair?...

Arrêtons-nous un moment. Un poète a dit :

« LE TRIDENT DE NEPTUNE EST LE SCEPTRE DU MONDE. »

Ce poète était un vrai païen, s'il croyait en Neptune. Mais si par hasard il a voulu dire que les plus grandes flottes étaient maîtresses de l'Océan ; que les maîtres de l'Océan étaient les maîtres du monde, il n'a point fait acte de paganisme, mais acte de bon sens ; c'est un aphorisme politique et commercial ; on ne l'a jamais pris, que je sache, pour un principe religieux.

De même, cette facétie : *La férule du maître est le sceptre du monde*, n'est point un précepte religieux, mais une sentence de professorat, comme on en fait tant aujourd'hui. C'est une sentence qui dit plus qu'on ne veut lui faire dire. Elle nous apprend assez clairement, ou plutôt elle nous confirme dans l'idée reçue depuis longtemps, que si les jésuites combattent depuis des siècles pour accaparer l'éducation de l'enfance, sous prétexte de la former aux pratiques de la religion catholique, leur véritable but, conforme à l'intérêt humain, est de saisir le sceptre et les trésors du monde.

Ils n'en sont pas encore là. Ils ont incontestablement la férule, mais ils la cachent sous des fleurs en attendant qu'elle devienne le sceptre du monde, et, selon toute apparence, ils attendront longtemps.

Le père Gaume se demande plus loin (¹) quelle est maintenant, dans l'éducation publique de l'Europe, la cause qui, depuis quatre cents ans, creuse entre le christianisme et la société un abîme que rien n'a pu combler, et qui va toujours s'élargissant?

Cette cause, il la trouve dans les gymnases et les collèges, constitués, suivant lui, avec les éléments recueillis dans les débris du paganisme, et il en vient à reconnaître que l'éducation publique est ce qu'elle était il y a quatre siècles; point fort contestable, en vérité. Mais passons-lui cette fantaisie, et voyons si par cela seul l'éducation est païenne.

Le père Gaume pense-t-il que l'éducation des hommes qui tournèrent en dérision les dogmes religieux, la naissance du Sauveur, la divinité du Christ, l'infaillibilité des papes en matière de foi, fut une éducation catholique? Assurément non. Eh bien, ce qu'on apprend aux enfants des divinités du paganisme, n'a d'autre objet que de les faire mépriser, que de les faire passer pour le produit de l'imagination des poètes.

— Cette éducation n'est donc point païenne.

On conçoit très-bien que dans le commencement du christianisme, ses partisans, ses élus, témoins des derniers efforts du paganisme pour se soutenir comme religion du peuple et de l'Etat, défendissent aux parents devenus chrétiens de confier leurs enfants aux instituteurs païens; on conçoit également l'interdiction des ouvrages païens; on entend donc sans étonnement saint Augustin dire aux familles de son temps, qu'instruire les enfants avec des li-

---

(1) Page 18.

vres païens, n'est pas seulement leur apprendre des inutilités, mais les enlever à Dieu, les sacrifier au démon.

Cela s'explique de soi-même; c'est ce qu'en d'autres termes, on dit tous les jours à ceux qui vont au spectacle, qui lisent Voltaire et Rousseau. Nos Augustins nouveaux ne vont que trop souvent plus loin que l'ancien.

Que Tertullien dise à la même époque : « Quand un
» enfant élevé dans la foi, imbu de ses principes, vient à
» l'école païenne, il doit être prévenu, il doit être pré-
» muni contre l'erreur. Il s'en préservera; il apprendra la
» lettre qui lui est utile et méprisera une doctrine impie
» et mensongère, sur laquelle il sait d'avance à quoi s'en
» tenir. » On dira que Tertullien tenait le langage de la prudence et de la raison. Mais on ajoutera que cette recommandation de Tertullien n'est plus nécessaire depuis que le christianisme a complètement renversé les dieux de la Grèce et de Rome. On dira qu'il n'est pas un enfant assez idiot pour croire aux doctrines du paganisme; que s'ils lisent les noms de Jupiter, de Mars, de Vénus, ils le font sans attacher d'autre idée à ces noms que celle de fables, de contes plus ou moins amusants; et d'ailleurs, il ne faut pas oublier que ces noms, que les faits ou les fictions qui s'y rattachent, ne sont nulle part mis sous les yeux des enfants avant qu'ils soient en âge d'expliquer Virgile, Ovide et autres auteurs qu'on ne leur donne même qu'après en avoir élagué tout ce qui pourrait éveiller des idées ou des passions corruptrices.

Mais ce n'est pas tout :

Saint Jérôme qui avait fait des études complètes, grâce aux maîtres païens, a écrit ce qu'on va lire à propos d'un verset de la parabole de l'enfant prodigue, où il est dit que ce jeune homme désirait, pour soulager sa faim, les épluchures qu'on jetait aux pourceaux : « On peut entendre » par la nourriture des pourceaux, la poésie, la fausse » philosophie du monde, la vaine éloquence des orateurs, » etc., etc. » Saint Jérôme a écrit cela; je ne sais à qui, ni dans quelle circonstance, mais il ne l'écrirait pas aujourd'hui; et ceux qui l'écrivent n'ont point réfléchi que l'étude et la dissipation sont deux choses qui s'excluent; et que la dissolution des mœurs, l'absence des idées religieuses, se manifestent bien plus dans les jeunes gens qui ne connaissent ni les Grecs ni les Romains, que dans ceux qui les étudient comme des maîtres dans l'art de parler et d'écrire.

Je serais tenté de dire avec le père Gaume en parlant de notre temps, ce qu'il dit en parlant d'une autre époque : Le paganisme gréco-romain est vaincu, vaincu dans ses tyrans et dans ses philosophes, vaincu dans les idées et dans les faits. Maîtresse du champ de bataille, l'Église peut désormais accomplir dans toute sa plénitude la grande mission qui lui a été donnée de renouveler la face de la terre. C'est mon avis. Qu'elle marche donc à de nouvelles victoires, sans désormais s'occuper du paganisme qui n'est plus; que les jésuites nourrissent exclusivement leurs élèves de la lecture des livres sacrés, des actes des martyrs, des ouvrages des Pères, des légendes des saints ([1]), et leurs collèges, à ce moyen, ne craindront aucune concurrence de la part des lycées impériaux confiés à l'Université.

---

(1) *Père Gaume*, page 71.

CHAPITRE XXI.

DU GALLICISME ET DE L'ULTRAMONTANISME.

Les gallicans, c'est-à-dire les partisans de l'Eglise d'Afrique, passée dans les Gaules et maintenue par nos pères, malgré toutes les entreprises incessamment, inutilement tentées pour la plier aux règles de Rome, auront-ils encore à combattre pour conserver leur indépendance? Telle est la question que soulèvent aujourd'hui, pour la millième fois, les docteurs ultramontains de la nouvelle école.

Ce n'était point assez d'une lutte de plusieurs siècles; il fallait anéantir a paix fondée sur la liberté des cultes et sur le concordat; on ne pouvait pas jouir de l'accord merveilleux des différents cultes avec les gouvernements qui les couvrent tous de la même protection; on se crut assez fort pour revendiquer la direction des peuples, non pas dans le spirituel, car, à cet égard, les gouvernements ne prétendent nullement se mêler de ce qui est du domaine de l'Eglise. Que leur importe ce qui se passe pour ou contre le salut des âmes?... Ce qui leur importe, c'est la paix publique, la libre disposition des biens et la prospérité des nations ; et tant que le pouvoir ecclésiastique ne touche point à ces éléments de la grandeur nationale, ils doivent fermer les yeux. Mais quand on prétend à la direction générale en France, de tout ce qui touche l'Eglise romaine, et cela à l'aide du principe de suprématie du spirituel romain sur le temporel du souverain d'une nation catholique; c'est le cas d'aviser si la prétention est sérieuse, car une telle question peut être grosse d'orages.

Si l'on en croit les ultramontains, le gallicanisme est la négation de toute religion. Si l'on en croit les gallicans, l'ultramontanisme est le plus dangereux ennemi de la religion catholique, le plus utile allié du protestantisme ; le plus fort argument du gallicanisme.

Nous en sommes là depuis plus de six siècles.

Malheureusement pour les ultramontains, personne ne s'y trompe ; tout le monde reconnaît que depuis six cents ans la religion n'est pour rien dans ces mondaines et interminables querelles.

Elle y est bien moins que jamais ; nous allons, en peu de mots, le démontrer.

Un point certain, c'est que les deux partis seraient à la veille d'une grande bataille, si l'ultramontanisme battu, mort en Allemagne, en Hollande, en Angleterre, en Russie, en Pologne, en Suède, en Italie, se débattant contre la mort en Belgique, en Suisse, en Piémont, en France, se composait encore de ces hommes vigoureux qui, au moyen-âge, mirent si bien à profit l'ignorance et l'abattement des peuples croupissant dans toutes les misères ; et si les peuples, éclairés par ces longs combats, dont ils furent les victimes, étaient disposés à prendre part à de nouvelles disputes, à de nouveaux désastres.

Mais que les choses, que les hommes sont changés !... Le peuple voit le moteur principal du mouvement qui se manifeste encore. Il rit de la tragédie boursoufflée qu'on joue devant lui ; il se permet même de siffler de temps en temps ; et le gouvernement, au lieu de ramasser le gant qu'on lui jette chaque jour avec tant d'outrecuidance, le regarde avec mépris, et ne veut pas même le repousser du pied, tant il redoute les rodomonts qui le menacent de leur suprématie, tant il sait que l'hydre qui siffla contre saint Louis, contre Philippe-le-Bel, contre Henri IV et Louis XIV, ne se remue aujourd'hui que parce qu'on ne daigna pas l'écraser.

C'est grande pitié, en effet, que de voir les ultramontains réduits à de tels auxiliaires. — Nous les laisserions volontiers se débattre la tête dans le vide et la plume dans le fiel, si nous ne savions, hélas ! que le ton d'inspirés qu'ils affectent de se donner abuse trop souvent de jeunes néophytes et détruit leurs généreux instincts.

Il ne suffit pas, pour calmer les fureurs de ces fanatiques à froid, qui sacrifieraient la paix publique et la religion même à leurs vanités mondaines et haineuses, d'être réprouvés par tous les hommes de bon sens, d'être condamnés par les prélats qu'ils prétendent servir malgré eux ; ils veulent que le pape lui-même, ce héros chrétien si plein de grandeur et de bonté, leur donne un brevet d'importance en approuvant ou condamnant leurs doctrines : cela se conçoit, car alors, de petits hommes qu'ils sont, ils deviendraient des athlètes du moyen-âge, se donnant la mission de sauver la religion des faiblesses du Vatican, comme leurs devanciers l'ont sauvée des faiblesses de saint Louis, de Louis XIV et de Bossuet.

Nous disions, il y a un instant, que la religion n'est pour rien dans ces débats, parce que le sentiment religieux est à l'antipode des vanités qui agitent nos petits rhéteurs : nous n'en voulons pas d'autre preuve que ce qu'ils disent, que ce qu'ils impriment. Nous allons citer des passages tout récents, et nous laissons au lecteur à décider quel rapport il peut y avoir entre l'esprit de l'Evangile et celui de cette petite Eglise pleine d'audace et de fatuité. Nous copions :

« Les gallicans démocrates disent : 1° Le pouvoir
» vient de Dieu au peuple; il est saint et sacré dans le
» peuple, il n'est saint et sacré, inviolable qu'en lui.
» 2° Les dépositaires du pouvoir ne peuvent donc le tenir
» légitimement que du peuple, et à la condition de le lui
» rendre dès qu'il le réclame; ils sont ses agents respon-
» sables, agents perpétuellement révocables à sa vo-
» lonté. 3° Le peuple peut donc, quand et comme il lui
» plaît, modifier le pouvoir, le changer, le détruire. » Les gallicans démocrates tiennent en cela le même langage que les ultramontains, qui soutiennent que le pouvoir des rois vient de Dieu par le peuple, et que le peuple peut le leur ôter. — Seulement ils ajoutent : « Avec l'autori-
» sation du pape; » voilà toute la différence.

Continuons :

« Les gallicans absolutistes disent : 1° Le pouvoir
» vient de Dieu par l'épée. 2° Il n'y a pas de lois au-
» dessus du pouvoir; toute justice émane de lui, et la

» religion elle-même est soumise à son bon plaisir.
» 3° Toute résistance au pouvoir, même simplement pas-
» sive, même quand la religion l'ordonne, est un sacri-
» lége, un crime de lèse-majesté. » Cette doctrine est la
conséquence du principe du droit divin sur lequel s'appuient les absolutistes, et ils ont raison à leur point de vue. Mais que disent les ultramontains? Ils disent ceci :

« La seule doctrine que l'on puisse admettre est celle
» que les théologiens catholiques enseignent et que l'on
» retrouve dans tous les monuments de la tradition
» chrétienne. 1° Tout pouvoir vient de Dieu ; le pouvoir
» spirituel immédiatement, et le pouvoir temporel mé-
» diatement, par une institution humaine. Le concours
» des hommes est donc nécessaire pour former le pou-
» voir, comme il est nécessaire pour former la société.
» Néanmoins, si l'homme est libre de choisir entre di-
» verses formes de sociétés, entre diverses formes de
» pouvoir, il n'est pas libre de ne vouloir aucune so-
» ciété, aucun pouvoir, car les lois de sa nature l'obli-
» gent à vivre en société, et nulle société n'est possible
» sans un pouvoir qui la régisse. De plus, le choix entre
» les formes diverses et entre les personnes, est toujours
» déterminé par les éléments constitutifs de la société, par
» les rapports qui les unissent, par les circonstances de
» lieu, de temps, etc., toutes choses qui sont de Dieu, et
» qui dominent la volonté de l'homme. En un mot, c'est
» Dieu qui fait les sociétés, qui fait le pouvoir ; mais
» comme il fait toutes choses dans l'ordre de la nature
» par l'action invisible de sa providence, dirigeant sou-
» verainement l'action visible des causes secondes, c'est-

» à-dire dans l'ordre humain la libre action des volontés
» humaines.

» 2° Le pouvoir étant donné de Dieu pour la société,
». pour assurer son existence et lui faire atteindre sa fin
» dernière, son bonheur, le pouvoir naît avec elle, aus-
» sitôt qu'elle; ils grandissent, se fortifient, ou bien dé-
» périssent ensemble; leur sort est inséparable...

» 3° Le pouvoir étant donné de Dieu pour le bien
» commun de la société, doit être exercé selon les lois de
» Dieu et selon les lois de la société. Ceux qui l'exercent
» ne peuvent donc jamais ni commander ce que Dieu dé-
» fend, ni défendre ce que Dieu ordonne, ni renverser
» les lois dont ils sont chargés de procurer l'accomplisse-
» ment, ni chercher à détruire la société que leur mis-
» sion est de défendre et de conserver. Leur puissance a
» pour limites la loi naturelle, la loi religieuse, et les lois
» fondamentales de la société qu'ils régissent. Tant qu'ils
» respectent ces limites, ils demeurent les représentants
» véritables du pouvoir, de la société, de Dieu même;
» nul n'a le droit de leur refuser son concours, son obéis-
» sance. *S'ils les dépassent, le droit de résistance com-*
» *mence.* Ce droit a des degrés, il croît dans la même
» mesure que les prévarications des dépositaires du pou-
» voir. Ce droit ne peut être exercé arbitrairement, l'ap-
» plication en est réglée par les lois de la religion, de la
» justice naturelle et par l'intérêt même de la société, qui
» commande souvent de souffrir un moindre mal pour en
» éviter un plus grand. Ce droit n'appartient pas à tous :
» s'il s'agit d'attaques contre la religion, l'autorité reli-
» gieuse souveraine est seule compétente; *elle peut seule*

» *déterminer les cas où la résistance est permise,* où elle
» est obligatoire, dire quelle en sera la nature et *jusqu'à*
» *quel point on doit la pousser.* »

On ne comprend pas très-bien au premier abord où nous conduisent ces principes, ces distinctions, dans un moment où l'Eglise n'est attaquée par personne; dans un moment où elle est très-efficacement soutenue par la nation française, cette païenne réprouvée par nos docteurs ultramontains. Mais le mot pouvoir explique tout.

A qui le pape, les cardinaux, les évêques, les jésuites et les congrégations de toutes les couleurs, doivent-ils l'armistice dont ils jouissent? A l'armée française qui les a tous sauvés et sans laquelle le pouvoir *venu de Dieu directement,* était complètement anéanti. N'y a-t-il pas dans toutes ces arguties une preuve manifeste du délire qui frappe toujours les hommes de parti? — Mais continuons nos citations, nous découvrirons ainsi le but réel qu'on se propose, et nous verrons si c'est un but sacré.

« L'indépendance de chaque société dans son ordre
» *n'exclut pas la subordination* d'un ordre à l'autre, et
» cette subordination est nécessaire pour que les deux
» sociétés puissent vivre en paix. Or l'*ordre spirituel se*
» *rapportant à une fin supérieure,* ne peut en aucune ma-
» nière être subordonné à l'ordre temporel, ce serait faire
» dépendre le sort des hommes dans la vie future, des
» volontés arbitraires de leurs gouvernements dans la vie
» présente. D'ailleurs, les lois de l'ordre temporel tirent
» toute leur force obligatoire, tout leur empire sur la
» conscience, de leur *conformité aux lois de l'ordre spiri-*
» *tuel,* comment concevoir dès lors qu'elles ne soient pas

» *subordonnées à ces dernières?* Il est aisé de comprendre
» que la société temporelle puisse, sans rien perdre de son
» indépendance, conformer ses lois aux lois de l'ordre
» spirituel dont la société spirituelle est dépositaire; mais
» comprend-on que la société spirituelle puisse, sans cesser
» d'être, conformer ses lois aux lois arbitraires d'une so-
» ciété temporelle, lois qui perdent leur caractère sacré,
» la force obligatoire que suppose ce nom, par cela seul
» qu'elles ne *s'appuient pas sur les lois de l'ordre spiri-*
» *tuel*. Ainsi dans l'ordre purement temporel, la société
» temporelle est complètement indépendante, et la société
» spirituelle n'a pas le droit de l'y troubler; mais dans
» cet ordre même, la société temporelle est tenue de se
» conformer aux lois de l'ordre spirituel que la société
» spirituelle *promulgue* et *interprète souverainement.* »

Cette idée de suprématie est l'unique sujet du livre que nous examinons; on la présente sous mille formes et l'on n'en sort pas. On n'oublie qu'une chose, savoir : que toutes ces distinctions ont été faites pour des temps qui ne sont plus.

Si ces passages ne paraissaient pas assez explicites, nous pourrions en citer quelques autres, qui ne brillent pas par plus de clarté, mais qui confirment parfaitement ce qu'on vient de lire, c'est probablement chose superflue. Il est cependant un chapitre qui mérite une mention particulière, parce qu'il résume on ne peut mieux le système ultramontain. C'est celui où l'on trouve ce qui suit :

« Le pouvoir spirituel est donné de Dieu immédiate-
» ment, et nul autre pouvoir ici-bas ne peut se glorifier
» d'une telle origine.

» Le pouvoir spirituel est *un* : il y a cent rois, il n'y a
» qu'un Vicaire du Christ.

» Le pouvoir spirituel est *immuable* : les sociétés ci-
» viles peuvent, selon les vicissitudes des temps, changer
» la forme de leurs gouvernements ; la société religieuse
» tout entière, l'Église elle-même ne pourraient changer
» le gouvernement que lui a donné le Fils de Dieu.

» Le pouvoir spirituel est *immortel* : autour de lui nais-
» sent, grandissent, dépérissent et meurent tous les pou-
» voirs ; il a vu mourir tous ceux qui vivaient lorsque, il
» y a dix-huit siècles, le Seigneur l'établit sur la terre ; il
» a vu naître tous ceux qui existent aujourd'hui. Ces der-
» niers tomberont à leur tour pour faire place à d'autres,
» mais lui il demeure ; contre lui les portes de l'enfer ne
» prévaudront pas, car avec lui est Dieu jusqu'au dernier
» jour.

» Le pouvoir spirituel est *universel* : les autres pou-
» voirs font des lois pour un peuple ; ses lois obligent tous
» les hommes ; ils ont des lieutenants, des magistrats,
» dans les villes comprises sous leur domination, et cette
» domination a des bornes, l'empire romain lui-même
» en avait. De la chaire de Pierre où il réside, comme
» dans sa source, le pouvoir spirituel se répand par les
» canaux de hiérarchie sacrée jusqu'aux dernières extré-
» mités du monde ; il a des évêques sur tous les points du
» globe. La terre est son domaine ; la force peut bien çà
» et là lui en disputer la possession, mais cette possession
» partout il la revendique, partout la parole de ses mis-
» sionnaires, le sang de ses martyrs consacrent son droit.
» En tout lieu, en tout temps, toute âme, toute conscience

» humaine est tenue de l'écouter et de lui obéir; Dieu ne
» lui a pas dit : allez, enseignez telle ou telle partie du
» genre humain, Dieu lui a dit :
» *Allez, enseignez toutes les nations.*

» Le pouvoir spirituel *est infaillible :* tous les pouvoirs
» ont cette imperfection qu'ils peuvent manquer aux con-
» ditions essentielles de leur mission; qu'après avoir fait
» la gloire et le bonheur des sociétés qu'ils dirigeaient, ils
» finissent par ne plus savoir les conduire; de là vient
» qu'ils sont tôt ou tard ou transformés, ou brisés, et
» qu'ils succombent tous l'un après l'autre, ou devant des
» résistances légitimes, ou devant d'injustes révolutions. »
(Voyez *Appendice*, n° 23.)

Il serait difficile de porter plus haut les prétentions envahissantes. Eh bien! qu'y a-t-il de nouveau dans toutes ces doctrines sur le pouvoir temporel et spirituel? Ce ne sont, répétons-le, que des emprunts faits sans autre utilité, que celle de faire parler de soi sur les bords du Tibre, dans les presbytères et les séminaires; c'est une spéculation de librairie, un appel aux abonnés, rien de plus.

Oh! que si nous ne sentions pas mieux la nécessité de la prudence que nos adversaires, si nous gallicans, païens si l'on veut, nous ne portions pas à la religion chrétienne un amour plus vrai que celui des hommes qui l'outragent, qui la polluent dans leurs embrassements frénétiques, que ces docteurs nous donneraient une bonne occasion de discuter leurs arguments et d'en montrer la vanité!

Nous ne dirons que quelques mots sur chacun des principes si grotesquement absolus qu'on vient de lire :

Le pouvoir spirituel est un. Quelle bonne plaisanterie!

Est-ce qu'il n'y a pas un pouvoir spirituel protestant ; est-ce qu'il n'y en a pas un anglican ; est-ce qu'il n'y en a pas un gallican ; est-ce qu'il n'y en a pas un grec, un russe, un ottoman ?

Le pouvoir spirituel est immuable. Et pourquoi donc tant de disputes, tant de conciles se contredisant, tant de papes défaisant l'œuvre de leurs prédécesseurs ?

Le pouvoir spirituel est immortel. Ce n'est pas celui des papes, sans doute, c'est celui de l'Eglise romaine qu'on a en vue. — Eh bien ! où donc en est-il ? Que nos docteurs nous donnent le parallèle de l'Eglise romaine au xiie siècle avec celle d'aujourd'hui, et qu'ils osent dire que le pouvoir spirituel n'est pas aux trois quarts détruit depuis qu'il est entièrement séparé du temporel, et, ce qui est pis, depuis qu'il est de fait à la discrétion du pouvoir temporel. — Et à qui doit-il cet abaissement, si ce n'est aux doctrines que nous combattons ?

Le pouvoir spirituel est universel. Cette idée n'est qu'une vieillerie qui, il y a dix-huit siècles, exprimait une espérance, et qui, maintenant, est démentie par les faits. Le plus beau fleuron de la couronne spirituelle est sans contredit l'Eglise de France ; et vous la déclarez irréligieuse et païenne. Jusqu'où va donc votre univers ? Jusqu'au littoral algérien, égyptien, tunisien, syrien ?

De la Turquie passez en Russie, de la Russie passez en Perse, dans l'Inde, en Chine, au Japon, dans l'Amérique du Nord, et comptez-y vos royaumes, et dites si le nombre des vrais catholiques ne diminue pas tous les jours ?...

Le pouvoir spirituel est infaillible ! Cela ne se discute pas. Mais remarquons comme la censure des pouvoirs imparfaits est habilement placée dans la bouche de ceux qui ont amené la rupture entre les catholiques et les protestants, et toutes les sectes qui se sont séparées de la communion romaine.

Il nous est donc démontré que nos docteurs sont gens sans mission de Dieu ni du Pape; qu'ils sont en rébellion contre le Saint-Esprit, contre le bon sens, et qu'à les considérer sous leur vrai point de vue, on ne trouve en eux, disons le mot, que des spéculateurs, des marchands de livres et de journaux.

On sait qu'il n'est pas de meilleur moyen de succès que le bruit, que le scandale. — On s'est dit en conséquence : Attaquons le gallicanisme, couvrons-le de ridicule; faisons trembler le gouvernement; ranimons le feu comme au bon temps, et les ultramontains nous béniront, achèteront nos petits livres, et les gallicans, amis de la paix, nous redouteront.

On s'est dit cela! mais ce n'était, Dieu merci, qu'une vaine illusion!

Le Tibre s'est ému de joie — la France s'est indignée. Ultramontains, songez-y, le peuple vous couvre de ses malédictions, et les gallicans, impassibles, remercient les disciples de Loyola de faire si bien la guerre aux dépens de leurs dupes.

« Allez, allez toujours, disent-ils en se frottant les mains; frappez fort, encore plus fort! Vos coups ne tombent que sur ceux que vous voulez servir. »

Le gallicanisme est ce qu'il fut à sa naissance. S'il est changé, il est plus fort et ses adversaires plus faibles. De là tous vos cris, toutes vos colères. — Ainsi, les derniers efforts des ennemis de nos libertés gallicanes n'auront d'autre effet (ils ne s'en doutent guère) que d'apprendre aux brouillons qui renversèrent le Saint-Siège, il y a trois ans, que les ultramontains sapent ouvertement le pouvoir temporel, en même temps que les factieux de Londres et d'Italie sapent encore le pouvoir spirituel. Cela est aussi clair que le jour (1).

(1) Voyez à l'Appendice, N°s 18 et 21, l'ordonnance de l'archevêque de Paris, qui censure l'aigle de cette audacieuse coterie. — Voyez aussi N° 15, la censure de l'ouvrage de M. de La Mennais par un autre archevêque de Paris, sous la restauration.

CONCLUSION
DU LIVRE PREMIER.

Varron disait, il y a près de deux mille ans, qu'il était nécessaire que le peuple ignorât beaucoup de choses vraies, et qu'il en crût beaucoup de fausses.

Saint Augustin alla plus loin ; grand admirateur de ce romain prodigieux par son savoir, il prétendit que Varron avait découvert par là, tout le secret des politiques et des ministres d'Etat. — C'est aussi le *secret* de la faction qui veut gouverner la France ; mais elle n'a pas réfléchi que ces vieilles doctrines, excellentes peut-être pour des peuples qui voyaient le salut de l'Empire dans l'appétit d'un poulet sacré, ne sauraient être adoptées dans un temps où tout le monde lit, raisonne, juge, approuve et condamne sans craindre d'être précipité du Capitole, ou d'être brûlé vif.

Partout où cette faction prend pied, elle domine.

Quand les rois furent dominés ils cessèrent d'être rois ; ils ne furent plus les moteurs, ils furent des instruments, et les peuples furent contraints de les haïr en punition de leur faiblesse. Voilà l'enseignement de l'histoire.

Apprécions maintenant ce que cette faction fit et fait encore sous nos yeux :

Ce qui est arrivé sous la restauration était la conséquence naturelle de ce qu'on a fait pour que cela arrivât : qui met le feu aux poudres, veut l'explosion. Reste à savoir si une poignée d'ambitieux, sans notabilité, pourrait anéantir ce qu'un clergé puissant, riche, propriétaire et doté de privilèges immenses n'a pu empêcher. Le clergé d'autrefois n'a pu arrêter le char qui l'écrasait, et ses faibles rejetons voudraient, eux! le faire reculer quand le temps, les mœurs, l'esprit de liberté et les intérêts le portent en avant! *ô vanitas!*...

Supposons un moment que les concessions faites aux ultramontains puissent combler leurs désirs et les faire rentrer dans la sphère qu'ils doivent occuper, croit-on qu'ils y resteraient longtemps? non. Leur génie est de s'étendre. C'est une plaie qui s'accroît aussitôt qu'elle n'est plus contenue par les gens de l'art.

Ils sont prêts à la guerre, et l'effet de leur audace est infailliblement d'agiter l'Etat; de préparer des séditions; de hâter des révolutions nouvelles, soit par une résistance purement passive, si le péril ne demande pas davantage; *une résistance active et armée, si le salut de la société l'exige* ([1]). Lecteurs, vous comprenez.

Si nous considérons bien le passé, qu'y voyons-nous? des luttes perpétuelles entre les ambitieux des deux classes privilégiées. Pendant que la féodalité et le clergé se choquaient, se combattaient, que le prêtre usurpait les

---

([1]) *L'Eglise et l'Etat*, p. 66 et 67.

titres et les biens féodaux, que le seigneur féodal s'emparait des titres et des domaines du prêtre ; tandis que la royauté se débattait et cherchait à se fixer sur un trône chancelant ; le peuple secouait le joug ; il se plaçait entre les combattants ; et, las de se voir froissé par l'un et par l'autre, il résolut enfin d'arrêter ou de repousser cette double tyrannie. Les rois lui tendirent la main en signe d'alliance ; l'union fut formée par la nécessité, elle se maintint par l'intérêt commun ; elle est ce qu'elle était.

Les efforts des ultramontains pour la rompre furent sans résultat. Ils perdirent leur crédit dès qu'on s'aperçut qu'ils s'occupaient plus des choses de ce monde que de celles de l'autre ; des corps que des âmes.

L'union du trône et du peuple eût pu rétablir les anciennes libertés si les privilégiés eussent daigné s'y prêter ; mais *tout ou rien* fut leur devise, et nobles et rois furent anéantis. Le doigt de Dieu est là.

Tout le monde sait que la participation des prêtres au gouvernement est aussi funeste au peuple qu'à ceux qui le gouvernent. Ce n'est pas d'aujourd'hui qu'on le sait, et la haine pour les *prêtres administrateurs* est pour ainsi dire innée chez les Français. Disons plus, elle est juste, car c'est évidemment à la politique intolérante qu'on dut le protestantisme ; puis l'exécrable serment imposé à tous les rois *d'exterminer les hérétiques*.

C'est à la politique d'un cardinal que Louis XIII dut les malheurs de son règne ; — tout ce que Richelieu fit de grand sortit du génie de l'homme, tout ce qu'il fit de mal partit de la tête du prêtre. Richelieu a des admirateurs comme homme politique, comme prêtre il n'a que des censeurs. C'est à la politique de Mazarin que la France dut les séditions, les emprisonnements, les proscriptions, l'avilissement de l'autorité royale. C'est à la politique des prêtres ultramontains qu'il faut attribuer la Saint-Barthélemy, la révocation de l'édit de Nantes, les assassinats d'Henri III, d'Henri IV, de Louis XV et la chute de Charles X.

C'est à la politique des *prêtres dirigeants* que l'Espagne devait l'anarchie qui la dévorait naguère; l'Italie, l'inquisition; l'Amérique, les massacres et la dévastation... Que de maux! que d'horreurs, au nom d'un Dieu de paix, mais au fond pour satisfaire l'avarice, l'orgueil et les passions haineuses de mondains fanatiques ([1]). Partout où le prêtre se borne au service des autels, règnent, comme aux Etats-Unis, le repos et la prospérité; partout où le prêtre gouverne, surgissent comme à Rome, en Espagne, l'anarchie, la misère et la dépravation.

Voyons maintenant ce que voulaient, ce que demandaient quelques prêtres de cour, cardinaux ou non, mais ultramontains consommés, qui cherchaient à s'insinuer dans le gouvernement de l'Etat.

---

(1) « Le cardinal de Richelieu si chéri des autocrates et des rois, ce Robespierre du droit divin, fut le plus atroce des monstres politiques; le cardinal de Lorraine fut un monstre de fanatisme, d'orgueil et de barbarie; le cardinal Duprat un monstre de vénalité, de corruption et d'injustice; le cardinal Dubois introduisit Louis XV dans une carrière de débauche aussi honteuse pour le trône que déplorable pour la nation. Trouverait-on dans les règnes des empereurs romains les plus dépravés un ministre plus vil et plus infâme que le cardinal Dubois?..... Ce misérable fut pourvu de tous les vices, hors un seul qu'on lui eût desiré : l'hypocrisie. Il surpassa en perfidie, en fraude, en friponnerie de toute espèce le cardinal Mazarin dont le ministère n'avait été cependant qu'une suite d'intrigues et de lâchetés. »

(*Histoire de France*, par l'abbé Montgaillard, t. 1, p. 181 et 182.)

Ils accusaient de corruption la nation la plus morale de l'univers; d'impiété, celle où les sentiments religieux sont tellement innés, qu'elle a mis au nombre de ses plus beaux jours celui du retour d'une religion que les orages politiques ont bien pu proscrire de nos temples, mais qui était demeurée dans les cœurs; d'esprits révolutionnaires, tout ce que la France possède d'hommes éclairés, d'amis du repos et de défenseurs des libertés publiques; de païens, tous les hommes sortis des collèges de l'Université; et l'on va même beaucoup plus loin, comme nous l'avons vu plus d'une fois.

Et que fallait-il pour réformer cette nation si coupable? Le cardinal-archevêque de Toulouse nous l'a appris; il fallait des modifications à la tenue des registres de l'état civil, et à la célébration des mariages; le rétablissement des synodes diocésains et des conciles provinciaux; la réhabilitation des fêtes supprimées; le rétablissement des jésuites; une dotation pour les ministres de la religion; le rétablissement des officialités; une réorganisation des chapitres, et par-dessus tout la suppression des lois organiques du concordat et des lois sur l'administration des fabriques... (1).

Il ne fallait que cela.

Quelques écrivains du parti laissaient encore entrevoir que, si l'on ajoutait la révocation de l'édit sur la déclaration de 1682, et la reconnaissance du grand principe que *la vie des nations européennes a sa source, son unique source dans le pouvoir pontifical* (2), la France serait bientôt dans un état complet de béatitude.

(1) Ce prélat n'était pas seul de cet avis. — (2) *La Mennais*, page 52.

Le plus brillant d'entre eux ne s'en tenait pas encore là ; il se demandait ce qu'enseigne l'Eglise sur le pouvoir qu'elle a reçu de Jésus-Christ, et il répondait, ceci est remarquable, il répondait : « L'église dit au peuple : il y a
» deux puissances, divines toutes deux par leur origine,
» *car toute puissance est de Dieu ;* mais à raison même
» de leur nature et de leurs fins, il existe entre elles
» une *subordination nécessaire ;* et autant l'âme est au-
» dessus du corps, *autant le sacerdoce est au-dessus de*
» *l'Empire.*

» L'obéissance est due à chacune dans son ordre.

» Rendez à César ce qui est à César, et à Dieu ce qui
» est à Dieu.

» Que s'il s'élève des doutes sur l'usage que César fait
» de son autorité et sur son autorité même, vous n'êtes
» pas juges. *Adressez-vous à la plus haute puissance*, et
» obéissez a ce qu'elle ordonnera. »

On voit que la loi du Christ est singulièrement interprétée. On lui fait dire : Tout au Pontife, rien a César.

Ces principes de l'abbé de La Mennais sont en grand crédit chez ce que M. de Montalembert appelait naguère de méchants petits rhéteurs ; son mot heureux s'applique aussi bien à ceux de l'ultramontanisme qu'à ceux du jacobinisme. Il les signalait comme la plaie de l'époque. Ils ont pris soin de justifier cette sévérité d'une voix catholique par excellence qu'ils récusent maintenant.

Ces méchants petits rhéteurs n'ont pas l'audace de leur maître, mais ils sont plus insidieux.

Ainsi ils disent : Le pouvoir temporel des princes est limité par la résistance. Ils attendent s'ils ne seront pas traduits en police correctionnelle pour cet outrage au pouvoir établi; et quand ils voient qu'il est dédaigné, ils prennent courage et disent : *La résistance est licite*..... Licite ! que ce mot est apostolique !

S'il ne vient pas d'huissiers, le courage augmente : on dit : *La résistance peut être active et armée;*

Puis on porte le grand coup : on proclame *le droit d'insurrection et de révolution.*

On pourrait croire que la séparation de la communion romaine, effectuée en Suède, en Saxe, en Allemagne, en Prusse, en Hollande, en France, et surtout en Angleterre, devrait être un avertissement terrible de l'impatience avec laquelle on supporte le joug ultramontain; et cependant des faits, des doctrines absolues, viennent prouver le contraire et appuyer ce que nous disions il n'y a qu'un instant.

C'est ainsi que dans un temps qui n'est pas loin de nous, un légat du pape soutenait que les cardinaux français étaient *sujets du Saint-Siège;* « que la sujétion ori-
» ginaire ne peut prévaloir sur les engagements sacrés
» que les cardinaux contractent envers l'Eglise de Dieu
» par les serments qu'ils font en recevant la pourpre. »

C'est ainsi que le pape, dans sa bulle d'excommunication contre l'empereur Napoléon Ier (qu'il avait sacré lui-même), professait, le 11 juin 1809, les principes gothiques de ses prédécesseurs, et disait : « Que les sou-
» verains apprennent encore une fois qu'ils *sont soumis,*
» *par la loi de Jésus-Christ, à notre trône et à notre com-*
» *mandement;* car nous exerçons aussi une souveraineté,
» mais une souveraineté *bien plus noble;* à moins qu'il

» ne faille dire que l'esprit doit céder à la chair, et les
» choses du ciel à celles de la terre. »

Il y a donc un accord parfait entre Rome et nos écrivains ultramontains petits et grands? ils n'écrivent donc pas par imprudence, mais *par système, et peut-être par ordre?* Que deviendrait la France si de telles doctrines se propageaient impunément? Que deviendrait-elle surtout, s'il arrivait jamais qu'elles fussent protégées par un monarque assez aveugle pour préférer les insinuations de Rome à la voix de ses peuples. Ce malheur est sans doute bien loin de nous; mais ce n'est pas une raison pour ne pas le prévoir et le redouter, pour ne pas combattre ceux qui le préparent.

Qu'on ne fasse plus de la religion un moyen de puissance et de fortune, et elle ne sera plus souillée par la passion la plus irréligieuse, la haine des sectes qui divisent le monde. Que les prêtres qui veulent être puissants parce que Dieu est puissant, consentent à devenir bons et tolérants, parce que Jésus-Christ fut le meilleur et le plus tolérant tant qu'il fut homme; et la religion, cet hommage de la créature à son créateur, ne sera pas seulement un devoir, mais un plaisir, mais un besoin de la nature entière, mais un sentiment d'autant plus doux que sa source est dans tous les cœurs, et que rien ne peut en altérer la pureté.

Evangile! loi divine! lorsqu'on médite sur les bienfaits que tu répands sur la terre, l'âme s'élève spontanément vers le ciel; elle sent qu'il est un Dieu, et ne peut le chercher ailleurs que dans son plus bel ouvrage. Lorsqu'on médite au contraire sur les fureurs ou l'ineptie de certains déclamateurs, on est tenté de douter de l'existence de Dieu. On se demande si le Tout-Puissant souffrirait de tels intermédiaires entre sa créature et lui-même?

Le pouvoir des mauvais prédicateurs nous jette malgré nous dans l'égoïsme ou la turpitude. Les principes religieux nous relèvent, nous transportent jusqu'aux régions célestes, et nous sentons alors que les hommes sont autre chose qu'un limon méprisable, puisque Dieu a pris soin de graver dans leur âme l'idée de sa grandeur et de sa justice.

Si ce qu'il y a de clairvoyant en ce monde s'élève sur tous les points du globe contre ces prétendus catholiques exclusifs qui, ne comprenant pas même le mot, se font juges souverains des difficultés qui surgissent de la chose, ce n'est assurément pas dans la crainte de l'entraînement des populations, mais dans celle de leur indignation, et surtout dans celle de l'effet que produisent sur les lévites qui les lisent, ces déclamations comme enseignées par des hommes qu'ils ne connaissent pas, mais qu'ils croient doués de bons sentiments, puisqu'ils parlent constamment au nom de la foi catholique. C'est aussi dans l'espoir d'ouvrir les yeux de ceux qui sont de bonne foi et qui pourraient comprendre les dangers de leurs erreurs. On nous dit en vain que ce sont paroles perdues, que les écrits que nous discutons sont le résultat de passions ou de spéculations aveugles. Nous ne pouvons croire à tant de perversité, et si elle existe, c'est au gouvernement, quel qu'il soit, d'y pourvoir [1].

---

[1] Voici ce qu'un honorable ecclésiastique répond aux déclamations violentes de nos ultramontains :

« Il est temps de dégager enfin la cause de l'épiscopat et de la religion

Le gouvernement, en effet, n'a pas le droit de s'abstenir, quand depuis plus de quarante ans les évêques protestent contre ces doctrines erronées et pernicieuses, quand le Saint-Père lui-même a vainement tenté d'ouvrir les yeux à cette bande d'insensés, qui, comme une avalanche, roule de l'Apennin sur Paris. Les censures ecclésiastiques ne sont rien pour ces excellents catholiques; ils les regardent comme des concessions faites à l'esprit du temps. Le pape en personne viendrait en vain dire à ses défenseurs prétendus qu'ils compromettent ses droits, qu'ils violent ses règlements, ils resteraient inébranlables dans ce qu'ils appellent leurs convictions.

Ce ne sont point des poursuites judiciaires qui pourraient terminer ces débats pénibles et compromettants,

des animosités que la violence de vos polémiques soulève contre vous, mais qui trop souvent rejaillissent jusque sur nous. Il est temps de proclamer combien il serait injuste de rendre l'Eglise responsable des injures que vous prodiguez à ceux qui ont le malheur de s'être faits ses adversaires ou ses ennemis, et même à ceux qui, n'ayant pas encore le bonheur de croire aux divins enseignements de la foi, se sentent néanmoins attirés vers elle par de secrètes inspirations, mais dans lesquels trop souvent, nous en avons été témoins, vos ironies et vos sarcasmes vont troubler le travail de la grâce et éteindre les premières espérances du retour... Oui, nous trouvons un danger pour la foi, dans la manière dont vous avez coutume de la défendre. Pourquoi ne le dirions-nous pas ?... Il y a dans votre langage une légèreté moqueuse, un accent de raillerie hautaine qui sied mal, sans aucun doute, dans une polémique dirigée contre un évêque, mais qui sied mal aussi à des chrétiens dans des discussions graves, même contre les ennemis de la religion. L'éternelle vérité ne se défend pas par la plaisanterie dérisoire et par l'injure : elle en souffre plus qu'elle n'en profite ; l'Ecriture nous le fait assez entendre lorsqu'elle dit que *les moqueurs ne sont bons qu'à troubler la cité*. Et voilà pourquoi nous n'hésitons pas à proclamer que la lecture d'un tel style est une corruption perpétuelle des esprits, et un déplorable abaissement du caractère chrétien. »

(*Extrait d'un mandement de l'évêque d'Orléans.*)

c'est une loi en un seul article, sauvant à la fois de toute atteinte et le spirituel et le temporel. Elle pourrait être ainsi conçue :

« Toute discussion dans les journaux, soit sur les droits
» politiques résultant pour l'Etat, en matière ecclésias-
» tique, de la Constitution, des lois, des édits, décrets,
» conciles nationaux, — soit sur le pouvoir spirituel des
» papes et des évêques, est interdite à peine d'amende
» qui ne pourra être moindre de 1,000 fr., et qui pourra,
» en cas de récidive, s'élever jusqu'à 10,000 fr. »

Cela paraîtrait dur, mais ne serait que juste; voici pourquoi : Il est démontré que ces discussions ne sont que des moyens de spéculation. Les docteurs industriels qui s'attachent à jeter le trouble dans les esprits pour mieux épuiser les bourses, ne manqueraient donc pas de comprendre bientôt qu'ils auraient plus de bénéfice à garder le silence; et le but désiré par les esprits sages serait promptement atteint.

Ce serait à la fois rendre service à la religion, à la société et aux docteurs de la nouvelle école eux-mêmes, qui ne sont que les échos très-affaiblis de l'abbé de La Mennais. Or, cet écrivain hors ligne doit être bien troublé du parti que des plumes inhabiles tirent des doctrines excentriques qu'il a professées, à la grande surprise des gens de bien, et pour la vive satisfaction des démagogues. Ils l'en ont puni d'une manière éclatante, en le chargeant de les représenter aux assemblées nationales de 1848 et 1850. Il doit être désespéré de voir son nom mêlé aux discussions ampoulées d'hommes qui le font descendre jusqu'à leurs petites passions, sans s'inquiéter du tort qu'ils peuvent lui faire et de celui qu'ils font non-seulement à l'Eglise de France, mais encore à l'Eglise de Rome.

Si ce remède, qui n'a rien des procédés violents familiers à cette coterie, est le seul qui puisse être employé, le gouvernement aurait grand tort de n'en pas user par suite de ménagements dont on ne lui sait aucun gré; et s'il n'en use pas, il sera contraint avant peu à prendre des mesures plus sévères pour arrêter un mal qui s'accroît de jour en jour. — En résumé,

Nos modernes docteurs ne nous paraissent point avoir mission de défendre l'Eglise, — à moins qu'on ne regarde comme telle quelques correspondances de cardinaux ou d'évêques *in partibus*, ennemis de la France, considérée par eux comme un lieu de libertinage et de perdition. Ce parti, qu'il soit ou non de bonne foi, est assez considérable à Rome, et l'on sait qu'il entretient des affidés en France pour y faire prévaloir ses doctrines [1].

Ont-ils celle d'attaquer nos évêques pour les punir de leur gallicanisme condamné dans Rome comme un véritable schisme? Beaucoup de personnes le pensent, et nous avons dans le cours de ce livre cité des faits, des discours, des opinions, qui feraient incliner pour l'affirmative, si le fait n'était pas tellement odieux qu'on ne peut l'avancer sans preuve. Cette antipathie insurmontable qu'ont certains cardinaux et certains écrivains romains contre le clergé français existe depuis fort longtemps. — On sait, par

---

[1] Le fait fut dénoncé en pleine tribune et avoué lors du projet du concordat de 1817. — Voyez les écrits religieux de 1852, 1855; voyez surtout Appendice N° 41, la lettre d'un secrétaire du Pape.

exemple, qu'elle fût une des causes qui rendirent si pénible le voyage que Pie VII fit en France à l'époque du couronnement de l'Empereur.

Ces docteurs malencontreux, à quelque époque qu'ils se soient mis en avant, furent toujours désavoués par les prélats de l'Eglise gallicane et même par les curés, lorsqu'on voulut bien les consulter ou écouter leurs doléances. Ils le furent surtout par le peuple français, qui, avec son admirable bon sens, a toujours vu dans les prédicateurs ultramontains des instruments de la puissance spirituelle, se ruant sur la puissance temporelle; tantôt travaillant pour le présent, tantôt travaillant pour l'avenir [1].

Nous avons vu et nous verrons toujours que leur système de suprématie universelle était blessant pour la puissance temporelle. Que les manifestations faites avec plus ou moins d'éclat selon les circonstances, et selon la capacité ou le caractère des rois et des peuples, ont toujours tourné contre la religion et contre le Saint-Père, ce qui est un double malheur qu'ont signalé avec énergie, et M. de Quelen, archevêque de Paris, sous la Restauration, et l'évêque d'Orléans, et l'archevêque actuel du premier siège épiscopal de France [2].

De cette vérité que les petits rhéteurs n'ont point de mission, qu'ils sont désavoués par le clergé, dédaignés par le gouvernement, détestés par la population, et que cependant ils restent debout, il faut tirer cette autre vérité qu'ils ne sont pas mus par l'intérêt de la religion, et que

[1] Cette persistance d'un corps ne peut être vaincue que par celle d'un peuple, et elle le sera.

[2] Voyez Appendice N° 19.

dès lors, — c'est faire acte religieux que de les démasquer et les faire voir tels qu'ils sont ; — que cela est nécessaire pour trois raisons : parce que si l'on ne répondait point à leurs attaques, elles deviendraient plus audacieuses, plus aigres, plus dangereuses ; parce que le gouvernement occupé de choses qu'il croit plus intéressantes, pourrait se laisser déborder au moment où il serait le moins prêt à la résistance (1) ; parce que dans l'intérêt de la liberté de conscience, il est toujours temps d'opposer une forte barrière. Qu'il est toujours temps et qu'il n'est jamais trop tôt ; à moins qu'on ne veuille rendre la répression plus difficile ou plus dure.

Nous n'avons rien dissimulé de nos appréhensions, rien exagéré non plus. Voici pourquoi : Les ultramontains ont un adversaire qui les vaincra quand il voudra ; un adversaire qui les abhore jusqu'à l'injustice, et que tous les délégués de l'ultramontanisme connaissent parfaitement ; et, s'il faut le dire, c'est dans la crainte d'un dénouement funeste que nous demandons qu'on le prévienne par tous les moyens légitimes, puisque ceux de la persuasion seraient sans effet sur des hommes qui se font un honneur de la haine qu'on leur porte et qui se feraient un jeu du martyre, pourvu qu'il ne fût pas plus cruel que tous ceux qu'ils ont déjà supportés depuis 1816.

Non-seulement nous n'avons rien exagéré, ce qui du reste était pour nous un devoir, mais dans maintes circon-

---

(1) Le Gouvernement n'a pas comme autrefois des Cugnières, des Talon, des d'Aguesseau, des parlements, qui allaient droit au roi, pour l'avertir des dangers qui le menaçaient. — Il appartient maintenant aux bons citoyens d'en faire l'office, à leurs risques et périls.

stances nous avons eu soin de ne pas user de tous les avantages que nous donnaient nos adversaires par leurs exagérations irréfléchies jusqu'à l'absurde.

Voyez par exemple cette assertion : Le pouvoir spirituel est un ; *il y a cent rois,* il n'y a qu'*un vicaire du Christ.* N'est-ce pas la proposition contraire qui est vraie, puisqu'en France, en Angleterre et dans tous les royaumes, il n'y avait qu'un roi, et quatre-vingts, cent vicaires du Christ, tous les évêques ayant ce titre, et le pape n'étant, canoniquement parlant, que le premier des évêques.

Et cette autre : Avec le pouvoir spirituel *est Dieu jusqu'au dernier jour.* C'est donc Dieu qui a voulu la décadence de ce pouvoir? c'est donc Dieu qui a suscité le protestantisme? c'est donc Dieu qui naguère a renversé ce pouvoir inébranlable, immortel?

Et cette autre : La terre est le domaine du pouvoir spirituel...

Et cette autre : Le sang de ses martyrs consacre son droit. — Et tant d'autres que nous pourrions citer encore.

Que de discussions animées soulèveraient de pareilles doctrines ! — Nous nous en sommes abstenu.

Nous ne nous sommes pas étendu non plus sur les moyens de répression ; ils sont assez connus.

Le plus efficace de tous est à Rome, avons-nous dit. C'est dès lors par les voies diplomatiques que l'affaire doit être traitée. Un ordre de Rome désabuserait les entêtés qui pensent faire leur cour au sacré collège, en s'affiliant aux prédicateurs à tant la ligne, qui soutiennent l'intérêt romain. — Il ne faut ni bulle, ni bref du Saint-Père ; un simple désaveu suffit ; et s'il frappe sur les publications du parti, qui lui tiennent lieu des dîmes, des annates, des droits de dispenses, etc., etc., la coterie, prise par famine, laissera tomber ses armes avec la résignation d'une *puissance* dépouillée de la force éphémère et trompeuse que lui donne depuis quarante ans la faiblesse de nos gouvernements.

Nous n'avons rien dit de l'appel comme d'abus qui pourrait être étendu à certains coryphées du parti. C'est à dessein ; le silence est plus redouté que le bruit chez une faction qui voudrait agiter les masses et qui n'éprouve en elle-même qu'une agitation factice, comme les craintes qu'elle exprime, comme les joies qu'elle affecte, comme la foi qu'elle prostitue.

De même que les missionnaires tenaient boutiques de chapelets, d'amulettes, de cilices, de haires et de disciplines, de même, leurs dignes successeurs tiennent boutiques de journaux, de petits livres et de principes prétendus sacrés ; c'est plus qu'il n'en faut pour que le peuple assimile ceux d'aujourd'hui, à ceux de 1816 à 1826. Dix ans d'études, de vexations, de prédications extravagantes, de conférences scandaleuses, de conversions sacriléges (1), ont laissé assez de traces, assez d'expérience pour que tout soit mis à sa place.—Il ne faut plus qu'un peu d'aide et le miracle sera fait.

Que chacun, selon ses moyens, s'empresse donc de

(1) Les principaux convertis de Nancy en 1824, ceux qui portèrent et plantèrent une croix de quarante pieds de long, étaient des forçats libérés du faubourg Saint-Pierre, qui en 1830 firent un feu de joie avec les portes et les boiseries du séminaire, et qui pourchassèrent l'évêque qui les avait convertis, afin de s'en venger et d'attacher sa tête au paratonnerre de l'évêché. — J'étais là ; j'ai tout vu, tout entendu, rien oublié.

concourir à cette bonne œuvre. Bonne pour nous tous ; mais excellente, mais tutélaire pour ceux qui s'égarent dans des voies périssables et pour les faibles d'esprit enrôlés sous leur bannière.

Ceux-là auront bien mérité de la religion et du pape, qui auront concouru à étouffer l'erreur avant qu'elle ne se soit propagée dans les lieux pour lesquels elle est mortelle. — Il est temps. Puisse-t-il ne pas être trop tard !...

Il nous reste à considérer notre sujet sous le point de vue de la liberté de l'enseignement. C'est une grande et belle question, s'il est vrai comme on le dit (1) que la férule est le sceptre du monde. Elle est de plus d'une délicatesse extrême ; aussi réservons-nous ce que nous avons à dire pour le livre suivant qui lui sera spécialement consacré. Nous nous proposons même, après avoir examiné la discussion de la loi de 1850 et apprécié ses résultats, de rapporter une dissertation publiée en 1844 (2), sur la liberté de l'instruction publique, telle qu'on la comprenait alors. C'est un moyen de mesurer sans se tromper le chemin que nous avons fait à reculons entre ces deux époques.

Personne ne sait mieux que nous tout ce qui nous reste à dire. — Personne ne sent mieux combien il est difficile de tout dire. — Il n'y a pas longtemps que les plus chauds partisans des libertés de l'Eglise gallicane osaient à peine les avouer dans la crainte de déplaire au Pouvoir ; il y a moins de temps encore, que les ennemis les plus ardents du jésuitisme nous disaient placidement : J'aime mieux les jésuites que les démagogues. Comme si la France était

(1) Voyez Chapitre XX, page 118, la parodie d'un beau vers.
(2) Voyez à la suite du livre II, Appendice N° 1.

fatalement condamnée à gémir sous les uns ou sous les autres. Il n'y a pas longtemps non plus que les ultramontains, ayant à leur tête un cardinal français (¹), se croyaient assez forts pour signifier leur ultimatum.

Ce qu'ils n'ont pu obtenir de Louis XVIII, ni même de Charles X, ils l'ont obtenu de la démagogie en délire. Que font, en effet, aujourd'hui les vainqueurs ébahis? ils tirent les conséquences des concessions de 1848. Qu'on les tire à l'égard de ceux qui les ont faites, rien de mieux. Mais la France n'était pour rien dans les saturnales de cette époque; ce n'est pas elle qui a forcé les prêtres à chanter les *Domine salvam*, à bénir les arbres de l'anarchie (²); c'est elle au contraire qui en a émondé les rameaux, qui en a étouffé les rejetons, qui a porté au tronc la cognée nationale, qui a chassé les planteurs, comme autrefois Jésus chassa les marchands du temple. De quel droit viendrait-on donc nous dire à nous qui combattions avec elle, je vous défends de signaler des faits qui troublent mon repos. L'appui du clergé nous est nécessaire, il faut lui passer quelque chose, et quoi que vous fassiez, il n'en sera ni plus ni moins.

Tel est le langage que tiennent nos nouveaux satisfaits (³). Mais qu'ils y prennent garde! ils outragent le

---

(1) Voyez Appendice, N° 16, page 177.

(2) On a vu dans une ville renommée pour sa piété, les démagogues aller chercher l'évêque, le forcer de les accompagner à pied, pour bénir l'arbre de la liberté et rire, en l'outrageant ainsi, de la *drôle de figure* que faisait le prélat. Cela se faisait au nom du *Christ, le premier démagogue du monde*, comme disaient les planteurs de peupliers.

(3) On sait quelle signification fut donnée à ce mot, à propos d'une adresse parlementaire où il se trouvait. — Les satisfaits d'aujourd'hui sont tout aussi clairvoyants que les autres.

clergé en le confondant avec ses plus dangereux ennemis ;
nous l'honorons en l'en séparant. Ils l'outragent encore
en supposant que ce qu'on dit des ultramontains, peut
retomber sur nos bons prêtres, sur ces dignes évêques
qui résistent, qui appellent au secours et qui, dans l'insuffisance des moyens de persuasion, sont obligés, quelle
honte pour la France ! d'en appeler à cette cour de Rome,
qui naguère relevée par nos mains, ne nous témoigna de
reconnaissance que par un inconcevable oubli (1).

Nous avons retracé les anciennes entreprises du clergé,
il le fallait bien, puisqu'on appelle droit ce que la France
appelait abus ; puisqu'on rappelle avec amour, avec admiration, ces temps d'assujettissement et de barbarie.
Nous n'avons pas dit qu'on voulût en venir aux proscriptions, aux tortures, aux bûchers ; — nous n'en savons

(1) Que peut-on penser des sentiments de la cour de Rome en se rappelant que le gouvernement pontifical, à son retour, préparé, assuré par notre armée, osa, dans une proclamation officielle, omettre le nom de la France. C'est ce trait d'ingratitude de trois cardinaux (qu'il ne faut pas confondre avec Pie IX), auquel nous faisons allusion, qui détermina Louis-Napoléon à écrire une lettre devenue fameuse, dans laquelle on remarquait les passages suivants :

« On voudrait donner comme base à la rentrée du pape la proscription
» et la tyrannie. Je ne permettrai pas qu'à l'ombre du drapeau tricolore
» on commette aucun acte qui puisse dénaturer le caractère de notre intervention.
» tervention.

» J'ai été personnellement blessé en lisant la proclamation des trois cardinaux, de voir qu'il n'était pas même fait mention du nom de la France,
» dinaux, de voir qu'il n'était pas même fait mention du nom de la France,
» ni des souffrances de nos braves soldats. Toute insulte faite à notre drapeau me va droit au cœur, et je vous prie de bien faire savoir que si la
» peau me va droit au cœur, et je vous prie de bien faire savoir que si la
» France ne vend pas ses services, elle exige au moins qu'on lui sache
» gré de ses sacrifices et de son abnégation. Lorsque nos armées firent le
» tour de l'Europe, elles laissèrent partout, comme trace de leur passage,
» la destruction des abus de la féodalité et des germes de liberté. Il ne sera
» pas dit qu'en 1849 une armée française ait pu agir dans un autre sens,
» ni amener d'autres résultats. »

rien. — Mais nous avons dit qu'on veut en revenir à tout ce que 1789 a détruit, et nous l'avons dit en citant jusqu'à satiété les écrits, les discours, les mandements qui sous la Restauration agitaient tous les esprits; nous l'avons dit, appuyé sur les textes du plus audacieux écrivain de notre siècle; nous l'avons dit, à la vive sollicitation des amis de la liberté, qui sont plus humiliés qu'effrayés des criailleries d'un parti défenseur officieux, mais inhabile, mais imprudent, mais insolent, d'une religion respectée, chérie. Que les hommes de ce parti veuillent la transformer en religion militante, agressive, haineuse, parfaitement semblable à l'esprit ultramontain qui les pousse, qui les irrite, qui les paie en promesses brillantes, en éloges pompeux, en négoce avilissant, cela n'est pas douteux, on ne le dissimule pas; on y marche hardiment;... mais quel rapport y a-t-il entre cette volonté frénétique et la volonté de la France, et l'intérêt de son gouvernement et les désirs du clergé?... Aucun.

APPENDICE

DU LIVRE PREMIER

SUR

LA LIBERTÉ DES CULTES (1).

OBSERVATION.

L'abondance des matières nous ayant déterminé à élaguer toutes celles qui n'ont pas des rapports immédiats et nécessaires avec le plan que nous avons conçu, il a fallu cependant conserver ce qui est de nature à fortifier nos doctrines, ainsi qu'à prouver l'existence des faits rapportés dans le cours de l'ouvrage.

Les pièces relatives au livre premier sont extraites en grande partie des mémoires du clergé et de l'histoire ecclésiastique; nous n'avons puisé que dans des sources qu'il est impossible de considérer comme impures. Nous n'avons pas ouvert un seul des nombreux ouvrages écrits

---

(1) On trouvera à chacune des pages indiquées en tête de ces pièces le passage de l'ouvrage auquel la pièce justificative se rapporte.

contre les prêtres; c'est dans ceux de leurs apologistes que nous avons cherché à étudier la marche de cet ordre, jadis le premier de l'Etat, et nous l'avons vu partout attribuer à la puissance divine, à la piété des rois, ce que les nations ont considéré depuis comme le résultat des passions des hommes.

N° 1er. *Extrait de l'Histoire ecclésiastique.* (Chapitre IX, page 42. Concordat de François Ier.)

« Quoique François Ier s'aperçût bien que l'affaire du concordat, qu'il venait de conclure avec Léon X, était désagréable à tous ceux qui connaissaient mieux que lui les véritables intérêts de son royaume et surtout au parlement de Paris, il crut qu'il s'était trop avancé pour reculer...

» Le nonce apostolique demanda au roi qu'il approuvât le concordat et l'acte de révocation de la pragmatique, et qu'il les fît enregistrer au parlement. François Ier les reçut, mais il n'ordonna que la publication du concordat et supprima l'autre.

» Il fit assembler dans le parlement, le 5 février 1517, un grand nombre d'évêques, de présidents et de conseillers, le chapitre de Notre-Dame de Paris, les docteurs en théologie et les suppôts de l'Université, il s'y trouva lui-même et y fit exposer par Duprat les injustes violences que Jules II avait exercées contre Louis XII pour *extorquer de lui l'abolition de la pragmatique-sanction*, non-seulement par des guerres qu'il avait excitées contre lui, mais encore par des censures, jusqu'à le menacer de le chasser du duché de Milan et de son royaume.

» Que tous ces désordres inévitables avaient contraint S. M. déjà engagée dans une guerre, dont les suites pouvaient être fâcheuses, de faire sa paix avec le pape *par le moyen d'un concordat passé avec lui, qu'on avait promis de faire ratifier en France et enregistrer au parlement.*

» Après cette assemblée, le roi fit expédier ses lettres patentes, qui enjoignaient au parlement et à tous autres juges du royaume de garder et faire observer le concordat *comme loi et de juger selon elle.*

» A la fin de mai seulement il y eut une grande assemblée, où l'on reprit l'affaire, mais la cour demanda quelque temps pour en délibérer. Le 5 juin, nouvelles instances de Duprat; mais Le Lièvre, avocat du roi, en présence des gens du roi et de son chancelier, supplia la cour de ne point permettre que la liberté de l'Eglise gallicane, *qui ne subsistait que par la pragmatique,* fût détruite par l'abolition de cette loi et par l'établissement du concordat, qui priverait le royaume de sommes considérables par le paiement des annates. Il dit qu'il en avait déjà appelé et qu'il persistait dans son appel.

» Le 26 du même mois, le bâtard de Savoie, oncle du roi, se rendit de sa part au parlement, auquel il présenta des lettres de S. M., qui portaient que *sa volonté était qu'on délibérât promptement,* et qu'on procédât à la publication du concordat. La cour trouva mauvais que le roi voulût qu'une personne qui n'était pas de son corps fût présente à ses délibérations; des remontrances furent faites; François Ier y répondit par des menaces d'exil et déclara qu'il voulait que son oncle assistât aux délibérations, *pour savoir de lui comment la chose se serait passée, et être informé des dispositions et des sentiments de chacun.* Cet abus d'autorité n'empêcha pas la cour de délibérer en présence du bâtard de Savoie, et de déclarer que la cour ne pouvait ni ne devait faire publier, ni enregistrer le concordat, mais garder et observer la pragmatique comme auparavant. (Cette délibération est du 24 juillet 1517.)

» On revint à la charge en janvier 1518 au moyen de lettres de jussion, et le porteur de ces lettres termina son discours par ces paroles remarquables : *Si sa majesté est encore refusée, elle sera obligée d'en venir à des extrémités dont le parlement aura sujet de se repentir.* A quoi Jacques Olivier répondit que la cour en délibérerait.

» Deux mois entiers s'écoulèrent en négociations, et le 16 mars, les gens du roi requirent que, si la cour voulait procéder à la réception du concordat, il fallait deux conditions. La première, que l'on mettrait que cela ne s'était fait *que par commandement exprès du roi, réitéré plusieurs fois.* La seconde, qu'on protesterait qu'en publiant le concordat, *la cour ne prétendait pas l'autoriser ni l'approuver.* La délibération dura les 17, 18, 19, 20, 21 et 22 mars; elle fut conforme aux conclusions; la cour ajouta même que son dessein n'était pas de juger selon ces nouveaux règlements, et qu'elle observerait toujours les décrets de l'Eglise gallicane et de la pragmatique-sanction. »

(*Histoire ecclésiastique par Fleury*, tome 25, pages 454, 455 456, 457, 458, 459 498, 499, 500 et 501.)

N° 2. *Opposition de l'Université au concordat de François Ier.*

« Le recteur de l'Université fit afficher un mandement par lequel il défendait à tous les libraires et imprimeurs d'imprimer le concordat, sous peine d'être retranchés du corps de l'Université. Il finissait par un acte d'appel de la révocation de la pragmatique-sanction au pape mieux conseillé, et au futur concile légitime tenu en lieu sûr et libre.

» On remarquait dans un autre mandement du 27 mars 1517, que le vicaire de J.-C. en terre, qu'on appelle *le pape*, quoiqu'il ait immédiatement de Dieu sa puissance, ne devient pas pour cela impeccable, et n'a pas reçu le pouvoir de ne pas pécher. Que s'il commande quelque chose d'injuste, ou contre les divins préceptes, on a droit de lui résister et de lui refuser l'obéissance. »

Passons ici des invectives inconvenantes contre le pape, c'est faire douter de la bonté de sa cause que de la défendre par des injures au lieu de l'appuyer du langage de la raison.

Indépendamment de ces mandements, le recteur présenta requête au parlement contre l'enregistrement d'un concordat qui ne tendait, y disait-il, qu'à l'anéantissement des libertés de l'Eglise et des droits des universités du royaume.

Le doyen de l'église de Paris, accompagné de plusieurs chanoines, se rendit au parlement, le 22 mars 1518, et prononça un discours dans lequel il priait la cour de ne pas passer outre sans consulter l'Eglise gallicane, à l'honneur de laquelle les magistrats devaient s'intéresser, puisqu'il s'agissait du bien commun, auquel les pontifes romains portaient envie depuis longtemps.

(*Histoire ecclésiastique*, pages 460, 461, 502 et 503.)

« Ce n'est pas tout que de rendre une loi, il faut la faire exécuter; on ne parvint jamais à l'exécution complète du concordat, que l'on regarda comme contraire à l'Ecriture sainte, à la discipline de l'Eglise et aux libertés gallicanes. Les épithètes qu'on lui donna sont assez curieuses, les voici : *seminarium omnis generis hereseum, simoniarum et fiduciarum; exterminatricem scientiæ, virtutis, pietatis, regni, denique pestem*.

(*Répertoire universel* au mot : concordat, page 717.)

N° 3. *Extrait de l'édit du 29 janvier 1534 portant que ceux qui recèleraient des luthériens seront punis comme eux, et ceux qui les accuseront, récompensés par le quart des confiscations.* (Chapitre XI, pag. 50 et 51.)

« Statuons et ordonnons par édit perpétuel et irrévocable que tous ceux qui *ont recélé* ou recèleront par ci-après sciemment lesdits sectateurs, pour empêcher qu'ils ne fussent pris par justice, et qui pour raison dudit cas seront absentés et rendus fugitifs, pour eux cacher et latiter ès maisons desdits réceptateurs et recélateurs, seront punis de telle et semblable peine que lesdits sectateurs, sinon que d'eux-mêmes et par leur diligence ils amenassent et représentassent à justice iceux sectateurs, auquel cas ils auront impunité quant audit crime de recèlement et réception, etc. »

N° 4. *Extrait de l'édit de 1540 qui déclare le recèlement crime de lèse-majesté* ([1]).

« Défendons aussi à tous nos sujets, attendu que telles erreurs et fausses doctrines contiennent en soi, crime de lèse-majesté divine et humaine, sédition du peuple et perturbation de notre état et repos public, de récepter, favoriser ou supporter les dits coupables, leurs adhérents, alliés et complices, ni leur bailler confort ou aide, directement ou indirectement, mais tantôt et incontinent qu'ils en seront avertis, les révéler à justice, et de tout leur pouvoir aider à les extirper, comme un chacun doit courir à éteindre le feu public ; et ce sur peine d'être déclarés avoir encouru envers nous crime de lèse-majesté, etc. »

N° 5. *Edit de Château-Briant, du 29 juin* 1551.

Art. XXV. Item. Nous enjoignons et commandons très-expressément aux présidents et conseillers, nos avocats et procureurs généraux de nos dites cours de parle-

---

(1) Ces édits arrachés aux rois de France par la politique romaine occasionèrent des guerres terribles entre les protestants et les catholiques, et furent détruits par l'édit de Mantes rendu en 1591 par Henri IV, et surtout par celui de Nantes qu'il publia le 13 avril 1598. Ce grand acte royal garantissait aux protestants amnistie pleine et entière pour le passé, et le libre exercice de leur religion pour l'avenir. Il permettait l'établissement de quatre universités. Il ordonnait la restitution des anciens temples confisqués et permettait d'en élever de nouveaux. Il ramenait enfin le calme dans l'Etat et l'apparence du calme dans l'Eglise ; mais Rome ne cessa de chercher les moyens de l'anéantir, et elle y parvint sous Louis XIV, devenu vieux et subjugué par les intrigues de Mme de Maintenon et des deux jésuites qu'il eut pour confesseurs.

ment, faire tenir les mercuriales de trois mois en trois mois; et qu'en procédant au fait d'icelles, ils aient premièrement à traiter et mettre en avant les matières et affaires concernant notre sainte foi et religion, et aviser entre eux à ce qui sera nécessaire de faire là-dessus, pour le bien et conservation de notre dite religion, spécialement aussi pour purger les fautes, s'il s'en trouve en quelques-uns de notre compagnie, qui fussent aucunement soupçonnés des dites erreurs et nouvelles doctrines, dont ils s'informeront bien et diligemment, avec ceux de nos conseillers qui seront choisis et élus par les présidents de nos dites cours pour assister et tenir leurs dites mercuriales; lesquels se purgeront par serment ez mains de celui des dits présidents qui présidera ez dites mercuriales, et nous avertiront de ce qu'ils en trouveront, pour y pourvoir : Et ne faudront nos dits présidents, procureurs et avocats et chacun d'eux, pour le dû de leurs offices et serments qu'ils ont à nous, tenir la main, et faire en sorte que le contenu en ce présent article soit de point en point, diligemment et étroitement entretenu, gardé et observé, et au surplus nous envoyent de six mois en six mois, ou plus tôt, si besoin est, les dites mercuriales, et l'ordre qu'ils auront constitué sur icelles, selon que le portent nos ordonnances faites à Fontainebleau en l'an 1549.

Art. XXVII. Item. Nos dites cours de parlement, juges royaux et présidiaux, feront, chacun en droit soi, et si comme à lui appartiendra, toute la diligence possible d'eux informer et faire informer et enquérir jour par jour, et heure pour heure, si en leurs pouvoirs, détroits et juridictions, il y aura aucuns chargés et suspects d'hérésie, pour, s'il s'en trouve quelques-uns, les faire prendre et appréhender, afin d'être procédé à leur faire et parfaire leur procès, sans autre interruption, et le plus diligemment que faire se pourra, selon nos édits et ordonnances, et le contenu en ces présentes.

Art. XXIX. Tous ceux qui sauront et connaîtront aucuns infectés d'hérésie, seront tenus incontinent et sans délai, les dénoncer, révéler et déclarer aux juges ecclésiastiques, et officiers des évêques, juges présidiaux, et autres qu'il appartiendra, et le plus tôt que faire se pourra.

N° 6. *Arrêt du conseil privé, du 14 juillet 1633, rendu sur les instances du Clergé.*

Sur la requête présentée au roi en son conseil par les agents généraux du clergé de France, contenant qu'encore que par les édits de pacification accordés à ceux de la R. P. R. ([1]) il soit expressément ordonné qu'en tous actes où il sera parlé de ladite religion, il sera usé de ces mots, R. P. R. et qu'il leur sera très-expressément défendu d'user de paroles tendantes à sédition, ni de comices contre ceux qui font profession de la religion catholique, apostolique et romaine, et particulièrement contre les prélats et docteurs de l'Eglise; néanmoins M⁰ Edme Aubertin, ministre de ladite R. P. R. à Charenton, a fait imprimer un livre qui se débite dans cette ville de Paris, où il prend qualité de pasteur de l'Eglise réformée de Paris. Le roi en son conseil ordonna et ordonne que ledit

---

(1) Ces trois lettres R. P. R. sont là pour ces trois mots, *religion prétendue réformée*.

Aubertin *sera pris au corps et amené ez prisons du fort l'évêque, si pris et appréhendé peut être,* sinon sera crié à trois briefs jours, les biens saisis et annotés, suivant l'ordonnance, pour lui être son procès fait et parfait.

N° 7. *Edit du 8 novembre* 1567.

Charles, etc. ([1](#)) comme les principales colonnes sur lesquelles est planté et appuyé l'état de notre royaume, soient la religion et la justice, lesquelles ont telle fraternité et sont si étroitement conjointes et liées l'une à l'autre qu'elles ne se peuvent aucunement séparer; de sorte que tout ainsi que par la providence divine il n'y a qu'un seul soleil et un seul roy en cestui notre royaume; par similitude de raison, ne doit avoir qu'une seule religion, seule loi et règle de justice, procédant de même source et fontaine, et composée de personnages craignant Dieu, honorant leur roi et observateurs de même religion, sans aucun schisme et division, pour, avec unité d'esprit et de religion, rendre la justice à un chacun.

Pour cette cause, considérant les grands troubles revenus en notre dit royaume pour la section et division de la religion; même que par surprise l'on a introduit plusieurs personnes pour entrer aux magistrats, combien qu'ils ne fussent catholiques, ains de diverses et de différentes opinions à la nôtre, d'où sont procédés infinis troubles, dissensions et inégale administration de notre jus-

---

(1) C'est Charles IX; il préludait ainsi à la Saint-Barthélemy et à cette séance du 28 août 1572, où il vint en plein parlement avouer ce qui s'était passé, et ordonner qu'on fît le procès de l'amiral Coligny et de ses complices.

tice, à notre très-grand regret et préjudice de nous et de nos sujets : ce qui ne fut advenu, si nos dits magistrats eussent été catholiques, embrassant semblable religion, sans être séparés et divisés de l'Eglise catholique, à quoi est besoin pourvoir.

Avons statué et ordonné, que dorénavant toutes personnes qui seront pourvues d'états et offices de judicature, seront tenues faire profession de leur foi et religion : et outre qu'il sera informé, à la requête de nos procureurs, chacun en son regard, de leur vie, mœurs et religion ; et si par leur profession ou information se trouve qu'ils ne soient de la religion catholique et romaine qui est celle que nous tenons, ne seront reçus, ains rejetés. Et outre, s'il avenait que depuis leur provision ils tombassent en erreur et en diversité d'opinion, en ce cas ils seront démis et promptement destitués de leurs états, car tel est notre plaisir et vouloir ([1]).

N° 8. *Déclaration de 1682, connue sous ce titre :*
Les quatre articles. (Chap. X, page 46.)

Cette déclaration du 12 mars dont nous ne croyons pas nécessaire de donner le texte, peut se résumer en peu de mots ; on n'en connaît guère que les quatre articles suivants :

1° J.-C. a donné à Saint-Pierre et à ses successeurs

---

(1) D'autres édits semblables furent appliqués à tous les fonctionnaires du royaume, aux avocats, médecins, notaires, procureurs, libraires, apothicaires, et jusqu'aux sages-femmes, brodeuses et lingères. Ces derniers sont presque tous de 1585.

Enfin arriva en octobre de la même année celui qui défendait aucun exercice public de la religion prétendue réformée.

la puissance sur les choses spirituelles qui ont rapport au salut éternel, mais il ne leur a pas donné le pouvoir de déposer les souverains, soit directement, soit indirectement, et de délier les sujets du serment de fidélité;

2° La plénitude de puissance accordée au siège apostolique ne porte aucune atteinte aux décisions des sessions IV et V du concile œcuménique de Constance, approuvées par l'Eglise universelle, et observées religieusement par l'Eglise gallicane;

3° L'usage de la puissance apostolique doit être réglé par les canons dressés par l'esprit de Dieu et respectés sur toute la terre;

4° Il appartient principalement au pape de décider en matière de foi, et ses décisions obligent toutes les églises. Son jugement n'est pourtant pas irréformable, à moins que le consentement de l'Eglise n'intervienne.

On a dit que cette déclaration avait été rétractée par les évêques. Nous avons répondu, chapitre XI; et la chose fût-elle vraie, elle serait sans importance, car en aucun temps, les évêques isolés n'ont pu rétracter ce qu'ils avaient fait en assemblée; mais il est bon de voir en quels termes était conçue cette prétendue rétractation, la voici :

Le 14 septembre 1693, les prélats nommés qui avaient assisté à l'assemblée de 1682, écrivirent au pape : « Que
» tout ce qui avait pu être censé décrété par la puissance
» ecclésiastique dans ladite assemblée, devait être tenu
» pour non décrété; et qu'ils le tenaient pour tel; que
» de plus, ils tenaient pour non délibéré tout ce qui
» avait pu être censé y avoir été délibéré au préjudice
» des droits des églises, leur intention n'ayant pas été

» de faire aucun décret, ni de porter préjudice auxdites
» églises. » On voit qu'il n'est pas même question des
droits du pape. Il faut en conclure que l'amour des bulles
d'institution ne fit faire aucune concession.

Nous avons dit que la déclaration de 1682 ne contenait aucun principe nouveau ; nous pourrions dire qu'elle était infiniment moins énergique que celle de 1803, intervenue lors des difficultés suscitées par Boniface VIII à Philippe IV. Ce roi avait appelé au futur concile œcuménique de toutes les entreprises faites et à faire par Boniface. Voici la déclaration de l'assemblée du clergé :
« Nous assisterons le roi, etc., selon Dieu de tout notre pou-
» voir; nous ne nous séparerons jamais de lui. Nous ne
» ferons aucun usage des sentences du pape, accordées ou
» à accorder, obtenues ou à obtenir, offertes ou à offrir,
» données ou à donner, pour nous absoudre du serment
» de fidélité, ou pour rompre en façon quelconque les
» liens qui nous attachent au roi, sauf en tout et par tout
» les droits de l'Eglise romaine, les nôtres et ceux de nos
» églises. »

Où trouverait-on un langage plus précis, une déclaration plus énergique de la séparation du pouvoir temporel et du pouvoir spirituel, et ce n'est pas la seule qui puisse marcher de pair avec celle de 1682, qui vient 379 ans après. Il n'est pas hors de propos de mettre sous les yeux des fanatiques du moyen-âge, de cet âge d'or du pouvoir ultramontain, un échantillon de la correspondance, entre Boniface VIII et Philippe-le-Bel.

Le pape avait élevé la prétention de partager avec le roi les décimes levés sur les clergés, Philippe ne fit qu'en rire ; Boniface s'irrita, il fulmina alors sa bulle *Unam sanctam*, dans laquelle il soutenait que la puissance temporelle était soumise à la puissance spirituelle, et que le pape avait le droit de déposer les souverains.

Philippe IV répondit d'une manière singulière, pour ce temps où tout le monde était profondément chrétien, si l'on en croit un docteur moderne. Sa lettre commençait par ces mots : « Philippe, par la grâce de Dieu, roi de France, » à Boniface soi-disant souverain pontife, peu ou point de » salut. » Que votre grandissime fatuité sache que nous ne sommes soumis à personne pour le temporel, etc., etc. Ce n'est probablement pas le retour de ce style que veulent nos congréganistes ; mais qui les en garantirait si l'on en revenait à ce bon temps ; pensent-ils que les païens d'aujourd'hui seraient plus faciles à museler que les excellents catholiques de ce bon temps !

N° 9. *Edit du roi, du mois de janvier* 1686, *concernant les femmes et les veuves de la* R. P. R.

Louis ([1]), par la grâce de Dieu, roi de France, etc.

Nous voyons avec déplaisir que quelques-unes des femmes dont les maris sont rentrés dans le sein de l'Eglise catholique, apostolique et romaine, ne suivent pas leur exemple, et qu'elles s'obstinent à demeurer dans les erreurs de la prétendue religion réformée ; et comme cette opiniâtreté divise les familles et empêche ou retarde la conversion de leurs enfants, nous avons estimé qu'il était

---

(1) Cet édit est signé par Louis XIV et contresigné par Colbert. Ils avaient cessé l'un d'être roi, l'autre grand ministre. Un jésuite régnait sous les traits de Mme de Maintenon.

nécessaire d'y pourvoir, même à l'égard des veuves qui ne sont pas encore rentrées dans l'Eglise. A ces causes, nous avons dit et déclaré, voulons et nous plaît, que les femmes des nouveaux catholiques, qui refuseront de suivre l'exemple de leurs maris, ensemble les veuves qui persisteront dans la dite religion prétendue réformée, un mois après la publication et enregistrement des présentes, soient et demeurent déchues du pouvoir de disposer de leurs biens, soit par testament, donation entre-vifs, aliénation ou autrement, etc.; et en cas que les dites femmes ou veuves n'ayent d'ailleurs aucun bien pour leur subsistance, voulons qu'il leur soit pourvu d'aliments par nos juges suivant l'exigence des cas; entendons que les dites femmes ou veuves rentrent dans tous les droits qui leur sont ôtés par le présent édit, du jour qu'elles auront fait enregistrer l'acte de leur abjuration au greffe de la plus prochaine cour royale.

N° 10. *Déclaration du roi, du 29 avril 1686, contre les convertis qui refusent les sacrements de l'Église.*

Louis (1), par la grâce de Dieu, etc.

Quoique les soins que nous avons pris pour la conversion de nos sujets de la religion prétendue réformée aient heureusement réussi *par la bénédiction que Dieu y a donnée* (2), la plus grande partie de ceux qui ont abjuré leur erreur ayant profité des bonnes instructions qui leur ont été données et rempli les devoirs de bons catholiques,

(1) Cet édit est encore signé par Louis XIV et contresigné par Colbert.
(2) On pouvait ajouter : par la grâce de saint Barthélemy et par celle des Dragonades, etc., etc.

nous apprenons néanmoins avec regret qu'aucuns de ceux qui ont fait abjuration ont refusé dans l'extrémité de leurs maladies, par les suggestions secrètes, de recevoir les sacrements de l'Eglise, et après avoir déclaré qu'ils persistaient dans la religion prétendue réformée qu'ils avaient abjurée, étaient morts dans leur erreur ; et d'autant plus qu'il est nécessaire d'agir contre la mémoire de ceux qui ont abusé de la profession publique qu'ils avaient faite de se réunir à l'Eglise catholique, et qui ont été assez malheureux de mourir en cet état, nous avons estimé devoir prescrire à nos juges la manière dont ils doivent poursuivre et punir un tel crime, et les peines qui seront ordonnées contre ceux qui reviendront en santé après avoir fait pareil refus et déclaration. A ces causes, ordonnons que si aucuns de nos sujets de l'un et l'autre sexe qui auront fait abjuration de la religion prétendue réformée, venant à tomber malades, refusent aux curés, vicaires ou autres prêtres de recevoir les sacrements de l'Eglise, et déclarent qu'ils veulent persister et mourir dans la religion prétendue réformée, au cas que les dits malades viennent à recouvrer la santé, le procès leur soit fait et parfait par nos juges, et qu'ils les condamnent, à l'égard des hommes, à faire amende honorable et *aux galères perpétuelles avec confiscation de biens ;* et, à l'égard des femmes et filles, à faire amende honorable et être enfermées, avec confiscation de leurs biens ; et quant aux malades qui auront fait abjuration et qui auront refusé les sacrements de l'Eglise, et déclaré aux dits curés, vicaires ou prêtres, qu'ils veulent persister et mourir dans la religion prétendue réformée et seront morts dans cette malheureuse disposition, *nous ordonnons que le procès sera fait aux cadavres ou à leur mémoire*, en la manière et ainsi qu'il est porté par les articles du titre 22 de notre ordonnance du mois d'août 1670, sur les matières criminelles, *et qu'ils seraient traînés sur la claie, jetés à la voirie, et leurs biens confisqués.* Voulons que sur les avis donnés à nos juges par les curés, vicaires ou prêtres, auxquels les refus auront été faits, etc., il soit informé, etc. (¹)

N° 11. — *Extrait de la déclaration du mois de mai 1724, concernant l'éducation des enfants des convertis.*

Louis, par la grâce de Dieu, etc. (²)

De tous les grands desseins que le feu roi notre très-honoré seigneur et bisaïeul a formés dans le cours de son règne, il n'y en a point que nous ayons plus à cœur *d'éteindre entièrement l'hérésie dans son royaume*, à quoi il a donné une application infatigable jusqu'au dernier moment de sa vie. Dans la vue de soutenir un ouvrage si *digne de son zèle et de sa piété*, aussitôt que nous sommes parvenu à la majorité, notre premier soin a été de nous faire représenter les édits, déclarations et arrêts du conseil qui ont été rendus à ce sujet, pour en renouveler les dispositions et enjoindre à tous nos officiers de les faire observer *avec la dernière exactitude* ; mais nous avons été informé que l'exécution en a été ralentie depuis plusieurs années, surtout dans les provinces qui ont été affligées de

---

(1) Rome alors trouvait très-bon que le temporel se mêlât du spirituel ; aussi partagea-t-elle la gloire de tous ces édits sollicités par elle.
(2) Cette déclaration de Louis XV a été enregistrée au parlement de Paris, le 31 mai 1724. — On était bien loin de 1682.

la contagion, et dans lesquelles il se trouve un plus grand nombre de nos sujets qui ont cy-devant fait profession de la R. P. R. par les fausses et dangereuses impressions que quelques-uns d'entre eux, peu sincèrement réunis à la religion catholique et excités par des mouvements étrangers, ont voulu insinuer secrètement, pendant notre minorité; ce qui nous avait engagé à donner une nouvelle attention à un objet si important, nous avons reconnu que les principaux abus qui se sont glissés et qui demandent un plus prompt remède, regardent principalement les assemblées illicites, *l'éducation des enfants*, l'obligation pour tous ceux qui exercent quelques fonctions publiques, de professer la religion catholique, les peines ordonnées contre les relaps, et la célébration des mariages, sur quoi nous avons résolu d'expliquer bien disertement nos intentions; à ces causes, nous avons ordonné et ordonnons, voulons et nous plaît :

Art. 1er. Que la religion catholique, apostolique et romaine, *soit seule* exercée dans notre royaume, pays et terres de notre obéissance; défendons à tous nos sujets, de quelque état, qualité et condition qu'ils soient, de faire aucun exercice de religion, autre que la religion catholique, à peine, contre les hommes, des *galères perpétuelles*, et contre les femmes, *d'être rasées et enfermées pour toujours*, avec confiscation des biens des uns et des autres.

Art. 2. Etant informé qu'il s'est élevé et s'élève journellement dans notre royaume plusieurs prédicants, qui ne sont occupés qu'à exciter les peuples à la révolte, et les détourner des exercices de la religion catholique, ordonnons que tous les prédicants qui auront convoqué des assemblées, qui auront prêché ou fait aucunes fonctions, *soient punis de mort*, ainsi que la déclaration du mois de juillet 1686 l'ordonne pour les ministres de la R. P. R., *sans que ladite peine de mort puisse à l'avenir être réputée comminatoire*. Défendons à tous nos sujets de *recevoir les dits ministres ou prédicants, de leur donner retraite, secours et assistance, d'avoir directement ou indirectement aucun commerce avec eux*. Enjoignons à ceux qui en auront connaissance, de les dénoncer aux officiers des lieux; le tout à peine, en cas de contravention, contre les hommes, *des galères à perpétuité*, et contre les femmes, *d'être rasées et enfermées pour le reste de leurs jours* (1).

N° 12. *Formulaire délibéré et proclamé par l'assemblée générale du clergé de France, le 17 mars 1657.*

Je me soumets sincèrement à la constitution du pape Innocent X, du 31 may 1655, selon son véritable sens, qui a été déterminé par la constitution de notre saint père le pape, Alexandre VII, du 16 octobre 1656. Je reconnais que je suis obligé en conscience d'obéir à ces constitutions, et je condamne de cœur et de bouche la doctrine des cinq propositions de Cornélius Jansénius, contenue dans son livre intitulé *Augustinus*.

N° 13. *La puissance spirituelle l'emporte sur la temporelle.*

La doctrine de la bulle *Unam sanctam* que lança le

---

(1) Cette déclaration contient seize autres articles en harmonie parfaite avec ces deux premiers. On considérait de pareils monuments comme des actes de piété; comme des moyens d'ouvrir les voies du salut.

pape Boniface, au quatorzième siècle, est toujours celle de la cour romaine. Elle portait : « Le glaive temporel doit » être employé par les rois et les guerriers pour l'Eglise, » *suivant l'ordre et la permission* du Pape ; la puissance » *temporelle est soumise à la spirituelle* QUI L'INSTITUE ET » LA JUGE, et qui ne peut être jugée que de Dieu. » L'abbé Millot donne une singulière explication de ce dogme ultramontain. Les deux luminaires de la Genèse sont, dit-il, les deux puissances : le grand brille par lui-même, éclaire tout : c'est le sacerdoce ; le petit n'a qu'une lumière et une vertu empruntées de l'autre : c'est l'empire. Les deux épées des apôtres, dans l'Evangile, sont aussi les deux puissances, et puisque ces deux épées appartenaient aux apôtres, il fallait certainement que la *puissance temporelle, ainsi que la spirituelle, appartinssent au pape.*

La querelle s'aigrissant de jour en jour, dit l'historien, le chevalier Guillaume de Nogaret, avocat général, accusa le pape de simonie, d'hérésie, et demanda qu'on le fît arrêter et déposer. Le pape, de son côté, non-seulement excommunia le roi, mais (chose étrange!) *ordonna au confesseur de ce prince de venir rendre compte de la conduite de son pénitent.*

(Histoire moderne de l'abbé Millot, tome 2, pages 13 et 14.)

N° 14. *Extrait de l'ukase du 2 janvier 1816.*

L'un des principaux motifs qu'on met en avant pour protéger la résurrection des jésuites, c'est, dit-on, qu'ils ont de tout temps été les fermes soutiens du pouvoir absolu. Il semblerait, à entendre les ennemis de nos libertés publiques, que les bons pères pourraient d'un coup de baguette convertir toute la nation. Supposez que cela soit, ce serait bien assez pour légitimer les craintes que leur apparition a excitées, mais il serait curieux de les entendre concilier leur opinion avec celle d'un monarque qui ne passe ni pour républicain ni pour ennemi du gouvernement absolu. Voici ce que l'empereur Alexandre annonçait à l'Europe entière, en 1816, pour motiver l'expulsion des jésuites :

« Ils ont détourné de notre culte des jeunes gens dont
» l'éducation leur avait été confiée, ainsi que quelques
» femmes d'un esprit faible et inconsidéré, et leur ont fait
» adopter leur croyance.... Exciter un homme à abjurer
» sa foi, la foi de ses pères ; détruire en lui l'amour de
» ceux qui professent la même religion, en faire un étran-
» ger à son pays ; semer la discorde et l'animosité dans
» les familles, détacher le frère du frère, le fils du père,
» la fille de la mère ; amener des divisions parmi les en-
» fants de la même famille, est-ce là la volonté de Dieu
» et de son divin fils, Jésus-Christ, notre sauveur?...
» Nous ne sommes plus surpris que l'ordre de ces reli-
» gieux ait été éloigné de tous les pays, et qu'il ne soit
» toléré nulle part. Quel est, en effet, l'Etat qui pourrait
» souffrir dans son sein ceux qui répandent la haine et le
» trouble?... » — Les réflexions sont superflues.

N° 15. *Opinion de M. de Quelen, archevêque de Paris.*

Voici ce que nous imprimions en 1844 :
Il ne faut pas qu'on puisse nous accuser d'opposer la

violence à la frénésie. La voix de la sagesse doit seule être entendue, et l'on nous permettra de rapporter ici les belles paroles de M. l'archevêque de Paris.

« Voilà, s'est-il écrié, voilà que l'esprit de système,
» triste et dangereuse tentation des plus beaux talents, se
» manifeste dans les camps du Seigneur, et nous menace
» d'une guerre intestine. Non content de cette vaste car-
» rière des innocentes disputes, que la vérité elle-même
» laisse à ses enfants la liberté de parcourir, mais dont
» elle leur défend de franchir les limites, il veut ériger en
» dogmes ses propres opinions, en nous accusant, sans
» justice, de dépasser nous-même les bornes de ce qui a
» été défini par l'autorité infaillible de l'Eglise. Non con-
» tent de s'ériger en censeur amer de ceux dont on doit
» du moins toujours respecter le caractère et les inten-
» tions, il se fait hardiment le détracteur d'un de nos plus
» grands rois et du plus savant de nos pontifes ; il pro-
» clame sans autorité comme sans mission, au nom du
» ciel, des doctrines subversives de l'ordre que Jésus-
» Christ a établi sur la terre en partageant son pouvoir
» souverain entre deux puissances distinctes, indépen-
» dantes l'une de l'autre, chacune dans l'ordre des choses
» qui lui ont été confiées : doctrines qui, selon le sens
» naturel qu'elles présentent, ne tendent à rien moins,
» malgré les intentions les plus louables, qu'à ébranler la
» société tout entière dans ses fondements, en détruisant
» l'amour de la subordination dans le cœur des peuples,
» et en semant dans celui des souverains la défiance
» contre leurs sujets ; doctrines qui, loin de servir la re-
» ligion, ne peuvent que lui susciter des persécutions de

» tous les genres en la présentant comme une dominatrice
» inquiète et jalouse qui foule tout à ses pieds ; doctrines,
» d'ailleurs, qui ne sont appuyées sur aucune preuve so-
» lide, dont on ne trouve pas de monuments successifs et
» durables dans l'antiquité, qui ne portent point avec
» elles ce caractère d'universalité qui distingue la foi de
» l'Eglise et son enseignement de celui de toutes les
» autres sectes ; doctrines que nous n'avons reçues ni de
» Jésus-Christ, ni de ses apôtres ; qui n'ont pour elles ni
» l'autorité de l'Ecriture, ni celle de la tradition. »

On voit, par ces belles paroles, que les ultramontains n'étaient pas moins gênants pour le clergé de la Restauration qu'ils ne le sont pour celui d'aujourd'hui.

N° 16. *L'archevêque et le ministre.* (Conclusion, p. 139.)

Voici trois petites pièces qui auraient pu trouver place dans le livre premier, mais que nous avons préféré placer dans cet appendice, parce qu'elles nous auraient entraîné à des réflexions trop pénibles dans le cours de l'ouvrage ; c'est maintenant au lecteur à rapprocher ces faits des discours des missionnaires en 1816, 1821 et années suivantes ; du sermon d'un curé de Loir-et-Cher en 1824 ; de certains mandements de 1825 et 1826, et du sermon du curé de Mantes, en 1827 ; du mémorial catholique, du bulletin du clergé, et des brochures de nos apostoliques. Voici d'abord la lettre du cardinal archevêque de Toulouse à un de ses collègues, dans des circonstances à peu près analogues à celles dans lesquelles nous nous trouvons en ce moment. Il n'y a qu'une différence. C'étaient alors les évêques qui paraissaient consulter les cardinaux ; ce sont aujourd'hui les curés qui paraissent consulter les évêques.—Il y a peu d'invention dans cette petite fiction.

« Vous me faites l'honneur de me demander si j'ai reçu une lettre de Son Excellence le ministre de l'intérieur, qui demande aux supérieurs et professeurs de mes séminaires leur adhésion à la déclaration du clergé de France, de 1682, et vous désirez savoir si j'ai répondu à cette lettre et ce que j'ai répondu.

» Oui, monseigneur, j'ai reçu comme vous cette missive *fort extraordinaire;* je l'ai reçue même deux fois, et je n'y ai point fait de réponse.

» J'ai eu l'honneur d'écrire la même chose à plusieurs de nos collègues, qui m'avaient donné la même marque de confiance que vous en me faisant la même demande; je les ai priés d'observer :

» 1° *Qu'autrefois*, il n'y avait que MM. les professeurs de l'Université qui fussent astreints à cette formalité ;

» 2° *Que l'autorité civile n'avait pas le droit* de fixer aux évêques ce qu'ils avaient à prescrire pour l'enseignement dans leurs séminaires ;

» 3° Que la formule d'adhésion, telle qu'elle était envoyée, semblait présenter les quatre articles comme une décision de foi, ce qui n'est pas, et ce qui *nous exposerait à la censure du Saint-Siège;*

» 4° Que cette mesure était *inconvenante* et *inadmissible*, en ce qu'elle contenait l'engagement de professer la doctrine des quatre articles, *profiteri doctrinam;* elle est de plus *ridicule*, en ce qu'elle exige que l'on professe et que l'on veuille enseigner, *profiteri et docere velle;*

» 5° Que cette mesure inutile, qui était un *nouvel attentat aux droits des évêques, déplairait à la cour de Rome*, et était aussi impolitique que déplacée dans un temps où un parfait accord régnait entre Rome et la France;

» 6° Que sachant avec quelle sagesse le gouvernement évitait tout ce qui pouvait rappeler des discussions théologiques toujours dangereuses, je présumais que quelque *employé subalterne des bureaux du ministère*, provoqué peut-être par quelque *savant du conseil d'Etat*, avait présenté cette circulaire à la signature du ministre, qui, sûrement n'y aura pas fait attention;

» 7° Que ce ne pouvait être que l'œuvre d'un esprit brouillon, et que *ce qu'il y avait de mieux à faire était de la regarder comme non avenue.* »

On prit la liberté de poursuivre l'auteur de cette lettre pastorale d'un nouveau genre. Voilà ce qu'en pensait le ministère public :

« Dans des circonstances aussi importantes, disait l'a-
» vocat du roi à l'audience du tribunal correctionnel,
» nous avons témoigné le désir de connaître les deux
» lettres adressées par Son Excellence le ministre de
» l'intérieur, et qui ont servi de prétexte à la lettre in-
» criminée. Deux copies nous en ont été remises; nous
» allons vous en donner lecture. Voici la première, du
» 18 mars 1824 : ».

»Conformément à l'édit de 1682 et aux lois du royaume, M. Boix, l'un des professeurs de votre séminaire, a souscrit, le 25 janvier 1808, la déclaration du clergé de France, de 1682, et s'est soumis à enseigner la doctrine qui y est contenue. M. Lafaurie, autre professeur du séminaire, a fait la même souscription le 18 mars 1818.

» Je vous prie, monseigneur, de m'envoyer celle de M. Ducray, supérieur, et de MM. de Vieusse et Guillaumain, autres professeurs et directeurs de votre séminaire. »

Voici maintenant la seconde du 20 mai 1824 :

« Le 18 mars dernier, je vous ai prié de m'envoyer, conformément à l'édit de 1682 et aux lois du royaume, la déclaration du clergé de France, de 1682, souscrite par MM. les directeurs et professeurs de votre séminaire. Deux mois se sont écoulés sans que vous m'ayez fait parvenir cette déclaration, que les évêques de plusieurs diocèses plus éloignés m'ont déjà adressée. — Je vous prie, monseigneur, de vouloir bien me la transmettre. »

« Nous nous abstenons, messieurs, de toute réflexion, ajoutait M. l'avocat du roi ; nos paroles ne pourraient d'ailleurs qu'affaiblir l'impression que doit faire sur vos esprits le rapprochement de ces lettres de celle qui est incriminée, et prolongerait trop longtemps des sentiments pénibles que ce rapprochement doit faire naître dans vos cœurs, et qui seront partagés par tous les vrais amis de la religion. »

Nous ne saurions mieux faire que d'imiter la réserve de ce magistrat. Il est cependant impossible de ne pas signaler cet esprit de rébellion moqueuse sous un gouvernement qui appelait constamment la puissance ecclésiastique soit aux conseils publics comme ministres ; soit aux conseils secrets comme directeurs réels de toutes les affaires ecclésiastiques.

N° 17. *Opinion d'Omer Talon sur les cardinaux.*

Les cardinaux ont de tout temps porté beaucoup d'ombrage à la nation et aux parlements ; nous ne pourrions rien citer de plus positif à cet égard que deux discours politiques d'Omer Talon, avocat général au parlement de Paris. On trouve les passages suivants dans le premier, qui avait pour objet d'obtenir du roi l'exclusion de son conseil de tous les cardinaux français :

« Quoiqu'il soit véritable qu'aucuns de vos sujets ne
» puissent être élevés à cette dignité que sur la nomina-
» tion et la postulation de Votre Majesté, et que la désirer
» autrement serait une espèce de félonie, en telle façon
» qu'ils ont toute l'obligation de leur promotion à Votre
» Majesté, et non pas au pape qui les nomme ; néan-
» moins, aussitôt qu'ils sont revêtus de ce titre, non-seu-
» lement ils croyent être conseillers, sénateurs, asses-
» seurs, coadjuteurs de la puissance pontificale, mais qui
» plus est, ils s'imaginent être une portion de sa substance
» et posséder une partie de son autorité. (Tome Ier,
» page 312 de ses œuvres.)

» Nous avons vu qu'en l'année 1612, au chapitre gé-
» néral des Jacobins, célébré dans leur couvent, en cette
» ville de Paris, une question s'étant présentée touchant
» la supériorité du pape et du concile, question impor-
» tante dans les occasions pour *résister aux violences* et
» aux entreprises de la cour romaine, deux bacheliers de
» Sorbonne ayant voulu faire prévaloir les maximes
» françaises aux propositions transalpines, M. le cardinal
» du Perron se leva et imposa silence aux disputants...

» En 1614, les Etats ayant été assemblés à Paris, une
» proposition ayant été faite dans la chambre du tiers-
» état pour l'indépendance de la couronne... le cardinal
» du Perron s'opposa à cette thèse générale... Jugez,
» sire, si ceux qui se repaissent et se laissent empoison-
» ner de propositions semblables, sont propres au minis-
» tère des affaires publiques de l'Etat! (Pages 313 et
» 314 du même volume.)

» Comme les cardinaux français s'imaginent n'être
» sujets de Votre Majesté que jusqu'à une certaine con-
» currence, le pape prétend qu'ils ne le sont en façon
» quelconque; que cette dignité les exempte de toute sorte
» de juridiction civile et criminelle des princes souve-
» rains, pour les obliger de répondre à la sienne; et de
» fait, en l'année 1320, le cardinal de Saint-Pierre-aux-
» Liens, ayant un différend civil avec le chapitre d'Agen,
» le pape évoqua l'affaire, etc. (Pages 318 et 319.)

» L'empereur Ferdinand ayant fait emprisonner le
» cardinal Clésel, le pape s'en offensa et le revendiqua,
» menaça d'interdit les Etats de l'empereur, et sa per-
» sonne d'excommunication ; et la maison d'Autriche,
» qui se relâche fort peu dans ses intérêts, fut obligée de
» délivrer les prisonniers aux commissaires du S.-P.

» Personne n'ignore ce qui arriva dans Blois en 1588 :
» le pape soutint positivement qu'Henri III n'avait pu
» emprisonner ni faire le procès à un cardinal, qu'il de-
» vait le lui envoyer ; et l'affaire passa jusqu'à cet excès,
» que les menaces de l'excommunication qui fut fulminée
» dans Rome, furent le malheureux fondement du parri-
» cide commis en sa personne par un moine.

» Après tout, madame, nous savons que les cardinaux
» français, lorsqu'ils sont à Rome, travaillent toujours
» pour l'avantage de la nation et pour satisfaire aux or-
» dres qu'ils reçoivent de leurs souverains, et qu'ils en
» composent leur emploi principal, *mais lorsqu'ils sont*
» *en France, dans la pensée de se conserver en bonne in-*
» *telligence avec la cour romaine, ils n'omettent aucuns*
» *moyens, quoique préjudiciables à l'autorité de leur sou-*
» *verain.* — Que s'il peut arriver quelques inconvé-
» nients de l'emploi qui sera donné aux cardinaux dans
» les conseils du roi, il n'en arrivera aucun quand ils
» n'y seront point appelés. (Page 324.)
» Faites, s'il vous plaît, réflexion que la plupart de
» ceux qui abordent Votre Majesté, y viennent avec un
» esprit prévenu et étudié, *dans le dessein de faire réussir*
» *leurs intérêts particuliers*, et que, bien souvent, le bien
» de l'Etat n'est pas la fin de leurs intentions, mais le
» moyen duquel ils se servent pour y parvenir (1). »

Nous allons maintenant passer à un autre ordre d'i-
dées. — Le progrès aidant, le dogme court les rues, et
qui pis est, il envahit les journaux, et nos seigneurs les
évêques sont très-respectueusement flagellés par les vrais
amis du Saint-Siège. — Cela est parfaitement édifiant.
Lisez plutôt ce qui suit, publié en l'an de grâce 1853, à
la grande satisfaction des infidèles.

(1) Ce discours est du 13 mars 1651.—La déclaration demandée par le parlement fut rédigée par M. le chancelier et enregistrée le 19 avril 1651.

N° 18. *Ordonnance de M. l'archevêque de Paris,*
17 *février* 1853. (Conclusion, p. 147.)

Nous, Marie-Dominique-Auguste Sibour, par la miséricorde divine et la grâce du Saint-Siège apostolique, archevêque de Paris;

Vu les décrets portés par le concile de Paris, au mois de septembre 1849, touchant les écrivains qui traitent de matières ecclésiastiques;

Vu notre mandement du 24 août 1850 pour la promulgation de ces décrets, ensemble notre avertissement au sujet du journal l'*Univers;*

Vu la lettre de soumission qui nous a été adressée, le 3 octobre suivant, par les rédacteurs de l'*Univers;*

Attendu que, par cette lettre, les rédacteurs de l'*Univers,* en reconnaissant, comme il le fallait bien, que le blâme prononcé contre eux était *un acte plein et parfait de cette puissance épiscopale à laquelle les catholiques doivent respect et soumission,* se sont formellement engagés *à ne point oublier nos avertissements,* à porter *dans la discussion des questions religieuses la prudence, la mesure et la maturité nécessaires,* enfin *à modérer leur langage;*

Vu les nombreux articles par lesquels, depuis le 3 octobre 1850, les rédacteurs de l'*Univers* se sont de nouveau immiscés dans des questions placées hors de leur compétence, pour les traiter avec les violences de langage les plus blâmables, comme on a pu le remarquer en particulier dans leur critique des instructions officiellement données à ses petits séminaires par un de nos vénérés collègues et suffragants :

Attendu que, par ces derniers articles notamment, les rédacteurs de l'*Univers* se sont mis, au grand scandale des hommes religieux et au détriment de l'Eglise, en contradiction flagrante, non-seulement avec notre avertissement fondé sur les décrets du concile de Paris approuvés par le Saint-Siège, mais encore avec leur promesse explicite et solennelle, *en attaquant* un *évêque d'une manière directe* et *injurieuse*, — *en le calomniant* — *en travestissant ses pensées*; — *en commettant un acte manifeste d'agression et d'usurpation contre l'autorité épiscopale* (¹);

Vu les articles publiés dans l'*Ami de la Religion* des 4, 6, 8, 22 janvier et 1ᵉʳ février, par M. l'abbé Gaduel, ancien professeur de théologie, vicaire général d'Orléans, au sujet d'un livre recommandé par l'*Univers*;

Attendu que M. Gaduel n'a publié qu'une critique philosophique et théologique de ce livre et du *prospectus* destiné à le mettre en crédit, et que dès là qu'il croyait y trouver des erreurs doctrinales, il avait certainement le droit de les signaler au public;

Qu'il s'est abstenu de toucher aux questions de personnes et n'a pas mérité qu'on lui répondît par des personnalités outrageuses;

Que dans sa critique il n'est point sorti de la modération, et qu'au témoignage même de son adversaire, *rien n'y dépasse la limite et qu'il n'y a jamais d'injure* :

Qu'ainsi, au fond et dans la forme, M. Gaduel, en pu-

(¹) Il s'agissait d'un mandement de l'Evêque d'Orléans, du 30 mai 1852.

bliant ses articles, est resté dans son droit et dans son devoir ;

Vu les articles publiés dans l'*Univers* des 25, 27, 31 janvier, 2 et 3 février, par M. Louis Veuillot, en manière de réponse à M. Gaduel ;

Attendu que l'*Univers*, au lieu de discuter les critiques de M. Gaduel, s'est pris à l'outrager dans sa personne et à le calomnier dans sa foi ; qu'au lieu de s'occuper de la question doctrinale, la seule qui fût soulevée et qui dût être résolue, il s'est livré à de sarcastiques et scandaleuses déclamations contre la science et l'enseignement de la théologie ; qu'au lieu de discuter le reproche d'hétérodoxie dirigé contre le livre qu'il avait patroné, il a fait peser sur ses contradicteurs et même sur quelques évêques, d'insultantes et calomnieuses accusations (1) ;

Qu'il a travesti, pour les tourner en ridicule, les pensées et les sentiments de M. Gaduel ; qu'il l'a représenté, tantôt nommément, tantôt d'une manière indirecte et en affectant de le confondre avec des personnes dont il dit avoir à se plaindre, comme un homme qui a quelque *travers d'esprit et de cœur, qui court les canonicats* et recrute des abonnements, qui *tronque les textes, les isole perfidement, les rapproche artificieusement, les interprète avec passion et parti pris;* qui veut *écraser la presse religieuse laïque* et n'attaque l'*Univers* et ses livres que *parce qu'ils sont laïques;* qui veut introduire le *particularisme* dans l'Eglise, et détourner de Rome les fidèles que l'*Univers* y pousse ;

(1) Nous n'avons tenu aucun compte de cette polémique impertinente.

Que l'*Univers*, sous prétexte de réfuter M. Gaduel, a livré au mépris la gravité des études théologiques et raillé, avec un rire imité de Voltaire, les prêtres et les théologiens qui défendent l'Eglise ou des opinions libres dans l'Eglise, et qui discutent à l'aide d'une érudition toute contraire aux procédés étranges de l'*Univers*, et à l'aide d'une méthode que les écoles du monde catholique ont consacrée par un usage constant et universel;

Qu'il a tenté de rendre odieux et suspects ses contradicteurs et même quelques évêques, en affirmant, contre toute vérité, qu'on le combat par un esprit de *particularisme* opposé à l'unité de l'Eglise; en affirmant que *des prélats l'ont blâmé pour les doctrines autorisées d'ailleurs, qui ne sont condamnées nulle part, et dont les principales au moins ne le seront jamais*, c'est-à-dire pour les doctrines ultramontaines, comme cela résulte du contexte et des termes mêmes d'un article où M. Louis Veuillot s'écrie : « Avec un peu de franchise, tout (ce qu'on nous » reproche) se réduirait à un seul mot : nous errons, » parce que nous sommes ultramontains ([1]); »

Vu la lettre de M. Gaduel, en date du 10 février, par laquelle il défère à notre autorité archiépiscopale les cinq articles traitant de matières religieuses et publiés contre lui dans l'*Univers* des 25, 27, 31 janvier, 2 et 3 février;

Vu les lettres nombreuses et significatives dans lesquelles le plus grand nombre de nos vénérables collègues ont consigné, depuis trois ans, leurs plaintes, leurs blâmes et leurs protestations contre le journal l'*Univers*;

---

[1] Ce mot ultramontain n'a jamais été pris pour une injure, mais il sonne mal en France.

Attendu qu'ils appellent notre attention sur les écarts d'une presse que notre autorité n'a pu jusqu'ici contenir; qui, envenimant la question, en a laissé tomber de longs articles sur la presse religieuse laïque, *dans lesquels l'auteur a semé l'injure et le persifflage contre ceux qui, pesamment armés et bardés de théologie, veulent se mesurer avec des ennemis qu'il faut laisser à combattre aux écrivains laïques, comparés à des troupes légères...; que si de ces principes on tirait des conséquences rigoureuses, il s'ensuivrait peut-être qu'on devrait laisser aux laïques le champ de la polémique religieuse;*

Qu'ils s'affligent *du mal que font parmi nous d'imprudents défenseurs de la religion, mais que fait surtout* l'Univers; — qu'ils se plaignent des *attaques inqualifiables, du mauvais ton, de la témérité et de l'arrogance inouïes de cette feuille qui compromet si souvent la cause qu'elle prétend servir;* — qu'ils gémissent de voir l'*Eglise exposée aux empiétements d'un journalisme qui tend à la dominer, ne fût-ce que par son intraitable disposition à la servir comme il l'entend, et à la subordonner aux idées vraies ou fausses, opportunes ou inopportunes qu'il veut lui imposer;* — qu'ils déclarent *souffrir horriblement de toutes les énormités que débite la presse religieuse laïque, tout ce qui se passe et tout ce qui se dit étant une grande humiliation pour eux et pour la théologie véritable;* (feuilles de janvier et février 1853.)

Qu'ils condamnent ces entreprises du laïcisme dans l'*Eglise*, de cet ennemi caché sous des apparences pieuses, et présentant un *danger contre lequel on ne peut pas trop se mettre en garde;* — du laïcisme qui nous environne de toutes parts et qui menace de précipiter l'épiscopat dans une direction forcée; — de ce laïcisme entreprenant qui ne craint pas d'aborder les questions les plus graves et relevant du domaine exclusif de l'Eglise, et qui les tranche avec une autorité qu'on ne peut lui reconnaître; — de ce laïcisme qui se montre prompt à tracer à tous, surtout aux évêques, la ligne de conduite à suivre presque dans chaque occasion, et se pose comme une puissance qui, en dépit de tous les principes, fait la leçon à l'épiscopat dans les choses ecclésiastiques; — de ce laïcisme, véritable parti d'hommes exagérés, qui n'ont pas plus l'intelligence de la situation actuelle de l'Eglise de France qu'ils n'ont de respect pour sa gloire passée;

Qu'ils expriment la crainte d'être bientôt forcés, au train dont vont les choses, de subir la pression du journalisme dit religieux et de ne pouvoir plus émettre à haute voix leurs jugements sur des questions de dogme et de discipline, ni donner des instructions disciplinaires et des règles de conduite au clergé, sans en avoir au préalable obtenu la permission de l'*Univers*; — qu'ils dénoncent ces *excès intolérables* comme une attaque audacieuse contre le droit et le devoir qu'ont les évêques de diriger et d'enseigner les fidèles, comme un *empiètement, plus funeste aujourd'hui que jamais*, sur une autorité que tout évêque tient de sa charge pastorale; — qu'ils rappellent combien il importe de signaler et de flétrir ces attaques qui blessent la hiérarchie sacrée, sèment la division dans l'Eglise, sont de nature à abaisser l'autorité des évêques, à la paralyser dans son action, à scandaliser les fidèles; qu'ils insistent sur la nécessité de fermer une si *grande plaie,* d'apprendre à ces écrivains téméraires *que les évêques ont une autorité et des droits que le Saint-Esprit n'a pas donnés, qu'on sache du moins, aux journalistes ;* — qu'ils proclament urgent de déployer l'autorité pour *briser cette tyrannie laïque, ce joug sous lequel on prétend asservir l'épiscopat ;* — de ne pas laisser prendre le change à l'opinion sur les véritables tendances de ces hommes qui, *sous prétexte de défendre le Saint-Siège,* — *et sans s'inquiéter des ruines qu'ils peuvent amener,* veulent être puissance *dirigeante dans l'Eglise, se former un parti, faire prévaloir leurs opinions et leur système,* propagent l'*esprit d'opposition qui bouillonne dans toutes les têtes, s'assurent des sympathies du jeune clergé, qui dit tout haut qu'avec le journalisme et Rome, il fera marcher l'épiscopat,* favorisent dans son *germe déjà bien développé une révolution ecclésiastique,* — et, pour tout dire, vendent bien cher un concours qui *remet ces mots en mémoire :* Non defensoribus istis tempus eget ;

Considérant que l'*Univers* n'est pas un simple journal politique, mais un journal religieux s'occupant d'affaires ecclésiastiques et traitant des matières de dogme, de morale, de discipline, et que, sous ce rapport, il est plus particulièrement soumis à la surveillance de notre autorité spirituelle ; que d'ailleurs, d'après la constitution de l'Eglise et d'après les prescriptions formelles du droit canonique, il nous appartient toujours de veiller aux intérêts de la foi dans notre diocèse, de juger, d'approuver et de condamner les écrits qui s'y publient, en tant qu'ils touchent aux questions religieuses ;

Considérant que nous pouvons et que souvent nous devons nous taire sur des publications ouvertement hostiles à la religion, parce que notre blâme, personne n'en doute, leur est acquis d'avance, et que notre censure la plus éclatante n'apprendrait rien, ni aux fidèles qui font d'eux-mêmes ce que nous aurions à leur prescrire, ni aux autres qui, par leur incroyance, se trouvent placés hors de notre sphère d'action utile et efficace, disposés qu'ils sont malheureusement à ne tenir aucun compte de nos avertissements, et même à en prendre occasion, peut-être, de s'affermir dans la haine de la vérité; mais que nous sommes rigoureusement tenu de prémunir nos diocésains contre des publications qui, malgré leur apparence religieuse, n'ont véritablement pas l'esprit chrétien, qui emploient l'injure et le mépris pour recommander une religion de douceur et de respect, qui outragent les prêtres et les évêques, sous prétexte de venger le Saint-Siège, et qui d'ailleurs affichent trop la hautaine prétention de défendre la pure doctrine, pour que les évêques chargés de prêcher l'Evangile et de gouverner l'Eglise puissent laisser croire, par leur silence, que de tels écrits sont réellement conformes à l'Evangile et que l'Eglise consent à en subir la solidarité;

Considérant que, si les laïques ont le droit, ou même, en certaines circonstances, le devoir d'écrire pour la défense de leur foi, néanmoins, la direction de l'enseignement théologique ne leur appartient à aucun titre; que, s'ils sont d'utiles auxiliaires dans la polémique religieuse, il ne s'ensuit pas qu'il faille leur en laisser le champ libre; que, s'ils rendent service à l'Eglise, pourtant leur concours serait de trop, dès qu'ils voudraient le vendre au prix des injures et des calomnies ; que, s'il leur est permis de combattre des prêtres et des évêques, loin qu'ils aient le droit de livrer à la raillerie et au mépris les théologiens, leur système d'enseignement et leurs ouvrages, ils ont, au contraire, une particulière obligation de suivre, dans les discussions, les règles tracées par le Saint-Siège, spécialement par les souverains-pontifes Innocent XI, Clément VIII et Benoît XIV, qui prescrivent *d'effacer des livres* et des écrits, et à plus forte raison de n'y pas mettre *tout ce qui est contraire à la réputation du prochain, surtout des ecclésiastiques......, de rejeter les facéties, les jeux de mots dirigés contre la réputation d'autrui pour la ruiner ou lui porter préjudice ;* qui défendent aux écrivains *de se déchirer par des injures et des outrages réciproques, de censurer les opinions que l'Eglise n'a pas encore condamnées, de railler leurs adversaires et de jeter du ridicule sur leurs écoles ;* qui veulent qu'un *auteur sache garder des mesures dans la discussion, sans s'écarter de la modération chrétienne ;* qui rappellent à quiconque *prétend excuser par son zèle le caractère mordant de ses écrits,* qu'on doit *tenir compte de la douceur évangélique et de la charité, comme de la vérité elle-même* (¹) ;

Considérant que, malgré nos avertissements et sa promesse formelle, l'*Univers* s'est dérobé à toutes ces sages prescriptions ; qu'il a scandaleusement méconnu les règles de la controverse religieuse, de la charité chrétienne et même de la simple honnêteté ; qu'au lieu de discuter, se-

---

(1) Constitution de Benoît XIV, sur la méthode à suivre pour examiner et proscrire les livres, § 22 et 23.

lon la parole des souverains-pontifes, avec mesure et modération, pour établir ses opinions ou ses doctrines, il a eu recours aux facéties, au persifflage le plus insultant pour déconsidérer les personnes; qu'il a jeté le ridicule sur le langage et la méthode des théologiens, comme si la raillerie et le mépris étaient une raison et ne pouvaient pas venir de l'ignorance aussi bien que de la science; qu'il a calomnié des prêtres et des évêques français en répétant, avec affectation, qu'on poursuit en lui un journal ultramontain;

Considérant qu'il y a dans ces intempérances de langage et dans ces délits répétés, un mal qui, partant de Paris, va répandre au loin le scandale, affliger les laïques sincèrement religieux et réjouir les ennemis de l'Eglise, comme l'a remarqué un journal de la catholique Belgique, si dévoué au Saint-Siège, et qu'on n'accusera pas de persécuter, dans l'*Univers*, les doctrines ultramontaines (1); que cet abus du journalisme nommé catholique assure à quelques hommes la liberté de tout dire, et enlève aux prêtres la faculté même de se défendre, puisqu'ils ne peuvent publier la critique théologique d'un livre, sans qu'à l'instant quelque plume injurieuse traîne

(1) « L'*Univers* donnait hier (2 janvier) un premier article intitulé : *De la presse religieuse laïque*, signé Louis Veuillot. Il nous est impossible de ne pas déplorer amèrement le ton qui règne dans ce travail du brillant écrivain, qui pourrait faire un meilleur usage de son beau talent. S'il avait voulu réjouir les ennemis de l'Eglise et de la cause religieuse, il ne s'y serait pas pris d'une autre façon; c'est assez dire que l'article de l'*Univers* est un véritable scandale, par le persifflage qui y règne et qui atteint ceux qui, par leur caractère, ont le plus de titres à avoir une opinion dans les matières de foi. Et c'est un écrivain catholique qui se livre à de pareils écarts! » (*Journal de Bruxelles* du 4 janvier 1853.)

le débat sur un terrain où les honnêtes gens ne doivent pas mettre le pied, et où nous ne souffrirons pas que nos prêtres descendent ; que ce contrôle usurpé par l'audace et exercé par la violence, est un joug et un opprobre pour nos églises et pour l'épiscopat, dont les doctrines, les lettres pastorales, les instructions disciplinaires ont déjà été et sont encore exposées à la critique aveugle et partiale de quelques esprits égarés ou malveillants, d'une science problématique et d'une autorité nulle ;

Considérant qu'il importe de maintenir, avec l'honneur de nos maîtres et de nos écoles théologiques, la liberté des discussions et d'affranchir la vérité opprimée par les violences et les iniquités de la polémique ; que les prêtres attaqués sur le terrain de notre juridiction par l'injure et les personnalités, et dès lors ne pouvant plus et ne devant pas se défendre eux-mêmes, ont droit de réclamer notre protection, et que nous sommes tenu d'office à sauvegarder leur caractère, leur indépendance et leur dignité ; que, par notre respect pour nos vénérables collègues, et par la demande formelle de plusieurs d'entre eux, nous sommes mis en demeure de réprimer des écarts que nous n'avons pu prévenir, de repousser les calomnies honteuses tendant à représenter comme ennemis du Saint-Siège les prélats qui ont décerné le blâme à l'*Univers*, et de faire cesser un scandale dont l'Eglise n'est point complice, et dont elle n'accepte pas la responsabilité ;

Considérant que si l'Eglise de France, qui se relevait tranquillement de ses ruines par les efforts unanimes de l'épiscopat et sous la haute et paternelle direction du

Saint-Siège, est livrée depuis quelque temps à l'agitation et au trouble, si les vaines contentions et les disputes violentes y ont pris la place des controverses pacifiques et des discussions pleines de science et de charité, si les habitudes d'irrévérence et de mépris qui prévalent dans le siècle, ont fini par s'installer dans l'Eglise et y porter le désordre, on le doit surtout à cet esprit d'exagération et à cette polémique irritante dont l'*Univers* ne veut pas s'abstenir; que ces dissensions, trop souvent publiques, créent pour les fidèles un scandale funeste, en même temps qu'elles fomentent et encouragent dans le clergé des tendances presbytériennes, et présentent une partie de l'épiscopat français comme peu favorable au Saint-Siège; que répandre ainsi les préventions dans la famille religieuse, en divisant le père d'avec ses enfants et en semant la discorde entre les frères, est une œuvre condamnée, abominable et satanique, à laquelle il est urgent de s'opposer avec la plus grande énergie;

Considérant que ni certaines questions de théologie ne sont convenablement traitées, ni les débats sur les matières qui font l'objet de la science ecclésiastique utilement conduits, dans les feuilles quotidiennes et dans les revues d'une périodicité fréquente, par des écrivains respectables à plusieurs titres, mais dépourvus de la science et d'autres qualités nécessaires pour se tenir dans les limites de l'exactitude et de la vérité; qu'ils n'arrivent ainsi malheureusement qu'à passionner les esprits et à jeter parmi nous des ferments de discorde, en un temps où nous devrions donner le spectacle de l'union à la société, divisée par tant de révolutions successives, et où toutes nos forces ne seraient pas de trop pour refaire l'ordre moral, apaiser les haines et fermer les plaies du peuple; que d'ailleurs ces écrivains s'affranchissant de l'obligation de soumettre ces sortes d'écrits à l'autorité diocésaine, la loi ecclésiastique se trouve ainsi éludée, le scandale établi en permanence, et le désordre sans frein ni mesure;

Considérant que nous devons environner notre protestation de tout ce qui peut la rendre efficace; que nous n'avons sur terre qu'un juge en dernier ressort des actes de notre administration : le chef visible de l'Église, notre Saint-Père le Pape; que le recours à son tribunal sacré est ouvert non-seulement aux écrivains du journal l'*Univers*, mais aussi à ceux de nos vénérables collègues qui apprécieraient autrement que nous la situation qui nous est faite et le présent acte de notre autorité; qu'une polémique engagée dans le susdit journal par l'insertion d'un écrit quelconque, dans lequel on discuterait notre présent jugement, serait un mépris formel de l'ordre hiérarchique, qui rejaillirait sur tout l'épiscopat; qu'il est de notre devoir de prévenir les écrivains de l'*Univers* que, s'ils avaient la témérité de déplacer ainsi l'ordre des juridictions en substituant, dans leur appel, le tribunal incompétent du public au tribunal sacré du Saint-Siège, nous ne souffririons pas dans notre diocèse un tel renversement des saintes règles; qu'il est de notre devoir le plus impérieux, afin de les détourner d'un pareil excès (si, ce qu'à Dieu ne plaise, il pouvait être commis), de déclarer que nous n'hésiterions pas alors, selon qu'il nous paraîtrait plus ou moins urgent d'appliquer le remède au mal, ou à recourir contre eux à toute la rigueur des peines canoniques, ou à les déférer solennellement au Saint-Siège, comme des contempteurs obstinés et incorrigibles de la hiérarchie sacrée;

Pour remplir le devoir de notre charge pastorale avec justice et miséricorde; pour réprimer les erreurs et les délits sans manquer de fermeté, et corriger les personnes sans les décourager et les abattre; déclarant que, loin d'oublier les services qu'elles ont rendus, nous en gardons un souvenir reconnaissant, nous souhaitons même qu'elles en rendent de nouveaux et de plus considérables encore, et voulons, pour cela, qu'elles rentrent dans une voie plus chrétienne et plus conforme aux lois qui protègent l'ordre hiérarchique; car nous savons qu'en principe la correction doit tendre à l'amendement des coupables, et nous pouvons protester qu'en fait il n'est pas dans notre pensée de poursuivre un autre but, comme ceux que nous avons la douleur de réprimander aujourd'hui en obtiendront la preuve, dès qu'ils auront changé de conduite et recouvré leurs droits aux marques de paternelle tendresse que nous sommes prêt à leur donner;

Notre conseil entendu,

Nous avons arrêté et arrêtons :

Art. 1er. Nous renouvelons l'avertissement que nous avons donné à l'*Univers* et le blâme que nous lui avons infligé le 24 août 1850.

Art. 2. Nous défendons à tous les ecclésiastiques et à toutes les communautés religieuses de notre diocèse de lire le journal l'*Univers*.

Art. 3. Nous défendons, sous peine de suspense, à

tous les ecclésiastiques appartenant à notre diocèse ou y résidant, d'écrire dans le journal l'*Univers* ou de concourir en aucune manière à sa rédaction.

Art. 4. Nous défendons à l'*Univers* et aux autres journaux religieux, aussi bien qu'aux revues catholiques qui s'impriment dans notre diocèse, de reproduire dans leur rédaction, en manière de qualificatifs injurieux, les termes d'*ultramontains* et de *gallicans*, et nous rappelons aux écrivains catholiques que les publications relatives aux questions délicates de la théologie ne doivent se faire que sous la dépendance de l'Ordinaire, conformément aux prescriptions canoniques.

N° 19. *Lettre de l'Archevêque de Paris, au journal* La Voix de la Vérité, 23 *février* 1853.

« Monsieur le Rédacteur,

» Au moment même où nous faisions paraître notre ordonnance contre l'*Univers*, nous commencions une visite pastorale solennellement annoncée d'avance. Les travaux de cette visite nous ont seuls empêché jusqu'à ce jour de vous adresser la règle de conduite que la prudence chrétienne vous impose, et que nous sentons le besoin de vous rappeler pour dégager notre responsabilité, au milieu de toutes ces discussions qui troublent la paix de l'Eglise et dont notre diocèse est le principal théâtre.

» La démagogie, comprimée dans la société civile, a fait invasion au sein de l'Eglise par le moyen d'une partie de la presse appelée catholique. La démagogie dans l'Eglise, c'est le presbytérianisme et le laïcisme voulant se substituer à l'épiscopat pour l'enseignement et le gouvernement des âmes. Elle tend donc, qu'elle le sache ou qu'elle l'ignore, et quelles que soient d'ailleurs les intentions et la bonne foi de quelques-uns de ses organes, au renversement de la divine constitution de l'Eglise. Sous le masque d'un plus grand dévouement au Saint-Siège, elle attaque d'abord l'autorité épiscopale, en attendant l'heure de tourner contre l'autorité du Saint-Siège lui-même.

» Il faut lui arracher ce masque et ne pas souffrir qu'elle le reprenne. C'est ce que nous avons voulu faire en prononçant contre le journal l'*Univers* une condamnation publique, et en défendant aux journaux et revues catholiques qui s'impriment dans notre diocèse de se renvoyer, en manière d'injures, les termes de *gallicans* et d'*ultramontains*. Mais cette prohibition à laquelle nous avons cru devoir nous arrêter par prudence vis-à-vis de l'*Univers*, ne va pas aussi loin que notre désir : dans la situation présente de l'Eglise de France et après les ravages qu'on y a faits par des débats intempestifs et une polémique irritante, nous devons vouloir quelque chose de plus.

» Toutes ces discussions théologiques, à l'aide desquelles un petit nombre de prêtres et de laïques sont parvenus à semer la division dans les rangs du clergé, à exercer une pression ignorante et passionnée sur le gouvernement ecclésiastique, toutes ces discussions étaient assoupies, il y a quelques années, et l'Eglise de France allait d'elle-même, sous la direction de l'épiscopat, au-devant des vœux et des espérances du vicaire de Jésus-Christ. Mais cette marche paisible et canonique ne convenait pas à tout le monde. On a donc tâché, quoique en vain, de scinder l'épiscopat français en deux parts, mais on a réussi à lui faire une situation étrange et violente; et notre diocèse se trouve, par la force des choses, le foyer le plus actif de ce désordre qui menace de s'étendre et d'empirer. C'est là ce que nous ne pouvons permettre. Nous devons veiller à ce que le bien se fasse, mais qu'il se fasse par des voies régulières et par une autre initiative que celle d'un laïcisme religieux joint à un presbytérianisme déguisé.

» C'est pourquoi nous vous invitons, Monsieur le Rédacteur, à ne point ouvrir dans les colonnes de votre journal ces luttes théologiques où les esprits se froissent et s'irritent, sans que les questions s'éclaircissent et se résolvent. Les questions élevées et délicates qui touchent aux droits respectifs des sociétés civiles et de la société religieuse, aux réformes à introduire dans l'enseignement et la discipline des différents diocèses, et pour tout dire, les questions complexes dont l'ensemble forme les systèmes nommés ultramontanisme et gallicanisme, ne peuvent être traitées d'une manière convenable et utile que dans des livres et en présence d'un lecteur calme et recueilli. Encore faut-il, d'après les prescriptions les plus fortes des conciles et des souverains-pontifes, que les écrits touchant ces matières et d'autres analogues soient préalablement soumis à l'autorité de l'Ordinaire, ce qui ne peut avoir lieu dans les conditions au milieu desquelles se publie un journal quotidien, et ce qui est une raison décisive, de n'y point aborder de tels sujets, puisqu'on ne saurait le faire légitimement.

» Nous vous invitons, de notre voix la plus pressante, à fuir toutes ces querelles et ces contestations déplorables et trop peu chrétiennes, et autant qu'il vous est possible, à n'y point donner occasion. Abstenez-vous de ces débats inopportuns et fâcheux qui n'aboutissent qu'à la division et au scandale; n'employez jamais ces qualifications passionnées que les partis se jettent comme des injures et qui finissent par être leur suprême et bientôt leur unique argument. Laissez les prêtres unis à leurs évêques, et les évêques unis au souverain-pontife, accomplir dans leur sphère propre et comme la hiérarchie les y oblige et les y pousse, ces fonctions si bien réglées dont le résultat naturel est le salut des âmes et le triomphe de l'Eglise, seul but que vous pourriez, après tout, avoir la prétention d'atteindre par vos discussions théologiques.

» Demeurez étranger, Monsieur le Rédacteur, à ces conflits et à ces querelles dont on nous a donné trop longtemps le honteux spectacle; et au bien que vous pouvez faire, ne mêlez pas un mal que vous pouvez éviter. N'est-ce pas assez, pour les écrivains des journaux catholiques, d'avoir à combattre les ennemis de la religion? et peuvent-ils mettre dans ces luttes trop de temps et de soin, trop de science et de talent? Leur mission, et elle est assez belle, est de défendre la vérité religieuse, en s'appuyant sur les bases historiques de la religion et sur les points définis de la doctrine; c'est de mettre sous les yeux du public le tableau des grands combats de l'Eglise, de ses souffrances, de ses triomphes et de ses bienfaits, et non pas de descendre et de s'égarer dans la polémique des opinions, dans les attaques personnelles que la charité réprouve, dans les passions dont le monde retentit.

» Vous n'aurez pas de peine à comprendre, Monsieur le Rédacteur, qu'en vous donnant ces conseils dictés par notre sollicitude pastorale, nous cédons au désir de voir se rétablir la paix, si malheureusement troublée dans l'Eglise de France, au désir de voir tous nos diocésains, particulièrement, obéir à cet esprit de douceur qui est l'esprit de l'Evangile, et qui doit animer tous les enfants de l'Eglise catholique. »

N° 20. *Circulaire de l'Evêque de Moulins au clergé de son diocèse, touchant la lecture du journal* l'Univers.

Messieurs,

L'affection de la plus grande partie du clergé de ce diocèse à la lecture de l'*Univers*, et la reconnaissance que l'on estime généralement ici lui être due par son zèle à défendre des doctrines qui nous sont plus chères que la vie, ont porté quelques-uns d'entre vous à me consulter sur la conduite qu'il convenait de tenir dans les circonstances où vient d'être placé ce journal. Bien que la réponse à cette question soit extrêmement délicate, et qu'en vous faisant part de la vérité, telle du moins que je la conçois, il puisse sembler mal aisé de ne pas me trouver en contradiction avec des personnes dont plusieurs ont droit à tous nos respects, cependant je n'ai pas cru pouvoir me refuser à la discussion d'un doute que vous aviez droit de me proposer, et qu'il est de mon devoir d'essayer de résoudre.

Avant tout, il est nécessaire de vous rappeler que nous n'avons point à examiner en elle-même la mesure prise contre l'*Univers*. Comme le dit très-justement le prélat de qui elle émane, *quand il s'agit des actes de son administration*, un métropolitain (au moins en France et dans le temps présent) *n'a sur terre qu'un juge, le Chef visible de l'Eglise, N. S. P. le Pape.* D'où vous devez conclure, avec M. l'archevêque de Paris, *que les rédacteurs de l'*Univers*, s'ils se croient injustement frappés par son ordonnance, ou même les autres évêques, s'ils diffèrent avec ce prélat dans l'appréciation de cette mesure, ne sauraient avoir d'autre recours que celui qui leur est ouvert au tribunal sacré du souverain-pontife* (¹).

Il est vrai, qu'abstraction faite de l'ordonnance en elle-même, se présente une question préjudicielle, que je n'ignore pas avoir attiré, depuis un certain nombre d'années, la sérieuse attention de plusieurs de mes vénérables collègues, et sur laquelle, un moment ou un autre, il semble impossible que la vérité n'arrive pas à se faire jour. Chacun comprend, en effet, que la presse religieuse, précisément parce qu'elle a dans Paris son siège principal, ou pour mieux dire unique, n'est pas seulement la presse de cette ville, mais celle de toute la France, et jusqu'à un certain point, de Rome même, et de tout le monde catholique. Il y aurait donc lieu de déterminer quels sont, sur cette presse, devenue par son universalité

---

(1) Ordonnance de M. l'Archevêque de Paris, portant condamnation du journal l'*Univers*. (Voyez N° 18, page 197, et N° 19, page 198.)

le patrimoine de tous, les droits particuliers de l'Ordinaire, droits qui, assurément, ne sauraient aller jusqu'à enlever aux autres évêques et aux écrivains catholiques la seule voix dont ils puissent disposer pour défendre en temps opportun les intérêts qu'ils estiment en péril, et transmettre, directement ou indirectement, la manifestation de leurs opinions au public. Autrement, on ne voit que trop sous quelle servitude les opinions les plus libres et les mieux autorisées se trouveraient enchaînées, si les conditions de leur publicité dépendaient exclusivement d'une autorité locale, quelque respectable qu'elle soit d'ailleurs.

Ces préliminaires ainsi formulés, j'entre, Messieurs, dans l'examen de la question proposée; et pour mieux appuyer la réponse à la demande que plusieurs d'entre vous m'ont adressée, s'ils doivent ou non continuer la lecture de l'*Univers*, voici quelques principes sur lesquels il me semble expédient de l'établir.

L'autorité des évêques, vous le savez, n'est pas une autorité arbitraire, qu'ils puissent étendre à leur gré, et qu'il leur soit même permis d'exercer sur la société religieuse avec la rigueur qui peut être admise dans la société laïque : *Reges gentium dominantur eorum, vos autem non sic*. Elle repose sur un triple fondement, d'où elle tire toute sa force, et hors duquel elle ne serait plus l'exercice d'un droit, mais une domination et un empire : premièrement, le jugement de la foi qui leur appartient en premier ressort; secondement, la surveillance des mœurs; et enfin la direction de leur troupeau (prêtres et fidèles), par l'établissement de certaines disciplines particulières, destinées à faciliter dans leurs diocèses respectifs l'obéissance à la discipline générale de l'Église catholique.

Or, pour nous occuper d'abord de ce qui concerne la foi : c'est, en ce moment, la consolation des rédacteurs de l'*Univers*, au milieu de leurs douleurs, que jamais la leur ne se soit vue attaquée. Chacun, au contraire, sans en excepter ceux qui jugent nécessaire de les traiter avec une sévérité plus marquée, rend hommage à la sincérité de leurs sentiments, à leur tendre amour pour l'Église, à leur dépendance, non-seulement de ses ordres, mais encore de ses désirs, à leur ardeur pour maintenir ses droits et ses privilèges. Et si quelques-uns ont cru les devoir blâmer sous ce regard, c'est pour avoir paru se laisser aller à cet excès, de tous assurément le plus digne d'excuse, de ne pas distinguer assez ce que souhaite l'Église de ce qu'elle ordonne ; ce qu'elle conseille de ce qu'elle impose ; les croyances qu'elle insinue par l'enseignement le plus accrédité parmi ses docteurs, de celles que, par ses définitions, elle propose à la nécessaire soumission de tous les fidèles.

En second lieu, pour ce qui a trait aux mœurs, il n'est, que je sache, venu à la pensée de personne d'incriminer sur ce point la rédaction de l'*Univers*. Et nous ne devons pas oublier qu'en des jours où la licence de tout dire salissait les feuilles les plus estimables de récits et de comptes-rendus si propres à affliger ceux qui avaient conservé quelque souci de l'intégrité des mœurs publiques, ce journal a dédaigné avec un désintéressement dont ses amis n'ont pas oublié les sacrifices, ce moyen d'une prospérité facile, et a toujours résisté avec une persévérance digne de louanges à la tentation des profits qui lui en pouvaient revenir. Le seul reproche qui lui ait été adressé à cet égard, par une autorité qui ne saurait être assez respectée, tombait sur la critique de mémoires récemment mis au jour, et attribués à un évêque du siècle de Louis XIV, auquel, il faut l'avouer, cette publication fait un médiocre honneur. Mais, outre que ces mémoires pouvaient à chaque instant arriver dans la main de tous, et que le nom même et le caractère de leur auteur présumé ne permettaient guère à un journal religieux de les passer sous silence, il y avait, ce semble, quelque intérêt à faire toucher au doigt, par l'étude d'une époque beaucoup trop vantée, combien les faveurs des pouvoirs humains peuvent devenir fatales à l'Eglise, et par quelles complaisances leurs bonnes grâces sont ordinairement achetées. Honorons, Messieurs, ceux qui nous ont précédés, taisons pieusement leurs fautes; mais quand, malgré nous et contre nous, la malignité publique s'en est emparée, vengeons du moins la sainteté de l'Eglise par le mépris des prévarications de quelques-uns de ses ministres; surtout, ne craignons pas de nous instruire à l'examen des causes qui les ont enfantées. Et lorsque nous voyons, non pas précisément un évêque scandaleux, mais un évêque à peu près honnête, de cette honnêteté dont se contentait alors le monde, et qui lui suffisait pour ne pas retirer son estime, nous donner froidement le spectacle des servilités de son enthousiasme pour son prince, comprenons le danger de ces engouements privés et de ces tendances particulières, qui, pour le service du

Maître, exposaient à oublier l'obéissance due au Père ; qui, trop souvent, mettaient le pays avant l'Eglise, le roi avant le pape ; et qui, dans la déplorable assemblée dont ce triste évêque faisait partie, ont amené un trop grand nombre de ses collègues à sacrifier à l'intérêt mal entendu de la patrie isolée, de la patrie terrestre, de la patrie resserrée dans les limites du temps et de l'espace, l'intérêt de la patrie universelle, la patrie de l'éternité, la patrie des esprits et des cœurs, la patrie de toutes les âmes catholiques.

Rassuré sur la foi et les mœurs, et n'ayant, à ce point de vue, aucune rigueur à exercer contre l'*Univers*, devais-je, en vertu du pouvoir dirigeant qui appartient incontestablement aux évêques sur leur troupeau, et principalement sur leurs prêtres, comme aussi pour maintenir le respect dû à l'épiscopat et les convenances d'une polémique chrétienne trop souvent oubliées, devais-je vous interdire ce journal ?

Ici, Messieurs, mon embarras s'est trouvé considérable et mes perplexités extrêmes. Car si cette autorité dirigeante de l'épiscopat est incontestable, qui ne sent de quelles précautions son application doit être entourée ? Pour ce qui concerne la foi et les mœurs, les limites du pouvoir épiscopal sont nettement tracées. Le dépôt de la foi, chacun le connaît en son entier ; et si nous ne pouvons rien y retrancher, nous ne pouvons rien y ajouter non plus. Les règles des mœurs, on n'ignore pas comment elles sont fixées ; et si, en ces matières, l'erreur se glissait en nos jugements, l'autorité supérieure l'aurait bientôt réformée. Mais qui déterminera les limites de l'autorité épiscopale, lorsqu'elle s'exerce par voie de direction et de gouvernement ; c'est-à-dire dans des circonstances où tout semble remis à notre appréciation, et où, par la nature même des choses, à moins d'excès de pouvoir tout-à-fait manifestes et extraordinaires, l'intervention de la hiérarchie supérieure devient à peu près impossible?

En outre, nous ne pouvions oublier qu'il n'en est pas des prêtres séculiers comme des religieux. L'obéissance de ces derniers, absolue et illimitée, s'étend à tout ce qui n'est pas défendu par les lois de Dieu ou par les constitutions particulières de l'ordre auquel ils appartiennent ; mais l'obéissance des prêtres à leur évêque n'est pas de ce genre. Le vœu d'obéissance des religieux les dépouille de toute disposition d'eux-mêmes, laquelle se trouve ainsi transmise à leurs supérieurs ; la promesse des prêtres à leur évêque n'enlève de cette disposition de soi accordée à tous, qu'autant qu'il est nécessaire au bon gouvernement de l'Église, dont ils sont constitués les ministres. Le vœu de la profession religieuse anéantit donc la liberté naturelle ; la promesse de l'ordination sacerdotale se borne à l'assujettir sous les règles de la hiérarchie et de la dépendance, selon les besoins et les bienséances du ministère ecclésiastique. Que si maintenant, comme il en faut convenir, le plus ordinairement c'est à l'évêque qu'il appartient de fixer cette dépendance et de déterminer ces règles de la hiérarchie, une autorité si grande, sans limites assignées et presque sans appel ailleurs qu'au tribunal du souverain juge, ne demande-t-elle pas à être appliquée non-seulement avec modération, mais, suivant l'apôtre saint Paul, avec toute humilité, et comme sous une continuelle impression de tremblement et de terreur : *et ego in infirmitate et timore et tremore fui apud vos?*

C'est pourquoi, dans la fixation de nos disciplines particulières, encore que *beaucoup de choses nous soient permises*, *il ne nous est pas expédient* d'aller au-delà de ce que l'obéissance aux lois et aux intentions de la discipline générale nous fait juger nécessaire, évitant d'étouffer, sous la multitude et la rigidité des règles, la liberté naturelle à laquelle les prêtres n'ont pas prétendu renoncer en entrant dans le sanctuaire. Ces règles pourront quelquefois paraître un fardeau ; qu'elles le deviennent cependant à la manière des ailes, qui chargent beaucoup moins les oiseaux qu'elles ne les soulèvent ; qu'elles n'accablent pas la liberté, mais qu'elles la modèrent, et surtout que ces règles, étant faites pour les enfants et non pour les serviteurs, ne soient jamais de nature à les provoquer au mécontentement, à la pusillanimité et à l'aigreur : *patres, nolite ad indignationem provocare filios vestros, ut non pusillo animo fiant*.

Maintenant que mes scrupules vous sont mis à découvert et que mes anxiétés vous sont connues, vous comprendrez plus aisément, Messieurs, comment, sans me permettre jamais de juger personne, et en me rendant compte d'appréciations différentes de la mienne, cependant, à première vue, et aussitôt que votre consultation m'a été proposée, je me suis senti amené au parti le plus doux, et je n'ai pu prendre sur moi de me résoudre à la rigueur. J'ajoute qu'en apportant à l'examen de cette grave question une application plus approfondie, soit faiblesse de lumières, soit respect excessif de la liberté, qui m'aveugle peut-être sur ses périls, soit confiance dans votre docilité qui m'est connue, soit différence des conditions où nous nous trouvons ici de celles qui existent ailleurs, tout en m'inclinant devant les motifs qui ont guidé plusieurs de mes vénérables collègues, je me suis persuadé que ma conduite dans ce diocèse pouvait, sans aucun danger, différer de la leur.

En effet, ce que l'on reproche plus persévéramment à l'*Univers*, et ce qui en fait estimer la lecture plus spécialement périlleuse, peut se réduire à ces chefs : les habitudes de sa polémique, le danger pour l'Eglise de paraître solidaire des opinions de cette feuille et de la laisser considérer comme parlant en son nom et ayant reçu ses pouvoirs, son manque d'égards envers les évêques, la pression qu'elle passe pour exercer sur le corps épiscopal, auquel on assure qu'elle va jusqu'à dicter des ordres, les doctrines presbytériennes qu'elle répand dans nos diocèses, et dont l'autorité des évêques sur leur clergé commence, dit-on, à souffrir.

Sur le premier reproche, je n'ai pas besoin de dire qu'il s'en faut de beaucoup que j'aie approuvé en tous points l'attitude de l'*Univers*. Et les rédacteurs de ce journal connaissent assez mes sentiments à leur endroit, ma reconnaissance de leurs services, mon estime de leur talent et mon affection à leurs personnes, pour ne pas trouver mauvais si, pour la seconde fois, je laisse éclater quelque chose de la douleur qu'ils m'ont souvent causée. Leur affliction est trop grande en ce moment pour que je veuille y ajouter par des récriminations qui, de ma part, leur sembleraient plus pénibles. Mais l'inopportunité de leurs disputes, leur âpreté à les soutenir quand il eût mieux valu les laisser tomber toutes seules, les procédés irritants de leur polémique, en même temps que je les jugeais nuisibles à leur cause, me faisaient craindre qu'en des âmes ainsi échauffées la charité ne demeurât pas toujours suffisamment victorieuse. Je ne fais pas même difficulté d'avouer que si cette feuille a souvent été grandement utile dans les questions religieuses, son influence, sous un autre point de vue, peut être plus sévèrement appréciée.

L'intention, louable assurément dans son principe, mais exagérée dans son application, de tenir l'Eglise en dehors des périls réservés à l'appréciation des évènements publics, poussait cette feuille à les accepter tous avec trop de complaisance. Non contente d'imiter l'Eglise dans le silence, la soumission, le respect et le concours, dus à tout pouvoir établi, selon la mesure de l'ordre qu'il maintient et du bien qu'il fait ou seconde, elle eut le tort de provoquer successivement, aux jours de calme comme aux mauvais jours, des solidarités contradictoires avec des pouvoirs qui n'eurent jamais pour leur consécration ni l'élément traditionnel, ni l'élément électif, éléments dont la valeur a partagé les esprits, mais sans l'un ou l'autre desquels on ne peut concevoir pour l'autorité aucun fondement solide. Ainsi, ce journal ne tendit que trop souvent à rabaisser à la probité des rapports privés, cette grande idée de la justice qui doit dominer la vie des peuples comme celle des individus. Fatal oubli du sens moral dans son application la plus élevée, qui n'irait à rien moins, s'il prédominait dans le clergé, qu'à le conduire, sur ce point, à l'indifférence, pour ne pas dire au scepticisme, et bientôt à l'affadissement que tout scepticisme entraîne à sa suite!

Voilà le reproche capital que je fais à la rédaction de l'*Univers*, parce qu'en acclamant avec excès tour à tour l'autorité ou la liberté, selon le souffle du moment, ce journal semblait convier le clergé à n'apprécier l'une et l'autre qu'au point de vue de son avantage actuel, et compromettait ainsi la considération du prêtre devant la conscience publique, souvent plus délicate pour nous qu'elle ne l'est pour elle-même.

Cependant, tout en ne dissimulant rien de ce qui, assurément, est fait pour choquer dans les procédés de l'*Univers*, il convient de ne pas oublier non plus ce qui peut, jusqu'à un certain point, leur servir d'excuse. C'est qu'il s'agit d'un journal et non pas d'un traité ou d'un livre. La polémique du journal, obligée de saisir les questions au bond, pour ainsi dire, sans avoir assez de temps pour les bien mûrir, avec peu ou point de loisir pour peser ses termes, et contrainte de parler sous la première émotion dont la lutte est toujours accompagnée, ne saurait être astreinte au calme d'expression et à la même mansuétude de discours qu'il est permis d'exiger d'une polémique plus heureusement placée pour donner au combat la physionomie qui lui plaît, et disposer à son gré ses batteries. Si l'on veut en conclure que la polémique du journal est remplie d'inconvénients, et surtout qu'elle ne doit être abordée qu'à bon escient par les ecclésiastiques, j'abonde tout-à-fait dans cette manière de voir, et je vous expliquerai bientôt pourquoi j'estime plus expédient aux ecclésiastiques de s'en abstenir. Mais il ne s'agit pas d'examiner si le journalisme, même religieux, est un mal; toute la question est de savoir si ce mal est aujourd'hui nécessaire, et si de ne l'avoir plus à notre disposition ne nous deviendrait pas une extrémité encore plus fâcheuse. Peut-être nous sera-t-il donné d'en avoir bientôt la preuve. Que les intentions paternelles des évêques, justement mécontents de l'*Univers*, soient dépassées; qu'au lieu d'amener ce journal à une modération désirable, unique but qu'ils se proposent, des influences de seconde main enveniment à ce point les choses, que cette feuille juge meilleur de disparaître, et par le vide qu'elle fera, on verra quelle était sa place, et combien, malgré tous ses défauts, elle ne laissait pas néanmoins de nous servir.

Aussi bien, s'il faut reconnaître que la plume des rédacteurs de l'*Univers* n'est pas uniquement trempée en bénignité et en douceur, il ne faut pas s'exagérer non plus la portée de ses coups, ni la malignité de ses blessures. Retenus presque tous par les soins de votre ministère dans la sereine placidité de vos campagnes, heureusement peu au fait des luttes de la presse, et disposés à accepter la valeur des mots, telle à peu près qu'elle se présente, peut-être pensez-vous, Messieurs, que ces combats de la polémique quotidienne sont aussi terribles au fond qu'ils le paraissent, et vous supposez les rédacteurs des divers journaux aussi ennemis entre eux qu'ils le veulent bien dire. Combien je suis heureux de vous rassurer sous ce rapport. Tenez plutôt pour certain que ces grands courroux ne sont le plus souvent que pour l'effet du discours. Est-ce un bien, est-ce un mal? je n'entreprendrai pas de le définir. Mais, à coup sûr, la délicatesse n'est plus telle aujourd'hui que l'on doive autant se préoccuper de ce qui eût affligé justement des époques d'un sens plus fin et d'une susceptibilité plus chatouilleuse. Les prélats, qui, au milieu de la décadence quasi-universelle, ont conservé presque seuls l'urbanité des anciens jours, s'étonnent avec raison de manières si opposées; mais le public ne s'en émeut guère, parce qu'il sait bien au fond à quoi s'en tenir.

Après tout, si la polémique de l'*Univers* était à ce point répréhensible qu'il ne me parût pas possible d'en autoriser la lecture, je ne croirais pas non plus devoir borner à ce journal la sévérité d'une telle mesure. Car, bien que les autres feuilles jettent les hauts cris quand elles se sentent un peu fortement menées, il s'en faut qu'on leur trouve généralement autant de modération qu'elles se l'imaginent. Je me verrais donc amené à cette extrémité de vous tenir éloignés du spectacle de toute polémique, sur les questions qui touchent les ecclésiastiques de plus près : extrémité malheureuse de l'aveu de tous, mais que je préférerais cependant à celle de vous abandonner sans contre-poids à l'influence de feuilles qui, ne me charmant pas davantage par la politesse, me rassurent beaucoup moins par la doctrine.

Je n'insisterai pas sur le danger pour l'Église de paraître solidaire des doctrines de l'*Univers*, et de partager ainsi toutes les antipathies que cette feuille passe pour avoir le secret d'exciter et d'entretenir. J'ai toujours cru et je crois encore que si cette solidarité existe aux yeux des hommes de bonne foi, c'est que nous le voulons bien, et que pour les autres, fussent-ils convaincus cent fois que cette solidarité est une chimère, ils l'affirmeront toujours. En effet, quoi de plus facile aux évêques, surtout lorsqu'il ne s'agit que de matières religieuses, de désavouer ce journal toutes les fois qu'ils le jugeront utile, de protester, comme ils l'ont déjà fait, qu'il parle en son propre et privé nom, et sans aucun mandat de l'autorité ecclésiastique? Ces déclarations, renouvelées aussi souvent qu'on le jugera bon, suffiront aux esprits droits et sincères; et, quant aux autres, c'est à Dieu et non pas à nous qu'il convient de remettre le soin de les convertir. Car pour ces derniers, il n'est pas question de s'éclairer, mais de nous nuire; et tout leur est bon, pourvu qu'ils y réussissent. Quand ils s'en prennent à l'*Univers*, et qu'ils le veulent discréditer par une tactique plus sûre : c'est le journal d'une coterie, le défenseur de doctrines que l'Eglise réprouve; un enfant perdu dont personne ne veut et que chacun désavoue. Quand, au contraire, c'est plus haut que portent leurs coups, l'*Univers*, qui tout à l'heure n'était rien, devient l'unique pivot qui fait tout agir : c'est lui qui nous mène et nous conduit tous : fidèles, prêtres, évêques, et jusqu'au souverain-pontife. Pour nous, nous croyons que les rédacteurs de cette feuille n'ont mérité ni cette indignité, ni cet excès d'honneur. Ils ne sont pas à nos yeux des enfants perdus dans l'Eglise, mais ils n'en sont pas non plus les docteurs et les maîtres. Ce sont tout simplement des catholiques qui usent, pour parler à leurs frères, du droit accordé à tous; si ce n'est tout au plus, que leur voix y obtient une plus grande autorité, justifiée par leur dévouement et achetée par leurs services.

Arrivé à ce troisième reproche, le plus considérable de tous, adressé à l'*Univers*, de manquer envers les évêques des égards dont il n'est jamais permis de se départir, je n'ai pas besoin de vous dire, Messieurs, l'émotion que j'éprouve. Aussi est-il loin de ma pensée d'y chercher aucune justification ni aucune excuse. Cependant, je supplie qu'on ne trouve pas mauvais si, plein de l'affliction de ceux qui parlent, je ne suis pas moins ému à la connaissance de la douleur de ceux qui se taisent. Par respect pour les premiers pasteurs, l'*Univers* aurait dû garder le silence quand il voyait un si grand nombre d'entre eux blâmer son opinion sur une question récemment agitée; mais les autres feuilles religieuses se sont-elles tues par respect pour l'autre portion de l'épiscopat, qui professait sur cette question une opinion différente de la leur? N'avons-nous pas vu, au contraire, depuis quelques mois l'*Univers* garder une réserve peut-être trop peu remarquée, et les autres feuilles ne perdre aucune occasion de chanter ce qu'elles appelaient le triomphe du bon sens, entendant modestement par là leur propre triomphe? Avaient-elles oublié cependant que M. l'évêque de Langres, aujourd'hui évêque d'Arras, avait le premier soulevé cette polémique, avec une autorité de paroles et une hauteur d'aperçus qui jusqu'ici n'ont point été surpassés? Pouvaient-elles se dissimuler quelles sympathies plusieurs de ses frères dans l'épiscopat lui avaient témoignées? Ignoraient-elles que lorsqu'on avait voulu constater une majorité pour accabler les partisans de cette doctrine, il avait fallu renoncer à la réunir? Enfin, et c'est là ce qui me va le plus droit au cœur, se sont-elles souvenues que M. l'archevêque de Reims, dont le patronage avoué encourageait cette polémique; outre la sainteté du caractère épiscopal, commune avec ses collègues; outre l'autorité de sa science, qui le laisse presque sans égal, portait en sa personne, avec l'éminence de la dignité cardinalice, un reflet de la splendeur qui entoure la Chaire apostolique. Pourtant, si l'on veut parler d'égards, quels égards n'étaient pas dus à cette dignité, dont le cardinal de Bouillon disait noblement à Louis XIV *qu'elle était la première du monde après la suprême?* Dignité sacrée des princes de la sainte Église, que les évêques eux-mêmes ont l'obligation de saluer de tant de respects, et d'entourer de tant d'amour, jusqu'à dissimuler devant eux les marques de leur juridiction et de leur pouvoir, jusqu'à leur abandonner le siège d'honneur dans leur propre église, jusqu'à renoncer en leur présence à la plus douce de leurs prérogatives, celle de bénir leur propre troupeau, à moins toutefois qu'ils n'aient obtenu leur congé et ne se soient assurés de leur bon plaisir!

Il n'est pas besoin, Messieurs, de vous entretenir du reproche de pression sur l'épiscopat, qui est fait à l'*Univers*. C'est à chacun de voir jusqu'où cette pression lui paraît redoutable. Pour moi, quand je viens à sonder mon cœur et les dispositions que Dieu y a mises, il me semble que cette pression, si elle existe, ne saurait me devenir un péril. Et, comme je ne présume pas aisément qu'il se rencontre beaucoup de gens pour essayer de l'exercer, je me persuade, avec la grâce de Dieu, qu'il s'en trouvera encore moins pour y réussir.

Quant à la crainte du presbytérianisme, il n'y a pas lieu de s'étonner si ce danger, qui peut fixer justement la prévoyante attention de quelques évêques, ne mérite pas d'occuper les autres, et si la différence d'appréciation à cet égard dépend des différentes conditions de leurs diocèses.

Encore qu'il ne m'arrive de songer jamais à ce que j'ai de grand cœur abandonné pour le service de Dieu, en m'unissant à l'Eglise que j'ai reçue pour épouse; cependant comme tout ce qui est à moi vous appartient, si on attaquait notre dévouement à nos traditions, à notre respect pour l'héritage des générations qui ont précédé la nôtre, puisque nous ne formons tous qu'une même famille, je vous permettrais d'en appeler aux souvenirs d'un nom capable de contenter sur ce point, toutes les délicatesses et de rassurer toutes les inquiétudes ([1]).

Pierre, évêque de Moulins.

(1) M. l'archevêque de Paris, dans sa lettre au Saint-Père, fait allusion à cette dernière phrase. Aurait-elle blessé M. Sibour? on ne devine pas pourquoi.

Tous les bons mots imaginables n'empêcheront pas un homme dont le nom figure dans notre histoire depuis cinq à six cents ans, qui retrouve dans sa généalogie plusieurs évêques, un grand veneur, un grand sénéchal d'Anjou, un maréchal de Normandie et un grand aumônier de France, de s'enorgueillir de tels aïeux. — Il eût seulement été de meilleur goût de ne pas le faire avec tant d'éclat à l'égard d'hommes qui pourraient être dans une humble position; mais il eût été de bon goût aussi de ne pas relever publiquement cette petite faiblesse aristocratique. — Quand on porte le nom de Dreux-Brezé, on n'a besoin de le dire à personne dans une lettre destinée à un journal; mais d'un autre côté, quand un frère en épiscopat commet un petit péché de vanité, il n'est pas charitable de lui donner une telle publicité.

N° 21. *Lettre de l'Archevêque de Paris, déférant au Saint-Siège la lettre circulaire de l'Evêque de Moulins, touchant la lecture de l'*Univers.

Paris, le 9 mars 1853.

Très-Saint-Père,

Sur une plainte officielle d'un vicaire général outragé, sur les communications officieuses de mes vénérables collègues, j'ai rendu, le 17 février dernier, contre le journal l'*Univers*, une ordonnance motivée que je me suis fait un devoir de porter à la connaissance de Votre Sainteté.

Avant d'accomplir cet acte, j'en ai calculé les suites. Il m'a paru plein de difficultés, mais indispensable. Je me fusse abstenu si je savais sacrifier ma conscience à ma tranquillité; mais j'ai cru qu'il fallait sauver les principes, au risque de contrister les personnes, et j'ai défendu l'Eglise dans sa hiérarchie, sans avoir la prétention de faire plaisir aux partis.

Néanmoins, pour prévenir, autant que je le pouvais, les dissensions et le scandale; pour assurer l'efficacité de mon acte, sans ravir à personne la liberté d'y contredire en temps et lieu opportuns; pour donner à mon jugement le plus haut caractère d'impartialité et pratiquer la déférence sans faiblir dans l'exercice de mes droits, en frappant l'*Univers*, je l'ai placé de mes propres mains sous la sauvegarde de l'autorité la plus indépendante et la plus respectée : j'ai indiqué moi-même aux coupables et à leurs défenseurs possibles la voie du recours au Saint-Siège. Ainsi, une règle qui est de droit commun et que je n'avais nul besoin de rapporter à l'appui de ma sentence, je l'ai citée expressément, afin de montrer l'inconvenance et l'inutilité d'un appel au tribunal incompétent de l'opinion publique, afin de pousser la condescendance jusqu'à ses dernières limites, en traçant à l'*Univers* la conduite qu'il avait intérêt à connaître et à suivre, afin de vous rendre hommage, Très-Saint-Père, et d'honorer en vous le principe d'autorité que je ne veux pas laisser insulter en moi.

Je l'avoue, Très-Saint-Père, si l'on m'eût dit que mes efforts pour donner à cette affaire un cours régulier et paisible allaient être éludés et rendus vains ; qu'au lieu de se terminer promptement et sans éclat, elle allait prendre des proportions considérables et une tournure bruyante ; que l'acte accompli par un archevêque dans l'exercice de ses fonctions et dans la sphère de ses attributions, allait être publiquement discuté et combattu au mépris des saints canons et de votre autorité suprême, je n'aurais jamais pensé que l'exemple pût venir d'un de mes vénérables collègues, surtout d'un de ceux qui se proclament plus attachés que personne au Saint-Siège ; et enfin d'un évêque qui aurait dû peut-être ne point oublier qu'en lui conférant la consécration épiscopale, j'avais acquis quelques titres particuliers à son respect filial. Non, je n'aurais jamais pensé que la main qui se lèverait sur moi fût celle d'un fils, et qu'elle affectât de rendre le Saint-Siège solidaire de son méfait, en vous saluant, Très-Saint-Père, avant de me frapper.

Mais enfin, ce que je croyais improbable et presque impossible est arrivé. Je savais bien, comme l'a dit un de mes vénérés collègues, Mgr de Viviers, que la lecture de l'*Univers* n'est pas saine ; je savais qu'elle a déjà porté l'erreur et le désordre dans les rangs du clergé secondaire, où l'on prend je ne sais quelle fougue intempérante pour un pieux zèle, et le mépris de l'autorité épiscopale pour un signe de dévouement au Saint-Siège ; je savais même que l'on tâchait de scinder en deux parts l'épiscopat français, de semer la discorde entre des frères étroitement unis jusqu'alors, et de ravir à quelques-uns d'entre eux l'amour de leur commun père : voilà ce que je savais. Mais j'ignorais que le mal fût déjà si grand et que l'épiscopat consentît à s'armer contre lui-même, en donnant publiquement l'exemple de l'oubli des saints canons et des règles de la hiérarchie ecclésiastique : voilà ce que j'ignorais, ce que Mgr de Moulins a voulu nous apprendre à tous, ce que Mgrs de Châlons et d'Avignon viennent de confirmer.

Je ne tiens pas à relever ce qu'il y a d'inopportun et de répréhensible dans les lettres publiées à l'effet d'informer les prêtres d'Avignon et de Châlons que mon ordonnance ne les atteint pas, et qu'ils peuvent continuer, dans leur diocèse, la lecture de l'*Univers* interdite aux ecclésiastiques du diocèse de Paris. La chose était si simple et si claire, qu'il n'y avait pas lieu de la proclamer d'office et avec solennité ; par conséquent, on n'a pu la proclamer ainsi qu'avec des intentions qui vont plus loin que les lettres elles-mêmes. Ces habiletés, peu dignes peut-être de l'autorité épiscopale, ne trompent personne. En tout cas, les convenances et les lois ecclésiastiques voulaient qu'on ne se déclarât pas, directement ou indirectement, d'une manière officielle et publique contre une sentence que j'ai portée moi-même à votre tribunal suprême, qu'on ne s'immisçât pas publiquement dans une cause dont Votre Sainteté est et demeure saisie, et qu'on ne parût pas vouloir prévenir et dicter le jugement du Saint-Siège.

D'ailleurs, où veut-on en venir? Les lettres dont mon ordonnance présente l'analyse prouvent assez bien que la plupart des évêques français désavouent, blâment et réprouvent la polémique, les exagérations, les violences et les empiètements de l'*Univers*; j'aurais pu donner une nouvelle force à cette assertion, en publiant les lettres qui me sont parvenues depuis quinze jours, et dont le nombre imposant couvrirait aisément deux voix dissidentes. Je m'en suis abstenu par égard pour ceux que j'ai condamnés et pour laisser l'affaire suivre son cours légal; n'aurait-on pas pu s'abstenir, également par respect pour la chose jugée et par égard pour celui qui a jugé, dans l'exercice canonique de ses fonctions?

Quoi qu'il en soit, Très-Saint-Père, je ne veux pas discuter plus longuement l'acte de Mgrs. d'Avignon et de Châlons, dont la pensée, d'ailleurs, ne se montre que discrètement. Mais je dois attaquer et vous déférer l'acte de Mgr de Moulins, qui s'est cru obligé de donner de l'éclat à son zèle.

Le 26 février, huit jours après mon ordonnance, Mgr de Moulins a publié une circulaire adressée en apparence à son clergé, mais adressée en fait à tout le monde. Il n'a pas dépendu de lui qu'elle fût insérée dans la plupart des journaux de Paris; l'un d'eux s'est empressé de la communiquer à ses lecteurs; par une délicatesse et un respect dont l'Eglise leur tient compte, les autres se sont abstenus.

Dans sa lettre, Mgr de Moulins déclare n'avoir point à examiner en elle-même la mesure que j'ai prise contre l'*Univers;* ce qui ne l'empêche pas d'abord d'examiner, sous le titre de question préjudicielle, la question de savoir si j'ai les droits particuliers de l'Ordinaire sur la presse religieuse de Paris, qui lui semble être le patrimoine de tous, ce qui ne l'empêche pas ensuite d'examiner et de discuter les reproches articulés contre l'*Univers* et motivant mon ordonnance : c'est-à-dire que Mgr de Moulins est en contradiction avec lui-même, comme il est en opposition avec les lois canoniques qui protègent l'exercice de l'autorité épiscopale, et fixent l'ordre et les limites des juridictions dans l'Eglise.

Selon Mgr de Moulins, je n'aurais pas le droit de blâmer et de réprimer les écarts de la presse parisienne, parce qu'il peut plaire à tout le monde de faire et déclarer sien tel journal qui s'imprime à Paris, et que dès lors je ne saurais le signaler comme nuisible à la paix et au bien de l'Eglise, sans opprimer par là même la liberté de tout le monde. Je m'étonne, Très-Saint-Père, de ce nouveau droit canonique qui vient de naître à Moulins, qui tend à dégager l'Ordinaire de la responsabilité que les conciles généraux et les souverains-pontifes lui imposent; qui m'enlève le droit et l'obligation de surveiller les écrits qui se publient dans mon diocèse et de les censurer au besoin.

Cependant, Très-Saint-Père, la théologie enseigne que

les Ordinaires sont tenus de s'opposer aux ravages exercés par la presse sur le troupeau qui leur est confié. Le concile de Latran, célébré sous Léon X, exige impérieusement que nul manuscrit ne soit imprimé sans l'autorisation de l'évêque de la ville ou du diocèse où se fait l'impression. Le concile de Trente a renouvelé cette loi d'une manière formelle, en rappelant qu'on ne peut imprimer ou faire imprimer des écrits sur les questions religieuses sans l'examen et l'approbation de l'Ordinaire. Les souverains-pontifes, et en particulier Benoît XIV, l'un de vos plus illustres prédécesseurs, ont maintenu et confirmé cette disposition, consignée d'ailleurs dans la dixième règle générale de l'*Index*. Vous-même, Très-Saint-Père, dans votre Encyclique du 8 décembre 1849, adressée aux évêques d'Italie, après avoir déploré les désordres causés par la mauvaise presse, vous recommandez à vos frères les évêques, de combattre et de faire combattre le mal à l'aide de la bonne presse, dont les productions devront être surveillées, examinées par eux et munies de leur approbation.

Je ne présume pas que Mgr de Moulins veuille objecter que le législateur n'a voulu atteindre que les livres, et que les conciles et les souverains-pontifes n'ont pu étendre la portée de leurs décrets sur les journaux qui n'existaient pas; cette distinction serait inadmissible. La vérité est que les conciles et les souverains-pontifes posent un principe indépendant des circonstances de temps et de lieu, et applicable à toutes les publications, sous quelque forme qu'elles se produisent : le principe, c'est qu'elles doivent être examinées et approuvées par l'Ordinaire. En outre, la manière dont ce principe est appliqué à Rome fait assez voir comment il faut l'appliquer ailleurs; et si ailleurs l'Evêque ne peut exercer sur les journaux religieux une censure préventive, est-ce donc une raison de le désarmer en présence de leurs excès toujours croissants, parce qu'ils demeurent impunis, et d'empêcher qu'il ne recoure à des mesures répressives et efficaces?

Enfin, Très-Saint-Père, ou bien ce que dit Mgr de Moulins est incompréhensible, ou cela signifie que j'ai peut-être le droit de signaler à mes diocésains un livre que je crois mauvais, mais non pas le droit de leur signaler un journal que j'estime dangereux. Ainsi, selon Mgr de Moulins, je puis censurer un livre capable de corrompre un petit nombre d'âmes, et je ne puis censurer un journal capable d'égarer trente mille lecteurs; c'est-à-dire que, d'après cette jurisprudence canonique, plus le mal est insignifiant, plus je dois le réprimer; et plus au contraire le mal est grand, plus je dois le laisser croître, en abandonnant mon diocèse au hasard et à toutes sortes de caprices, en laissant dogmatiser dans son ignorance et sa témérité une voix qui parle tous les jours.

Il est vrai que Mgr de Moulins se réserve le droit qu'il me dénie; en effet, puisqu'il a décerné à l'*Univers* des éloges officiels, c'est qu'il en avait le droit; par conséquent, il a aussi le droit de le blâmer officiellement, car qui approuve peut condamner. C'est donc à Mgr de Moulins qu'il appartient de censurer l'*Univers*. Mais comme il n'y a pas dans l'Eglise un seul évêque qui n'ait, sous ce rapport, les mêmes droits que lui, il en résulte que tous les évêques absolument ont sur l'*Univers* un droit que je n'ai pas, et qu'entre tous je suis le seul qui ne puisse prononcer un jugement sur les journaux de mon diocèse.

Avant de soulever des questions préjudicielles, Mgr de Moulins n'aurait-il donc pu se rendre compte de tout ce qui s'y trouve impliqué ? Je ne m'arrête pas à réfuter ce qu'il dit de mon attentat contre la liberté de mes vénérables collègues. Oui, il prétend que je détruis la liberté des évêques, de la France religieuse, de Rome et du monde catholique, en défendant à mes prêtres de lire l'*Univers* et d'y écrire, comme si l'*Univers* avait disparu depuis que mes prêtres ont cessé d'y écrire et de le lire ; comme si Votre Sainteté n'était pas là pour rendre aux évêques la liberté que je leur prends ; comme s'il ne vous appartenait pas de prononcer sur le caractère et la légitimité de mes actes !

Il me paraît donc, Très-Saint-Père, que Mgr de Moulins a émis sur quelques-uns de mes droits un doute singulier et bizarre. J'aurais encore plusieurs graves remarques à faire sur divers points touchés dans la lettre de Mgr de Moulins, particulièrement sur ce qu'il dit des prérogatives du cardinalat et de l'obéissance sacerdotale comparée à l'obéissance des religieux. Mais cela demanderait de trop longues explications, je me hâte d'arriver à l'apologie qu'il prétend faire du journal frappé par ma sentence.

Passant aux reproches qu'on adresse à l'*Univers*, Mgr de Moulins les énumère et les discute, je ne dis pas les réfute ; loin de là, il les aggrave par la force de ses aveux. En effet, il avoue que l'*Univers a de tristes habitudes de polémique et des procédés irritants*, qu'il est *trop âpre à soutenir des disputes inopportunes*, qu'il *accepte tous les évènements avec trop de complaisance;* qu'il dit le pour et le contre en politique, ou, comme s'exprime Mgr de Moulins, *qu'il provoque des solidarités contradictoires;* qu'il *rabaisse à la probité des rapports privés l'idée de justice qui doit dominer la vie des peuples;* qu'il se rend coupable d'un *fatal oubli du sens moral dans son application la plus élevée;* qu'il *acclame avec excès l'autorité et la liberté, selon le souffle du moment, et paraît convier le clergé à n'apprécier l'une et l'autre qu'au point de vue de son avantage actuel;* qu'il *compromet ainsi la considération du prêtre devant la conscience publique;* qu'il *n'a pas le temps de mûrir les questions et de peser les termes;* qu'il est peu mesuré dans son langage; qu'il ne faut pas le prendre au pied de la lettre, et que *ses grands courroux ne sont que pour l'effet du discours;* qu'il *manque envers les évêques des égards dont il n'est jamais permis de se départir;* que, s'il tâche d'exercer une pression sur les évêques et de fomenter le presbytérianisme, au moins cela ne se produit pas à Moulins.

Tels sont les reproches adressés à l'*Univers* et répétés dans la lettre de Mgr de Moulins. Les uns, Monseigneur les articule lui-même ; les autres, il les avoue; les plus légers, il les appelle graves, parce qu'il y va d'un drapeau politique; les plus sérieux, il ne daigne pas les prendre en considération, parce qu'on n'en souffre guère à Moulins; aucun n'est réfuté, tous subsistent. Ce que Monseigneur trouve de plus spécieux à répondre, c'est que d'autres journaux ont commis à peu près les mêmes délits. Il finit en déclarant qu'il permet la lecture de l'*Univers*. On ne s'attendait pas à cette conclusion. Après tout, c'est son affaire ; mais voici, Très-Saint-Père, ce qui me touche, et ce qui m'engage à déposer publiquement ma plainte entre les mains de Votre Sainteté.

Quel que soit le plaidoyer de Mgr de Moulins, c'en est un cependant ; et à ce seul titre, il constitue un acte du caractère le plus grave. La portée naturelle de cet acte, c'est de frapper de blâme une sentence rendue dans l'exercice canonique de mes fonctions, et de la déférer au tribunal incompétent de l'opinion publique ; c'est par là même de blesser les convenances et les principes, c'est de déconsidérer la justice ecclésiastique et l'autorité d'où elle émane, c'est d'intervertir les rapports établis par la hiérarchie et de troubler l'ordre des juridictions, c'est de méconnaître l'autorité des saints canons et d'entraver l'action de la loi, c'est de substituer l'arbitraire à la règle et la violence au droit ; c'est de méconnaître et d'usurper les prérogatives du Saint-Siège, en s'immisçant, de la manière la plus indiscrète et la moins justifiable, dans une cause où il n'appartient qu'à vous, Très-Saint-Père, de prononcer après moi.

J'en fais ici la remarque avec un profond regret, Très-Saint-Père : grâce au dévergondage d'une partie de la presse qui se dit exclusivement catholique, l'irrévérence et le mépris ont tant perdu de leur horreur, et la notion du devoir s'est tellement faussée dans certains esprits, qu'un évêque même ne craint pas de faire échec à l'autorité épiscopale et de braver les prescriptions canoniques. Que dis-je ? il en est fier : car, à ce propos, il cite avec complaisance le nom qu'il porte, comme s'il venait d'ajouter un peu de lustre à la gloire qu'il y a trouvée.

Au reste, je n'ai pas à expliquer comment Mgr de Moulins s'est vu conduit à l'excès dont je me plains ; je constate seulement qu'il l'a commis, soit en méconnaissant et en attaquant d'une façon plus ou moins franche mon droit d'examiner et de censurer les écrits qui s'impriment dans mon diocèse, soit en blâmant par un acte officiel une sentence dont il n'est pas le juge, et qui ne peut être déférée qu'au Saint-Siège.

Je puis d'autant moins me taire sur un pareil oubli des règles, que mon silence serait un encouragement au désordre ; et le désordre est déjà si grave, que ma conscience m'interdit de le souffrir plus longtemps, et surtout de l'autoriser par mon inaction. J'y dois mettre un terme, et c'est ce que j'ai voulu faire. Moi vivant, la presse religieuse à Paris sera surveillée et au besoin réprimée par les armes dont je dispose, les armes spirituelles. Elle restera dans son devoir, ou bien elle sortira du diocèse, elle ira chercher ailleurs une juridiction plus complaisante pour prêcher le mépris de la hiérarchie et faire la guerre à l'autorité que je tiens de la miséricorde divine et de la grâce du Saint-Siège apostolique.

En conséquence, Très-Saint-Père, je défère au tribunal de Votre Sainteté la lettre circulaire de Mgr de Moulins, et je vous demande justice. Je vous demande justice au nom des intérêts de mon diocèse compromis par les discussions irritantes et les empiétements d'un certain journalisme, au nom de mes vénérables collègues solidairement engagés dans la cause pour laquelle je combats et reçois des outrages, au nom des saints canons indignement violés, au nom de Votre Sainteté même et des droits qu'elle m'a conférés en m'instituant archevêque de Paris.

Je suis, Très-Saint-Père, de Votre Sainteté, le fils très-dévoué et très-obéissant.

Marie-Dominique-Auguste,
Archevêque de Paris.

N° 22. *Lettre circulaire de l'Evêque de Montauban au Supérieur et aux Professeurs de son séminaire, ainsi qu'à tous les membres de son clergé.*

Portant condamnation d'un *Mémoire anonyme* sur le droit coutumier, adressé clandestinement à tous les Evêques et à tous les Séminaires de France, et défense d'en enseigner ou d'en insinuer d'une manière quelconque les doctrines aux jeunes lévites de son diocèse.

Monsieur le Supérieur,
Messieurs et très-chers Coopérateurs,

J'apprends qu'un certain mémoire *anonyme* et soi-disant *confidentiel* sur les coutumes des Eglises de France, dans leur rapport avec l'autorité du Saint-Siège, envoyé d'abord aux seuls évêques, mais adressé plus tard clandestinement à tous les séminaires, vient d'être mis en vente publiquement depuis quelques jours. Comme je connaissais parfaitement ce que vous pensez des doctrines téméraires qui y sont enseignées, et comme je savais par expérience le respect profond que vous avez pour l'autorité et pour la volonté de votre évêque, je n'avais pas voulu faire sortir cette brochure insidieuse de l'ombre dans laquelle ses auteurs tenaient à la conserver. Mais puisqu'ils n'ont pas craint de la mettre maintenant en lumière, à la faveur de circonstances que sans doute ils ont ménagées de loin, c'est un devoir de notre charge de vous faire connaître ce que nous en pensons, et de réprouver, de condamner tout ensemble tant le caractère particulier de cet écrit que l'attentat qui a été commis contre notre autorité et notre juridiction par ceux qui, clandestinement et furtivement, ont essayé de l'introduire dans notre séminaire ; au risque d'exciter et les professeurs et les élèves à la défiance, à l'insubordination, à la révolte même contre celui qui, par le droit général et surtout par le droit coutumier en France, a seul juridiction pleine et entière sur ses séminaires, à l'exclusion de tous autres que le souverain-pontife.

Considérant donc que le susdit *mémoire* exprime ouvertement la critique et le blâme :

1° De certains actes émanés du Saint-Siège, qui, dans la personne du souverain-pontife, a reçu de Jésus-Christ *une pleine et entière puissance pour enseigner et pour gouverner l'Église universelle ;*

2° De l'acte par lequel tous les conciles provinciaux tenus en France dans ces dernières années et tous les évêques ont soumis leurs décrets à la révision de la congrégation dite du Concile de Trente, conformément à la constitution de Sixte V ; et encore de celui par lequel ils en ont accepté et adopté sans réclamation toutes les corrections ;

Considérant en second lieu :

Que les auteurs du *Mémoire* sont de simples ecclésiastiques, comme ils l'affirment eux-mêmes, sans titre et sans mission pour décider de la préférence qui doit être donnée à tels sentiments plutôt qu'à tels autres, en ce qui regarde d'une part la conduite propre de chaque évêque, et d'autre part, l'instruction des élèves du sanctuaire dans chaque diocèse; et que ce défaut de titre, de mission, existerait encore, lors même que lesdits auteurs ne seraient pas seulement de simples ecclésiastiques, puisqu'il n'y a pas de matière où les évêques soient plus indépendants les uns des autres que celle de l'enseignement dans leurs séminaires respectifs;

Qu'en adressant ce Mémoire à MM. les directeurs et professeurs des séminaires, les auteurs de l'envoi comme ceux du mémoire lui-même, ont voulu introduire dans ces maisons des principes qu'ils savaient bien être repoussés par plusieurs, au risque d'inspirer la défiance et même la révolte contre l'Ordinaire;

Qu'il n'appartient à personne, et moins qu'à d'autres à de simples prêtres inconnus, se cachant sous le voile de l'anonyme, et suspects par là même, de s'interposer furtivement entre l'évêque et son séminaire, au risque d'affaiblir le respect, la soumission, la confiance dont l'évêque a besoin et auxquels il a droit;

Que ce mémoire, enseignant d'un bout à l'autre que le souverain-pontife peut abuser de son pouvoir, et par suite, quand, comment et pourquoi on peut légitimement lui désobéir et lui résister, il enseigne par là même que l'évêque aussi peut abuser du sien, et par suite quand, pourquoi et comment les prêtres de son diocèse peuvent lui résister et lui désobéir, sans manquer à leur conscience et à leurs promesses sacerdotales;

Et qu'il y a là dedans un germe pervers de presbytérianisme, d'usurpation de pouvoir, et de provocation à l'insubordination, à la méfiance, même à une désobéissance ouverte, suivant les cas;

Considérant enfin que le *Mémoire* susdit a été combattu et réfuté, sur ce qu'il a de plus dangereux et de plus téméraire, par un éminent cardinal, dont l'autorité est si grande dans ces matières;

Par ces motifs, en vertu de la juridiction que les canons nous attribuent, exclusivement à tous autres que le souverain-pontife, en ce qui regarde la direction de notre séminaire et l'enseignement des membres de notre clergé, à tous les degrés;

Nous condamnons et réprouvons, pour notre diocèse, ledit *Mémoire anonyme et prétendu confidentiel*,

Comme injurieux au souverain-pontife, dont il a la prétention de fixer et de restreindre les droits, et qu'il signale ouvertement tant au clergé qu'aux fidèles, comme abusant de son pouvoir, au moins en France;

Comme injurieux aux conciles provinciaux tenus dans ces derniers temps et aux évêques qui ont tenu ces conciles, et qui ont montré, tous sans exception, le respect, la soumission la plus entière tant aux constitutions apostoliques qu'aux avis et aux indications pleines de sagesse et d'à-propos émanés de la congrégation romaine du concile de Trente;

Comme propre à semer dans les séminaires des sentiments de défiance et d'insubordination à l'égard de l'Ordinaire, et impliquant par ce fait, comme par le fait de l'avoir glissé furtivement dans ces établissements d'ordre, de subordination et de paix, les germes dangereux du presbytérianisme, de l'indépendance des prêtres à l'égard de leurs évêques respectifs;

Ordonnons, en conséquence, à MM. les supérieurs, professeurs et directeurs de notre séminaire, de reléguer cet ouvrage clandestin parmi les ouvrages suspects et dangereux de la bibliothèque de l'établissement, voulant que M. le supérieur seul ait la faculté de le lire et d'en permettre la lecture à ses collègues; et quant à ceux des membres de notre clergé qui pourraient l'avoir en leur possession, nous leur ordonnons de nous le remettre sans délai, pour en faire nous-même telle justice qu'il conviendra.

Donné en notre palais épiscopal, à Montauban, ce 4 mars 1853.

J. Marie, évêque de Montauban.

N° 23. *Ligue d'Evêques contre un Archevêque.*

Pendant que nous imprimions ce que l'on vient de lire, il se passait quelque chose d'assez singulier. Plusieurs évêques, informés de la condamnation du journal l'*Univers* (*Voyez* ci-dessus, N° 18, page 184), prirent son parti contre l'archevêque de Paris, et adressèrent, soit directement et publiquement, leur adhésion aux doctrines de ce journal, soit en secret, des éloges dont le rédacteur en chef, qui ne manque pas d'esprit, pour un jésuite de notre époque, s'est bientôt enorgueilli. Cet important personnage se sentant ainsi autorisé, se crut un héros, un sauveur du Saint-Siège, et se rendit à Rome pour obtenir du Saint-Père quelque grâce contre la persécution de Mgr de Paris.

La lecture des lettres publiées alors était assez fastidieuse. Nous rapportons celle de Mgr de Châlons, qui a du moins le mérite de ne pas être trop longue. Les autres sont identiquement dans le même sens et le même esprit.

Châlons, 1er mars 1853.

Monsieur le curé,

Vous me demandez si je trouve bon qu'on lise l'*Univers*. A vous parler franchement, je n'ai pas de raison de le trouver mauvais. Le rédacteur de ce journal est un homme de zèle et de probité; il est homme de foi et homme d'esprit. Cette dernière qualité, qui le rend supérieur à tels et tels qui courent la même carrière, n'est pas propre à le leur faire aimer; il y a de l'homme partout, et ici beaucoup. Quant à moi, je suis abonné au journal l'*Univers* et je continuerai de l'être; c'est vous dire assez qu'on peut en faire autant. Si l'on m'en demandait la raison, je répondrais ou ne répondrais pas, n'ayant de compte à rendre qu'à Dieu, en de telles affaires, de mes actes et de mes opinions.

Après tant de services rendus à la religion, M. Veuillot avait droit à cette marque que je lui donne volontiers de mon estime, de mon intérêt et de ma sincère affection. Il est maintenant à Rome, aux pieds du Saint-Père, à qui il explique ses raisons; la réponse est facile à deviner, heureux si on sait la comprendre! Le pape nous dira à tous : *Pax vobis*.

Recevez, etc.

M.-J., *Evêque de Châlons*.

Il y a dans cette lettre quelque chose de remarquable, c'est qu'elle est une réponse à *un curé*, et que c'est Mgr l'évêque qui l'a directement adressée au rédacteur de l'*Univers*. *Ab uno disce*. Comment concilier tout cela avec la doctrine : *Le pouvoir spirituel est infaillible?*

N° 24. *Citations ultramontaines (nouvelle école).*

Nous n'avons pas voulu, dans le cours de l'ouvrage, continuer cette citation curieuse, parce qu'il fallait aller trop loin dans la discussion de ces principes prétendus nouveaux, mais en réalité renouvelés, des œuvres ultramontaines qu'on ravive ainsi en se donnant des airs de prophète; mais on peut ici rapporter d'autres parties de l'ouvrage que nous avons analysé (*l'Eglise et l'Etat*). Voici ce qu'on trouve page 189 :

« Le pouvoir spirituel est saint : il l'est et par son ori-
» gine divine et par les lois divines dont le dépôt lui a
» été confié, et par l'*assistance divine qui ne lui manque
» jamais*. Les pouvoirs les plus forts assurent à peine à
» leurs sujets l'ordre, la tranquillité, la sécurité, la li-
» berté, un bonheur tel quel; il n'est jamais complet
» pour personne, il n'est jamais assuré à tous, on n'a
» jamais la certitude absolue ni d'y arriver quand on ne
» l'a pas encore; ni de le conserver quand on l'a une fois
» acquis. Le pouvoir spirituel donne à tous ceux qui
» veulent lui demeurer fidèles *la certitude absolue du
» souverain bonheur, du bonheur sans mélange et sans
» fin*. »

Nous abrégeons un peu, mais sans rien changer au texte. Voici ce qu'on trouve page 191 :

« Or, la loi divine de justice est la loi même de l'ordre
» spirituel ; il est donc évident, *de l'aveu du genre hu-*
» *main*, que l'ordre temporel est subordonné à l'ordre
» spirituel, que les lois temporelles n'ont de base solide,
» de règle sûre, de sanction efficace que dans la loi spiri-
» tuelle, et que celle-ci *règne de droit sur tous les hommes,*
» *grands ou petits. Personne ne nie cela.* Mais le pouvoir
» temporel, afin de se délivrer d'un joug importun, a
» dit : c'est moi qui suis l'organe légitime, l'interprète
» infaillible, le juge en dernier ressort dans l'ordre spi-
» rituel, et sous ce prétexte l'injustice s'établit sur les
» trônes. Alors les peuples ont répondu : Cela n'est pas
» possible, si Dieu vous avait fait l'interprète de sa loi,
» vous pourriez nous donner quelque preuve de cette mis-
» sion divine ; vous n'avez pas reçu une telle préroga-
» tive, elle n'appartient qu'au peuple, et sous ce pré-
» texte les trônes furent renversés. »

Nous terminerons les extraits de ce chapitre par les phrases solennelles et effrayantes qui en sont la clôture parfaitement digne de l'exorde, en recommandant comme dignes de profondes méditations, les mots que nous avons soulignés. Nous copions textuellement.

« En définitive les sociétés temporelles, les pouvoirs
» temporels dépendent toujours de la *société spirituelle,*
» du *pouvoir spirituel :* en droit et en fait s'ils le recon-
» naissent, s'ils accomplissent ses lois ; en droit et en fait
» également, *quoique d'une autre manière, s'ils méprisent*
» *et rejettent ces lois,* puisqu'ils ne peuvent se passer
» d'elles, puisqu'elles sont les conditions de leur exis-
» tence, *puisqu'ils ne peuvent les violer,* en ce qu'elles

» ont d'essentiel et de fondamental, sans se perdre et sans
» se détruire eux-mêmes. L'homme est libre de prendre
» du poison, mais le poison le tue; l'homme est libre de
» pécher, mais le péché porte en soi son châtiment et sa
» vengeance; l'homme *est libre de refuser le ciel*, mais
» refuser le ciel, c'est choisir l'enfer. »

Cette dernière phrase paraît empruntée au vocabulaire de 1816, à l'usage des missionnaires qui bouleversèrent toutes les églises. Ne dirait-on pas qu'il dépend de la volonté des ultramontains de *donner ou d'ôter le ciel.* Jusqu'à présent on avait cru que le ciel était la récompense d'une vie noble et pure. C'était le langage de l'Evangile et de l'Imitation; c'était celui des Pères de l'Eglise. Nos docteurs font mieux, ils vous disent modestement : Venez à nous, nous vous donnerons le ciel; fuyez-nous, vous courez à l'enfer. — Les croira qui voudra.

Ils ont cependant quelquefois de justes idées sur les deux pouvoirs qui font l'objet de leurs perpétuelles méditations; ainsi on lira avec plaisir les paroles suivantes de la page 231, mais ces bonnes pensées ne résistent pas longtemps à l'esprit militant, comme nous le verrons, page 232 du même livre.

« Le spirituel et le temporel se tiennent comme l'âme
» et le corps et exercent incessamment l'un sur l'autre
» une action puissante. L'âme, l'ordre spirituel, ressent le
» contre-coup de tout ce qui se passe dans le corps, dans
» l'ordre temporel, et il faut bien qu'elle tienne compte
» de ses nécessités, de ses infirmités. Semblablement le
» corps, l'ordre temporel, souffre de ce qui atteint l'âme,
» l'ordre spirituel, principe de sa force et de sa vie... »

On ne peut qu'applaudir à de telles sentences. Tournons la page, et voici ce que nous y trouvons :

« L'harmonie suppose l'unité ; l'unité n'existe que là
» où domine un seul principe. Mettez dans l'homme, dans
» la société humaine, deux principes souverains, c'est li-
» vrer l'homme, c'est livrer la société à toutes les souf-
» frances d'une lutte qui ne pourra finir que par la mort
» de l'homme, que par la dissolution de la société, car l'un
» et l'autre principes sont nécessaires à son existence.

» *Ce machinéisme doit donc être écarté ; il faut entre*
» *les deux principes la subordination au lieu de l'éga-*
» *lité,* et la question est de savoir si l'âme sera subor-
» donnée au corps, l'ordre spirituel à l'ordre temporel,
» ou si, au contraire, le corps sera subordonné à l'âme,
» l'ordre temporel à l'ordre spirituel ? Poser une telle
» question, n'est-ce pas la résoudre ? Tout le monde n'a-
» voue-t-il pas que les mouvements du corps doivent être
» dirigés, réglés, corrigés par la raison, c'est-à-dire par
» l'âme ; que les lois de l'ordre temporel doivent être rai-
» sonnables et justes, c'est-à-dire n'être jamais opposées
» aux lois de l'ordre spirituel, lesquelles ne sont autre
» chose que l'expression de la sagesse et de la justice.
» On peut différer sur la question de savoir en qui réside
» la suprême puissance dans l'ordre spirituel, les uns
» peuvent l'attribuer à la puissance temporelle, les autres
» aux peuples, ceux-ci à l'aristocratie des gens d'esprit,
» ceux-là à l'individu, comme les catholiques la recon-
» naissent dans l'Eglise et dans son chef ; *mais il n'est pas*
» *possible que l'on diffère sur cette autre question :* la loi
» temporelle, c'est-à-dire ce qui oblige la conscience

» dans l'ordre temporel, doit-elle être juste, c'est-à-dire
» obligatoire pour la conscience, ou, en d'autres termes,
» doit-elle ne pas violer les lois qui obligent la conscience,
» les lois de l'ordre spirituel. Nous devons donc regarder
» comme évidente cette proposition : l'ordre temporel est
» subordonné à l'ordre spirituel. »

La question ainsi posée n'admet pas de doute en effet; mais s'il s'agit de choses injustes, proposées, exigées par la puissance spirituelle, le pouvoir temporel doit, à son tour, opposer une inflexible résistance, ainsi tout se réduit à savoir s'il y a justice ou non dans la prétention qui divise les deux pouvoirs. — Si la question est soumise à celui qui élève cette prétention, il est clair qu'il fera pencher la balance de son côté, et que par conséquent cette belle proposition ne conduit à rien, ou bien elle conduit à cette autre proposition : *La puissance effective appartient au plus fort.* Cette règle n'est point dans les canons des conciles, mais elle est dans toutes les pages de l'histoire ecclésiastique, et nous avons vu plus d'une fois que c'est pour cela que les ultramontains rêvent le retour du moyen-âge. Qu'on se débatte tant qu'on voudra, on ne sortira pas de là ; ceux qui se sont tués à force d'injustices, de désordres et de rapines, sont mal venus pour réclamer la toute-puissance au nom de l'ordre et de la justice.

N° 25. *Acrimonie ultramontaine.*

La malveillance et l'aigreur sont tellement naturelles à nos ultramontains, que lors même qu'ils ont à rapporter de bonnes paroles, ils trouvent naturel, au lieu de s'élever au diapason de l'autorité qu'ils citent, d'y accoler des accusations contre ceux qui ne partagent pas leur opinion. Ainsi, Pie VI, dans son inépuisable mansuétude, publia dans l'intérêt de la concorde un bref *en faveur du directoire*. On y lit :

« Nous croirions manquer à nous-même si nous ne
» saisissions pas avec empressement toutes les occasions
» de vous exhorter à la paix, et de vous faire sentir la
» nécessité d'être soumis aux autorités établies. En effet,
» c'est un dogme reçu dans la religion catholique *que*
» *l'établissement des gouvernements est l'ouvrage de la*
» *sagesse divine,* pour prévenir l'anarchie et la confusion,
» et pour empêcher que les peuples ne soient ballottés çà
» et là, comme les flots de la mer. Aussi saint Paul, en
» parlant, non d'aucun prince isolément, mais de la chose
» en elle-même, affirme-t-il *qu'il n'y a pas de puissance*
» *qui ne vienne de Dieu, et que résister à cette puissance,*
» *c'est résister aux décrets de Dieu même* (1). Aussi, nos
» chers fils, ne vous laissez pas égarer ; n'allez pas, *par*
» *une piété mal entendue,* fournir aux novateurs l'occasion
» de décrier la religion catholique, votre désobéissance
» serait un crime qui serait puni sévèrement, non-seule-
» ment par les puissances de la terre, mais qui pis est
» par Dieu même, qui menace de la damnation éternelle
» *ceux qui résistent à sa puissance*. Ainsi, nos chers fils,
» nous vous exhortons au nom de N. S. J.-C. à vous ap-
» pliquer de tout votre cœur, de toutes vos forces à
» prouver votre soumission à ceux qui vous comman-
» dent. »

(1) Voyez plus bas, N° 37.

Voilà certainement de nobles et saintes paroles. Elles sont faites pour servir de modèles à ceux qui se permettent de conseiller les nations sur l'accomplissement de leurs devoirs. Il est bon maintenant de voir la conséquence qu'en tire celui qui les cite, quoiqu'elles soient un contraste frappant de ses propres doctrines. Voici ce qu'on lit à la page 197 :

« Cette doctrine est pour les gouvernements une ga-
» rantie de stabilité qu'ils chercheraient vainement ailleurs
» que dans l'Eglise catholique. Dans les autres religions, il
» n'y a point d'autorité spirituelle assez forte pour *impo-*
» *ser efficacement de tels devoirs;* elles laissent toutes en
» définitive la raison de chacun juger en dernier ressort
» de ses obligations envers le pouvoir et la société, comme
» envers le prochain et envers Dieu, et c'est de là que
» naissent les divisions de parti, les discordes civiles, de
» là que sortent les révolutions. »

Ne croirait-on pas, après de telles paroles, que toutes les révolutions viennent des protestants et des juifs. Ne croirait-on pas que les chefs de leurs cultes n'ont pas le droit, ne remplissent pas le devoir dont le souverain-pontife leur donne l'exemple? Ne croirait-on pas que ce sont les juifs et les protestants qui ont prêché la Ligue? Guise, Mayenne, qui ont versé tant de sang dans l'intérêt de leur vanité, étaient-ils protestants? Jacques Clément, l'assassin d'Henri III, était-il protestant? Les Seize étaient-ils protestants? Charles IX et sa mère étaient-ils protestants? La Saint-Barthélemy fut-elle organisée par des protestants? Ravaillac, l'assassin d'Henri IV, était-il protestant? Etait-ce un protestant, ce nonce apostolique qui excitait le massacre des Albigeois? Est-ce un protestant qui révoqua l'édit de Nantes? Dubois était-il protestant? Mirabeau, Lafayette, Robespierre, Danton, étaient-ils protestants? Tous étaient catholiques et cependant tous ont soufflé la guerre, la révolte et la destruction; et tous auraient méprisé les conseils de Pie VI.

N° 26. *Accord des nouveaux ultramontains avec les anciens.*

S'agit-il des traités, des édits, des lois qui gênent les vues ultramontaines, on applaudit à leur rupture ou à leur abrogation. On appelle acte de sagesse la révocation de la pragmatique, la révocation de l'édit de Nantes. Quant à la rétractation de la déclaration de 1682, on la demande, on la suppose, on la publie quoiqu'elle n'existe pas. S'agit-il d'un décret favorable au pouvoir spirituel? Il est sacré, et l'on ne peut y toucher sous peine d'excommunication et tout au moins de damnation éternelle. S'agit-il de lois qu'on ne peut renverser? On les sape à la base, on les traite d'œuvre de tyrannie. Ainsi la loi des domaines nationaux fut attaquée pendant 40 ans, et l'on n'a cessé de s'en plaindre que quand on eut obtenu un acte d'iniquité, le remboursement des émigrés par ceux qui ne leur devaient rien; ainsi la loi sur l'Université est battue en brèche depuis 25 ans par les moyens les plus odieux; ainsi les articles organiques du concordat sont l'objet des plus furibondes déclamations.

Nous avons donné, n° 8, l'extrait de la déclaration de 1682, et démontré, livre 1er, chap. XI, pages 52 et suivantes, qu'elle ne fut jamais rétractée, ni par le roi, ni par les évêques. Cela explique l'ardeur avec laquelle les ultramontains l'ont toujours attaquée, sans s'apercevoir que leurs violences étaient une preuve qu'ils avaient peu de foi dans leurs propres paroles. Ils opposent à cette déclaration un acte de la Faculté de théologie, qui prouve, suivant eux, que la suprématie du pouvoir spirituel sur le temporel était depuis longtemps reconnue en France, et que ce n'est qu'à partir du schisme de Calvin que les gallicans soutinrent le contraire. Il est bien entendu que pour affaiblir la valeur de la déclaration de 1682, on prétend que celle de 1589 émane également des gallicans, d'où il suit que ce parti est sans principe arrêté.

Si la déclaration de 1589 avait été sollicitée dans des circonstances ordinaires, on pourrait induire de ses termes qu'elle est en opposition avec celle de 1682, et même donner gain de cause aux ultramontains pour tout ce qui est antérieur à une troisième déclaration dont on ne parle pas, et pour cause, celle de 1663, conforme à celle de 1682. Mais voyons comment la question fut posée à la Faculté de théologie, et n'oublions pas qu'il s'agissait d'allumer l'incendie appelé la Ligue, qui fut couronné par la Saint-Barthélemy. — Très-nettement posée, elle fut aussi très-nettement résolue ; — la voici :

« Le peuple français peut-il être délié et absous du
» serment de fidélité et d'obéissance prêté à Henri III ?
» Le peuple français peut-il, en sûreté de conscience, s'ar-
» mer, se liguer, lever de l'argent pour la défense et la
» conservation de la religion catholique, contre les des-
» seins impies du même Henri et de ses fauteurs ? » —
« Sur cette question (ce sont les termes du décret), la

» Faculté de théologie, assemblée le septième jour de
» janvier 1589, au collège de Sorbonne, après la prière
» publique de tous les ordres de la Faculté et après la
» messe du Saint-Esprit, a entendu tous et chacun des
» docteurs présents, au nombre de soixante-dix. Et,
» après une mûre, consciencieuse et libre délibération,
» sur les raisons nombreuses et diverses, tirées la plupart
» de la Sainte-Ecriture, des sacrés canons et des décrets
» des souverains-pontifes, qui ont été produites, le doyen
» de la Faculté, personne ne réclamant, a proclamé les
» conclusions suivantes, données par manière de conseil,
» *per modum consilii*, pour délivrer les consciences de
» tout scrupule mal fondé : 1° Le peuple français est
» délié du serment de fidélité et d'obéissance prêté à
» Henri ; 2° on peut, en sûreté de conscience, s'armer, se
» liguer, lever de l'argent, etc.; 3° ces conclusions se-
» ront envoyées au pape, afin qu'il les confirme et qu'il
» vienne *au secours de l'Eglise gallicane*, exposée à de
» si grands périls. » (*Voyez* n° 27, page 247.)

Que résulte-t-il de cette proclamation? Trois choses :
1° qu'il s'agissait d'un *fait atroce*, personnel à un lâche
tyran, et non d'un *principe reconnu*; 2° qu'en temps de
sédition, les prétextes et les déclarations ne manquent
jamais aux factieux; 3° que, même à cette époque, on
demandait du secours pour l'*église gallicane*, ce qui
prouve qu'elle était distincte de l'église romaine.

Il en est une autre qui atténue considérablement la
force de cet acte. L'histoire nous apprend que toute cette
intrigue contre Henri III était menée depuis longtemps
par Guise, Mayenne, et grand nombre de seigneurs qui

voulaient se partager la France en grands fiefs héréditaires dans leurs familles, et que pour atteindre ce but, il leur était utile de faire d'abord déposer et tonsurer Henri III. Ainsi les bourgeois de Paris, en implorant le pouvoir de Sixte-Quint, travaillaient contre eux-mêmes, et l'ont reconnu plus tard. La preuve de cette influence et de cette félonie des seigneurs existe dans une seconde décision de la Faculté de théologie, qui prescrivait l'omission, à la messe, du nom du roi, ainsi que des prières ordinaires pour sa personne, et leur remplacement par d'autres prières pour les princes catholiques, *pro principibus catholicis*.

Il faut donc, si l'on adopte ces actes comme légitimes, aller beaucoup au-delà des ultramontains, et dire que toutes leurs doctrines sur les pouvoirs du pape tombent devant les pouvoirs de la Faculté de théologie, puisque la Faculté a, de son chef, et sans autorisation du Saint-Père, rayé un roi de la communion des fidèles.

N° 27. *Sur l'ancienne Université.*

Les ultramontains lui pardonnent volontiers sa déclaration illégale et séditieuse de 1589, car elle était parfaitement ultramontaine, et quelque chose de pis; mais, sans se soucier de tomber en contradiction, on la blâme vertement d'avoir dit plus tard que « ce n'était point la
» doctrine de l'Université, que le pape eût aucun pouvoir
» sur le temporel du roi très-chrétien; bien plus, la Fa-
» culté s'est toujours opposée à ceux qui parlent seule-
» ment d'une autorité indirecte; 2° c'est la doctrine de
» la Faculté que le roi très-chrétien n'a, dans les choses

» temporelles, aucun autre supérieur que Dieu ; c'est son
» ancienne doctrine, de laquelle elle ne se départira ja-
» mais ; 3° c'est la doctrine de la Faculté que les sujets
» du roi très-chrétien lui doivent fidélité et obéissance,
» de telle manière qu'*ils ne peuvent en être dispensés sous
» aucun prétexte.* » (*Voyez* n° 26, page 245.)

« Cette affectation de ne parler que du *roi très-chrétien*, comme si les rois de France étaient d'une autre condition que les autres souverains et avaient reçu de Dieu des privilèges particuliers, est vraiment singulière, dit le docteur. L'assemblée de 1682 le comprit et formula enfin une doctrine générale. Si l'on demande comment il se fait que l'Université de Paris, si énergiquement ultramontaine en 1590, ait commencé à devenir gallicane en 1626, et le soit devenue tout-à-fait en 1663, je répondrai d'abord que la politique eut toujours sur l'Université une grande influence. On l'a vu, non-seulement sous Louis XIV et *au temps de la Ligue,* mais encore aux époques antérieures. Pour n'en citer qu'un exemple, on sait que sous Charles VII, lorsque l'étranger était maître de Paris, l'Université se montra entièrement dévouée aux Anglais, et quelle part honteuse elle prit au procès de Jeanne-d'Arc. » — Cette observation ne paraît-elle pas bien judicieuse, quand on sait qu'à côté de la conduite de l'Université, on peut placer celle de l'évêque de Beauvais, qui condamna Jeanne-d'Arc comme hérétique.

Au lieu de s'en prendre à tout le monde de la décadence du pouvoir ultramontain, il serait bien plus habile d'en faire oublier les causes par une grande loyauté et une grande modération ; comme l'ont fait les deux pon-

tifes que nous avons perdus, et surtout celui qui occupe si dignement le siège de saint Pierre. Les ennemis de l'église gallicane devraient aussi faire la part des circonstances politiques, apprécier l'effet de l'émancipation des peuples et considérer que les protestants, professant des principes favorables au pouvoir temporel, ont dû recevoir des témoignages d'intérêt en échange de l'expression de leur dévouement. Dès l'année 1617, soixante-cinq ans avant la déclaration de 1682, voici en quels termes le synode national protestant exprimait ses sentiments : « Sire, après Dieu, nous reconnaissons que Votre
» Majesté est notre unique souverain, et c'est un article
» de notre croyance, qu'il n'y a point de puissance mé-
» diate entre Dieu et les rois : c'est une hérésie damna-
» ble parmi nous que de le révoquer en doute, et c'est un
» crime capital que d'en disputer parmi nous. Sire, nous
» avons appris cette leçon de nos prédécesseurs; nous en
» sommes persuadés; nous la publions partout; nous
» prêchons cette doctrine en chaire dans nos églises;
» nous voulons vivre et mourir dans ces sentiments, afin
» que notre postérité apprenne à les pratiquer à notre
» exemple. » Ils condamnaient, dans leurs synodes, les livres des théologiens catholiques où se trouve enseignée la doctrine du pouvoir indirect, et faisaient grand bruit de ces condamnations. (*Voyez* n° 37.)

N° 28. *Despotisme de Louis XIV.*

On se récrie sans raison contre l'illégalité de l'assemblée de 1682, en ce qu'elle avait été ordonnée par le roi. Il semblerait que les évêques eussent été amenés de force,

que le roi eût assisté à la réunion des prélats comme en un lit de justice, qu'il eût personnellement dominé les esprits et arraché la déclaration, tandis que, en réalité, les choses se passèrent, en cette circonstance, comme en toute autre. On dit, page 356 : « L'ordre du roi ôte
» beaucoup à la liberté, à la dignité de l'assemblée.
» Celle de 1682 n'était pas libre, puisque, persuadée
» par la sagesse de Bossuet, elle voulait examiner toute
» la tradition, *afin de traîner l'affaire en longueur*, c'est-
» à-dire afin de faire avorter le projet de déclaration, et
» que cependant elle se vit obligée *par l'ordre* du prince,
» de donner suite à ce projet. Ce défaut de liberté nuisit
» singulièrement à sa dignité : d'ailleurs, il n'est jamais
» digne d'une assemblée d'évêques de devenir l'instru-
» ment des desseins de la puissance temporelle contre le
» chef de l'Eglise. »

Il faut avoir une bien fâcheuse idée du caractère des évêques pour les croire aussi faciles à diriger. Il est assez connu qu'en général ils penchent plutôt pour l'autorité spirituelle que pour la puissance royale, et que dès lors ils n'auraient point statué comme ils l'ont fait si la déclaration leur eût paru contraire à la puissance apostolique.

Au fait, qu'est-il arrivé? Que le roi, excédé des demandes et des exigences du pape, et bravant ses menaces, voulut lui prouver que s'il poussait trop loin les choses, il était en mesure de trancher toutes les difficultés. Pour cela, qu'avait-il à faire? Consulter le clergé, rendre un édit, le faire enregistrer au Parlement et à l'Université; c'est ce qui a été fait. Il s'est ainsi approprié l'œuvre du clergé; le Parlement en a doté la France qui, voyant ses droits, ses usages, ses franchises, si obstinément attaqués par la cour de Rome, applaudit à un acte de vigueur levant toutes les incertitudes. — Qu'on ne dise donc plus que Bossuet a abandonné la déclaration, car elle ne lui appartenait pas; il n'était plus en pouvoir d'y rien changer. Le roi était dans son droit en convoquant le clergé; le clergé était dans le sien en exprimant son sentiment sur une question de sa compétence, quoiqu'elle ne fût point relative à la foi; le roi, le Parlement, l'Université, agissaient encore conformément à leurs attributions réciproques en promulguant ce grand acte qui, depuis, n'a pas cessé d'être loi de l'Etat, et qui, eût-il été oublié pendant cent ans, ne serait pas moins loi de l'Etat, puisqu'à la suite du concordat, un décret ayant force de loi lui a rendu sa vigueur. Ainsi, dire que la déclaration est nulle parce qu'elle porte atteinte aux prétentions de Rome, c'est comme si l'on disait que les libertés gallicanes, remontant aux temps les plus reculés, ne sont plus, parce qu'elles déplaisent au Saint-Siège. Dire enfin que les jésuites modernes prononcent canoniquement en 1852 la nullité des quatre articles, quoique Pie VI, Pie VII ne les aient pas mis en question, c'est vouloir nous persuader que ces hommes, qui sortent à peine de leurs cachettes, sont déjà plus puissants que les papes. La question est donc maintenant définitivement résolue, et l'accusation de despotisme contre Louis XIV, dénuée de toute espèce de fondement sous ce rapport.

N° 29. *Enivrement de Louis XIV.*

Quelque soin que prennent nos Romains de réprouver

la déclaration de 1682; de soutenir hardiment qu'elle a été rapportée par les évêques et par le roi, ce qui est faux, (nous l'avons démontré, chap. XI du livre Ier); cet acte de haute politique maintenu malgré les annulations des papes, leur cause un trouble si grand, qu'il apparaît même dans les airs d'assurance qu'ils veulent se donner. Ainsi, page 352, on donne les causes qui l'ont produit et l'on met au premier rang, que l'ancien gallicanisme, en habituant les peuples à entendre disputer contre le pape, sous prétexte de défendre le concile, avait singulièrement contribué à affaiblir le respect pour la papauté, et par là préparé les voies au gallicanisme nouveau. « Celui-ci, dit-on encore, lui témoigna sa reconnaissance en l'adoptant purement et simplement, sans s'inquiéter des contradictions qui, aux yeux de quiconque a un peu de logique, séparent les deux doctrines. Elles ont un caractère commun, celui de restreindre et de diminuer les prérogatives du souverain pontificat, cela suffit bien. »

« Telles sont, suivant nous, les causes principales auxquelles le gallicanisme dut sa naissance et ses progrès ; on peut en assigner d'autres, mais après les faits et les dates que nous avons rapportés, on ne peut pas contester l'origine récente de cette doctrine ; il faut convenir qu'on n'en trouve aucune trace *avant la venue de Calvin*, et avouer que la Faculté de théologie de l'Université de Paris a constamment professé la doctrine contraire jusqu'en 1626.

« Il est même très-probable que jamais cette doctrine n'aurait été formulée comme elle le fut en 1682, si un roi *très-chrétien* ne se fût rencontré *assez enivré de sa propre puissance* pour essayer de faire violence à l'Eglise, et s'il n'eût trouvé des évêques *assez faibles pour subir ces volontés sacrilèges.* » — Il faut être cruellement blessé pour traiter ainsi le grand roi qui révoqua l'édit de Nantes.

N° 30. *Assemblée de 1682, outrages aux Evêques.*

Si ceux que nous combattons n'étaient pas les enfants perdus de l'ultramontanisme, on ne concevrait pas quel intérêt ils ont d'outrager l'épiscopat français comme ils le font chaque jour, malgré les avis et corrections qu'ils reçoivent assez fréquemment (*Voyez* Appendice, N°s 18 et 22). Mais c'est un acte méritoire à Rome que d'attaquer à Paris ce que l'épiscopat ancien et moderne offre de plus illustre, parce qu'en cela on attaque les libertés gallicanes. Il ne faut donc pas s'étonner des violences et des insinuations perfides, publiées à l'égard de l'épiscopat de 1682. — Voici ce qu'on lit, page 353 du livre intitulé *l'Eglise et l'Etat* :

« On décore l'assemblée de 1682 du nom pompeux d'*Etats généraux du clergé de France;* on célèbre *la puissante dialectique de Choiseul-Praslin qui la dirigeait;* on la glorifie de s'être laissée *inspirer par le génie de Bossuet.* Toutes ces grandes phrases sont autant de mensonges. Nous lisons dans le préambule de *la Déclaration* : « Nous, » archevêques et évêques, assemblés à Paris *par ordre* » *du roi* (*mandato regio congregati*), avec les autres dé- » putés, qui représentons l'Eglise gallicane, avons jugé » convenable, après une mûre délibération, d'établir et » de déclarer, etc. » Ainsi, c'est *par ordre du roi* que l'assemblée eut lieu.

« L'assemblée ne représentait donc, en réalité, que le bon plaisir de Louis XIV. — Réunie par ordre du roi, formée par les soins du roi, l'assemblée reçoit encore du roi le sujet de ses délibérations. Fleury n'est pas suspect, voici ce qu'il raconte : « Le chancelier Le Tellier et
» l'archevêque de Reims, son fils, poussés apparemment
» par Fauré, crurent nécessaire de traiter la question de
» l'autorité du Pape. On ne la jugera jamais qu'en temps
» de division, disait cet archevêque. L'évêque de Meaux
» répugnait à voir cette question traitée ; il la croyait hors
» de saison, et il ramena à son sentiment l'évêque de
» Tournay, qui pensait d'abord comme l'archevêque de
» Reims. »

Et pour que le trait soit plus direct, plus outrageant pour Bossuet, on exhume d'écrits au moins suspects, des détails qui représentent l'aigle de Meaux comme un homme sans cœur, comme une sorte d'ennemi du Saint-Siège, agissant par ordre d'un despote, méditant, commettant un sacrilège. On ne se contente pas de dire que Bossuet a voté sans liberté, on dit qu'il voulait, contrairement aux ordres du roi, *traîner l'affaire en longueur afin de faire avorter le projet de déclaration*. On va plus loin encore, on dit que Colbert, ministre et secrétaire d'État, en était véritablement l'auteur, et que lui seul y avait déterminé le roi ; et qu'enfin il n'est jamais digne d'une assemblée d'évêques de devenir l'instrument des desseins de la puissance temporelle contre le chef de l'Église. Chaque fois, dit-on page 357, que la voix de Bossuet entraînait ses collègues dans des devoirs moins indignes de leur sacré caractère, ordre du prince était donné d'agir autrement, et ces *malheureux évêques laissaient aussitôt la tradition pour obéir à l'ordre du roi.*

Peut-on porter plus loin l'outrage et la mauvaise foi ? On ne voit pas qu'en présentant Bossuet et les évêques, tantôt comme des courtisans prêts à sacrifier leurs devoirs pour obtenir des faveurs, tantôt comme des lâches se pliant aux ordres d'un ministre ou d'un despote, on s'appuie sur d'odieuses contradictions, car s'ils sont courtisans, on n'a pas besoin de leur faire violence, ils vont, comme toujours, au-delà de ce qu'on attend d'eux. S'ils se plient par lâcheté, ils tournent contre eux le pape sans s'assurer la protection royale.

Il serait bien temps cependant qu'on rendît à la déclaration de 1682 son véritable caractère. Ce n'était pas un décret sur la foi comme l'a toujours dit Bossuet, comme l'ont écrit les évêques dans leurs lettres de satisfaction ; ce n'était qu'un avis donné pour appuyer un acte politique. — L'auteur du livre l'admet sans s'en apercevoir, quand il dit que la déclaration fut l'œuvre de Colbert et que le vote fut imposé par le despotisme de Louis XIV. L'écrivain ultramontain flétrit à la fois tout ce qui a participé à cet acte. Si c'est un acte de foi, il a raison ; mais il a tort si c'est un acte de gouvernement, un acte politique ; et bien évidemment tel était, tel a toujours été son caractère, et tel il est encore aujourd'hui, puisqu'il est mis au rang des lois de l'Etat et non pas au rang des décrets des conciles. — Tout le monde reconnaît que la déclaration n'a aucune valeur canonique ; et cette insinuation malveillante qu'on trouve, pag. 357 : « *Les Français* » *membres de l'assemblée promus depuis à l'épiscopat,*

» n'ont fait aucune difficulté d'écrire au souverain-pontife
» qu'ils n'avaient rien décrété touchant l'autorité pontifi-
» cale; » cette insinuation est toute gratuite, et ne change
rien à l'état de la question.

N° 31. *Défense de la déclaration de* 1682.

Lorsque les ennemis des franchises gallicanes sont convaincus d'erreur en ce qui touche les quatre articles; lorsqu'on leur a démontré qu'ils sont un acte solennel de haute politique; ils se rejettent sur le chapitre des conjectures. L'acte étant à l'abri de leurs coups sous le rapport politique et religieux, ils l'attaquent sous le rapport moral, ainsi que nous l'avons vu, n° 30; et, vaincus de ce côté comme de l'autre, ils tentent au moins d'en atténuer l'effet en tirant des inductions dérisoires, de circonstances qu'ils ne connaissent même pas. Ils s'attaquent à la défense du clergé par Bossuet; ils nient que cette défense soit l'ouvrage de ce grand homme; si on la leur montre dans les papiers trouvés à sa mort, ils répondent qu'elle n'est pas entière, que c'est une œuvre abandonnée. Si un évêque, neveu de Bossuet, vient attester qu'il a les brouillons de la main de son oncle, que loin d'avoir abandonné ce travail, il avait le projet de lui donner plus d'étendue, se rendent-ils? Non; ils accablent ce neveu sous le titre de gallican, de janséniste, d'hérétique, ou peu s'en faut. Avec des arguments de cette force, il n'est pas de faits qu'on ne puisse mettre en doute, et pas de vérité qu'on ne puisse couvrir du masque du mensonge. Ce n'est pas ainsi que procède M. Bausset : « Ces brouil-
» lons n'étant pas venus jusqu'à nous, dit-il, il nous est

» impossible de fixer notre opinion sur la nature et l'im-
» portance de ces corrections. » Acceptons donc l'ouvrage tel qu'il est, et tenons pour constant que la défense du clergé, publiée après la mort de Bossuet, est bien son œuvre, et que si elle n'est pas terminée, c'est que Bossuet, voyant que le but du roi était atteint, s'est arrêté de peur de le dépasser. Conduite pleine de sagesse et de générosité à l'égard du souverain-pontife, et de bonne politique à l'égard du clergé.

N° 32. *Aucun gouvernement n'a pu donner valeur canonique ni légale à la déclaration de* 1682.

Voilà une proposition irritante, provoquante, à laquelle il faut faire une réponse. Voyons d'abord l'argumentation de la page 382.

« En résumé, la déclaration de 1682 n'a par elle-
» même aucune valeur canonique. Ni Louis XIV, ni
» Napoléon, ni la Restauration, ni le gouvernement de
» juillet, n'ont pu lui donner la force obligatoire dont elle
» est dépourvue. La déclaration n'a pas non plus de va-
» leur légale ; le pouvoir temporel n'ayant jamais eu le
» droit d'imposer aux catholiques des doctrines que l'E-
» glise n'impose pas, et les chartes, les constitutions qui
» proclament la liberté de conscience ne permettant pas
» aux gouvernements établis sous leur empire de transfor-
» mer en lois les décisions doctrinales d'une assemblée
» d'évêques. Enfin, tout gouvernement qui prétend faire
» une loi de la déclaration, reconnaît par là même à la
» puissance spirituelle le droit de prononcer sur la na-
» ture et l'étendue des droits du pouvoir temporel, et en

» même temps, par la plus flagrante des contradictions,
» il usurpe les droits de cette puissance, puisqu'il s'at-
» tribue celui de décider quels droits elle a reçus de
» Jésus-Christ, ou du moins de le faire décider par une
» autorité spirituelle inférieure contre l'autorité spiri-
» tuelle souveraine. »

Ce raisonnement a certainement quelque chose de très-spécieux, mais aussi de très-dangereux. Ne parlons pas de la valeur canonique; le point décidé n'étant nullement canonique, la décision ne doit pas l'être. Quant à la valeur légale, elle a été si bien reconnue, que les annates, qui étaient l'objet réel de la difficulté entre les deux cours, n'ont jamais été payées depuis 1682, et que je ne sache pas qu'aucun pape ait excommunié Louis XIV, Louis XV, Louis XVI ou Napoléon Ier, pour les forcer à rétracter la déclaration, et l'édit qui en a été la conséquence, ou pour les punir de leurs empiètements sur les droits spirituels des papes qui ont occupé le Saint-Siège depuis la même époque. Il est un point, un seul sur lequel quelques évêques se sont montrés dissidents avec la très-grande majorité : c'est l'obligation d'enseigner les quatre articles dans les séminaires. On a montré cette résistance sous la Restauration, et nous avons publié des lettres curieuses sur ce point (*V.* n° 16, p. 177 à 180); mais, de bonne foi, peut-on soutenir sérieusement que l'infraction à une loi, de la part de quelques personnes, ôte à cette loi sa valeur? Ne sait-on pas que si le gouvernement de la Restauration, plus prudent que ceux qui l'attaquaient, eût voulu que la loi fût exécutée, il eût facilement obtenu l'obéissance. — Ne sait-on pas qu'il suffisait d'un appel comme d'abus, ou de tout autre acte de vigueur, pour que le pape s'empressât d'intervenir, et que si le gouvernement n'a point voulu sévir, c'est parce qu'il regarda cette opposition de deux ou trois prélats comme une fantaisie sans importance ; et il fit bien. Mais on sait aussi que si de cette indulgence du gouvernement il devait résulter une opposition systématique, il lui suffirait d'un geste pour l'étouffer, puisque le clergé a vingt points vulnérables parfaitement connus, et pas un seul petit bouclier pour les protéger ou les défendre. Ne creusons pas davantage cette imprudente question, et souhaitons aux ultramontains de ne pas essayer d'user du droit de résistance ou d'agression, objet de leur prédilection. — Ils pourraient avoir à s'en repentir.

N° 33. *De la force obligatoire et du protestantisme de Louis XIV.*

On lit, page 376, la dissertation suivante, qui prouve combien sont déconcertés et frappés d'aveuglement ceux qui persistent en ce moment à soutenir que la déclaration de 1682 n'a pas de force obligatoire.

« La prétention de Louis XIV de donner à la déclara-
» tion la force obligatoire qu'elle n'avait pas et ne pou-
» vait pas avoir par elle-même, n'était donc qu'une
» *odieuse usurpation des droits de la puissance spirituelle :*
» c'était un acte schismatique de sa nature ; et lorsque,
» dans le préambule de l'édit enregistré le 23 mars 1682,
» ce prince s'exprimait ainsi : *Bien que l'indépendance de*
» *notre couronne de toute autre puissance que de Dieu soit*
» *une vérité certaine et incontestable et établie sur les pro-*

» *pres paroles de Jésus-Christ, nous n'avons pas laissé de*
» *recevoir avec plaisir la Déclaration*, etc. ; son langage,
» si on veut l'examiner de près, sentait le protestantisme.
» Il ne se contente pas d'affirmer l'*indépendance de sa*
» *couronne*, il prétend l'*établir sur les propres paroles de*
» *Jésus-Christ*; c'est-à-dire que lui, simple fidèle, s'ar-
» roge le droit de déterminer le sens des paroles du Sau-
» veur, et de donner comme *certain et incontestable* un
» sens que l'Eglise ne reconnaît pas comme tel. Il ne
» veut pas même laisser croire que cette interprétation,
» il l'a reçue des évêques; non! il n'avait pas besoin
» d'eux pour décider ce que Jésus-Christ a dit et voulu
» dire : *Bien que ce soit une vérité établie sur les propres*
» *paroles de Jésus-Christ, nous n'avons pas laissé*, etc.
» Ou cela n'a pas de sens, ou cela signifie que l'inter-
» prétation royale est *certaine et incontestable*, indépen-
» damment de la *Déclaration*, indépendamment de toute
» décision de la puissance spirituelle. Or, si les rois ont
» le droit de fixer le sens d'un seul verset de la Bible, ils
» ont par là même le droit d'interpréter la Bible entière,
» de transformer en lois de l'Etat tous les dogmes qu'il
» leur plaît d'en tirer, comme Louis XIV transforma en
» loi de l'Etat son interprétation des *propres paroles de*
» *Jésus-Christ.* »

On ne devine pas trop où le casuiste en veut venir avec
cette argumentation, mais en la prenant telle qu'elle est
on peut en tirer cette conséquence, qu'un gouvernement
ne peut prendre une décision quelconque sur un point qui
touche aux prétentions de la cour de Rome, sans empiéter
sur les droits spirituels, et qu'ainsi, s'il plaisait au pape

de frapper le clergé français d'une imposition, le chef de l'Etat, fût-il un Louis XIV, un Napoléon Ier, n'aurait pas le droit de prendre le parti de son clergé. Cela peut-il un seul instant se soutenir? N'est-il pas absurde de prétendre qu'un roi, qu'un gouvernement quelconque n'a pas le droit de trancher des difficultés qui se rattachent à l'Eglise, lorsque ces difficultés touchent les intérêts de la couronne ou du peuple. Comment, un roi très-chrétien ne pourra pas dire dans un acte public : ma couronne ne relève que de Dieu, sans que le pape ait le droit de s'en plaindre !... Un pape aurait le droit, par exemple, de couvrir la France de prêtres, de missionnaires qui porteraient l'alarme dans les églises paroissiales et le désordre dans la population, et un chef d'Etat ne pourrait pas interdire de telles entreprises !... Mais avec ce système, on pourrait venir prêcher la guerre civile; on pourrait exciter le peuple à la révolte, au nom d'un Nicolas Ier ou de tout autre pape, et le gouvernement devrait rester immobile spectateur, attendant sa déposition qui serait prononcée conformément à la volonté du peuple. Cela serait absurde, disons-nous, serait stupide, quoique conforme aux doctrines des ennemis des franchises gallicanes.

N° 34. *Que sommes-nous donc?*

Si l'on croit le grand prêtre de la petite Eglise, nous sommes des indifférents, vivant comme des brutes sous un gouvernement athée. Si l'on en croit ses disciples, nous sommes des païens; si l'on en croit nos prédicateurs, nous sommes des impies. Mais si tout cela est vrai ; si d'un autre côté, les mots protestant et gallican sont à peu près synonymes, il n'y a donc plus de catholiques en France? — S'il n'y en a plus, à quoi bon nous prêcher le retour d'un temps qui ne fut remarquable que par l'excès du catholicisme? S'il y en a encore quelques-uns, on veut donc qu'il n'y en ait plus, puisqu'en ce temps d'indifférence religieuse et de paganisme, on fait tout ce qu'il faut pour les rejeter hors de l'Eglise?

Autant les casuistes négligent ce point de vue sous lequel il faut considérer l'état actuel de la société, autant le pape, autant l'épiscopat s'en préoccupent, s'en alarment. Cela prouve qu'ils apprécient avec sagesse la situation du pays.

N° 35. *De l'enseignement religieux.*

Nous ne voulons pas ici nous occuper de l'enseignement qui sort des écoles, ce sera l'objet d'une autre partie de cet ouvrage, où nous traiterons à fond les questions qui s'y rattachent. Nous voulons dire quelques mots de l'enseignement religieux tel qu'il sort de la chaire, des instructions pastorales et des écrits publiés dans l'intérêt des fidèles.

La chaire est sans éclat, dit-on; il nous semble qu'on se trompe grandement en soutenant cette opinion. Il est des prédicateurs qui ne le cèdent point en mérite aux meilleures époques de notre Eglise, au moins dans les villes principales. Ils laissent beaucoup à désirer dans les campagnes; mais à qui s'en prendre et quel remède employer? On ne peut point s'en prendre au clergé, car il ne néglige rien pour attirer des hommes capables, et ils sont en si petit nombre, que la carrière ecclésiastique est pour les hommes d'une foi sincère la plus belle de celles qui s'ouvrent devant les esprits élevés. Il faut s'en prendre à l'antipathie des jeunes gens de famille pour les exigences auxquelles il faut obéir pour faire un chemin modeste, heureux ou brillant.

Et pourquoi ces exigences? Parce que le haut clergé romain, ne comprenant pas, ne connaissant pas notre société moderne, et s'imaginant que rien n'a pu marcher pendant qu'il restait stationnaire, veut absolument qu'on revienne à lui. — C'est là le premier point sur lequel la cour de Rome devrait porter un regard attentif, et son premier soin devrait être d'imposer silence à tous ces insectes qui bourdonnent autour du Vatican et de relever les jeunes lévites, non-seulement à leurs yeux, mais aux yeux du peuple. Quelques prélats comprennent parfaitement la nécessité, l'urgence de cette réforme. Ils la comprennent, et les instructions pastorales sont encore ce qu'elles étaient il y a des siècles.—Aussi, quel effet produisent-elles? On les imprime, on les distribue, mais elles ne sont lues qu'autant qu'elles font allusion à des choses de ce monde. Tout ce qui tient au dogme n'est compris que de ceux qui le savent par état. A quoi bon donner au peuple des instructions qu'il ne comprend pas? Ne serait-il pas plus opportun et beaucoup plus facile de suivre le conseil de Châteaubriand : parlez la langue de vos auditeurs?

Les écrits (cela comprend les livres et journaux), ils font beaucoup plus de mal que de bien. Toute discussion sur la religion tourne contre la religion; c'est une expérience faite depuis longtemps. On veut se montrer, faire preuve de zèle, on ne le peut qu'autant qu'on est homme de parti et dès qu'on a pris couleur, il se présente des milliers d'adversaires qui barbouillent du papier, qui écrivent, qui disputent, et du milieu de la fermentation sortent toujours des plumes exercées, qui n'ont rien à ménager et qui, fortes de l'assentiment public, torturent, déchirent, livrent au ridicule des écrits retardataires qui n'ont la sympathie de personne, pas même de ceux auxquels on les jette.

Si ce sentiment était le nôtre propre, s'il ne s'appuyait pas sur d'imposantes autorités, nous hésiterions à l'exprimer; mais indépendamment des protestations qui éclatent même dans la presse se disant religieuse, nous savons d'ecclésiastiques très-recommandables, de prélats les plus dignes de donner des conseils, que rien n'est plus fâcheux, plus désastreux pour l'Eglise, que ces discussions publiques sur des points de fait ou de droit se rattachant à la religion; c'est en raison de cette opinion, qui est la nôtre, que nous nous abstenons d'entrer dans de plus longs détails. Assez d'autres le seront sans nous.

N° 36. *Des ennemis de la Déclaration de 1682.*

Quand il s'agit de faire son chemin vers Rome, on ne croit pas s'égarer en exagérant les éloges, en exaltant le pouvoir pontifical; tout est reçu avec béatitude. Nos petits publicistes s'évertuent donc à se surpasser les uns les autres; mais ils ont beau faire, ils ne diront rien qui n'ait été dit, et l'on pourrait même les défier d'égaler leurs devanciers. Que trouve-t-on, en effet, de mieux que ce que disait un Augustin quelque temps après la Déclaration de 1682 : « Le pape est le monarque de toute la terre, l'évêque de tout le monde chrétien; il a droit de dé-

» trôner les rois, les empereurs hérétiques et de les char-
» ger de chaînes. Le pape est l'abrégé de l'Univers ;
» l'autorité de cent mille évêques assemblés n'égale pas
» celle du pape. »

On voit que le frère Augustin faisait bon marché des conciles. Il n'y pensait même pas. Nous pourrions encore citer comme modèle à nos bons pères les récollets de Louvain, qui, en 1691, annoncèrent probablement comme article de foi, que « Dieu et le pape n'ont point
» d'autre raison d'agir que leur volonté ; que le pape est
» plus grand qu'un apôtre ; que le pape est le dieu de ce
» monde à la place de J.-C., tant pour les choses tempo-
» relles que pour les spirituelles. » — Pendez-vous, bons pères, vous n'auriez pas trouvé cela.

Vous croyez avoir atterré, anéanti les gallicans, dirions-nous volontiers à nos docteurs, — mais vous n'êtes que d'innocents plagiaires ; ouvrez donc Rocaberti, ce protégé de Léon XI, vous verrez de suite à quelle distance vous restez de cet aigle ultramontain : « Les Français sont hé-
» rétiques, parce qu'ils n'admettent pas l'infaillibilité du
» pape : *soutenir l'indépendance des puissances tempo-*
» *relles est une doctrine impie.* » Les Français conspirent avec les hérétiques contre l'Eglise : nos privilèges ne sont pas autre chose que des dépravations... — Ceci n'est pas mal en français, mais c'est bien plus joli en latin : *non privilegia, sed pravilegia.* Cela vaut presque un calembourg... Quel facétieux prélat ! Beaucoup de nos lecteurs pourraient ne pas savoir ce qu'était ce grand théologien qui mérite pourtant leur admiration à plus d'un titre ; d'abord comme dominicain, ensuite comme général de

l'ordre de saint Dominique, puis comme archevêque de Valence, et enfin comme grand inquisiteur d'Espagne. Un grand inquisiteur qui nous déclare tous hérétiques! cela est un peu plus sérieux que l'oracle d'entre nos jeunes casuistes qui a bien voulu ne nous déclarer que païens. Eh bien! ce n'est point assez, ce même archevêque, grand inquisiteur, dédiant à Innocent XII un petit ouvrage en 21 volumes in-folio, lui dit sur la déclaration de 1682 : « Que les quatre articles sont des monstres
» d'erreur qu'il faut extirper de tout le monde chrétien,
» et des dogmes pernicieux qui agitent la nacelle de saint
» Pierre sur des flots sortis de l'enfer. »

N° 37. *Les protestants sont les véritables inventeurs du gallicanisme politique.*

Cette proposition serait vraie, si les constitutions de l'Eglise étaient postérieures aux doctrines de Luther ou de Calvin; mais comme elles sont de beaucoup antérieures, comme la déclaration de 1682 n'est, si l'on peut ainsi parler, qu'un *titre nouvel* et rien de plus; on ne peut soutenir cette origine des libertés de l'Eglise gallicane qu'avec la pensée de leur faire outrage. Eh bien! l'argument se retorque encore contre nos ultramontains; non, ce ne sont pas les protestants qui ont inventé le gallicanisme politique, mais ils ont eu le bon sens d'emprunter leur principale doctrine politique et religieuse aux franchises gallicanes, et c'est ce qui a fait leur force, c'est ce qui a démembré l'ultramontanisme, et c'est ce qui le tue. Les vrais principes religieux et politiques des protestants ont soulevé le monde; ils n'en resteront pas là.

Ils espèrent d'autant plus de succès, que leur principal adversaire, l'ultramontanisme, use son reste de force à combattre *pour eux*. — Lisez plutôt avec attention, avec admiration ce qu'il croit publier *contre eux*, pages 237 et suivantes :

« Les protestants eurent à leur service deux doctrines, l'une de servitude, l'autre de désordre et d'anarchie, qu'ils conservèrent précieusement toutes deux, et dont ils usèrent tour à tour et quelquefois en même temps, selon les circonstances et suivant qu'il fallait, pour la plus grande gloire de la réformation, flatter les rois ou soulever les peuples. Nous montrons dans le texte comment ils furent révolutionnaires, faisons voir dans cette note comment ils surent aussi prêcher les doctrines les plus tyranniques. Voici d'abord un passage de la harangue que firent au roi de France, en 1617, les députés du synode national protestant tenu à Vitry :

« Sire, après Dieu, nous reconnaissons que Votre Ma-
» jesté est notre unique souverain, et c'est un article de
» notre croyance qu'il n'y a point de puissance *médiate*
» entre Dieu et les rois : c'est une hérésie damnable
» parmi nous que de le révoquer en doute, et c'est un
» crime capital que d'en disputer parmi nous. Sire, nous
» avons appris cette leçon de nos prédécesseurs; nous en
» sommes persuadés et nous la publions partout; nous
» prêchons cette doctrine en chaire dans nos églises :
» nous voulons vivre et mourir dans ces sentiments afin
» que notre postérité apprenne à les pratiquer à notre
» exemple (1). »

---

(1) *Synode national tenu à Vitry, l'an* 1617, Harangue au roi.

Le synode d'Alençon, en 1637, s'exprimait en termes non moins clairs : « Nous sommes les mêmes personnes » qui croient et qui enseignent que l'*autorité royale n'est* » *pas d'institution humaine, mais qu'elle est de Dieu;* et » nous sommes ceux qui croient et enseignent la souve- » raineté et l'indépendance de votre couronne : Sire, vous » la tenez de Dieu et ne dépendez que de lui, et votre » puissance *vient immédiatement de la sienne.* »

Ecoutez maintenant le synode de Loudun : « Le pre- » mier et le plus fameux article de notre religion est de » croire que les rois ont une autorité souveraine sur toutes » sortes de personnes, sans excepter aucun de leurs sujets. » Nous avons appris des chrétiens de la primitive Eglise » que les rois *dépendent immédiatement* de Dieu, et qu'il » n'y a pas d'autorité *médiate* entre la leur et celle de sa » toute-puissance. »

Enfin, Jurieu le déclare : « Tous les huguenots étaient » prêts de signer de leur sang que nos rois ne dépendent, » pour le temporel, de qui que ce soit, que de Dieu, et » que, sous quelque prétexte que ce soit, les sujets ne » peuvent être absous du serment de fidélité. »

» Telle était en effet la doctrine primitive de Luther : jusqu'au jour où il approuva la ligue de Smalcade, il avait constamment enseigné *qu'il n'est pas permis de ré- sister aux puissances, qu'on ne doit jamais employer les armes, pas même pour se défendre de l'oppression.* Les luthériens sont d'accord, dit Bossuet, qu'il n'y avait rien de plus inculpé dans tous ses écrits que cette maxime ; son disciple Mélanchton partageait les mêmes sentiments et y persévéra plus longtemps que lui. Au commencement,

Calvin n'en montra pas d'autres, comme le prouve sa dédicace de l'*Institution chrétienne* au roi François Ier, dans laquelle il exalte en termes si magnifiques la soumission et la fidélité des réformés à leurs princes légitimes, protestant hautement qu'ils supporteraient avec résignation les persécutions les plus injustes et les plus cruelles, plutôt que de violer l'obéissance due au souverain. »

Il y a une extrême maladresse à citer de pareils actes qui peuvent bien enflammer la bile des ultramontains, mais qui paraissent très-naturels aux peuples. C'est d'autant plus maladroit, qu'il est incontestable que tout le monde en France est, politiquement parlant, de l'avis des protestants. Or, quand sur un point aussi important, tout le monde est d'accord, les ultramontains ne devraient-ils pas redouter que cette harmonie sur les matières politiques ne conduisît à l'harmonie en matière religieuse. — Cela s'est vu en Russie, en Angleterre.

N° 38. *Quintessence du système ultramontain et complément de sa réfutation.*

Tout ce que nous avons extrait des publications ultramontaines se résume en trois mots : TOUT POUR NOUS.

Pour arriver à cette fin, tous les moyens sont bons. En ne sortant pas de ces deux points, on est toujours au centre du système. Ils ont pour le soutenir plus ou moins de talent, plus ou moins de bassesse, mais ce qu'il leur faut par-dessus tout, c'est une extrême audace, une extrême obstination, et cela ne leur manque pas. — On ferait de vains efforts pour ramener des esprits de cette trempe ; il n'y faut pas songer ; mais il est une tâche que les gens de cœur ne doivent pas déserter, celle d'éclairer les êtres faciles et crédules qu'ils prétendent égarer, et de ramener ceux dont ils se sont emparés, non pas au giron de l'Eglise, cela ne nous regarde pas, mais aux sentiments honnêtes, à la vraie piété; cela regarde tout le monde. Catholiques et protestants, tout ce qui est français, tout ce qui aime la liberté ne doit, à cet égard, avoir qu'un seul et même sentiment. Pour arriver à ce but et clore le débat, il faut copier textuellement et accompagner de quelques réflexions les propositions les plus saillantes, autres que celles qu'on a trouvées dans le cours de notre Livre Ier. Commençons par celle qui se reproduit le plus souvent. La voici :

1° « La puissance spirituelle étant directement instituée
» de Dieu et ceux à qui Dieu l'a confiée tenant sa place,
» n'être soumis qu'à cette puissance, c'est réellement
» n'être soumis qu'à Dieu seul. » (Page 129.)

Cela ménage beaucoup l'amour-propre des néophytes; on n'est jamais humilié d'obéir à Dieu. Mais c'est autre chose quand il s'agit de ceux qui disent tenir sa place; une discussion là-dessus nous conduirait trop loin; passons.

2° « Dire que les rois n'ont au-dessus d'eux, dans au-
» cun ordre, nul pouvoir qui puisse les juger et les con-
» damner, ce serait attribuer aux Pères de l'Eglise une
» erreur grossière et manifeste, en contradiction avec
» les principes qu'ils ont tous constamment professés. »
(Page 132.)

Des erreurs grossières, il y en a partout, même dans la Bible, il peut donc bien y en avoir dans les Pères de l'Eglise; ainsi l'argument ne vaut rien.

3° « De même que l'esprit a été établi pour juger le

» corps, de même la puissance spirituelle a été établie
» pour diriger la puissance temporelle. » (Page 133.)

Cela a été dit vingt mille fois et le sera vingt mille encore sans rien prouver.

4° « La déposition des princes est *une peine temporelle*.
» Elle ne procède pas du glaive matériel, mais du glaive
» spirituel, et le glaive spirituel ne l'opère pas directe-
» ment, mais seulement indirectement, en coupant pour
» une fin purement spirituelle le lien spirituel qui lie les
» sujets à leur souverain. » (Page 134.)

Le premier point accordé, il s'ensuit purement et simplement que la peine ne peut être appliquée par un pape. Toutes les escobarderies sur le matériel, sur le directement et l'indirectement, ne peuvent rien changer à la nature du fait, à la nature de la peine, à l'autorité de la juridiction.

5° « Les Pères de l'Eglise disent que les deux puis-
» sances se distinguent, en ce que l'une gouverne les
» choses sacrées et divines, l'autre les choses temporelles
» et mondaines; mais de là, on ne fera jamais sortir cette
» conséquence que la puissance spirituelle *ne puisse pas
» quelquefois* atteindre indirectement la puissance tempo-
» relle, lorsque celle-ci se jetant sur le domaine spirituel
» devient un obstacle à la fin spirituelle pour laquelle la
» puissance spirituelle est établie de Dieu. » (Page 138.)

Si les Pères de l'Eglise disent cela, ils ont grandement raison, et la conséquence qu'on tire de ce qu'on peut quelquefois, n'est qu'un argument d'écolier qui ne vaut pas qu'on s'y arrête un seul instant.

6° « La puissance spirituelle peut, en vertu du pouvoir
» du clergé, s'opposer aux entreprises de la puissance

» temporelle, et même, si la nécessité *le requiert, et si la*
» *prudence le conseille, délier ses sujets de l'obligation de*
» *lui obéir.* Lorsqu'elle agit ainsi, l'Eglise ne s'immisce
» point dans les affaires du monde; elle traite l'affaire
» spirituelle par excellence, l'affaire du salut des âmes;
» et si les gouvernements se trouvent atteints, c'est bien
» leur faute, puisque l'Eglise tendant uniquement à sa fin
» spirituelle, ne peut toucher à leur temporel que lors-
» qu'ils viennent eux-mêmes se placer devant elle comme
» un obstacle à la fin qu'elle poursuit. » (Page 139.)

Quel dévergondage! Ce n'est point avec de tels arguments qu'on émeut les plus innocents. Allons plus loin.

7° « Le fait est, que les Pères du 1er siècle ne vivant
» pas en un temps où la suprématie *pût être exercée* dans
» sa plénitude, n'ont pas songé à la question de savoir si
» l'Eglise a ou n'a pas le pouvoir de déposer les rois. —
» Si donc on cherche dans leurs écrits une réponse di-
» recte à cette question, on ne l'y trouvera point. Mais
» ils l'ont traitée indirectement en exposant les principes
» suivant lesquels elle doit être résolue et d'après lesquels
» on la résolut en effet, lorsqu'au moyen-âge la question
» se posa dans les faits et de manière à exiger une solu-
» tion pratique. » (Page 141.)

Quand il prend fantaisie à un rhéteur de se souffleter
lui-même, son contradicteur n'a pas de raison pour s'y
opposer, ni pour frapper plus fort que lui. Ce serait d'ailleurs ici chose assez difficile.

8° « Autant la vie spirituelle est au-dessus de la vie
» terrestre, l'esprit au-dessus du corps; autant la puis-
» sance spirituelle surpasse en honneur et en dignité la

» puissance terrestre et séculière. » (Page 143.) — *Voyez* la réponse au § 3.

9° « C'est un enseignement constant dans l'Eglise, que
» le pouvoir temporel est au pouvoir spirituel, ce que le
» corps est à l'âme, la terre au ciel, l'homme à Dieu, et
» que le premier doit obéir au second, comme les sens à la
» raison, la chair à l'esprit. » (Page 145.) — *Voyez* § 8.

10° « Tout le monde sait ce que signifient les deux
» glaives. D'après saint Bernard, tous deux sont à
» Pierre. Il dispose du glaive spirituel directement,
» puisqu'il le tire de sa propre main; il dispose du glaive
» temporel indirectement, puisque ceux qui en sont dé-
» positaires, le doivent tirer dès qu'il leur fait un signe. »
(Page 179.) — *Voyez* § 9.

11° « Lorsque les apôtres dirent : Voici deux glaives,
» le Seigneur n'aurait pas répondu *c'est assez*; il aurait
» dit *c'est trop*. Le glaive spirituel et le glaive matériel
» appartiennent donc à l'Eglise ; mais celui-ci doit être
» tiré pour l'Eglise, celui-là par l'Eglise ; celui-là par la
» main du pontife, celui-ci par la main du soldat, mais
» très-certainement au signe du pontife et sur l'ordre de
» l'Empereur. » (Page 180.)

Démonstration complète et des plus charmantes. Le *c'est assez* et le *c'est trop* sont vraiment délicieux!.. — *Voyez* au surplus § 9, 8 et 3.

12° « Ceignez votre glaive, le glaive de l'esprit, qui
» est la parole de Dieu. Glorifiez votre main et votre
» bras droit en exerçant la vengeance de la justice au mi-
» lieu des nations, en flétrissant l'iniquité parmi les peu-
» ples, en liant les pieds de leurs rois et les mains de
» leurs nobles. » (Page 181.)

Ceci mis à sa place a pu être fort beau, mais ici ce n'est que fort innocent; on ne peut plus innocent. Il y a sur ce glaive quelques autres principes dont il faut dire un mot.

Je ne pense pas, comme Bossuet, que lorsque saint Bernard disait à Eugène III : *Vous êtes la verge des puissants, le marteau des tyrans*, il entendait que c'était uniquement par la puissance de la prière que le pape était le marteau des tyrans; Bossuet, comme prêtre, ne devait pas qualifier ainsi qu'elles le méritaient toutes ces figures de rhétorique plus ou moins ampoulées qu'on retrouve à chaque page des écrivains ultramontains. Je crois fermement qu'il s'agissait bien réellement du *glaive matériel, du marteau matériel*, glaive et marteau dont on fit si bon usage à l'époque des croisades.

Il ne faudrait pas perdre de vue que les lettres de saint Bernard n'étaient point écrites dans le temps où il s'abandonnait à la vie contemplative, c'est-à-dire, pour ce grand homme, à l'étude des saintes écritures et aux développements des enseignements qu'il en tirait dans l'intérêt des peuples et des rois, et surtout dans l'intérêt de l'Eglise. Il voyait déjà qu'elle était menacée de décadence. — De son côté, ne pouvant se faire illusion, Eugène III comprenait parfaitement qu'il était temps de détourner les nations de la pente sur laquelle elles étaient placées, et qu'une croisade nouvelle, quel qu'en fût le résultat, militaire ou religieux, aurait celui qu'il désirait : celui de le débarrasser d'une partie de ceux qui luttaient contre les entreprises du Saint-Siège. Bernard fut chargé de prêcher la croisade; il s'en acquitta avec tout l'ascendant que lui donnaient son génie et la haute réputation d'homme de bien qu'il s'était acquise par de longs travaux et par sa participation à toutes les grandes affaires politiques et religieuses de cette époque si féconde en débats entre les papes et les rois. Saint Bernard, comme moine, comme écrivain chrétien, comme prédicateur illustre, était intéressé au succès du souverain-pontife ; sa gloire se liait à celle de la papauté ; il dut donc écrire avec ardeur, avec partialité, et l'on ne peut douter que dans sa pensée, comme dans ses paroles, il portait les esprits à une prise d'armes matérielles. Les faits ne le prouvent-ils pas? Peut-on douter de la nature des armes, quand on voit les peuples les plus barbares, les grands seigneurs, les rois les plus belliqueux, s'armer, courir sur les infidèles, et commettre les plus abominables excès au nom de Dieu, du pape, et par suite des prédications de saint Bernard, qui n'avait pas prévu la chose?

Que résulta-t-il enfin de cette immense entreprise au nom de Dieu et du pape? Que Dieu eut le dessous, que les princes furent humiliés, et que l'Italie en tira de grands avantages pour son commerce et sa navigation, puisque l'or de l'Occident y était apporté par les seigneurs et leurs vassaux, obligés de s'y pourvoir de tout ce qui leur était nécessaire ; mais le résultat le plus pernicieux pour saint Bernard, fut la perte d'une partie de sa gloire, ou le droit qu'on eut de douter de la bonté de ses conseils ou de la sincérité de ses paroles ; doute qui dut empoisonner ses derniers jours. Continuons :

13° « Bossuet assure, dit notre auteur, que le droit
» de recourir à la prière n'exclut pas celui d'avertir les

» princes et même de les excommunier ; *on ne voit pas*
» *pourquoi il exclurait celui de les déposer*. » (Page 184.)

Cet *on ne voit pas pourquoi* est parfait. C'est apparemment parce que l'excommunication est un acte purement spirituel, auquel on se soumet *quand on veut*, tandis que la déposition attaque, renverse le pouvoir temporel, qui ne dépend que de Dieu, et nullement du bon vouloir des papes.

14° « De deux choses l'une, ou l'on reconnaît l'au-
» torité des papes, ou on ne la reconnaît pas. Si on ne la
» reconnaît pas, pourquoi chercher à se prévaloir des
» paroles et des actes de quelques souverains-pontifes ? Si
» on la reconnaît, pourquoi refuser de se soumettre aux
» décrets des papes Innocent XI, Alexandre VIII et Clé-
» ment XI, qui ont cassé et mis à néant la déclaration de
» 1682. » (Page 188.)

La réponse est bien simple. Il faut d'abord mettre de côté l'anathème d'Innocent, car c'est contre lui que le clergé français a rendu sa déclaration. Il a pu la casser, mais comme juge dans sa propre cause, et pour l'édification de ses Romains. Il faut écarter aussi celle d'Alexandre, car si Innocent avait dûment cassé la déclaration, une seconde cassation était sans objet ; cela s'applique également à la cassation de Clément. Ne peut-on pas dire, en effet, que les trois papes ont agi dans leurs droits comme papes romains, mais dans les limites de leur puissance romaine, et que cette puissance ne peut empêcher les Français de reconnaître et de maintenir un acte fait par le clergé français, sanctionné par un roi français, et mis au rang des lois du pays par un parlement français ? Mais cette réponse n'est pas la seule qu'on puisse faire. Vous dites : trois papes ont cassé cette déclaration ; ils ont cassé l'édit de Louis XIV ; mais cette cassation arbitraire n'a pas empêché la France de maintenir l'un et l'autre. Or, Louis XIV, Louis XV, Louis XVI, le Directoire, le premier Consul, l'Empereur, Louis XVIII, étaient maîtres chez eux ; ils ont maintenu la déclaration au rang des lois de l'Etat. — Sept contre trois !.... Que répliquer à cela ?

Il y a cependant quelque chose de plus décisif pour la France et pour Rome : c'est que depuis Clément XI, le trône de saint Pierre a été occupé par douze papes, dont aucun n'a méconnu les droits de Louis XIV et de la France. Qu'un concordat a été fait par l'un d'eux ; qu'il a été adopté par ses successeurs ; et que le pape régnant, malgré toutes les provocations du parti ultramontain, ne s'est jamais prévalu de la cassation de ses prédécesseurs, ni de la nullité du concordat, ni du décret organique sur la police des cultes, pour restaurer les droits dont la déclaration de 1682 et les actes suivants auraient dépouillé le Saint-Siège.

Que nous importe donc qu'on soutienne aujourd'hui la nullité d'un acte en vigueur et la suprématie d'un pouvoir qui n'est plus ?

15° Notre docteur dit, page 273, en parlant du pouvoir de déposer les rois : « Ou les conciles œcuméniques
» ont, comme les papes, usurpé un pouvoir illégitime, et
» comme eux, abusé, pour se l'attribuer, de la parole de
» Dieu ; ou ce pouvoir appartient réellement, et de droit
» divin, à la puissance spirituelle, et les papes, comme
» les conciles, l'ont exercé légitimement. »

Légitimement est de trop. — Oui, les papes ont pu déposer des rois qui tremblaient devant eux, parce que les papes étaient alors assez puissants pour soulever les peuples contre les rois; assez profonds politiques pour persuader aux peuples qu'ils leur transmettaient les ordres de Dieu; assez rusés pour proclamer qu'ils agissaient au nom et par la volonté du peuple; mais la preuve qu'ils n'agissaient ni en vertu du droit divin, ni en vertu des droits du peuple, c'est que ce droit est tombé avec la puissance exagérée de la papauté, et que ce qui est de Dieu ne tombe pas.

16° « Les premiers pères du gallicanisme sont en
» même temps les premiers pères des théories révolu-
» tionnaires. » (Page 284.)

Cette pensée conduit naturellement à une autre, par laquelle nous terminons ce recueil édifiant :

17° Il est dit (page 403) : « L'autorité et la liberté
» ne peuvent subsister ensemble dans *leur plénitude, que*
» *sous l'égide de l'Eglise.* — Dans les sociétés soumises
» à la direction de l'Eglise, ces deux forces sont en har-
» monie, et, bien loin de se nuire, elles s'appuient et se
» fortifient réciproquement, en concourant au but com-
» mun, que leur donne une loi commune. — Dans les
» sociétés indépendantes de l'Eglise, ces deux forces, li-
» vrées à elles-mêmes, et n'obéissant plus à la même
» direction, se heurtent et se combattent, et dans cette
» lutte qui les abaisse, qui les amoindrit toutes deux, il
» faut que l'une et l'autre périssent. — Depuis trois siè-
» cles, l'histoire n'est plus qu'une longue démonstration
» de cette vérité : — La suprématie de la puissance spi-

» rituelle sur la puissance temporelle A ÉTÉ REJETÉE ; et
» la chute de cette pierre angulaire de l'édifice européen
» a *entraîné l'écroulement universel.* — Toutes les révo-
» lutions qui, depuis, bouleversent le monde, ne sont
» que la suite et l'effet de cette révolution première. En
» détrônant le pape, les rois se sont détrônés eux-
» mêmes. — En repoussant l'intervention tutélaire de la
» papauté, les peuples ont mis leur liberté à la merci de
» la force. — En se séparant de la société spirituelle, en
» refusant de se laisser guider par elle, les sociétés tem-
» porelles se sont condamnées à être précipitées dans l'a-
» bîme où nous les voyons se débattre aujourd'hui. »

Voilà le résumé complet des deux volumes intitulés : *l'Eglise et l'Etat ;* qu'on les relise tant qu'on voudra, on n'y trouvera pas autre chose. Eh bien ! il y a dans ce résumé autant d'erreurs que de phrases ; c'est ce que nous allons démontrer en quelques mots.

Première proposition : L'autorité et la liberté ne peuvent subsister ensemble que *sous l'égide de l'Eglise.*

D'abord il ne s'agit pas de l'Eglise, qui n'a jamais demandé de suprématie, mais de la cour de Rome, ou, si l'on veut, de la papauté, luttant pour accroître ses avantages matériels ; tous les débats sont sortis de perceptions vexatoires, d'impôts, tantôt sous une dénomination, tantôt sous une autre, jamais de faits touchant le pouvoir spirituel de l'Eglise. — La proposition n'est donc pas contestée en ce qui touche l'Eglise ; elle ne l'est qu'en ce qui touche la conduite arbitraire des papes. Or, ce sont toujours les papes qui ont soulevé toutes les difficultés et amené les défections d'une multitude de catholiques aujourd'hui protestants. Cela est incontestable. Donc la proposition posée d'une manière absolue est fausse.

Deuxième proposition : *Dans les sociétés soumises à la direction de l'Eglise, ces deux forces sont en harmonie; et, bien loin de se nuire, elles s'appuient et se fortifient réciproquement.*

Aucune société ne s'est soumise à la direction de Rome (car c'est encore de Rome qu'il s'agit). Même au moyen-âge, les papes n'ont dominé que parce qu'ils effrayaient peuples et rois; et loin qu'il y ait eu harmonie, l'histoire constate qu'il y a eu lutte et guerre perpétuelles, ce qui a produit l'union des peuples et des rois et la décadence des papes. L'histoire nous apprend aussi que la puissance pontificale n'a jamais été aussi grande que lorsque les pontifes affectaient plutôt de la déférence que des désirs de suprématie.

Troisième proposition : *Dans les sociétés indépendantes de l'Eglise, ces deux forces, n'obéissant plus à la même direction, se heurtent, se combattent,* etc., etc.

C'est précisément la proposition contraire qui est vraie. Voyez ce qui se passe en Angleterre, en Suède, dans une grande partie de l'Allemagne, où l'indépendance est complète; voyez ce qui se passait en Espagne, en France, en Italie, lorsque la suprématie romaine y régnait, grâce à la faiblesse des rois; et vous serez obligé de convenir que les pays indépendants de Rome sont infiniment plus calmes et plus pieux que ceux que fatigue la suprématie romaine.

Quatrième proposition : *La suprématie spirituelle sur la puissance temporelle a été rejetée, et la chute de cette* pierre angulaire de l'édifice européen a accéléré l'écroulement universel.

L'aveu que la suprématie est rejetée depuis trois siècles, est précieux de la part d'hommes qui s'écrient sans cesse que cette suprématie est de Dieu; mais ils ne l'avoueraient pas, que le fait ne serait pas moins constant. Elle a été rejetée, par qui donc? Par tous les pays dissidents ou protestants. Eh bien! c'est dans ces pays que se développent les libertés publiques, la liberté de conscience, les arts, les lettres, l'industrie, les richesses! Quels raisonnements seraient plus concluants que ce fait? C'est cependant ce qu'on appelle un écroulement universel!

L'Europe est entraînée dans l'écroulement universel, dites-vous? Mais remarquez donc que le bouleversement ne fut nulle part aussi complet qu'à Rome, où le pouvoir temporel est assurément aussi subordonné qu'on le veut au pouvoir spirituel.

Remarquez donc surtout, et cela touche à votre cinquième proposition, que ce ne sont point les protestants qui ont donné l'exemple de la révolution de 1848; ce sont vos ultramontains, ligués avec les démagogues, qui ont renversé un gouvernement que vous haïssiez, dans l'espoir d'en ramener un autre, objet et victime de votre pernicieux amour.

Cinquième proposition : Toutes les révolutions qui bouleversent le monde ne sont que la suite et l'effet du détrônement des papes.

Cela peut être vrai; vous y voyez un mal, on ne doit pas s'en étonner, car le renversement de la suprématie papale et le renversement de la vôtre ne sont qu'une seule et même chose, sauf la différence du petit au grand. Mais d'autres y voient un bien, et ceux-là ne sont pas de maigres sectaires cherchant leur pain quotidien; ce sont des millions d'hommes; non-seulement tous les protestants, mais les dix-neuf vingtièmes des catholiques qui, séparant l'Eglise des intérêts mondains, vous disent, en 1682, en 1789, en 1801, en 1830, en 1852 : La paix de la France est dans le respect de ses libertés; le danger de la papauté est dans les atteintes qu'elle leur porta et qu'on la pousse à leur porter encore.

Sixième proposition : En repoussant l'*intervention* (ce mot tient ici la place d'un autre; c'est la *suprématie* qu'il faut dire), les peuples ont mis leur liberté à la merci de la force. La force de qui? La leur, apparemment.

Dites donc alors qu'ils ont reconquis leur liberté.

Disons plus, disons avec ou sans reconnaissance, que c'est à vous qu'ils doivent cette conquête.

Voici comment : Ceux d'entre vous qui ne rampent pas aux pieds du pouvoir temporel, rampent aux pieds de la populace, afin de l'attirer, de la catéchiser. Tantôt, missionnaires astucieux, ils se récrient sur les misères du peuple, ils paient ses vacations à l'Eglise, aux processions, à la sainte Table. — De sacrilège en sacrilège, ils s'affilient, hommes et femmes, ce qu'il y a de plus taré en ce monde; ils les plaignent, ils les caressent, il les illuminent pour un moment, et, travestissant les paroles de l'Evangile, ils déblatèrent contre les riches; ils font de leurs alliés un instrument de terreur, puis ils partent sans accomplir aucune de leurs promesses, et le peuple, plus abruti, plus mécontent, plus malheureux, riant de leurs efforts, ne garde au cœur que la haine des riches qu'on y a soufflée. Douze ans entiers, cet esprit dévastateur a parcouru nos départements et nos communes. Ainsi s'est trouvé tout préparé le terrain du socialisme.

Comme vous, les socialistes eurent constamment à la bouche le nom du Christ; comme vous, ils proférèrent l'injure contre ceux qui possèdent; comme vous, ils furent dévorés de la soif de la domination; comme vous, ils détestèrent une société qui les réprouve. Oui, je le dis sans hésitation, ultramontains, vous ne différez des socialistes qu'en un point, c'est qu'en cas de succès, vous béniriez leur drapeau et qu'ils brûleraient le vôtre.

N° 39. *Correspondance Ultramontaine.*

Nous assistions, il y a quelques jours à peine, à un spectacle tout-à-fait divertissant pour des païens. Une querelle fort vive s'était élevée entre plusieurs personnages qui mettent au nombre des vertus apostoliques une extrême susceptibilité. C'était à qui dirait les choses les plus piquantes. Il est curieux et instructif d'entendre les parties elles-mêmes; voici donc l'extrait d'une lettre dont on a daigné donner communication au public. C'est le rédacteur en chef du journal *l'Univers* qui parle ainsi :

Rome, 3 mars 1853.

A Monsignor Fioramonti, secrétaire de S. S.

« Ils ont dit que l'*Univers* faisait des ennemis à la reli-
» gion, par la manière dont il la défendait; qu'il empié-
» tait sur les droits sacrés de l'épiscopat, qu'il aspirait à
» conduire l'Eglise. Ils ont montré de telles exigences,

» et publié contre nous de si amers reproches, qu'il me
» paraît impossible de continuer l'œuvre dans de pareilles
» conditions. J'y aurais renoncé depuis longtemps, si d'un
» autre côté mes propres réflexions et celles d'un grand
» nombre de prélats, de prêtres vénérables et d'illustres
» fidèles, *avec qui je suis en relations dans toute l'Église*,
» ne m'avaient fortement persuadé que ce journal est
» utile et *rend à la religion de véritables services*. Inquiet
» cependant de ces contradictions incessantes, j'ai résolu,
» *puisque je me trouve à Rome*, d'implorer du Saint-Père
» *une parole qui pût éclairer ou tranquilliser ma cons-*
» *cience*, celle de mes collaborateurs et celle de mes lec-
» teurs.

» C'est pourquoi je viens, Monseigneur, vous prier de
» dire au Saint-Père, que je suis à ses pieds avec les sen-
» timents d'une soumission entière et sans réserve, et
» que je me permets de lui demander *si je dois continuer*
» *ou modifier ou suspendre l'œuvre que j'ai entreprise*, et
» poursuivie jusqu'à ce moment dans une si ferme et si
» sincère intention de bien faire.

» *La parole du souverain-pontife*, s'il daigne en pro-
» noncer une, sera ma loi, quoi qu'il ordonne, j'obéirai
» immédiatement avec allégresse : ou je continuerai mes
» travaux en dépit de tous les obstacles, ou je les suspen-
» drai sans le moindre murmure. Je serai convaincu que
» Dieu, exauçant ma prière, aura parlé par la bouche de
» celui qu'il a institué pour régir son Église à jamais, je
» garantis la même obéissance de la part de mes collabo-
» rateurs *qui ne font qu'un avec moi*, dans le sentiment
» que j'ai le bonheur d'exprimer ici.

» Il en sera de même, si le S. P. *exige de nous une mo-*
» *dification* quelconque dans les opinions que nous avons
» soutenues ou dans le caractère de notre polémique. »

Pourquoi riez-vous ainsi, cher lecteur? Est-ce que vous n'êtes pas édifié, ravi de cette extrême componction de l'oracle qui dirige *l'Univers?* — Comment, vous appelez cela de l'inconvenance, de la fatuité? Vous ne trouvez pas admirable qu'un aussi grand homme traite de clerc à maître avec le souverain-pontife? Vous êtes vraiment bien difficile.

Puisque cette lettre si touchante, si catholique, ne vous émeut pas, je vais maintenant vous donner la réponse du Saint-Père. — Que dis-je? Le S. P., le croiriez-vous? il n'a pas daigné répondre lui-même; on ne lui demandait qu'une seule parole, il ne l'a pas prononcée. Cela, convenez-en, est d'une bien grande inconvenance, n'est-ce pas? Heureusement que par compensation, Mgr. le secrétaire n'a point été avare de mots; il en a donné au directeur de *l'Univers* de quoi remplir tout un numéro. C'est un excellent article tout fait et sans frais de rédaction.

N° 40.

Avant de copier la plus grande partie de cette lettre remarquable pour l'époque (9 mars 1853), nous devons prévenir nos lecteurs que la réponse de notre S. P. le Pape trouvera sa place sous le N° 46 ci-après; c'est un document qui mérite la plus profonde attention. Les divisions qui se manifestèrent entre les prélats y sont blâmées, c'est ce qu'il y a de plus clair; quant au journaliste, il y a du doute. — On ne sait qu'en penser.

N° 41. *Au Rédacteur en chef du journal religieux l'Univers. (Extrait.)*

.... « Ce qui mérite assurément une louange particulière, c'est que dans ce journal religieux, que vous rédigez depuis plusieurs années, vous n'avez jamais rien mis *au-dessus de la doctrine catholique*, vous appliquant en même temps à donner sur les autres *la prééminence aux institutions et aux statuts de l'Eglise romaine*, à les défendre, et à les soutenir de grand cœur et avec résolution. De là vient que votre journal, à raison des matières qui sont l'objet de ses travaux, et apprécié d'ailleurs comme il l'est pour votre talent d'écrivain, excite, ici comme en France et dans les autres contrées étrangères, un grand intérêt, et qu'on le regarde comme très-propre à *traiter les choses qui doivent l'être dans le temps présent*. Cependant les personnes qui tiennent fortement à de certains principes, à certains usages, à certaines coutumes, ne portent pas du tout sur votre journal le même jugement. Comme ils ne peuvent rejeter ouvertement ses doctrines, ils cherchent depuis longtemps ce qu'ils pourraient reprocher au rédacteur, et s'ils n'auraient pas autre chose à reprendre que la vivacité de son langage et sa manière de s'exprimer. Les rédacteurs d'autres feuilles, bien qu'elles soient religieuses, se montrent également prêts et ardents à attaquer votre journal, selon l'occasion et avec violence. Il en résulte qu'ils font pénétrer peu à peu la défiance dans les âmes qu'attire, surtout en ce temps, l'amour de la pure doctrine, *et qu'ils retardent ainsi d'une manière déplorable, le mouvement qui les entraîne, par une impulsion chaque jour plus forte, dans l'obéissance et l'amour du siège apostolique.* De tels efforts sont surtout douloureux au sein d'une nation que distinguèrent toujours d'une façon admirable, le zèle et l'amour de la très-sainte religion, et qui aujourd'hui, cela est manifeste, se fait remarquer par le vif désir de se voir *unie par des liens plus étroits, à la mère et maîtresse de toutes les Eglises.* C'est pourquoi, il serait bon, non-seulement pour vous-même, mais encore pour l'utilité de l'Eglise, que, tout en prenant librement en main la cause de la vérité et la défense des statuts et des décrets du siège apostolique, *vous examiniez d'abord avec grand soin toutes choses*, et que, surtout dans les questions où il est licite de soutenir l'une ou l'autre opinion, vous évitiez constamment d'imprimer, au nom des *hommes distingués, la plus légère flétrissure.* Et en effet, tout journal religieux, *défendant la cause de Dieu et de l'Eglise*, et le souverain pouvoir du siège apostolique, doit être fait de telle sorte que *rien de contraire à la modération, rien de contraire à la douceur n'y vienne choquer le lecteur.* C'est le vrai moyen d'attirer sa bienveillance, et de lui persuader plus aisément combien cette cause l'emporte sur toutes les autres, et quelle est l'excellence du siège apostolique. Mais quoique les ressentiments et les divisions qui se sont fait jour, paraissent avoir atteint un certain degré de gravité, *et soient maintenant un obstacle à votre journal religieux, je ne parviendrai jamais à me persuader que cela puisse être durable.* Loin de là, j'ai la confiance que ceux qui, pour le moment, vous sont contraires, seront bientôt unanimes à louer le talent et le zèle avec lesquels *vous ne cessez de soutenir la religion et le Saint-Siège apostolique.*

»Tels sont, je le sais, les jugements d'un grand nombre d'hommes éminents et qui n'ont pas une médiocre estime pour la partie religieuse de votre journal ; *quant à sa partie politique, c'est à dessein que je n'en parle pas.* Recevez mes souhaits pour vous et surtout pour le véritable bien de l'Église.

Dominique Fioramonti,
Secrétaire de N. S. P. le Pape. »

J'espère pour le coup que cela paraîtra extrêmement clair, extrêmement flatteur, extrêmement concluant pour le directeur de *l'Univers*. Peut-être pensera-t-on que voilà beaucoup de mots pour ne rien dire. Il y aurait de l'impertinence à penser ainsi ; que voulez-vous que dise un secrétaire chargé de flageller un tendre ami, un fils chéri ? Il a fallu un véritable labeur pour ne pas faire une lettre compromettante en pareille occurrence. Pour mon compte, je tiens celle qu'on vient de lire pour parfaite en son genre, et si *l'Univers* en reçoit beaucoup de semblables, il fera bien de les publier en gros caractères, pour apprendre à ses lecteurs le cas tout particulier que fait S. S. de la polémique et de la sagesse de *l'Univers* ; nous lui conseillons même de prendre pour épigraphe : EXAMINEZ D'ABORD AVEC GRAND SOIN TOUTES CHOSES. Jamais conseil ne fut plus donné à propos. — Il dit beaucoup.

N° 42. *L'Évêque de Saint-Claude.*

Au moment où nous corrigeons cette épreuve, nous arrive une lettre fort curieuse de M. l'évêque de Saint-Claude. Quel dommage qu'elle ne soit pas venue huit jours plus tôt ! nous eussions été heureux de l'insérer tout entière. L'espace nous manque maintenant; il faut se borner à en extraire quelques passages.

Après avoir exprimé cette idée qu'un journal est indispensable au clergé, l'évêque se demande quelle sera celle des feuilles périodiques à laquelle il donnera la préférence, et il répond : *nous choisirons celle qui, selon nous, ira le mieux à notre point de vue.* . . . .

C'est assez l'usage de tout le monde ; excepté des esprits frondeurs qui, comme j'en connais, lisent *l'Univers* comme menu plaisir.

» Le danger est dans les efforts plus ou moins cachés » par lesquels on essaie de diminuer, de restreindre la » puissance du chef suprême des chrétiens, et *d'arrêter* » *le mouvement qui nous porte vers le centre de l'unité et* » *de la force.* . . . .

» Vous apprendrez avec plaisir qu'une lettre vient » d'être adressée à M. Veuillot, par monsignor (*sic*) » Fioramonti, secrétaire de N. S. P. le Pape. Cette lettre » admirable de sagesse et de prudence, *comme tout ce* » *qui se fait à Rome,* indique clairement la source des » contradictions incessantes que le journal *l'Univers* a » essuyées, et les modifications que ses rédacteurs *doi-* » *vent désormais y apporter* dans le sens de la modéra- » tion et de la douceur. »

Si monsignor Mabille n'avait pris soin de dire à son clergé : « Vous comprenez que je ne blâme personne, que » je ne critique aucune mesure, » cette lettre du 18 mars nous semblerait une critique fort maligne de l'ordonnance de l'archevêque de Paris. Mais je crois trop à la sincérité du prélat de Saint-Claude, pour avoir une telle pensée.

Non, monsignor Mabille ne censure personne; il se borne à exprimer ses sympathies pour *l'Univers* et pour tout ce qui vient de Rome; ce qui n'est pour nous qu'un nouvel indice de l'opinion que nous avons émise, que les docteurs de *l'Univers* sont tout à la fois les propagateurs des intérêts humains et des doctrines transalpines.

N° 43. *L'Eglise, et la presse dite religieuse.*

C'est quelque chose de fort remarquable que la fureur avec laquelle les missionnaires de l'ultramontanisme se jettent au secours de la religion, et que la nécessité dans laquelle se trouvent les prélats de la défendre de ses défenseurs. Chaque jour produit sa preuve de l'anxiété que ces pieux écrivains portent dans les esprits. Voici une nouvelle lettre de l'évêque d'Orléans, qui mérite qu'on la lise avec attention :

« On a pu croire que deux journaux qui viennent de
» s'établir à Orléans, étaient autorisés par nous : rien de
» pareil n'a eu lieu; leurs rédacteurs ne m'ont pas même
» donné avis de leur présence; et ce n'est que par le
» bruit public que j'ai su, depuis peu de jours, qu'ils
» s'imprimaient dans la ville épiscopale.

» Je me suis empressé de les faire examiner, et il est
» résulté des rapports qui m'ont été présentés, et de la
» connaissance que j'ai prise moi-même de quelques nu-
» méros, que l'un d'eux, la *Presse Religieuse*, dont la ré-
» daction et les bureaux ne sont d'ailleurs point à Orléans,
» mérite à mes yeux de sérieux reproches, par les allures
» d'une polémique qui rappelle trop celle qui a fait déjà
» tant de mal à la religion, et aussi par la manière dont

» il s'exprime sur de saintes corporations religieuses, mais
» plus encore par la témérité avec laquelle il n'a pas craint
» de compromettre l'autorité de la sainte Église romaine,
» en citant en quelque sorte au tribunal du journalisme
» la sainte congrégation de l'*Index* et ses décrets.

» J'ai averti immédiatement ce journal, il n'a pas mal-
» heureusement paru tenir compte de mon avertissement,
» ni de ceux qui lui ont été adressés d'ailleurs.

» En ces circonstances, je crois devoir vous faire con-
» naître, Monsieur le Doyen, la réponse que j'avais déjà
» faite aux ecclésiastiques qui ont attiré mon attention
» sur ce journal, et vous engager à ne pas vous y abon-
» ner, à ne le lire qu'avec circonspection, s'il tombe entre
» vos mains, et surtout à ne pas y écrire, s'il arrivait
» qu'on vous demandât votre coopération.

» Vous voudrez bien donner communication officielle
» de ces recommandations à MM. les curés de votre
» doyenné, lors de la prochaine conférence ecclésiastique.

» Puissions-nous, Monsieur le Doyen, par notre dé-
» vouement, et notre continuelle application aux travaux
» du saint ministère, échapper à la confusion qui se fait de
» plus en plus autour de nous ; — et, tandis que notre en-
» nemi cherche à épuiser, s'il le pouvait, nos forces en les
» divisant, unissons-les de plus en plus dans la charité,
» pour les faire servir à cette grande et sainte œuvre qui
» doit être l'objet de tous nos efforts : l'instruction, l'édi-
» fication et le salut éternel des âmes confiées à nos soins.

» Prions aussi pour que le Dieu de toute consolation
» nous conserve les deux biens dont nous avons toujours,
» mais particulièrement en ce temps, un si grand besoin :
» la paix et la sagesse dans la vérité. »

N° 44. — *Nouvelles discordes.*

Il arrive souvent à nos évêques de trouver mauvais qu'on rende publics les dissentiments qui peuvent se manifester dans le clergé. Ils paraissent avoir changé d'opinion sur ce point, car plusieurs d'entre eux mettent officiellement les journalistes dans leurs confidences : témoin la lettre suivante, de M. l'archevêque d'Avignon (2 mars 1853), envoyée directement aux feuilles dites religieuses.

« Monsieur le Curé,

» A propos des nouvelles mesures prises contre le
» journal *l'Univers*, plusieurs d'entre vous m'ont de-
» mandé la règle de conduite qu'il leur conviendrait de
» suivre relativement à ce journal, auquel les attachent
» de religieuses sympathies.

» Il ne m'appartient pas d'apprécier les motifs qui ont
» engagé quelques-uns de mes vénérés collègues à inter-
» dire dans leurs diocèses respectifs la lecture de ce jour-
» nal ; mais je suis heureux de reconnaître que cette
» feuille, à laquelle, du reste, on ne reproche rien contre
» la foi ni contre les mœurs, n'a pas, dans le diocèse
» d'Avignon, les inconvénients qu'on lui trouve ailleurs.
» Vous pourrez donc continuer à la lire. Les services in-
» contestables qu'elle a rendus à la cause catholique sont
» la garantie de ceux qu'elle peut rendre encore. A une
» époque où tant d'éléments dissolvants tendent à amoin-
» drir l'esprit religieux, à étendre l'indifférence et à re-
» lâcher les liens de subordination à l'autorité suprême
» du souverain-pontife dans les choses spirituelles, il
» nous paraît sage de conserver au clergé, comme aux

» fidèles de notre diocèse, le journal qui, depuis plus
» de vingt ans, soutient avec courage et talent les grands
» intérêts catholiques. » — (2 mars 1853.)

Ce désaccord entre les princes de l'Eglise est évidemment l'œuvre du jésuitisme arrivé à son plus haut degré de puissance. Voilà l'Eglise partagée en deux camps; quelle gloire pour ceux qui ont mission de réveiller le fanatisme et de jeter partout la chicane et la division.

N° 45. *Suprématie anglaise.*

Quand Henri VIII se fit chef de l'Eglise, il arracha au clergé anglais *l'acte de soumission* par lequel la Convocation s'engageait à ne plus promulguer aucun canon, ni prendre aucune résolution sans l'assentiment de la Couronne. Le Parlement ecclésiastique traîna jusqu'en 1720 une existence inutile, et pourtant très-agitée de controverses; et cette année-là, sous prétexte qu'il était une cause de dissensions dans l'Eglise, la Couronne lui enleva jusqu'au droit de délibérer. Depuis ce temps, la Convocation est restée une fiction, comme beaucoup de vieilles coutumes anglaises. Tous les ans, quand la Couronne convoquait les chambres politiques, elle convoquait par la même ordonnance les chambres ecclésiastiques; mais ce parlement dérisoire ne tenait qu'une seule séance, au milieu de laquelle un huissier venait lire l'ordonnance de prorogation, et cela se renouvelait à chaque session.

On croit en Angleterre que cet état de choses est sur le point de changer; que, comme en France, les puissances du clergé vont obtenir l'autorisation de se réunir, de délibérer, de proposer des modifications importantes,

Les esprits déjà fort agités dans ce royaume se seraient très-bien passés de cette nouvelle cause de dissension. Est-ce un triomphe, est-ce une protestation de foi et hommage sans conséquence? Voilà ce que personne ne pourrait dire. Consignons toutefois un fait qui n'est pas sans portée, sous le rapport politique et religieux.

Il y a quelques jours (au commencement de mars 1853), la reine d'Angleterre tenait une audience solennelle à son palais de Buckingham. Assise sur son trône, elle avait auprès d'elle, et debout, son mari, le prince Albert, et elle était entourée de ses dames d'honneur et de ses ministres. Alors est entrée une procession d'évêques et de ministres de l'Eglise, en tête de laquelle marchait l'archevêque-primat de Cantorbéry. Les prélats et tout le cortège étaient en grand costume. L'archevêque s'est avancé vers le trône; il s'est agenouillé devant la reine, et lui a présenté une adresse où nous lisons ce qui suit :

« Nous ne croyons pas opportun, dans le moment ac-
» tuel, de solliciter de V. M. sa royale permission pour
» prendre des résolutions que nous ne pouvons prendre
» sans cela ; mais nous croyons de notre devoir d'expri-
» mer respectueusement notre conviction : d'abord que
» les assemblées législatives de l'Eglise sont une partie
» essentielle et importante de sa constitution ; ensuite,
» que les circonstances actuelles font un devoir impérieux
» de les maintenir, et, autant que possible, de les amé-
» liorer ; et enfin, que le rétablissement de leurs fonc-
» tions actives, de telle manière qu'il plairait à V. M.
» de le permettre, et dans un temps rapproché, serait
» d'une très-grande utilité. »

La reine a fait à l'archevêque une réponse dans laquelle elle disait : « Je compte sur les assurances que
» vous m'exprimez de votre désir de conserver l'harmo-
» nie dans l'Eglise et d'accroître son action, tout en
» maintenant intactes ses doctrines et *ma* suprématie. »
Après quoi l'archevêque a baisé la main de la Reine, et s'est retiré avec le clergé.

N° 46. *Intervention de la cour de Rome dans la polémique ultramontaine, et triomphe des ultramontains.*

Les discussions qui se sont élevées entre le journalisme ultramontain et l'épiscopat, ont été terminées comme le pensaient tous les esprits sérieux, qui savent ce qui se passe à Rome en pareil cas. — On a grondé le laïque antigallican, tout en le flattant du mieux qu'on a pu (*V.* N° 41), puis on s'est arrangé, dit-on, pour lui ménager un triomphe ; c'est du moins ainsi que nos transalpins entendent la correction octroyée à *l'Univers*, à genoux, les lèvres collées sur la mule du Pape, pour la plus grande gloire de Dieu et de la presse française.

M. l'archevêque de Paris l'a-t-il comprise de même ? On ne le sait ; mais en attendant, voici une ordonnance qui ressemble beaucoup à un acte de contrition, et qui n'est qu'un acte de convenance :

« Après avoir pris connaissance de la lettre encyclique
» adressée par notre Saint-Père le Pape Pie IX aux cardi-
» naux, archevêques et évêques de France, sous la date
» du 21 mars 1853 ; — Voulant mettre en pratique les
» conseils qui y sont contenus et entrer, pour notre part
» et sans réserve, dans les intentions du chef de l'Eglise ;

» Désirant par là contribuer à l'apaisement des discus-
» sions qui ont été soulevées dans ces derniers temps, et
» réjouir le cœur du souverain-pontife ;

» Nous levons spontanément les défenses portées dans
» notre ordonnance du 17 février dernier.

» Donné à Paris, en notre palais archiépiscopal, le
» 8 avril 1853. »   M. D. A. SIBOUR.

On a tiré de cet acte, plein de sagesse, des inductions tout-à-fait erronées. L'acte est ce qu'il devait être ; le prélat y indique nettement qu'il a la main forcée. Voilà tout. Il laisse aux ultramontains un triomphe passager et se réfugie dans sa gloire toute française, toute gallicane, convaincu qu'il a fait ce qu'un prélat français ne pouvait pas ne pas faire, et que, avant peu, les évènements justifieront la prudence de sa conduite.

On dit qu'il a reçu un blâme direct ou indirect ; que, sans cela, il n'aurait pas révoqué sa condamnation.

D'autres disent qu'il est puni par où il a péché ; on va même jusqu'à cette sentence assez bizarrement placée : Qui frappe par le glaive, périra par le glaive.

Nous verrons bientôt ce qu'il faut penser de tout cela. Arrêtons-nous d'abord un moment sur ce blâme ; où est-il ? en quoi consiste-t-il ?

En supposant qu'on le trouve dans l'ensemble de l'encyclique, quel peut en être l'effet à l'égard de l'archevêque de Paris ? — Qu'a fait Pie IX en comparaison de ce que fit Innocent XI, à l'égard de l'œuvre de Bossuet et de Louis XIV ? Bossuet soutint les libertés de l'Eglise gallicane, Louis XIV adopta sa déclaration, rien de plus naturel. — Innocent la fit brûler à Rome, rien de plus imprudent, mais rien de plus rationnel. La gloire de Louis XIV et de Bossuet reçut-elle le moindre échec de cet acte ultramontain d'un pape?...

Quand on se souvient de la condamnation de Fénelon, sur les sollicitations d'un jésuite, d'une dame de Maintenon, et de Bossuet lui-même, quand on sait que cette condamnation est une tache dans la belle vie de l'aigle de Meaux, peut-on plaindre l'archevêque de Paris d'un désaveu timide qui prouve la honte de ses ennemis? Et ne voit-on pas que son acte du 8 avril constate un triomphe et non pas une défaite. Ce que fit Fénelon dans une question purement théologique, M. Sibour le fait dans une question politique; car il ne faut pas s'y méprendre, M. Sibour a défendu les libertés de l'Eglise gallicane, constamment attaquées à Rome, ou de par Rome, par ses affidés de Paris. M. Sibour a défendu la dignité des prélats français, détestés des cardinaux romains, parce que le plus grand nombre est un obstacle aux vues ultramontaines; M. Sibour a donc fait preuve d'un véritable courage, et plus il s'humilie devant le pouvoir qui le frappe (s'il est frappé), pour avoir tenté de le sauver, plus il s'humilie, disons-nous, plus il s'élève.

Il y a d'ailleurs dans l'ordonnance de M. l'archevêque de Paris, une chose qui n'est pas assez remarquée; c'est qu'elle ne rétracte pas une seule des vertes leçons données à l'écrivain ultramontain. Le prélat lève l'interdiction qu'il avait prononcée, — mais pourquoi?... Pour contribuer à l'apaisement des discussions, et réjouir le cœur du souverain-pontife. — Qui donc ne comprend la pensée du prélat? qui ne voit que dans sa position, il ne pouvait faire autrement?... Qu'on se rappelle les démarches de la cour de Rome, pour obtenir des lettres de soumission des évêques qui concoururent à la proclamation des quatre articles (*V*. N° 8, p. 56), et l'on reconnaîtra que l'ordonnance est le résultat d'une transaction ; rien de plus. D'un côté, promesse d'être plus sage, de respecter les prélats ; de l'autre, indulgence et pardon. Tout s'est donc passé selon les règles ordinaires en vigueur à Rome, et selon celles en vigueur en France. Cela résulte évidemment des termes de l'encyclique. C'est ce qui nous reste à prouver, et nous entreprendrons dans quelques instants de le faire à l'aide des termes mêmes de l'encyclique.

Qu'est-ce d'abord qu'une encyclique? C'est tout simplement une circulaire écrite par le souverain-pontife aux évêques, archevêques et cardinaux de l'Eglise française, pour faire connaître sa pensée sur quelque point de dogme ou de discipline ecclésiastique.

De dogme, il n'en est pas question.

De discipline ecclésiastique, pas davantage. Cette circulaire n'est donc point un jugement quelconque ; c'est un acte sans nom ; un faux-fuyant pour éviter de trancher une question délicate et mettre les parties contendantes à portée de la trancher elles-mêmes ; et en effet, tel a été le résultat. M. Sibour a levé l'interdit prononcé contre *l'Univers*, mais les rédacteurs de cette feuille avaient préalablement déclaré qu'ils étaient prêts à se soumettre à la décision du pape, quelle qu'elle fût (*Voyez* N° 39).

Mais au surplus, les ultramontains n'ont aucune raison de se réjouir de ce prétendu succès, car quiconque connaît l'esprit ultramontain, ne trouvera dans l'encyclique de Pie IX, qu'une preuve de plus de la décadence de la puissance romaine, qu'une preuve de plus des hautes pensées du souverain-pontife, et de l'abandon qu'il fait des moyens violents employés trop souvent par ses prédécesseurs. Qu'on cherche, en effet, dans les pages de l'histoire des papes, une encyclique aussi progressive que celle du 21 mars 1853 ! On ne la trouvera nulle part. Citons-en quelques passages et déplorons les écarts de ces esprits rétifs à tout enseignement, qui veulent y voir un acte de despotisme intolérable, au lieu d'y reconnaître l'expression d'une pensée hautement philosophique et religieuse. Voyez d'abord dans quels termes il parle de la France :

« Nous éprouvons la plus grande joie, lorsque Nous
» tournons nos yeux et notre esprit vers cette nation fran-
» çaise, que tant de beaux noms ont illustrée et qui a
» bien mérité de nous. C'est avec une souveraine conso-
» lation pour notre cœur paternel que nous voyons dans
» cette nation, par la grâce de Dieu, la religion catho-
» lique et sa doctrine salutaire croître de jour en jour.
» fleurir et dominer, et avec quel soin et quel zèle, vous,
» nos chers fils et vénérables frères, appelés à partager
» notre sollicitude, vous vous efforcez de remplir votre
» ministère et de veiller à la sûreté et au salut du cher
» troupeau dont vous avez la garde. »

Les papes nous ont-ils habitués à un tel langage, et les cardinaux romains qui ont lu ces paroles, n'ont-ils point été contristés d'un langage si peu conforme à celui qu'ils firent entendre à Rome, en y rentrant après leur humiliante expulsion ?

Mais, dit-on, ces protestations d'amour ne sont que

des phrases stéréotypées pour tous les temps, pour tous les gouvernements ; cela n'empêche pas qu'il y ait au fond une passion de dominer, qui se décèle à chaque ligne, et pour le prouver, l'on cite ceci : « Cette consolation est encore
» singulièrement augmentée par les lettres si respec-
» tueuses que vous nous écrivez et qui nous font de plus
» en plus connaître avec quelle piété filiale, avec quel
» amour, avec quelle ardeur vous vous glorifiez d'être
» dévoués à nous et à cette chaire de Pierre, centre de la
» vérité catholique et de l'unité, chef, mère et maîtresse
» de toutes les Eglises, à laquelle toute obéissance et tout
» honneur sont dus, à laquelle, à cause de sa primauté,
» il faut que toute église s'unisse, toute église, c'est-à-
» dire les fidèles qui sont sur tous les points de la terre. »

Sans doute il y a là un profond désir de voir cesser toutes les dissidences, un désir peut-être de ressaisir une partie du pouvoir échappé des mains des papes, c'est le vieil esprit romain qu'on ne peut pas dépouiller entièrement à Rome. Mais voyez comme cela est tempéré immédiatement par d'autres pensées :

« Nous n'éprouvons pas une moindre satisfaction de
» savoir que, vous rappelant sans cesse vos fonctions
» épiscopales et vos devoirs, vous déployez tous vos soins
» de pasteurs et toute votre vigilance, afin que les prê-
» tres de votre diocèse, marchant chaque jour plus digne-
» ment dans les voies de leur vocation, donnent au peuple
» l'exemple de toutes les vertus et accomplissent exacte-
» ment la charge de leur ministère ; afin que les fidèles
» qui vous sont confiés, chaque jour nourris plus abon-
» damment des paroles de la foi et confirmés par l'abon-

» dance des grâces, croissent dans la science de Dieu et
» s'affermissent dans la voie qui conduit à la vie, et afin
» que les malheureux qui errent rentrent dans le chemin
» du salut. Nous savons, et c'est encore pour notre cœur
» une douce consolation, avec quel empressement, ac-
» cueillant nos désirs et nos avis, vous vous appliquez à
» tenir des conciles provinciaux, afin de garder intact et
» pur dans vos diocèses le dépôt de la foi, afin de trans-
» mettre la sainte doctrine, d'augmenter l'honneur du
» culte divin, de fortifier l'institution et la discipline du
» clergé, de promouvoir et d'affermir partout, par un
» heureux progrès, l'honnêteté des mœurs, la vertu, la
» religion, la piété. »

Pie IX, tout en se félicitant du bien qui s'est fait en France, ne laisse pourtant pas ignorer au clergé la grande tristesse qui l'accable en ce moment, lorsqu'il voit quelles discussions l'antique ennemi s'efforce d'exciter parmi les prélats. « C'est pourquoi, dit le Saint-Père, nous vous
» exhortons et vous supplions de repousser avec la vertu
» qui vous distingue, et de faire disparaître entièrement
» toutes les dissensions que ce vieil ennemi s'efforce d'ex-
» citer, vous rapprochant, vous serrant dans les liens de
» la charité, unanimes dans vos sentiments, et vous effor-
» çant avec toute humilité et douceur de garder en toutes
» choses l'unité d'esprit dans le lien de la paix. Par cette
» sagesse, vous montrerez que chacun de vous sait com-
» bien la concorde sacerdotale et fidèle des esprits, des
» volontés et des sentiments, est nécessaire, et sert à la
» prospérité de l'Eglise et au salut éternel des hommes.
» Et si jamais vous avez dû entretenir parmi vous cette

» concorde des esprits et des volontés, c'est aujourd'hui
» surtout que, par la volonté de notre très-cher fils en
» Jésus-Christ, Napoléon, empereur des Français, et par
» les soins de son gouvernement, l'Eglise catholique jouit
» chez vous d'une entière paix. »

Le S. P. après avoir développé les avantages pour l'Eglise d'une union parfaite entre tous les membres de l'épiscopat, revient sur la nécessité de former un jeune clergé instruit et capable. Nous devons ici rapporter ses paroles :

« Continuez, comme vous le faites, de ne rien épargner
» pour que les jeunes clercs soient formés de bonne heure
» dans vos séminaires à toute vertu, à la piété, à l'esprit
» ecclésiastique, pour qu'ils grandissent dans l'humilité,
» sans laquelle nous ne pouvons jamais plaire à Dieu,
» pour qu'ils soient profondément instruits et avec tant de
» vigilance des lettres humaines et des sciences plus sé-
» vères, surtout des sciences sacrées; qu'ils puissent, sans
» être exposés à aucun péril d'erreur, non-seulement ap-
» prendre l'art de parler avec éloquence, d'écrire élégam-
» ment, en étudiant soit les ouvrages si excellents des
» Saints-Pères, soit les écrits des écrivains païens les plus
» célèbres, après qu'ils auront été soigneusement expur-
» gés; mais encore et surtout acquérir la science parfaite
» et solide des doctrines théologiques, de l'histoire ecclé-
» siastique et des sacrés canons, puisée dans les auteurs
» approuvés par le Saint-Siège. Ainsi cet illustre clergé de
» France, où brillent tant d'hommes distingués par leur
» génie, leur piété, leur science, leur esprit ecclésiastique
» et leur respectueuse soumission au siège apostolique,

» abondera de plus en plus en ouvriers courageux et habi-
» les, qui, ornés de toutes les vertus, fortifiés par le secours
» d'une science salutaire, pourront, dans la suite des
» temps, vous aider à cultiver la vigne du Seigneur. »

L'une des parties de cette encyclique qui a soulevé le plus d'opposition, est celle où elle parle des mauvais livres et des mauvais journaux. Il y a sur ce point beaucoup à dire, et, certes, le pape ne va pas trop loin lorsqu'il dit aux prélats de s'opposer de toutes leurs forces à la publication des mauvais livres ; il ne manque qu'une chose à ses enseignements paternels : c'est le moyen d'arrêter ces publications.

Le S. P. demande ensuite la protection des écrivains catholiques qui soutiennent l'autorité du Saint-Siège ; il y a sur ce point une très-grave difficulté, dont nous allons parler. Citons d'abord les paroles du souverain-pontife :

« Vous êtes comme nous pénétrés de douleur à la vue
» de tant de livres, de libelles, de brochures, de jour-
» naux empoisonnés, que répand sans relâche de toutes
» parts et avec fureur l'ennemi de Dieu et des hommes,
» pour corrompre les mœurs, renverser les fondements de
» la foi et ruiner tous les dogmes de notre très-sainte re-
» ligion ; ne cessez donc jamais, bien-aimés fils et véné-
» rables frères, d'employer toute votre sollicitude et toute
» votre vigilance épiscopale pour éloigner unanimement
» avec le plus grand zèle, le troupeau confié à vos soins
» de ces pâturages pestilentiels ; ne cessez jamais de l'in-
» struire, de le défendre, de le fortifier contre cet amas d'er-
» reurs par des avertissements et par des écrits opportuns
» et salutaires. Et ici nous ne pouvons nous empêcher de

» vous rappeler les avis et les conseils par lesquels, il y
» a quatre ans, nous excitions ardemment les évêques de
» tout l'univers catholique à ne rien négliger pour enga-
» ger les hommes remarquables par le talent et la saine
» doctrine, à publier des écrits propres à éclairer les es-
» prits et à dissiper les ténèbres des erreurs en vogue.

» C'est pourquoi, en vous efforçant d'éloigner des fi-
» dèles commis à votre sollicitude le poison mortel des
» mauvais livres et des mauvais journaux, veuillez aussi,
» nous vous le demandons avec instance, poursuivre de
» toute votre bienveillance et de toute votre prédilection
» les hommes qui, animés de l'esprit catholique, et versés
» dans les lettres et dans les sciences, consacrent leurs
» veilles à écrire et à publier des livres et des journaux
» pour que la doctrine catholique soit propagée et défen-
» due, pour que les droits dignes de toute vénération de
» ce Saint-Siège et ses actes aient toute leur force, pour
» que les opinions et les sentiments contraires à ce Saint-
» Siège et à son autorité disparaissent, pour que l'ob-
» scurité des erreurs soit chassée et que les intelligences
» soient inondées de la douce lumière de la vérité.

» Votre charité et votre sollicitude épiscopale devront
» donc exciter l'ardeur de ces écrivains catholiques ani-
» més d'un bon esprit, afin qu'ils continuent à défendre
» la cause de la vérité catholique avec un soin attentif et
» avec savoir ; que si, dans leurs écrits, il leur *arrive de*
» *manquer en quelque chose, vous devrez les avertir avec*
» *des paroles paternelles et avec prudence* . . . .

» C'est pourquoi, fils bien aimés et vénérables frères,
» nous vous le demandons de tout notre pouvoir, confor-

» mément à la grandeur de votre foi dans l'Eglise et à
» l'ardeur de votre piété pour cette chaire de Pierre, ne
» cessez jamais d'appliquer d'un seul cœur et d'un seul
» esprit tous vos soins, toute votre vigilance, tous vos
» travaux à ce point surtout, de sorte que les populations
» fidèles de la France, évitant les erreurs et les pièges
» que leur tendent des hommes perfides, se fassent gloire
» *d'adhérer fermement et avec constance à ce siège apos-*
» *tolique* par un amour et un dévouement chaque jour
» plus filial, et de lui obéir, comme il est juste, avec le
» plus grand respect. Dans toute l'ardeur de votre vigi-
» lance épiscopale, ne négligez donc jamais rien, ni en
» action ni en paroles, afin de redoubler de plus en plus
» l'amour et la *vénération des fidèles pour ce Saint-Siège,*
» et afin qu'ils reçoivent et qu'ils accomplissent avec la
» plus parfaite obéissance tout ce que *ce Saint-Siège en-*
» *seigne, établit et décrète.* »

On a vu, dans la première phrase soulignée, un encouragement aux rédacteurs de *l'Univers;* on a vu dans les deux autres l'intention, le désir au moins, de rétablir la suprématie de l'Eglise de Rome sur l'Eglise gallicane. Cela serait, que nous n'en éprouverions aucune surprise. Un pape ne fait en cela que ce que ferait un laïque, quel que fût son titre. Les écrivains de *l'Univers* entrent, à ce qu'il paraît, dans les vues du Saint-Siège; il est juste que le Saint-Siège les encourage. L'autorité papale est souvent attaquée : le pape doit soutenir ceux qui la défendent; cela ne présente aucune difficulté.

Mais là n'est pas la question.

Elle est en ce point : Ces prétendus soutiens ne sont-ils pas d'imprudents mineurs qui ébranlent le Saint-Siège? Il ne faut pas s'étonner de l'erreur qu'on commet à cet égard, car personne n'est moins apte à décider une telle question que les cardinaux romains. Pénétrés de l'idée que les Français sont des impies, des païens, ils trouvent admirable qu'il y en ait quelques-uns qui entrent dans leurs vues en attaquant les libertés de l'Eglise gallicane et les évêques qui la soutiennent; en exaltant la puissance romaine et les évêques qui, par reconnaissance ou par espérance, font au Saint-Siège apostolique une cour assidue.

Il y eut toujours sur ce point dissidence entre le gouvernement français et le gouvernement romain; et toute personne qui tient à la religion telle que nous l'ont transmise nos pères, remplit un véritable devoir en luttant contre les écrivains de Rome.

Ce n'est pas que leurs doctrines aient quelque danger pour nos libertés; au contraire, leurs attaques impuissantes ne font qu'en augmenter le prix. Mais elles égarent le clergé, elles trompent les jeunes prêtres, et cela peut avoir de graves conséquences, — aussi bien pour la religion que pour les familles, — car le mauvais levain ne fermente pas moins chez les enfants destinés au monde que chez ceux dirigés vers le saint ministère.

Sous ce rapport, ce n'est pas même l'intérêt du peuple que nous défendons, c'est l'intérêt du clergé et surtout l'intérêt de l'Etat.

Ce n'est pas l'intérêt du peuple, car il est peu porté à croire aux exagérations de l'ultramontanisme.

Il s'en effraie plus qu'il ne s'en laisse séduire.

21

C'est l'intérêt du clergé, car plus il sera ultramontain, moins il sera populaire.

C'est l'intérêt de l'Etat, car il sait les ravages qu'en tout temps les prêtres exagérés ont portés dans la société, et il sait aussi combien sont misérables les moyens qu'ils emploient pour se faire des partisans, presque toujours sans mœurs et sans conviction. Il semblerait que les Romains ont pris pour devise : Tout ce qui vient à nous mérite notre appui; tout ce qui est contre nous mérite notre animadversion. C'était le système de 1815 à 1830. On en changea à cette dernière époque. — On y revient.

La révolution de juillet avait, d'un souffle, anéanti tous les progrès faits sous la Restauration; on dut haïr la révolution de juillet. On dédaigna des relations dont elle ne voulait pas. Le roi était, selon les prêtres ultramontains unis aux légitimistes, un usurpateur. On vécut pendant dix-huit ans chacun de son côté; mais la brouille disparut à la naissance de la République, qui, apparemment, n'était pas pour Rome une usurpatrice, et la réconciliation fut complète aussitôt que Rome crut pouvoir tirer parti des républicains. C'est de ce côté que le gouvernement est fort intéressé à surveiller l'esprit romain.

La petite Eglise prêche ouvertement la suprématie spirituelle; elle a un objet en cela. Elle pousse partout sa milice; elle prépare ses moyens; elle court à sa perte, la chose est évidente; mais en attendant son moment suprême, elle a fait tout le mal que lui permirent son audace et l'impassibilité des gouvernements.

Veut-on qu'elle continue? — C'est là qu'est la question.

LIVRE II.

DE LA LIBERTÉ DE L'ENSEIGNEMENT.

Le monopole de l'instruction publique est, depuis des siècles, l'objet de toutes les convoitises, parce que là se trouve le moyen de modifier les idées des hommes et de les préparer aux fins que se proposent les gouvernants. Qu'ils soient juifs ou chrétiens, catholiques ou protestants, déistes ou athées, tous ont le même but.

Les prêtres s'en emparèrent dans presque tous les pays, mais ils l'abandonnèrent bientôt à des corporations, et ces corporations, d'abord dignes de la confiance qui leur était accordée, perdirent petit à petit l'ascendant qu'elles avaient conquis en mêlant aux devoirs sacrés qu'elles devaient remplir, des intérêts vulgaires et mondains qui nuisirent beaucoup à ces devoirs et aux enfants qui devaient profiter de leur accomplissement.

Il fut alors reconnu que les élèves sortaient des mains de ces corporations, dans un état d'ignorance qui pouvait cacher quelques desseins funestes.

On remarqua que les grandes familles donnaient à leurs enfants une éducation particulière et domestique, qui n'avait pas seulement pour objet de satisfaire des vanités de castes, mais de former des hommes dont les idées auraient de l'élévation, de l'universalité, dont les mœurs resteraient pures, dont les sentiments religieux ne cesseraient point d'être ceux de la famille.

Il arriva bien que beaucoup des éducations ainsi faites n'atteignaient pas le but, mais d'autres, en l'atteignant, lançaient dans le monde des hommes dont la supériorité incontestable portait un coup terrible à l'enseignement des corporations.

La bourgeoisie toujours encline à imiter les classes élevées, ne pouvant faire ce qui n'était qu'à la portée des grandes fortunes, imagina de choisir des hommes capables qui, aux avantages d'une éducation soignée, joindraient l'émulation des élèves. Les corporations, de leur côté, redoublèrent d'efforts pour attirer les jeunes gens de famille, modifièrent largement leur système d'éducation un peu trop cléricale, et, dans le désir de l'emporter sur leurs concurrents, devinrent trop mondaines, ce qui leur nuisit doublement : car les pères de famille qui tenaient à l'ancien système, ne trouvaient pas ce qu'ils voulaient, et les jeunes gens qui désiraient le nouveau, ne le trouvant compatible ni avec le capuchon, ni avec la soutane, portaient leurs parents à ne pas les confier aux corporations, et ce qui pis était, à les retirer de leurs mains.

On sent aisément aujourd'hui au milieu des luttes que livrent les jésuites et leurs partisans à l'Université constituée par l'Etat et au profit de l'Etat, tout ce que devaient avoir d'ardeur et de persévérance ces bons pères lorsqu'ils ne luttaient que contre des individus. Cependant leur décadence était manifeste, même avant la révolution; aucune éducation n'était regardée comme complète si, en sortant des corporations, elle n'avait été terminée dans une des grandes maisons de Paris et de quelques villes principales. Il arriva sous ce rapport une chose extrêmement fâcheuse pour les corporations; c'est que leurs élèves, dès qu'ils n'étaient plus contenus par les sévérités de la règle et par cet instrument que l'un de nos modernes docteurs vient de qualifier modestement de sceptre du monde (la férule), s'émancipaient à tel point, qu'à bon droit ou non, ils accréditèrent assez généralement l'idée que ceux qui les avaient formés, méritaient peu la confiance des pères de famille.

Cette idée étendait déjà ses ravages, quand survint la révolution de 1789, qui détruisit à jamais le monopole et qui alla même jusqu'à anéantir toutes les corporations enseignantes, ce qui n'était ni juste, ni habile.

Cela n'était pas juste, parce que ces corporations avaient des droits acquis qu'on devait respecter. Cela n'était pas habile, car elles étaient en train de se suicider, et en supposant qu'elles se reformassent, il eût été heureux que, par leur concurrence, elles pussent stimuler vivement le zèle et l'intérêt des nouveaux instituteurs, qui, de 1794 à 1806, laissèrent beaucoup à désirer sous le rapport du savoir et de la tenue de leurs maisons.

A partir de 1793, on n'eut d'autre tâche que de faire disparaître le souvenir des corporations, que de former des élèves jetés dans le moule républicain d'abord, napoléonien ensuite ; deux moules (1) peu favorables au développement des facultés intellectuelles ou industrielles, car on ne songeait alors qu'à former des soldats et des officiers intelligents. Cela ne pouvait durer longtemps.

Il est heureusement deux choses qui ne dépendent ni de la volonté des jésuites, ni de celle des gouvernements, ce sont : l'aptitude et la vocation. Ces deux qualités font les hommes, quel que soit d'ailleurs le système d'éducation qu'on impose aux jeunes gens. Elles poussent à un travail opiniâtre qui toujours est couronné d'un plein succès. Cela explique ce concours heureux d'hommes capables qui surgirent à l'époque de l'organisation de l'Université, de celle de l'école Normale et des écoles spéciales. Ces écoles parvinrent en peu de temps à une perfection telle, que tous les gouvernements voisins cherchèrent à se les approprier, et ne purent cependant les suivre que de loin.

Il est donc bien évident qu'on pouvait aisément se passer des corporations religieuses pour l'enseignement populaire, l'enseignement supérieur et les hautes études. Mais on alla plus loin : on prétendit s'immiscer dans l'enseignement ecclésiastique. Ce fut une faute ; elle réveilla les anciennes prétentions du clergé enseignant, et le clergé des autels fut nécessairement, fatalement entraîné dans la lutte.

---

(1) Cette expression est empruntée à un docteur de notre époque, qui n'admet plus qu'un moule païen (*Voyez* Chapitre 16, page 84).

De là les doléances, les plaintes amères des prélats sur l'esclavage de leurs petits séminaires, dont ils faisaient des écoles qu'ils voulaient soustraire à l'inspection de l'Université. De là une restauration secrète, mais ardente, mais obstinée, de l'institut des jésuites. De là des accusations d'illégalité de la part des libéraux; des dénégations de la part du clergé. — A entendre les premiers, tout était perdu, puisque les jésuites de robes courtes assuraient le retour des jésuites en soutanes; à entendre les autres, il y avait calomnie à signaler comme jésuites, des hommes qui ne l'étaient pas et qui n'en avaient pas les principes. La guerre fut vive sous la Restauration; elle éclata jusque dans la Chambre des pairs.

C'était en 1827, au moment où les congrégations bourgeoises luttaient d'ardeur avec les congrégations religieuses, au moment aussi où les libéraux dévoilaient imperturbablement toutes les intrigues d'hommes avides de places ou d'avancement, et qui se faisaient congréganistes pour devenir quelque chose. La tartuferie était à l'ordre du jour.

Le but secret qu'on se proposait alors, était évidemment l'usurpation de toutes les avenues de l'Université. On voulait la cerner, lui couper les vivres, la renverser, la remplacer. Le but apparent, était la réforme de la société par des moyens héroïques. — Il n'y en avait pas d'autre, disait-on, de sauver la royauté et la religion.

On s'écriait : la société a été détruite par la révolution, la religion par l'impiété. Au milieu de ce désert social, nous trouvons à côté de nous une puissance toute faite, en possession de toutes les vertus, et digne de tous les res-

pects. « Sans doute, ajoutait-on, cette puissance ne tire
» pas sa force du roi, qui est peu, de la société, qui n'est
» rien ; elle la tire de Dieu, qui est tout. . . . . . .
» Les désordres que vous nous accusez de soulever avec
» nos jésuites, c'est au contraire nous qui, avec nos insti-
» tutions religieuses, les prévenons. » La monarchie crut
à ce langage ; elle appuya ceux qui le tenaient ; elle s'af-
filia aux congrégations ; elle les protégea, les plaça, les
enrichit, les décora. Combien cela dura-t-il ?... Un an...
Puis elle fut obligée de réparer ses erreurs en changeant
de ministère ; puis elle reconnut que le mal était irréparable, et se jeta tête baissée dans les idées ultramontaines ;
puis elle tomba, et l'Université, contre laquelle avait été
dressée la grande machine de guerre appelée Société de
la Foi, ou, pour parler net, Société de Jésus, cette Université qu'on prétendait si faible, elle resta debout.

Tout ce qu'on disait alors, nous allons l'entendre dire
dans la discussion sur la loi d'enseignement. Il n'y aura
qu'une différence : en 1826, on parlait en secret ; en
1850, grâce à la haute politique de nos républicains, on
déclara, — en pleine tribune, — sa haine pour l'Université et son amour pour ceux qui doivent un beau jour la
renverser, la remplacer.

Ce qu'il y eut de plus curieux dans le tableau qui va
de nouveau se dérouler devant nous, était alors l'accord
parfait dont tout le monde faisait profession. Nous étions
charmé de voir MM. Thiers et Montalembert se donnant
la main, l'un pour sauver l'Université, l'autre pour la
renverser ; du reste, l'entente cordiale était admirable.
Mais ce n'était là qu'un incident : le grand fait accompli,

c'était le clergé obtenant la liberté de l'enseignement *pour tout le monde*, quand il ne la voulait que pour lui, et empirant ainsi sa position, car il pouvait plus avant la loi qu'il ne peut depuis.

Et en effet, la République haletante, expirante, accordait, ou plutôt laissait prendre au clergé tout ce qu'il voulait. Il était maître absolu, pourvu qu'il bénît les arbres de liberté. Il se flattait de reprendre toute sa prépondérance, et l'on ne fut pas plus tôt entré dans l'examen de la loi, qu'il exhala ses douleurs, ses regrets, fit dévotement ses réserves ; on le vit constamment assimiler son prétendu triomphe à un sacrifice, ou tout au moins à un acte de condescendance.

Nous regrettons d'être obligé de ne donner que de faibles parties des discours nombreux prononcés dans cette grande discussion, mais nous devons nous restreindre et nous borner à ce qui rend bien l'esprit de la loi et les vues diverses de ceux qui l'ont votée.

CHAPITRE PREMIER.

PRINCIPES GÉNÉRAUX.

L'Université impériale avait été créée dans le but de rattacher à l'Etat tout ce qui se référait à l'instruction publique; c'était un monopole absorbant sous un régime presque militaire, en harmonie avec les constitutions de l'an VIII et de l'Empire. C'était de la haute politique.

La Restauration de 1815 chercha vainement à en changer l'esprit. Elle ne put l'approprier à ses vues.

La Restauration de 1830 fit plusieurs tentatives pour établir la liberté de l'enseignement promise par la nouvelle Charte, mais on ne put jamais s'entendre. La peur d'un mal futur fit supporter le mal présent. La chose était d'ailleurs fort difficile avec un clergé hostile à la monarchie républicaine, et, chose étonnante, il arrive aujourd'hui que par l'imprudence des constituants de 1848, le clergé obtient bien plus qu'il n'eût osé demander sous le précédent gouvernement.

Nous verrons par la discussion de la loi nouvelle combien le parti socialiste doit se repentir d'avoir décrété, pendant son passage au pouvoir, la liberté absolue de l'enseignement. Il n'avait qu'un moyen de s'assurer la direction des écoles, sans la concurrence du clergé et des associations religieuses ; il n'y a pas songé. Il a voulu, dans l'enivrement d'une victoire inespérée, imprévue, se hâter de renverser l'Université prétendue monarchique. Au lieu de la faire républicaine, il l'a faite impuissante à seconder ses vues ultérieures.

Singulière destinée de cette institution fondée par le pouvoir absolu !... Proscrite par les ultramontains comme païenne ou républicaine, elle fut proscrite par les républicains comme trop monarchique.

En effet, les républicains voulaient une Université populaire, une instruction gratuite à tous les degrés, même à l'école Polytechnique. Ils sont arrivés à une instruction dite religieuse selon les uns, monacale selon les autres. Ce sont là des exagérations qui ne prouvent rien. Il y a eu de tout temps un mélange du principe religieux dans toutes les formes d'enseignement qui ont existé en France, et il ne sortait pas plus d'hommes asservis au clergé que d'hommes hostiles à la religion.

Le clergé sait parfaitement qu'il est sans empire sur des têtes de 15 à 16 ans qui s'éloignent de lui ; il n'est pas même sûr des jeunes gens qu'il conserve ; comment le serait-il de ceux qui, prenant dans leurs familles des principes contraires aux siens, se lancent sans direction, sans frein dans un monde qui les entoure de toutes les illusions d'abord et bientôt de toutes les corruptions ? Une seule chose importait au clergé, c'était le gouvernement absolu des séminaires et l'admission de tout le monde dans les écoles ecclésiastiques. Il en jouit! Reste à savoir s'il retirera de ces avantages tous les fruits qu'il s'en promettait.

Ainsi, dans ses résultats, la loi nouvelle ne satisfera personne; le socialisme et l'église le comprennent parfaitement. C'est pour cela qu'ils lui sont hostiles l'un autant que l'autre. Mais la société en sera-t-elle satisfaite? Voilà la véritable question.

Cette loi détruit le monopole de l'Etat, tel que l'avait établi l'Empereur, mais elle conserve la surveillance de l'Etat; elle étend le libre arbitre des familles. Elle ouvre la carrière à toutes les vocations; elle est donc une grande amélioration pour les écoles primaires et secondaires, et par cela seul qu'elle ne statue rien sur l'enseignement supérieur, elle laisse encore ouverte la carrière des expériences et la faculté des modifications.

Passons à l'examen de la grande et belle discussion qui a précédé le vote de cette importante institution.

CHAPITRE II.

DE L'EXCELLENCE DE L'UNIVERSITÉ.

Notre intention est bien moins de publier nos idées sur l'instruction publique, que de mettre en lumière celles qui ont été développées dans cette discussion mémorable.

Toute personne qui voudra examiner à fond cette question, devra recourir au *Moniteur* et lire attentivement ces débats, tantôt lumineux, tantôt confus, tantôt violents. Un tel labeur est à la portée de peu de monde; nous entreprenons de le faire, convaincu que nous sommes, qu'il ne sera pas sans utilité pour les lecteurs qui aiment la vérité et qui veulent se rendre compte des efforts que l'on fait pour la dissimuler.

Nous avons entendu à l'Assemblée tous les débats que nous analysons, et nous tâcherons, dans nos extraits, de leur conserver leur véritable couleur.

M. Barthélemy Saint-Hilaire, dans un discours démesurément étendu, a critiqué d'abord toutes les parties de détail du projet de loi. Il s'est montré beaucoup trop universitaire, et malgré ses protestations d'amour pour la liberté d'enseignement, on a trop vu qu'il ne la voulait que sous l'*influence* de l'Université.

Le savant traducteur d'Aristote n'a pas été aussi heureux que de coutume; il n'a vivement intéressé ni l'Assemblée, ni les tribunes; aussi nous dispenserons-nous de rapporter son discours, qui d'ailleurs, traitant d'une foule de questions qui ont été plus ou moins modifiées par les votes, ne présente plus aucune utilité. Disons seulement quelques mots sur ce que l'orateur a lui-même appelé la partie politique de son discours. Sa politique est de combattre l'introduction des congrégations dans l'enseignement public. Toutes lui paraissent être des collections de jésuites plus ou moins masquées.

« C'est au nom de la raison humaine, relevant uniquement d'elle-même, que se sont accomplis tous les progrès de l'humanité. C'est à cet esprit nouveau, vainqueur de l'esprit ancien en 1789, qu'on s'attaque aujourd'hui; on veut lutter contre ce qu'on appelle l'esprit du siècle.

» Pour ma part, comme représentant du peuple, je dis qu'à aucun prix je ne donnerai les mains à une transaction entre les deux principes.—Le contrat qu'on nous propose est un contrat léonin—Au profit de qui se passera-t-il ?

» Je demande à ceux qui se portent forts pour le clergé, s'ils ont reçu mandat de lui. Je suppose que le projet actuel devienne loi de l'Etat, nous serons obligés de renoncer à tout ce qui a été fait depuis cinquante ans dans la carrière de l'instruction publique. Qu'en résultera-t-il ?

» Vous savez quelle est la position sociale du clergé. Si vous lui donnez la domination, cet état de choses excitera des retours dans l'esprit du peuple, et le clergé y perdra de cette considération respectueuse dont il est en ce moment l'objet.

» Non, la loi qu'on vous présente n'est pas une loi de transaction et de conciliation : c'est une loi de monopole et de privilège. — Je dirai aux amis des lumières et des principes de 1789 : Vous avez vu quelles seraient les conséquences du projet de loi, vous êtes avertis par le cri d'alarme que j'ai jeté à la tribune ; j'ai fait mon devoir, faites le vôtre ! » — Ce cri d'alarme n'a effrayé personne.

En général, il n'est pas habile de faire défendre les projets de lois par des hommes qu'ils intéressent individuellement ; car leurs paroles sont toujours suspectes. Nous verrons plus loin que les orateurs étrangers à l'enseignement universitaire l'ont bien plus efficacement défendu que ceux qui, en le soutenant, avaient toujours l'air de parler d'eux-mêmes.

Il est trois points qui font l'excellence de l'Université, et dont ne peuvent pas parler ses professeurs ou ses fonctionnaires ; ce sont : la supériorité, la généralité, le patriotisme de son enseignement. Ces trois points ne seront jamais combattus avec succès ; et, succombassent-ils quelquefois, ils se relèveront toujours.

Il en est même un quatrième qui, quoi qu'on fasse, la maintiendra toujours aussi : c'est l'esprit de famille sagement conservé dans les lycées, tandis qu'il est systématiquement détruit dans les institutions ecclésiastiques, qui ont pour objet principal, s'il n'est unique, d'attirer, de capter les enfants destinés au célibat ; c'est-à-dire à la pire des conditions qu'on puisse imaginer pour l'homme, puisqu'il le détache de tout ce qui fait le charme de la vie.

CHAPITRE III.

DES VICES DE L'UNIVERSITÉ.

Le discours de M. Barthélemy, tout-à-fait universitaire, détermina M. Parisis, évêque de Langres, membre de la Commission, à monter à la tribune : cela lui arriva plusieurs fois, et, il faut bien le dire, l'orateur eut, comme M. Saint-Hilaire, à lutter contre l'esprit de son état. Il fut toujours plus prêtre que législateur ; il ne fit pas faire un pas à la discussion et jeta dans les esprits beaucoup de doutes, nous ne dirons pas sur la sincérité de son opinion, mais sur l'indépendance de son opinion. M. Parisis était évidemment dominé par la haine que depuis longtemps le clergé porte à l'Université, et par l'horreur que le mot *révolutionnaire* inspire à tous ceux qui ont souffert de notre grande révolution de 1789 ([1]).

([1]) Trois représentants, se prêtant un mutuel secours, avaient, au début de la discussion, proposé un article additionnel ainsi conçu : « Nul » ne pourra tenir école publique ou libre, primaire ou secondaire, laïque » ou ecclésiastique, ni même y être employé, s'il fait partie d'une congré- » gation religieuse non reconnue par l'Etat. » M. Bourzat ne dissimula point à l'Assemblée que l'objet de l'amendement était d'atteindre les jé-

Voici ce que nous avons particulièrement retenu de son discours :

« Permettez-moi de vous retracer les faits depuis l'établissement de l'Université actuelle : elle est née au cœur de notre première révolution ; elle s'est établie sur les ruines des anciennes Universités qui, toutes, étaient catholiques ; elle a fait abstraction de toute croyance religieuse ; elle vit sur le principe de la liberté de penser.

» On nous dit que c'est là une des conquêtes des temps modernes : quoi qu'il en soit, cet esprit a présidé seul à la création de l'Université impériale.

» Il me serait facile de vous prouver que la religion peut se suffire à elle-même en fait d'enseignement ; il me suffirait, à cet égard, de vous rappeler les paroles prononcées dans le conseil d'Etat, le 1er frimaire an VI, par un homme éminent de cette époque. L'orateur reconnaissait que, « jusqu'à 1789, l'enseignement donné par
» le clergé n'avait manqué ni pour l'éducation des mem-
» bres du clergé, ni pour celle des citoyens de toutes les
» classes de la société. »

« Au mois de septembre 1791, Talleyrand a posé les premières bases de l'enseignement par l'Etat ; dans un rapport resté fameux, il demandait que la déclaration des Droits de l'homme devînt désormais le seul catéchisme

suites. Cette déclaration détermina M. l'évêque de Langres à réclamer la parole, afin de protester contre les calomnies débitées sur les jésuites :
« Nulle société, dit-il, n'est plus éclatante, et en même temps plus obéis-
» sante, plus héroïque et plus humble devant les volontés de l'Eglise.....
» On nous a distingués des jésuites, mais dans quel but ? Pour les con-
» damner, les proscrire ; mais comme dans le fond nous sommes les mêmes,
» nous ne serons pas assez lâches pour les condamner, et nous nous dé-
» clarons solidaires avec eux. »

de l'enfance, et qu'il fût établi à Paris un grand institut correspondant avec tous les établissements d'enseignement : c'était là le germe du conseil supérieur de l'Université (¹).

» Une discussion s'engagea devant la Convention ; dans cette discussion, Danton prononça ces paroles qui furent le premier germe du principe de l'enseignement par l'Etat :

« Il est temps de poser le grand principe que les en-
» fants appartiennent à la République avant d'appar-
» tenir à leurs familles..... »

« Pour juger du résultat de ces écoles, il suffit de lire les termes du rapport présenté par M. Portalis, dix ans après leur fondation.

» Arriva enfin le Concordat, œuvre de courage de la part du premier consul, et d'*indulgence de la part du souverain-pontife*. La religion retrouva sa place partout, *excepté dans les établissements d'enseignement*. L'Université fut fondée en 1808, l'instruction secondaire fut confiée à la direction de l'Etat ; *un aumônier fut admis* au nombre du personnel de chaque lycée.

» Cette université n'était que la réalisation des pensées de Condorcet, de Danton, de Robespierre et de Talleyrand ; selon le mot de M. Royer-Collard, elle fut fondée pour réunir en un seul corps les écoles révolutionnaires.

» Nous avons vu subsister jusqu'à nos jours ce phénomène inouï d'un corps enseignant seul et n'ayant pas

---

(1) Ce Talleyrand était un élève des Sulpiciens et de plus évêque d'Autun. — Beaucoup de personnes trouveront peut-être que cette citation est un médiocre argument en faveur de l'enseignement ecclésiastique.

de croyance ; nous avons vu une jeunesse élevée par des maîtres d'opinions divergentes, obligée d'adorer avec les uns ce qu'elle a brûlé avec les autres : — voilà ce qui se passait dans les lycées de l'Empire et ce qui se passe encore aujourd'hui dans vos collèges. Et vous vous plaignez que le peuple n'ait plus le sentiment du devoir !

» L'Université a besoin de l'enseigne de la religion pour que les familles viennent chez elle et lui donnent confiance.

» Quand une école s'appelle hautement catholique ou protestante, elle est catholique ou protestante ; quand elle s'appelle éclectique, elle n'inspire confiance à aucune croyance, parce qu'elle fait profession de n'en avoir point.

» *Pourquoi donc cette Université philosophique n'a-t-elle pas osé se passer de prêtres et de temples?* C'est que ces hommes de la raison savent que la France n'est pas faite à leur image ; c'est qu'ils savent que la foi de saint Louis circule toujours dans les âmes françaises ; c'est qu'ils savent que, *sans la religion, les collèges seraient déserts.*

» Ce n'est pas la religion qui a besoin de vous, c'est vous qui avez besoin d'elle ; ce n'est pas pour elle, mais pour vous que la transaction est proposée. »

Rien de moins propre à cimenter une transaction qu'un langage aussi aigre dans la bouche d'un ministre de la religion. Si c'est à une rupture que tendait alors M. l'évêque de Langres, il peut se flatter d'avoir réussi autant qu'il était en lui. Il ne s'est point aperçu que ses paroles justifiaient celles de M. Saint-Hilaire.—Nous allons dans le chapitre suivant, trouver une idée de ce que le clergé pensait de cette loi, qui lui accordait au-delà de ce qu'il aurait osé demander sous la monarchie du droit divin, car, à l'époque des discussions de 1816 et de 1828, il niait timidement l'existence des jésuites.

Le gouvernement dont faisaient partie deux hommes très-éclairés et très-bons catholiques, MM. de Martignac et de Vatismenil, en prenant de sages dispositions pour sauver la monarchie de la désaffection que causait le retour évident, mais dénié, de la compagnie de Jésus, ne la nommait même pas. On employa toujours les expressions *congrégations non reconnues en France*, que tout le monde traduisait par le mot jésuite. Il en fut autrement en 1850; et ce qu'on dit, ce qu'on fit à cette époque, n'était que le commencement du système qui se développe aujourd'hui avec la plus inconcevable et la plus imprudente audace. (*Voyez* Appendice du Livre Ier, N°s 26, 30, 32, 38 et suivants.)

CHAPITRE IV.

DES VUES ET DES RÉSERVES DU CLERGÉ.

L'hostilité du clergé contre la loi se manifestait dans ses journaux, dans ses revues, dans tous ses écrits, ou du moins dans ceux qu'on lui imputait et qu'il ne répudia jamais. Elle vint enfin se manifester à la tribune dès le commencement de la discussion.

« On me demandera, disait M. Parisis, ce que je pense de la loi. J'ai l'honneur d'avoir ici un double caractère; je dirai ce que je pense de la loi au point de vue politique, je dois dire ce que j'en pense au point de vue religieux. Si le projet de loi nous est présenté *comme une faveur, je le repousse;* s'il est présenté *comme une occasion de dévouement* pour nous, je l'accepte.

» Je sais ce qu'a valu à la religion son immixtion à la politique; je n'ai point oublié que la religion a toujours payé cher les faveurs que le Pouvoir a semblé lui accorder.

» Il est nécessaire que la religion ait sa place dans la nouvelle organisation, mais c'est précisément cette nécessité qui m'inquiète : Quatre évêques dans un conseil supérieur composé de vingt-huit personnes; ces évêques, dans un conseil académique, auront peu de chances de faire triompher leur opinion; leur présence ne peut être pour eux une faveur, mais un danger.—Voilà pourquoi, si la loi nous est présentée comme une faveur, je la repousse.

» Mais les circonstances où nous vivons ne permettant pas de *choisir un autre système*, nous avons cru que c'était encore celui qui convenait le mieux pour le bien du pays.

» Le christianisme est l'école, la grande école de tous les dévouements, il commande à ses disciples le dévouement même pour leurs ennemis; quand une mission se présente, le prêtre n'examine pas s'il y aura pour lui honneur ou profit; il se dit :

» *C'est pour faire du bien, j'y vais!*

» Si nous entrons dans le système proposé, c'est pour la sécurité, pour la tranquillité du pays. L'ancien ministre de l'instruction publique, beaucoup d'hommes éminents nous disent que nous pouvons faire du bien; nous nous y dévouons.

» Permettez-moi, en terminant, d'invoquer un souvenir biblique :

» Vous vous rappelez tous cet enfant qui, armé d'une simple fronde, et refusant les armes qu'on lui offrait, renversa le géant ennemi de la nation. L'Eglise ne sait pas se servir des armes temporelles; c'est appuyée sur la houlette pastorale qu'elle veille sur son troupeau. Elle ne demande qu'une chose, c'est *la liberté de se faire pauvre pour secourir les pauvres.*

» Pour revenir au sujet qui nous occupe, je répète que l'Eglise ne demande pas à l'Etat le monopole des écoles publiques, mais la liberté d'avoir les siennes. Cependant comme la question est grave, et comme ma position personnelle est grave aussi, je ne veux pas descendre de la tribune sans faire quelques réserves.

» La première, c'est que la loi conservera certaines dispositions importantes adoptées par la commission et indispensables, essentielles à la liberté religieuse.

» La seconde réserve, c'est que les décisions doctrinales, par exemple à l'occasion de l'examen des livres par des conseils laïques parmi lesquels siégeront quelques membres de l'épiscopat, ne pourront jamais obliger la conscience des évêques comme pasteurs des âmes.

» La troisième réserve, c'est que, comme c'est une voie nouvelle dans laquelle vous vous engagez, comme on ne peut pas parfaitement prévoir ce qui arriverait si, dans les conseils où on appellera les évêques, on leur faisait des conditions inacceptables pour leur foi, ils auraient le droit de se retirer pour obéir au vœu de leur conscience, bien qu'avec le regret de causer quelques embarras.

» Si, au contraire, comme nous l'espérons, votre loi fait le bien du pays, soyez-en sûrs, nous vous donnerons loyalement, sans arrière-pensée, sans réserve, notre concours. Avec ces explications et sous ces réserves, je vote pour le projet de loi. »

Il n'entre pas dans notre sujet de faire un examen critique de ce discours, d'autres s'en sont chargés et l'ont fait avec trop d'amertume; et d'ailleurs, il y a parmi les orateurs qui ont parlé sur cette loi, des appréciateurs plus compétents que nous. Bornons-nous à demander à ceux qui voient avec une si touchante quiétude ce qui se passe dans l'esprit d'un évêque distingué par son mérite, par son caractère, une des lumières de l'épiscopat, s'ils comprennent ce qui fermente dans celui de ce pauvre clergé des campagnes, saturé des doctrines du moyen-âge par les écrits ultramontains, et torturé par les dissidences qui se manifestent dans l'épiscopat? Est-ce qu'un gouvernement n'a pas le droit de s'inquiéter de tels symptômes de désorganisation qui menacent nos institutions et notamment cette déclaration de 1682, qui devait, selon la loi, être enseignée dans toutes les maisons d'éducation ecclésiastique, quand on sait que les principaux professeurs sont sulpiciens et jésuites, c'est-à-dire éternels ennemis de nos libertés civiles et religieuses.

Le discours de M. l'évêque de Langres, nous pouvons le dire avec certitude, ne pouvait produire et n'a produit aucun bien, mais en échange il a produit un grand mal. Il a envenimé le discours de M. Hugo, dont nous donnons une analyse; discours que nous voudrions, mais ne pouvons passer sous silence.

CHAPITRE V.

HOSTILITÉ DE LA DÉMAGOGIE.

On ne saurait trop déplorer les excès de langage auxquels s'est livré M. Hugo. Nous les mettons sous les yeux du public, comme autrefois, à Sparte, on exposait les hommes convaincus d'intempérance.

L'orateur a d'abord fait de larges concessions au parti dans lequel il s'est lancé; il a déclaré qu'il voulait l'instruction gratuite et obligatoire; l'instruction gratuite pour tous, partant de l'école de village et arrivant jusqu'aux portes de l'Institut, pour que la France fût le plus ardent foyer où vînt flamber l'intelligence humaine.

« Mais ce but, dit-il, qu'il faut envisager, nous sommes loin encore de pouvoir l'atteindre. Parmi les impossibilités qui nous arrêtent, se trouve d'abord la question financière. Restons donc à ce point pratique que nous ont fait les circonstances, et voyons ce que nous pouvons faire. Pour moi, je veux que l'enseignement soit purement laïque, que ses conseils ne renferment ni évêques ni délégués d'évêques; c'est vous dire que je ne veux pas de la loi qu'on nous propose.

» Une arme n'est rien par elle-même ; elle n'est quelque chose que par la main qui la saisit. A mon avis, la main qui va saisir l'arme que vient de forger le gouvernement, c'est le parti clérical ; non, croyez-le, que je veuille proscrire l'enseignement religieux ; cet enseignement, au contraire, nul ne le place plus haut, nul n'est plus convaincu qu'il est plus indispensable que jamais à la France. Sans la foi, pour les malheureux, la souffrance, qui est une loi de Dieu, devient le désespoir, et le désespoir, c'est la négation de Dieu. Je veux donc l'enseignement religieux, mais je ne veux pas que les professeurs de cette loi divine professent des lois humaines. En laissant à chacun son œuvre à accomplir, nous aurons deux buts à remplir : chasser la misère et élever l'âme.

» Si nous étions arrivés à ce moment heureux où l'instruction dont je vous ai fait le tableau ne serait plus un rêve, où la science s'étendrait, d'un bout de la France à l'autre, à toutes les intelligences, je vous dirais : Placez d'abord au-dessus de tous les degrés de l'enseignement la haute surveillance de l'Etat, et puis donnez, accordez, proclamez la liberté d'enseignement la plus complète pour les établissements publics, pour les établissements privés, et même pour les établissements religieux ; oui, même pour ceux-là, il n'y aura plus de danger, car la lumière sera faite, et les portes du séminaire ne prévaudraient plus contre elle. Mais jusqu'à ce que ce moment soit arrivé, je dis à l'Eglise qu'elle reste chez elle, et à l'Etat qu'il reste chez nous.

» Le projet de la commission est quelque chose de plus ; à mon sens, c'est une loi stratégique. Je m'adresse, non pas au vénérable évêque qui descend de la tribune, mais à un parti que je sens un peu partout, et comme il a l'oreille fine, il m'entendra.

» Je dis au parti clérical : je ne veux pas vous confier l'esprit des générations nouvelles, c'est-à-dire l'avenir de la France; je ne veux pas vous les confier, parce que ce serait vous les livrer; je ne veux pas que ce qui a été fait par nos pères et par nous soit détruit par nos enfants; votre loi est une confiscation intitulée donation; c'est votre habitude, toutes les fois que vous forgez une chaîne, vous dites : voilà la liberté. Je ne confonds pas plus le parti clérical avec la religion que je ne confonds le gui avec le chêne; le parti clérical est la plante parasite. Cessez, cessez d'appeler l'Eglise votre mère pour en faire votre servante; *laissez-la donc en repos, cette vénérable Eglise; quand vous n'y serez plus on y viendra.*

» Vous parlez d'enseignement religieux! L'enseignement religieux véritable et suprême, c'est la sœur de charité soignant les pauvres, c'est le frère de la Merci rachetant les esclaves, c'est l'évêque de Marseille bravant la peste.

» Ce que veut le parti clérical, c'est éteindre cette lumière qui fait du peuple français le peuple lumineux par excellence, cette lumière qui se reflète sur la face de tous les peuples.

» Je repousse votre loi parce qu'elle dégrade l'enseignement, parce qu'elle abaisse la science, parce que je me sens la rougeur au front à la pensée de la domination du parti clérical.

» Ce n'est pas l'habileté qui manque à ce parti; il sait

l'art de contenir un peuple dans une situation déplorable ; mais qu'il y prenne garde, c'est une chose périlleuse que de laisser entrevoir l'idéal que voici : les livres déchirés, la nuit faite dans les esprits par l'ombre des soutanes.

» Le parti clérical craint les progrès du socialisme, et il croit que la France ne sera sauvée que quand il aura combiné les hypocrisies sociales avec les résistances matérielles, et quand il aura mis un jésuite partout où il n'y a pas un gendarme.

» Qu'il renonce à ce système, ou bientôt il fera surgir des éventualités terribles avec son système d'enseignement sorti de la sacristie et de gouvernement sorti du confessionnal. »

La violence des paroles a nui beaucoup à l'effet des pensées. Il y a dans ce discours une grande énergie de conviction, mais elle a l'inconvénient de blesser et non de ramener les convictions contraires.

M. Poujoulat, qui s'est chargé de répondre à M. Hugo, a obtenu un brillant succès ; il en aurait eu davantage s'il s'était moins emporté dans le débit. Voici quelques passages de l'opinion courageuse de l'orateur marseillais :

« Je n'accepte pas, pour mon compte, la distinction que M. V. Hugo a voulu établir entre l'Eglise et le parti clérical : le confessionnal, les soutanes dont il parle, tout cela désigne bien l'Eglise ; au dix-huitième siècle on l'appelait la superstition ; il y a vingt ans, on l'appelait le parti prêtre ; il paraît qu'aujourd'hui on veut l'appeler le parti clérical.

» Savez-vous ce qu'a fait le parti clérical ? Il a défriché et civilisé la moitié de l'Europe ; il a recueilli et conservé les plus beaux chefs-d'œuvre de l'antiquité ; on lui doit la plupart des grandes découvertes de la science ; on lui doit la restauration des lettres, de ces lettres sans lesquelles vous n'auriez pu arranger les mots avec lesquels vous l'insultez.

» M. Victor Hugo a cru frapper un grand coup en disant que les manuscrits de Galilée étaient encore à Rome sous le scellé ? Où a-t-il vu cela ? J'ai visité avec soin le Vatican, j'ai vu tous les manuscrits qu'il renferme, et je n'y ai pas trouvé ceux de Galilée.

» J'avais d'abord pensé que la liberté véritable de l'enseignement ne pouvait exister qu'avec la séparation de l'enseignement public et de l'enseignement privé ; mais quand je vois la manière dont le projet est accueilli par les partis anarchiques, je vote de tout mon cœur pour le projet. »

CHAPITRE VI.

POINT DE VUE POLITIQUE DE LA LOI.

M. P. Duprat dont on attendait un discours médité et complet, tel que pouvait le faire le rédacteur en chef de la *Revue indépendante*, s'est borné à des généralités sur l'enseignement libre; puis abordant la discussion des détails de la loi, il soutint que ses dispositions ne portaient que sur de vieilles coutumes, de vieilles mesures, sur des objets d'une importance secondaire. « La politique, dit-il, joue un si grand rôle dans le projet, qu'elle étouffe l'élément principal. On a appelé cette loi une transaction. Quelle est donc cette transaction? C'est de réunir deux pouvoirs qui se disputaient l'enseignement, le pouvoir laïque et le pouvoir ecclésiastique, deux puissances, on ne craint pas de le dire, dont l'une représente l'orthodoxie et l'autre l'hétérodoxie.

» Savez-vous ce qui arrivera avant peu, c'est que l'un des partis abandonnera la mission, et alors vous tomberez sous la domination d'un seul parti, comme naguère, avant 1848, on a vu un célèbre philosophe, M. Cousin, inonder les écoles de son catéchisme philosophique, exerçant ainsi un patriarchat insolent sur l'enfance, c'est-à-dire sur l'avenir de la France.

» Dans nos prévisions, il n'est pas douteux que le parti qui dominera sera le parti des prêtres, et alors que deviendra l'enseignement laïque, cette magnifique institution qui a pris racine en France et qui est une de ses gloires, en même temps qu'une de ses garanties ! alors que deviendra la liberté de l'enseignement?

» Ainsi, vous le voyez, votre loi ne répond pas à la pensée d'une transaction, non plus qu'elle ne répond au besoin si fortement senti de la liberté de l'enseignement.

» Je ne sais, dit-il en terminant, ce que la majorité de cette assemblée décidera, mais pour moi, je croirai avoir rempli un devoir et rendu un service à mon pays, en refusant mon assentiment à cette nouvelle atteinte à nos libertés. »

Il est malheureux que le savant publiciste n'ait pas jugé convenable de faire connaître ses vues d'exécution en pareille matière ; lui qui a tant vu, tant fouillé dans les universités de l'Allemagne, terre classique de la liberté d'enseignement, ne pouvait-il donc importer en France quelques-unes des idées qu'il avait admirées, notamment à Heidelberg?

CHAPITRE VII.

LA LOI RÉPOND-ELLE OU NON AU BESOIN DE LIBERTÉ.

Un légitimiste qui ne se croit pas obligé d'être ennemi du progrès, a remplacé M. Duprat à la tribune, et sans s'occuper des généralités dans lesquelles les orateurs s'étaient renfermés jusqu'alors, il a discuté les principes mis en avant en faveur de l'Université. Il soutint d'abord qu'il n'y avait aucune analogie entre l'Université impériale et l'ancienne Université de Paris : « L'une, dit-il, s'étendait sur toute la France, l'autre n'avait action que dans un cercle rétréci; cette dernière accordait la liberté de l'enseignement, la seconde la restreignait dans tous ses degrés.

» Pour trouver une solution utile à la question, il ne faut se placer ni au point de vue exclusivement universitaire, ni au point de vue exclusivement gouvernemental. Il faut se placer au point de vue le plus général, c'est-à-dire au point de vue de l'intérêt des familles, des pères et des enfants. »

L'orateur déclare qu'il veut la liberté de l'enseignement; il ne veut pas imposer de conditions d'études aux professeurs, aux instituteurs; il leur demandera seulement des garanties morales et scientifiques. Mais ce ne sera ni l'Etat, ni l'Université, ni le clergé, qui seront consultés pour juger de ces garanties : ce sera la société représentée par ses éléments divers, par la magistrature, par le clergé, par les conseils généraux, par toutes les puissances régulièrement fondées. C'est ainsi que, sans tomber dans l'exagération de la liberté, vous arriverez à une bonne organisation de l'enseignement. Ne dispensons personne de la surveillance de l'Etat, mais ne permettons pas à l'Etat d'empêcher l'instruction de se répandre, ou de la soumettre à des entraves dont elle ne pourrait se dégager.

L'intervention de l'Etat sera utile pour rallier les écoles privées aux écoles publiques et empêcher les premières de se jeter dans des voies périlleuses pour la société.

Il faut assurer la liberté par la conciliation et par la concurrence. On peut se consoler de l'apparition du socialisme si c'est à lui qu'on doit ce miracle de conciliation.

M. Béchard approuve la composition du conseil supérieur; il pense que M. Thiers n'a pas fait trop de concessions à l'esprit ecclésiastique, et que M. de Montalembert n'en a pas trop fait à l'esprit universitaire. Il trouve aussi que les conseils académiques présentent des garanties suffisantes, et que la liberté d'enseigner, donnée aux associations religieuses, est un moyen de s'opposer à l'invasion du socialisme. Ce discours, écouté avec une faveur marquée du côté droit et presque sans interruption du côté gauche, était pour ainsi dire l'inauguration d'un système de modération qui s'est continué dans la séance suivante où furent entendus MM. Lavergne et Fresneau.

M. Lavergne vaut évidemment mieux que la réputation qu'on a voulu lui faire ; on ne trouve dans son discours que des idées aussi raisonnables que modérées. Le principal vice de la loi, à ses yeux, est de donner une trop grande part au clergé dans l'enseignement secondaire, et de ne rien dire de l'enseignement professionnel, qui lui paraît d'une extrême importance dans l'état actuel de la société. L'Université, suivant ses adversaires, est contraire à la foi catholique. La première et la meilleure réponse à ce reproche, dit-il, c'est que notre siècle est plus religieux que le siècle précédent.

M. Fresneau pense que le débat roule sur deux préjugés : d'un côté, défiance contre l'Etat, de l'autre, défiance contre la religion. Ce qu'il y aurait à faire avant tout, ce serait d'examiner si l'état est capable de faire ce qu'on demande de lui.

« Il existe dans une partie de cette Assemblée une certaine tendance à exagérer les dépenses de l'Etat ; il y a quelques jours, mon honorable ami M. de Montalembert signalait cette tendance à accroître inutilement les charges du budget ; mais, indépendamment de l'impossibilité matérielle, il y aurait encore dans l'état de choses qu'on demande une certaine responsabilité morale que l'Etat ne peut accepter ; car s'il succombe sous cette responsabilité, on le calomnie, et c'est pour lui une nouvelle cause d'affaiblissement. »

Il termine par l'alliance dont le projet lui semble le gage entre l'Etat et l'Eglise ; et il constate avec bonheur le rapprochement qui s'opère entre la société civile et la société religieuse.

CHAPITRE VIII.

DÉVELOPPEMENT DU PRINCIPE DE LA LOI, SOUS LE RAPPORT RELIGIEUX.

Le débat tombait évidemment en langueur, l'ennui gagnait tout le monde, quand M. de Montalembert vint le ranimer avec une parole incisive, provocante et souvent acerbe pour l'Université. Nous ne pouvons rapporter toute cette harangue, qui reproduit des idées lancées depuis plus de vingt ans, par le parti qui convoitait la dépouille de l'Université.

Après avoir satisfait sa haine de l'enseignement universitaire, qui, dit l'orateur, ne fait que des républicains et des socialistes, M. de Montalembert se livre à son expansion habituelle pour les curés : « Ce sont nos quarante mille curés qui maintiennent l'ordre, ce sont eux qui sont les conservateurs des idées morales. C'est une grande erreur de vouloir borner le mal. Dans l'incendie d'une maison, on peut faire la part du feu ; dans l'incendie de l'âme, le feu prend tout. Il n'y a qu'un moyen de se préserver, c'est d'empêcher qu'il ne s'allume.....

» C'est la bourgeoisie qui a préparé le rationalisme, le scepticisme, aujourd'hui si menaçants, si inquiétants.

» Mais la bourgeoisie peut encore réparer le mal qu'elle a causé, c'est à deux conditions : la première, de se guérir elle-même ; la seconde, de se rendre bien compte de la profondeur et de l'intensité du mal. N'oublions pas, en effet, que cette société si fière, si sûre de sa grandeur, a été menacée d'être renversée par des hommes à qui elle ne faisait pas même l'honneur de les craindre. Aujourd'hui encore, qui la menace ? Sont-ce ces hommes austères que le monde produisait à la chute du paganisme ? Sont-ce ces scélérats grandioses qui ont renversé l'antique société française et inauguré la République ?...

» Non, rien de pareil ; la société est menacée par des conspirateurs de bas étage, dont le succès sera, aux yeux de l'histoire, un fait incompréhensible. Je le demande, qu'est-ce que la société a à attendre de ces conspirateurs, de ces affreux petits rhéteurs... — Il y eut, à ces mots, une explosion de bravos et de murmures qui fit sourire l'orateur ; puis il continua ainsi :

« Par quel moyen rendre l'éducation religieuse en France ? Il y a deux manières d'arriver à ce but : par la liberté ou la réforme de l'enseignement officiel ; je dirai tout à l'heure comment la commission a procédé à cet égard.

» La liberté d'enseignement a trouvé de nombreux néophytes dans cette enceinte ; je ne crois pas à cette efficacité souveraine ; mais nous croyons qu'avec cette liberté la religion rentrera dans l'éducation.

» Nous voulons la liberté parce que l'expérience contraire a mal réussi, et quand même le principe de cette liberté ne serait pas placé dans la Constitution, *le résultat de l'enseignement officiel suffirait pour nous prouver la nécessité de l'enseignement libre.*

» Mais cette liberté, nous ne la désirons pas illimitée; la Constitution s'oppose à ce que cette liberté soit illimitée, elle lui impose certaines limites; ces limites, nous les avons respectées; ces restrictions sont au nombre de trois : moralité, capacité et surveillance de l'Etat.

» Ceux qui ont pris la peine de lire le projet de loi ont dû voir que nous n'exigions pas trop de garanties pour la capacité.

» Je me suis appliqué à démontrer que le projet qui vous est soumis est sincère et complet. Je le répète encore à l'adresse d'une certaine opposition prise au sein même des anciens partisans de l'enseignement religieux. A ceux-là je réponds, que, si en 1844, alors que nous discutions cette grande question de l'enseignement à la Chambre des pairs, on nous eût apporté un projet semblable à celui d'aujourd'hui, nous l'eussions adopté avec empressement et reconnaissance; nous l'eussions voté d'acclamation comme présentant une bonne solution pour l'enseignement en général, et pour l'enseignement religieux en particulier. Je déclare donc que cette loi suffit aux besoins, et, pour achever de vous parler avec cette sincérité que je vous ai promise et qui m'anime, je vous dirai : Je n'ai pas peur que les catholiques manquent à la liberté, mais j'ai peur que la liberté manque aux catholiques. — Voilà pour la question de liberté.

» Maintenant, j'arrive à celle de l'enseignement officiel.

» Je ne crois pas que l'Etat, *dépouillé de toute religion*, ait l'autorité nécessaire pour enseigner. Il y a plusieurs motifs à cela, et, comme l'a dit un honorable orateur, il a déjà trop à faire. Mais en fait, je ne l'oublie pas, il y a une habitude faite, enracinée; je crois que le peuple français veut qu'on respecte l'enseignement officiel; je prends ce vœu en grande considération, et c'est pour cela que nous avons cherché à rendre cet enseignement bon et salutaire.

» Mais, dans l'examen auquel nous nous sommes livrés, nous avons reconnu que jusqu'ici il n'avait pas donné des résultats satisfaisants en morale et en politique; c'est pour cela que nous avons fait des innovations au conseil de l'Université, ce conseil suprême qui décidait en maître sur toutes les questions de l'enseignement public; nous y avons substitué un conseil supérieur dont vous connaissez la composition.

» Nous avons voulu substituer dans l'enseignement l'action de la société tout entière, représentée par des membres électifs appartenant à ses différents ordres, à l'action d'une corporation. Nous avons substitué la société tout entière, non pas à l'Etat, mais à l'Université. Nous réussirons ou nous ne réussirons pas, mais nous aurons donné une preuve de notre désir de conciliation.

» Cette œuvre de conciliation, elle a rencontré ailleurs des oppositions d'une autre nature; je regrette qu'elles ne se soient pas produites à cette tribune; mais cette opposition est un fait trop grave pour que je n'en dise pas quelques mots.

» Il faut que vous sachiez que cette conciliation a été

accueillie avec une répulsion très-vive de la part d'une portion de la presse catholique ; nos propres soldats se sont retournés contre nous et nous ont poursuivis de leurs réclamations ; ils ont bien voulu respecter nos intentions tout en critiquant nos actes, de sorte qu'ils nous ont laissé l'alternative de passer aux yeux du monde catholique pour des traîtres ou pour des imbéciles.

» Ce ne sont pas seulement des journaux qui nous ont ainsi poursuivis de leurs reproches, ce sont des hommes graves, de vénérables évêques, qui, si je suis bien informé, ont donné contre nous des cas de conscience.

» Je n'ai pas la prétention d'avoir fait, dans cette occasion, plus qu'un autre ; nous nous sommes tous montrés aussi conciliants et aussi modérés que possible.

» Je n'ai pas non plus la prétention d'avoir converti tous nos adversaires sur tous les points ; mais nous en avons trouvé d'autres qui nous ont tendu la main, quand nous nous sommes trouvés au lendemain de ce que nous regardions comme une catastrophe imprévue. Devions-nous repousser la main que ces hommes nous tendaient ?

» Sans doute, ils ne croient pas tout ce que nous croyons ; mais ils voulaient, comme nous, chercher un remède au péril commun, ils nous ont engagés à travailler avec eux à détourner le péril ; nous avons accepté avec la sincérité de cœurs dévoués à la patrie.

» On fait la paix après une victoire, après une défaite ; mais on la fait surtout après un naufrage.

» M. Thiers et moi nous avons naufragé en février, quand nous voguions, lui et moi, sur ce beau navire qu'on appelle la monarchie constitutionnelle...

» Alors, nous pouvions et nous devions discuter la direction du navire; mais quand la tourmente est venue l'assaillir, quand le pilote a été jeté à la mer, quand le navire a sombré, et quand nous nous sommes trouvés, lui et moi, sur un radeau...

» Je ne sais où le radeau nous conduit, mais je déclare qu'en regrettant le navire, je bénis le radeau. »

Jamais peut-être le satirique et religieux orateur n'a mieux aiguisé le glaive dont nos ultramontains font si grand cas lorsqu'il combat pour eux. Mais M. de Montalembert, homme de génie et de bonne foi, ne combattait que pour la religion et la société; cela ne faisait pas leur affaire. — Aussi, se sont-ils émancipés avec ferveur, avec délices, avec cette généreuse candeur qui les caractérise, contre le plus sérieux et le plus constant défenseur de l'église catholique.

Ne pourrions-nous pas dire en cette circonstance :

O spirituels ultramontains, ce sont là de vos coups!

C'est ainsi que toujours vous défendez la religion. — Que pourraient faire de mieux ses plus implacables ennemis?

CHAPITRE IX.

DÉVELOPPEMENT DU PRINCIPE DE LA LOI SOUS LE RAPPORT CIVIL ET UNIVERSITAIRE.

Il faut convenir qu'après une aussi brillante discussion, il était difficile de prolonger encore le débat. Cependant M. Thiers trouvait avec raison, que l'esprit et le but de la loi n'avaient pas été suffisamment exposés. Il crut nécessaire d'y revenir, non-seulement pour l'Assemblée, mais encore plus pour cette partie de la nation qui aime à se rendre compte des travaux législatifs. Il n'osait toutefois dire ce qu'il pensait de quelques discours malencontreux qui lui paraissaient avoir compromis le succès de la loi.

Il avait, comme tout le monde, entendu avec une vive satisfaction le discours de M. de Montalembert; mais, comme tout le monde, il le trouvait aussi dangereux qu'utile, en raison des idées tranchantes et hostiles à l'Université dont il abondait; il crut donc important de rétablir la discussion sur un terrain solide, et il le fit avec un tel prestige, qu'on put regarder la loi comme votée sous la seule influence de sa parole lumineuse. Nous ne saurions rapporter ici dans son entier ce discours si remarquable, mais nous en rapporterons du moins assez pour donner une juste idée de l'effet qu'il a produit. — C'est pour nous un devoir de ne rien omettre de tout ce qui peut jeter un vif éclat sur cette grave question.

« Ce projet est l'ouvrage de deux commissions successivement nommées par le ministre de l'instruction publique, l'une pour préparer le travail et l'autre pour le réviser. J'ai eu l'honneur de présider les deux commissions, je suis donc en bonne position pour vous en faire connaître l'esprit; cet esprit, je le résume en un seul mot, c'est l'esprit de transaction et de conciliation.

» Les transactions que nous vous proposons ont excité de part et d'autre des plaintes très-vives, non-seulement dans le sein de l'Assemblée, mais encore au dehors.

» Vous voyez que, dans cette discussion, je ne m'écarte pas de ma franchise habituelle; oui, la loi n'a été faite ni pour l'Université ni pour le clergé, elle a été faite pour la société.

» Sans doute cette loi assure des avantages considérables au clergé; *mais ce sacrifice était impossible à éviter;* vous allez voir que l'enseignement par l'Etat n'a point à en souffrir, et que la conciliation de tous les intérêts sera facile si on veut être de bonne foi.

» Depuis deux ans, j'ai appuyé vos pouvoirs éphémères ; j'ai soutenu tout ce qui luttait pour empêcher la société de périr; vous avez eu mon obéissance légale, mais vous n'avez eu ni mes convictions ni mon indépendance. Personne n'a donc le droit de m'appeler apostat.

» On prétendra, du moins, que je me suis très-modifié, en ce qui concerne la loi de l'enseignement; ah! je l'avoue, en présence du péril immense qui menaçait et qui continue à menacer la société, oui, j'ai pu avoir l'intention d'oublier mes anciennes querelles pour ne songer qu'à fortifier les pouvoirs établis et légaux.

» Eh bien! oui, j'ai eu cette intention, et c'est pour cela que j'ai tendu la main à l'honorable M. de Montalembert; oui, je l'avais cette intention, en travaillant à la loi que nous discutons en ce moment.

» Je n'étais pas partisan de la liberté de l'enseignement; mais je vous l'ai dit, vous avez mon obéissance légale, parce que je suis bon citoyen, et que je me soumettrai toujours aux lois de mon pays. Eh bien, qu'avez-vous dit dans la Constitution? Vous avez proclamé la liberté de l'enseignement, sauf la surveillance de l'Etat.

» Mais ne voyez-vous pas que la question est résolue, non pas par moi, qui n'aurais jamais voulu la liberté en matière d'enseignement, mais par vous, par la Constitution que vous avez faite, car je ne l'ai pas faite, cette Constitution, c'est vous; moi je n'ai eu qu'à lui donner mon obéissance.

» Le jour où cet article de la Constitution a été voté, il n'y a plus eu à discuter sur le principe; il n'y a eu qu'à se concerter sur la forme et sur le mode de surveillance.

» Oui, le projet fait une grande concession au clergé; mais je me trompe, concession n'est pas le mot, puisque c'est un droit que lui confère la Constitution. Les avantages sont grands, je le confesse, mais il faut les subir, puisque c'est vous qui les avez donnés.

» De ce côté de l'Assemblée (¹), au milieu de bons discours, on s'est livré à de grandes déclamations pour combattre le projet ; on a signalé les prétentions, les tendances du clergé, et on n'a pas dit un mot de vrai sur ces prétentions, sur l'objet de sa véritable ambition. Savez-vous ce qui blessait le plus le clergé dans l'ancien état de choses? C'est le régime des petits séminaires. Il ne demandait qu'une chose, la faculté d'enseigner dans les petits séminaires comme on enseigne dans les collèges communaux, dans les établissements privés qui avaient obtenu l'autorisation préalable de l'Université. Il voulait que les vingt mille élèves qui sont dans les séminaires ne fussent pas trop astreints à se faire prêtres ; ils voulaient qu'ils pussent devenir bacheliers pour pouvoir entrer dans les carrières libérales.

» Il se plaignait qu'après leur sortie des petits séminaires beaucoup de jeunes gens qui ne se sentaient plus la vocation d'entrer dans les ordres, en étaient réduits aux professions manuelles, à la petite industrie, au petit commerce, faute de pouvoir faire reconnaître par l'Université l'instruction qu'ils avaient reçue.

» Cette plainte du clergé, je la trouvais juste ; ce n'était pas la seule. Les jeunes gens des petits séminaires sont, en général, pauvres ; les riches ne leur venaient pas suffisamment en aide ; ces établissements étaient gênés, et voilà pourquoi la Restauration avait créé pour eux deux cents bourses.

» Pour quiconque connaît la matière que nous cher-

(1) L'orateur indiquait les bancs de la gauche, compactes et silencieux.

chons à éclairer, le seul avantage accordé au clergé, c'est celui fait aux petits séminaires ; je l'aurais regretté il y a trois ans, mais je ne le regrette plus ; je vais vous dire avec franchise pourquoi.

» Aujourd'hui, je n'ai plus pour le clergé les ombrages que j'avais, il y a trois ans ; je craignais certaines doctrines, et j'aimais à m'appuyer de l'opinion de certains docteurs, comme Bossuet qui voulait que l'Eglise française fût indépendante de l'Eglise de Rome, mais cependant qu'elle fût soumise ; je voyais dans cette opinion de Bossuet quelque chose qui me charmait ; j'y voyais en même temps l'humilité du prêtre et la fierté du citoyen.

» Je ne sais si je me trompe, mais il me semble que les quatre propositions de Bossuet font partie de la gloire française.

» Eh bien ! croyez-vous qu'après l'abîme dans lequel nous avons été plongés... Quand une dynastie a été emportée, croyez-vous que je demeurerai encore sensible à la manière d'entendre ces différences entre l'Eglise française et l'Eglise romaine ? Non ; après cette grande tourmente que nous avons essuyée, j'ai tendu la main à M. de Montalembert ; je la lui tends encore ; et malgré les nuances qui nous ont divisés jadis, ma main est dans la sienne et elle y restera unie pour la défense de cette société si profondément menacée.

» Ce n'est pas par un changement de doctrines, ce n'est pas par une abdication de ma volonté, c'est pour le salut des éternels principes de la société et du gouvernement que je me suis rallié à ces hommes pour vous combattre.

» Maintenant, après avoir dit les motifs qui nous ont inspirés dans la confection de la loi, c'est-à-dire après que nous avons obéi à nos principes et non aux vôtres, je passe à ce qui concerne les détails de la loi.

» On avait été jusqu'à contester à l'Etat la faculté d'avoir des écoles, on a contesté jusqu'à l'existence du corps universitaire. Nous lui avons conservé la juridiction, la collation des grades et les inspections.

» Les adversaires de l'Université n'ont pas eu gain de cause sur un seul point. Nous avons maintenu les écoles de l'Etat; nous avons conservé le rectorat et l'inspection. Nous avons tout conservé.

» Il y avait des esprits très-distingués qui se sont demandé si l'Etat avait le droit d'avoir des écoles. On nous disait : Quoi! nous, chefs d'institutions libres, nous, membres du clergé, nous serions soumis à l'inspection d'hommes qui ne sont pas familiarisés avec nos méthodes, qui leur sont peut-être hostiles! Cela leur paraissait impossible, et cependant nous avons maintenu l'inspection entre les mains de l'Université.

» On nous objecte que nous modifions profondément le conseil supérieur de l'enseignement; mais ne voit-on pas que si nous ne l'avions pas modifié, autant valait-il le laisser dans l'état où il est aujourd'hui. Si on voulait tirer de cette composition un argument contre nous, je répondrais : Autrefois, l'enseignement était tout entier dans l'Université, et il convenait que ce fût le conseil de l'Université qui jugeât tout ce qui y avait trait; mais aujourd'hui, comment voulez-vous que des écoles publiques, que des écoles privées, des écoles ecclésiastiques, soient jugées uniquement par l'élément universitaire? Quoi, vous ne voudriez pas que les trois éléments de votre système d'enseignement fussent représentés dans le conseil supérieur? Mais vous n'y songez pas, ce serait vouloir une chose absurde. »

A ce mot *absurde*, commence une agitation très-vive à l'extrême gauche, et bientôt les interruptions les plus grossières empêchent l'orateur de continuer son discours. Il attend, imperturbable, et continue ainsi :

« Au nom de tous les principes, pouvez-vous nier celui-ci, que la partie gouvernée tout entière doit être gouvernante à son tour? Eh bien! dans le conseil supérieur, le corps universitaire a ses représentants; la magistrature, les cultes dissidents, les hommes d'Etat, ont leurs représentants, et vous ne voulez pas que le clergé ait les siens ! »

M. Thiers, après avoir expliqué le mécanisme de cette partie de la loi, arrive aux attributions qu'elle détermine : « A la commission permanente, uniquement composée de représentants de l'Etat, nous donnons le courant des affaires qu'elle connaît mieux que tout autre, l'administration des établissements, le budget, le personnel. Au grand conseil (section permanente), nous donnons la rédaction des règlements, la partie législative. »

Mais l'opposition de gauche ne veut rien entendre. Le mot *jésuite* est sur toutes les lèvres ; il semble que l'orateur l'entend prononcer ; il se dispose à répondre aux objections qu'il soulève ; il dit à la gauche que, minorité maintenant, et aspirant à devenir majorité, elle devrait écouter froidement, répondre, éclairer la question à son point de vue, et qu'en ne le faisant pas, elle méconnaît toutes les règles d'un gouvernement libre.

Il se récrie qu'on viole la cause sacrée de l'ordre. L'ordre contient la patrie tout entière, sa grandeur, son avenir, tout ce qui est le plus cher. Ce mot d'*ordre*, ne le prenez pas pour un ennemi; c'est le seul mot qu'on puisse prononcer aujourd'hui... « Dans le temps où nous vivons, dit-il en terminant, temps si difficile, si mêlé d'imprévu, prévoir, prédire est une grande témérité; je ne voudrais rien prédire, et cependant j'y crois, parce qu'en vivant un an entier avec les représentants des intérêts divers, en lisant dans leur cœur, dans leur esprit, j'ai vu qu'il était possible de se concerter, de s'entendre, de faire cesser des guerres déplorables entre amis communs de la société.

» Je vous appelle tous à considérer un fait, un grand fait. On dit : la guerre continuera. Elle a cessé, elle n'existe plus; il y a deux ans que le clergé et l'Université ne combattent plus. Qu'est-ce qui a fait cesser la guerre? Le voici : D'un côté, les grands intérêts qui doivent réunir tous les honnêtes gens en présence des dangers qui nous menacent, et, de l'autre, la certitude, en lisant notre Constitution, que ce qu'ils désirent ne peut leur être refusé. Savez-vous ce qu'il faudrait pour faire renaître la guerre? Il faudrait refuser la loi; je ne dis pas tous ses détails, mais le principe de la loi.

» On a quelquefois dit : l'Université c'est la philosophie; l'Eglise c'est la religion. Permettez-moi de vous faire connaître ici tout le secret de mes sentiments. Je crois, j'espère qu'on peut faire vivre ensemble la religion et la philosophie.

» J'ouvre l'histoire du monde, et je vois ces deux grandes puissances, la religion et la philosophie, se combattre souvent, puis faire la paix après avoir combattu. Je les vois se combattre, lorsque quelque grande question s'élève, qui remue à la fois le cœur et l'espèce humaine; mais je vois qu'après ces luttes, elles y ont, en général, plutôt gagné que perdu. La religion, cette puissance auguste, permettez-moi de le dire, y a gagné un peu de savoir humain; la philosophie y a gagné le respect des choses sacrées.

» Elles se sont rapprochées, et je n'ai jamais vu, en prenant, non pas l'histoire factice faite par les partis, mais l'histoire vraie; je n'ai jamais vu que l'une ou l'autre eût succombé. Ce sont deux sœurs immortelles qui ne peuvent pas périr! La religion et la philosophie sont nées le même jour, le jour où Dieu a mis la religion dans le cœur de l'homme et la philosophie dans son esprit; il faut qu'elles vivent ensemble, immortelles, à côté l'une de l'autre, qu'elles ne se séparent pas, et que, dans les temps d'épreuve, elles cherchent à se rapprocher plutôt qu'à se détruire. —C'est mon vœu; je crois qu'il est réalisé dans la loi. »

Trois orateurs et le ministre de la justice prirent encore la parole, mais sans pouvoir se faire entendre. On demanda à voter sur la deuxième lecture; il y avait 642 représentants; elle fut votée par 455 contre 187.

CHAPITRE X.

LA DÉMOCRATIE EST-ELLE LA SEULE PUISSANCE LÉGITIME?

Avant d'analyser le discours qui a soulevé cette question, disons un mot de celui qu'a prononcé M. de Kerdrel, quoiqu'il s'en éloigne beaucoup.

Dans ce discours un peu vif, M. de Kerdrel a soutenu que toute la loi était dans l'article 1er ; ce qui est une grave erreur. Nous ne pouvons qu'applaudir à ce qu'il a dit de l'esprit de transaction; nous ne pouvons que joindre nos vœux aux siens pour que cet esprit domine bientôt sur toute la France; nous adoptons pleinement l'idée que la Constitution de 1848 n'est qu'une transaction, que la république n'a été acceptée qu'à titre de transaction (1), mais nous ne saurions reconnaître avec lui ce principe, que l'Eglise est trop habituée à respecter et à enseigner l'autorité pour jamais demander d'en être délivrée. « Elle sait, disait l'orateur, que toutes choses de
» ce monde doivent être réglées, et qu'il n'appartient
» qu'à Dieu de ne reconnaître que sa volonté pour loi. »

(1) Il est inutile de dire que cette appréciation date de 1850.

En principe général, l'histoire est là pour réfuter M. de Kerdrel. Mais, même en se renfermant dans la loi, dans sa discussion, dans ce qui l'a précédée, dans ce qui l'a suivie, dans les doctrines absolues des évêques sur les séminaires, le clergé ultramontain prouve tous les jours qu'il a un esprit d'envahissement qu'il faut se garder de confondre avec l'esprit de mansuétude de la religion.

Nous n'acceptons pas non plus cette pensée de M. Arnaud, que la seule puissance légitime aujourd'hui c'est la démocratie. — La seule puissance légitime c'est la loi, considérée comme l'expression de la volonté nationale; et c'est une grande erreur que de considérer la France comme un état démocratique dans le sens adopté par M. Arnaud. L'esprit démocratique est puissant, mais il n'est pas tout; il est trop neuf pour dominer les traditions monarchiques et pour effacer les intérêts généraux du pays qui, jusqu'à présent, n'ont reçu de la démocratie que des souffrances. Il ne faut pas oublier que toutes nos libertés nous viennent de la révolution de 89, et que cette révolution a été tuée par la démocratie.

Que l'élément démocratique soit de l'essence de notre Constitution, c'est une chose incontestable; mais dire qu'il est la seule puissance légitime, c'est émettre un principe repoussé par les faits, par le droit, par les intérêts nationaux, par la raison même. M. Arnaud l'a reconnu plus tard, quand il a dit ceci : « C'est à l'état de puis-
» sance que l'Eglise déclare accepter une transaction avec
» l'Etat; oubliant qu'en présence de notre Constitution
» *il n'y a d'autre puissance que l'Etat.* »

M. Arnaud a eu raison aussi de dire qu'on ne pouvait

assimiler la transaction actuelle avec le concordat, parce que dans le concordat, l'Eglise stipulait pour elle, pour son régime, pour l'exercice du culte, tandis que dans la transaction d'aujourd'hui, elle stipule pour un intérêt temporel, pour consolider une influence légitime, sans doute à partir de la date de la loi; mais à partir de là seulement. La loi est donc une transaction entre le gouvernement et le clergé, rien de plus, il n'y a là rien de sacré; c'est une affaire bonne selon les esprits pratiques, détestable selon l'esprit divin, comme l'entendent les chefs du parti ultramontain.

Telle était certainement la pensée de tous les universitaires. Ils ont horreur de l'ultramontanisme, au moins autant que l'ultramontanisme a horreur de l'Université. Mais il ne faut pas oublier qu'entre ces deux puissances, il en est une troisième qui a *le droit* de les dominer, le pouvoir de les assouplir; c'est l'autorité essentiellement modératrice, seule pourvue de la force effective, qu'on appelle l'Etat; or, l'Etat aujourd'hui trouve toute sa puissance dans les quatre articles de 1682, dans les lois de 1789, dans le concordat et dans la constitution de 1852, dont l'article 1er reconnaît, confirme et garantit ces bases de notre droit public; et cette puissance est bien autrement efficace que celle de la démocratie.

CHAPITRE XI.

CE QUE C'EST QUE L'ÉGLISE, A L'ÉGARD DE L'ENSEIGNEMENT POPULAIRE.

Ce qu'on vient de lire a paru dur aux esprits religieux qui siégeaient à l'Assemblée nationale.

Quelle différence entre l'Eglise, telle que la comprennent certains orateurs et telle que la comprend M. de Riancey! « Vous ne connaissez pas l'Eglise, s'est-il écrié, si vous la connaissiez, vous seriez justes envers elle, vous diriez que c'est l'Eglise qui a fondé notre société, qui la défend depuis des siècles, qui ne la domine pas, qui ne veut pas la dominer, mais qui la guide et l'éclaire.

» J'ajoute que l'honorable préopinant ne connaît pas les sentiments du peuple pour l'Eglise; le peuple aime l'Eglise, parce que l'Eglise l'aime; il l'aime pour ses bons enseignements, pour ses bonnes doctrines, pour ses bonnes œuvres, pour son dévouement, pour sa charité, pour sa charité surtout; car pendant que les puissances temporelles discutent sur les misères du peuple, l'Eglise les soulage. — Liberté et dévouement, voilà la devise de l'Eglise... J'ai dû la rappeler, quand vous venez de la voir défigurer à ce point qu'elle n'était plus reconnaissable.

» Je n'ai pas la prétention de parler au nom de l'Eglise; ce n'est donc pas à ce point de vue que je me place pour juger l'article 1er du projet. — Pour le bien apprécier, je me place au point de vue du citoyen, du père de famille.

» Pour le père de famille, des écoles libres, pour toutes les croyances politiques et religieuses, le choix des institutions à donner à leurs fils, voilà ce que veut l'article 1er. A côté des écoles libres, viennent les écoles de l'Etat. Ici, il faut tenir compte des habitudes françaises. Le collège est le vestibule par où il faut passer pour pénétrer dans le sanctuaire des professions libérales, c'est la première étape à faire pour se lancer dans la carrière.

» En France, par cela même que, depuis longtemps, l'Etat s'est fait instituteur, on trouverait difficilement, en dehors du corps enseignant qui le représente, assez d'hommes éclairés pour qu'on puisse se passer de son concours.

» C'est là un des éléments de l'article 1er; c'est quelque chose de rassurant, en effet, que de voir entrer dans le conseil supérieur des hommes qui se sont voués depuis longtemps à l'enseignement, qui peuvent y apporter leur longue expérience. Si cet élément du conseil était seul, j'avoue qu'il ne me rassurerait pas; mais à côté de lui, je vois des éléments nouveaux pris dans toutes les sommités de la société qui, ceux-là, en même temps qu'ils seront modifiés par les premiers, sauront, à leur tour, les arrêter dans des prétentions trop invétérées.

» On fait un autre ordre de reproches à l'Université. On lui dit qu'elle ne donne pas une direction utile à son enseignement, qu'elle ne sait pas l'approprier aux besoins à venir de ses élèves ; en d'autres termes, on lui reproche de donner une extension trop exclusive à l'enseignement du grec et du latin.

» Il y a bien quelque chose de vrai dans ce reproche; mais la faute en est-elle bien à ces deux langues qui ont doté l'humanité de chefs-d'œuvre, qui ont fait sortir notre nation et tant d'autres de la barbarie, à cette langue latine qui est la langue de la foi et de la prière?

» On sait comment les gouvernements ont réussi à donner l'éducation, on sait que les générations qu'ils ont élevées ont toujours été en avance sur eux d'une révolution.

» Essayons donc d'unir à la puissance de l'Etat les puissances intellectuelles et les plus vives de la société ; c'est dans ce but que l'article 1er du projet a été proposé.

» C'est une grande et redoutable expérience; il y a des périls, des dangers, des obstacles ; la loi n'est pas parfaite, sans doute, mais c'est une œuvre de transaction et de transition ; elle n'atteindra peut-être pas son but ; mais ce sera déjà un assez bel honneur de s'être associé à cette tentative. »

Ce langage d'un homme connu par sa piété, par son caractère conciliant, a produit un excellent effet sur l'Assemblée, du moins sur la portion qui écoutait. Il est à regretter que tous ceux qui appuyaient la loi, par suite de la faveur dont elle devait couvrir certains personnages qu'on était impatient de produire au grand jour, ne l'aient pas adoptée. Nous ne trouvons à reprendre que les derniers mots. Dire qu'une loi est une œuvre de transaction est admissible, mais il ne l'est pas de la considérer comme une œuvre de transition. Lui enlever de sa stabilité c'est lui ôter toute sa majesté.

On ne comprend pas assez combien les idées de stabilité ont d'influence sur le bonheur des peuples et combien de force elles donnent aux gouvernements. La plus grande, la plus funeste erreur de l'Assemblée constituante, est précisément dans la destruction de la stabilité; dans l'esprit novateur qu'elle a substitué à l'esprit conservateur, dans la confusion qu'elle a jetée partout quand il fallait partout fortifier l'esprit d'ordre et l'opposer avec énergie à la confusion qui s'établissait en souveraine dans les institutions, dans l'Etat, dans l'instruction publique, dans les rapports sociaux et jusque dans les familles.

CHAPITRE XII.

COLLISION.

C'était un spectacle navrant que celui que présentait l'Assemblée nationale lors de l'examen des questions les plus graves; il ne le fut jamais autant que lors de la lutte entre l'acrimonieux Jules Favre et le placide évêque de Langres, qui se battait les flancs pour se donner l'air agité, mais qui, dans le fond, n'était que profondément indigné de se trouver l'objet de telles atteintes.

Cette fâcheuse discussion eut lieu à propos de l'article 5 relatif au conseil supérieur.

M. Favre, dans un discours dont la première partie a été accueillie avec faveur par toutes les fractions de l'Assemblée, a soutenu que le mélange du clergé aux autres membres du conseil amènerait des dissidences funestes. On pense bien qu'il y eut entre les deux orateurs une énorme différence de langage; mais jamais M. Favre ne s'est montré plus mordant, plus incisif qu'il ne l'a fait dans la seconde partie de son discours, plein de citations malignes et de personnalités presque offensantes; aussi ne reproduisons-nous ici que ce qui nous a paru susceptible d'éclairer la question, et ne le faisons-nous qu'afin que notre narration soit complète.

Voici comment cet orateur a traité la question d'attribution au point de vue du jugement des écrits :

« Faire vivre en paix et d'accord la liberté et la religion, c'est un miracle qui n'aurait pu avoir lieu il y a cinquante ans; le *rationalisme* seul a accompli cette tâche : lui seul était capable de l'accomplir.

» En effet, n'est-ce pas un miracle du rationalisme que de voir réunis dans le même conseil quatre princes de l'Eglise avec un continuateur de Luther, avec un successeur de Moïse, un ministre de cette religion qui enseigne que le Christ a été légitimement mis à mort, et qui attend encore le Messie !

» Mais quand il s'agira de matières de dogme, quelle conciliation sera possible entre des éléments si divers, si opposés ?

» Quand il s'agira de l'histoire sainte, de l'histoire du peuple hébreu ou du peuple grec, espère-t-on que les croyances qui s'excluent, qui se damnent, qui se sont si longtemps combattues le fer à la main, pourront parvenir à s'entendre ? Il sera impossible que des controverses ardentes n'éclatent pas chaque jour. J'ai entendu une voix proclamer à cette tribune la mansuétude de l'Eglise catholique; malheureusement l'histoire donne un cruel démenti à cet orateur. L'Eglise est la corporation des docteurs transmettant la tradition de la foi ; ses ministres ont toujours été savants, quelquefois vertueux; mais l'Eglise a toujours été absolue dans ses écrits et souvent sanguinaire; souvent des écrits ont été condamnés par elle au feu; souvent aussi les auteurs ont accompagné leurs écrits. C'est là un souvenir que ne devraient pas perdre de vue ceux qui veulent aujourd'hui ressusciter les temps anciens.

» Tous les jours j'entends répéter que la liberté de la presse, c'est-à-dire la liberté de penser, est destructive de tout gouvernement. L'Eglise de Rome a sans cesse appliqué cette doctrine en proscrivant un grand nombre de livres. Je demande ce que feront les princes de l'Eglise quand il s'agira de statuer en conseil supérieur sur ces livres. Les *Dialogues* d'Erasme ont été condamnés à Rome, et un des amis d'Erasme a été brûlé en place de Grève sous les yeux d'un cardinal pour les avoir imprimés.

» Cependant les *Dialogues* d'Erasme sont admis dans les collèges comme livres classiques.

» Les *Provinciales* de Pascal, qui peuvent en effet gêner quelques consciences, ont été condamnées par l'Eglise; les *Maximes des Saints*, de Fénelon, ont été aussi l'objet d'une condamnation; quand il s'agira de savoir si ces livres seront permis dans les collèges, ne devons-nous pas craindre de voir des luttes déplorables éclater dans le conseil supérieur?

» M. l'évêque de Langres a pressenti ces luttes quand il a fait ses réserves à la fin de son discours, et lorsqu'il a dit qu'il se retirerait si, dans le sein du conseil, on voulait faire violence à sa foi; et des bancs du gouvernement on lui a répondu : Votre foi ne sera pas menacée.

» Voilà quelle concorde unira, dans le huis-clos du

conseil, les deux sœurs immortelles, qui, selon les paroles d'un brillant orateur, ne demandent qu'à s'embrasser. Quand l'esprit laïque voudra défendre les productions de l'esprit humain contre les bulles du pape et contre les souvenirs des bûchers de l'ancien régime, la scission éclatera, et les princes de l'Église seront nécessairement conduits à excommunier leurs collègues laïques. Voilà quel sera le fruit de cette combinaison naïve qui a présidé à la composition du conseil supérieur. »

Nous ne pousserons pas plus loin l'analyse de ce discours ; nous ne croyons pas que nos lecteurs nous en sachent mauvais gré, et nous terminerons cette partie de la discussion par des paroles de M. l'évêque de Langres, qui laissent encore plus à désirer que son premier discours. Les voici :

« Comme l'attribution du conseil supérieur semble devoir s'étendre jusqu'aux doctrines, je vous demande la permission de vous faire comprendre quelle sera la position des évêques quand il s'agira d'objets religieux. Je vais vous parler avec franchise, car il ne faut pas d'équivoque en un si grave sujet.

» Il ne suffit pas d'appeler les évêques dans un conseil, *il faut qu'ils y viennent, qu'ils y soient envoyés par leurs collègues. Or, ils ne les y enverraient pas, si ce que je vais dire n'était pas d'avance reconnu et admis.*

» Pour ma part, en consentant à ce que les évêques fassent partie du conseil supérieur, je n'ai ni compris ni soupçonné qu'ils dussent transiger avec leur foi, qu'ils dussent faire faillir leurs pures et inflexibles doctrines devant des erreurs. Ce serait une apostasie devant Dieu, et, ce qui est moins, ce serait un déshonneur devant les hommes. Pour moi, je consentirais à tout perdre, même la vie, avant de commettre un tel manquement à mes devoirs.

» Je désavoue donc d'avance toute transaction de ce genre. Je repousse avec indignation toute interprétation qui tendrait à faire croire à notre bonne volonté à cet égard, et si l'alliance de la religion et de la philosophie, comme l'honorable M. Thiers a appelé le projet de loi, devait avoir cette conséquence de faire violence à notre foi, à nos doctrines, j'aurais le douloureux devoir de me séparer de lui.

» J'ai compris que les évêques étaient appelés au conseil supérieur pour y défendre la liberté, l'intégrité et l'inviolabilité de ces saines doctrines dont il n'est permis à aucun membre de l'Eglise de changer un iota. Les évêques ont reçu ces doctrines comme un dépôt intact, et c'est d'elles qu'il a été dit : *Depositum custodi.*

» On a dit que les persécutions religieuses n'étaient plus possibles; mais ce qui est possible encore, c'est qu'on veuille attrister, contrister les consciences des ministres des autels ; — ce qui est possible et ce qui n'est que trop vrai, c'est que tous les hommes capables de porter un jugement en cette matière s'aperçoivent qu'en France nous périssons par défaut de croyance.

» J'en ai conclu que lorsque des évêques sont appelés dans le conseil supérieur de l'enseignement, c'est, non pour y gêner les croyances de personne, non pour persécuter, mais pour professer, pour propager leurs propres croyances. J'ai pensé enfin que, dans l'esprit de la loi, l'Etat n'enseignerait pas, parce qu'il n'a pas de doctrines; mais qu'il laisserait enseigner ceux qui en ont, et que l'enseignement serait plus spécialement sous la protection du ministre des cultes. Il n'y aura pas d'écoles mixtes; c'est du moins la pensée de la commission d'en diminuer le nombre. Voilà ce que j'ai trouvé dans le projet de loi ; telles sont les convictions qui m'ont permis d'y donner mon adhésion.

« On peut croire, peut-être, que nos espérances sont chimériques; s'il doit en être ainsi, je ne crains pas de dire que, dans ce cas, la position faite aux évêques *serait inacceptable*. Si donc, nous nous étions trompés, si nos espérances étaient vaines, il faudrait non-seulement adopter l'amendement de M. Cazalès, mais repousser la loi; si d'ailleurs, vous ne la repoussiez pas, *les évêques ne seraient pas envoyés au conseil par leurs collègues*.

» Mais je ne puis croire qu'on ait voulu placer les évêques dans une fausse position; depuis deux ans que j'ai l'honneur de siéger dans cette enceinte, j'ai trop l'expérience de l'Assemblée pour croire qu'elle veuille s'associer à tromper l'Eglise, en supposant que ce soit l'intention des auteurs du projet, *ce que je suis bien loin de croire*.

» Mais si, au contraire, on veut protéger la liberté de conscience en même temps que régler la liberté de l'enseignement, alors je ne dirai pas qu'il n'y a plus de dangers, il y a des dangers partout, mais je dirai qu'il y aura dans cette situation, possibilité sérieuse de faire un certain bien, peut-être un bien considérable, et certitude que les ministres de l'Eglise y concourront avec zèle et dévouement.

» Je n'ai plus que quelques mots à dire. J'ai déjà dit que la gloire de l'Eglise catholique, c'est de la condescendance poussée aux dernières limites possibles.

» On lui conteste cette vérité, dont cependant elle a donné tant de preuves, tout spécialement depuis soixante ans. On vous a dit que ce serait un honneur pour l'Eglise d'être appelée dans le conseil supérieur ; pour moi, je le répète, *je n'y vois que de la condescendance.*

» Que pourra-t-elle gagner à cet honneur ? être trompée encore une fois, elle qui l'a été si souvent, et qui n'a jamais trompé personne. S'il arrivait que, dans cette circonstance, elle fût encore trompée, la France verrait, l'histoire dirait et Dieu jugerait de quel côté sont la loyauté et la fidélité aux engagements. »

Ces paroles de M. l'évêque de Langres furent très-mal interprétées par une portion de l'Assemblée. On affecta d'y voir des réticences, qui probablement n'y étaient pas. Cela prouve combien il est difficile de dire ce qu'il faut, et rien au-delà de ce qu'il faut. — La délibération marchait lentement, les questions se croisaient, ne s'approfondissaient pas ; il y avait à chaque instant des querelles individuelles, des susceptibilités puériles, des colères burlesques, qui paraissaient n'avoir d'autre objet que d'embarrasser le débat. Nous allons, dans le chapitre suivant, la voir relever par un langage digne d'un tel sujet.

CHAPITRE XIII.

APPRÉCIATION PHILOSOPHIQUE DE LA LOI.

M. Thiers, bien qu'il n'eût aucune inquiétude sur le sort de la loi qu'il avait en quelque sorte faite sienne, par l'incomparable talent qu'il avait mis dans sa défense, fut vivement pressé par ses amis de reprendre la parole. Il le fit avec un succès plus grand encore que la première fois, car le nombre de ses adversaires et de ses interrupteurs était singulièrement accru, et tous l'attaquaient avec une résolution qui semblait celle du désespoir. Il releva tout, répondit à tout et l'emporta partout. Nous reprenons seulement les passages de sa lumineuse discussion, sur les points qu'il n'avait pas encore traités. Il jette çà et là des réflexions qui paraissent si simples, que chacun croit les avoir faites, mais qui, cependant, n'étaient encore venues à personne.

Répète-t-on pour la vingtième fois que les collèges sont dirigés dans un esprit irréligieux : « Je ne vous accorde pas cela, dit-il ; disons la vérité, toute la vérité. J'ai cru remarquer que dans les établissements de l'Etat, il y a moins de *pratiques religieuses*, mais je ne suis pas convaincu que le résultat soit de produire des esprits moins religieux.

» Le collège peut quelque chose sur la jeunesse, il peut beaucoup moins que la famille. De quelque manière qu'on s'y prenne, on fera difficilement une génération autre que la société au milieu de laquelle elle est placée.

» Eh bien! j'ai cru remarquer que peut-être l'un des moyens les plus certains d'amener la jeunesse à l'esprit religieux, c'était de respecter beaucoup sa liberté.

» Je crois que des établissements religieux qui se proposeraient le but de vouloir insister trop sous ce rapport, produiraient dans la jeunesse, au moment où elle sort du collège, une réaction qui ne serait pas favorable à l'esprit religieux. Pour traiter l'enfant en homme libre, de quelque manière qu'on s'y prenne, on fera la société du temps actuel, qui n'est pas la société railleuse, incrédule du dix-huitième siècle; qui n'est pas davantage la grande et belle société croyante et héroïque du siècle de Louis XIV. Et je le déclare tout de suite, j'ai, dès mon jeune âge, préféré cette société de Louis XIV à celle du dix-huitième siècle.

» Non pas que je désavoue l'admiration que j'ai toujours eue pour les grands génies du dix-huitième siècle; non pas que la révolution de Février, qui a produit tant de changements dans les esprits, et qui a tant éloigné la France, presque tout entière, de tant d'idées libérales, philosophiques même, qui étaient en elle; non pas que cette révolution ait bouleversé mon esprit jusqu'à diminuer la grande estime que j'ai pour des hommes tels que

Voltaire, Buffon, Montesquieu, non ! Mais j'aime mieux une grande société qui a sa voie tracée devant elle, qui y marche nettement, sans ambages, sans doutes, sans ces discussions malheureuses qui affaiblissent et qui appauvrissent les esprits; qui y marche grandement, comme cette société héroïque, savante, qui nous donnait la bataille des Dunes, la bataille de Rocroy et *Athalie*, j'aime mieux cette société; j'aime mieux l'état des esprits sous Louis XIV que l'état des esprits sous Louis XV; ce sentiment, je l'ai eu à toutes les époques de ma vie.

» Mais dépend-il de la volonté du législateur, de l'enseignement, d'amener une société de l'une de ces époques à l'autre? Non, je ne le crois pas. Je déclare ici que je crois à l'impuissance des institutions humaines; l'esprit humain est le plus fort. Tout ce qu'une éducation bien entendue peut produire, c'est ceci : de vous donner la société actuelle qui est, en partie croyante, en partie non croyante, mais chez tous, respectueuse.

» Eh bien ! quant à moi, je ne crois pas que l'Université soit responsable ou de ce qu'on peut reprocher aux mœurs du temps, ou de ce qu'on peut reprocher à l'état des croyances. Je ne le crois pas. Je veux être impartial et dire les choses comme elles sont.

» Maintenant, au point de vue de l'enseignement, je crois que l'Université enseigne mieux, sous le rapport des lettres, de l'instruction, que les autres établissements, par une raison toute simple, et il faudrait qu'elle fût bien malheureusement constituée, pour qu'il en fût autrement; elle a les ressources du budget de l'Etat, et elle peut appeler à elle les premiers professeurs du pays.

» Voilà un premier fait incontestable. Ainsi, je cherche à mettre les choses au vrai. J'ai fait, à toutes les époques, l'examen le plus consciencieux, le plus sévère de cette question : non, la moralité n'est pas moindre dans les établissements de l'Etat; il y a moins de pratiques religieuses, peut-être, en résultat, pas moins d'esprit religieux; et sous le rapport de l'instruction, il est incontestable que, dans les grands collèges de l'Etat, les études sont plus fortes.

» Je ne suis et ne voudrais jamais être un détracteur de mon temps; il ne faut pas affaiblir son pays dans le monde, en le faisant pire qu'il n'est; ou moins grand qu'il ne l'est; il ne faut pas rabaisser son temps, car c'est décourager les esprits, et il ne faut jamais décourager ni les esprits ni les âmes; mais il ne faut tromper ni son pays ni son temps; il faut dire la vérité. Suivant moi, les études sont abaissées; le niveau des esprits l'est aussi.

» Quelle en est la cause? elle est très-générale.

» Quand nous discutions cette grande question de l'enseignement, il y a quelques années, on a présenté des statistiques qui n'ont été contestées par personne; c'était, si je m'en souviens, en 1844, 45 ou 46, que ces statistiques ont été produites; il en résultait que le nombre d'hommes qui avaient parcouru toutes leurs classes, était aujourd'hui, dans une population plus considérable, bien moindre qu'en 1789.

» Je suis bien loin d'être injuste à l'égard des Assemblées qui se sont succédé depuis deux ans. J'ai été frappé de tout ce qu'il y avait de lumières dans ces deux Assemblées, dans l'Assemblée constituante, comme dans l'Assemblée législative. Mais cependant vous reconnaîtrez une chose, c'est qu'aujourd'hui on ferait difficilement, en France, une assemblée aussi instruite... On peut faire une assemblée qui, politiquement, saurait plus de choses que l'Assemblée constituante, sans contredit, et nous ne sommes pas si mal organisés que soixante ans de révolution ne nous aient rien appris.

» Mais, sous le rapport de l'instruction solide, on ne ferait pas aujourd'hui en France une Assemblée constituante de 1789. — Quelle en est la cause?...

» Ne vous irritez pas contre moi, laissez-moi vous la dire. Elle tient à l'état extraordinairement démocratique des esprits.

» Je sais bien ce que la Constitution exige de moi, et ce qu'elle obtiendra toujours.....

» Soyez convaincus que je ne suis pas — quoique je ne l'aie pas désirée, un ennemi de la République. Elle a aujourd'hui un titre à mes yeux — elle est, de tous les gouvernements, celui qui nous divise le moins.

» Quel est le phénomène moral le plus répandu dans la jeunesse et dans les pères de famille? C'est une ambition extraordinaire de parvenir sans les deux conditions qui légitiment toutes les ambitions, le temps et le travail.

» Eh bien! plus j'observe la jeunesse de mon temps, plus je suis frappé de cette incroyable impatience de parvenir, sans les deux conditions du temps et du travail. Et si je m'élève contre cette tendance, ce n'est pas parce qu'elle est favorable à celui-ci ou à celui-là; c'est parce qu'elle tend à créer un état de société impossible pour tout le monde, pour vous comme pour nous.

» Je fais un reproche à l'Université ; elle a été faible sur ce point, et ce n'est pas la seule fois que je l'ai trouvée faible. Elle avait peur de la défiance qu'on avait contre elle il y a quelques années ; elle était aux pieds des ministres que nous combattions dans ses intérêts, de même que nous l'avons vue aux pieds des ministres démocratiques ; elle a été faible..., elle est faible.

» J'ai dit les mérites de l'Université ; permettez-moi de dire ses torts avec une rigoureuse impartialité. Eh bien ! sous le rapport dont je viens de parler, elle a cédé au mauvais esprit du temps.

» Chez certains pères de famille, il y a cette ambition de vouloir qu'à l'âge de quinze, de dix-huit ans, leurs enfants sachent tout ; chez d'autres, c'est l'ambition, le désir de les voir entrer le plus tôt possible dans les carrières utiles ; on veut les rendre le plus tôt possible aptes à avoir cette certaine science qui se démontre dans les examens du baccalauréat, pour qu'ils puissent devenir le plus promptement possible avocats, médecins, militaires, ingénieurs ; et tout cela, vite, vite, avec peu de temps, avec peu de travail, de manière à jouir bien vite après avoir médité très-peu, et très-peu de temps.

» Je ne suis pas accusateur de l'Université, mais je ne sais pas si elle n'a pas à se reprocher d'avoir contribué à répandre cet esprit chagrin, malheureux, flagrant de la société : je crois qu'elle y a participé à un haut degré.

» Puisque nous sommes en train de déchirer les voiles, il faut tout dire au pays dans la liberté de cette grande discussion.

» J'aurais voulu que vous entendissiez des hommes illustres, que vous reconnaissez pour vos maîtres. Ils disaient : Vous êtes trop sévères pour les instituteurs primaires, et vous ne l'êtes pas assez pour les professeurs de l'enseignement secondaire...

» Je ne suis pas de cet avis; je crois que ce jugement est exagéré; je dirai plus, je crois qu'il faudrait le retourner, car, à mon avis, le plus grand mal vient plutôt des instituteurs primaires, et c'était la pensée du projet de 1844, qui, en leur faisant une condition meilleure, leur demandait en même temps de plus nombreuses garanties. Ce n'est pas à dire que l'instruction secondaire ne contienne pas de mauvais germes; si, assurément, et beaucoup de ses membres, placés dans des emplois subalternes, sont atteints de cet esprit chagrin, morose, inquiet, mécontent, dont je vous ai signalé les dangers pour la société.

» On sera donc injuste envers l'Université, sous les trois rapports de la moralité de l'enseignement, de l'esprit religieux et de l'enseignement littéraire, quand on la placera dans un état d'infériorité à cet égard; mais on ne le sera pas si on l'accuse d'avoir propagé cet esprit que je signalais à votre attention............

» Nous avons introduit les conseils généraux dans les conseils académiques, parce que, depuis trente ans, nous avons trouvé dans les conseils généraux le véritable esprit conservateur, celui qui sauvegarde le plus la société et qui la fait le mieux et le plus sûrement progresser.

» Dans l'état actuel des choses, les administrés d'un recteur ne peuvent être surveillés sans qu'il se déplace;

et alors l'administration générale de l'Académie en souffre ; s'il ne se déplace pas, la surveillance en souffre, et il connaît à peine les écoles.

» En reconnaissant la nécessité d'un plus grand développement de l'enseignement, il faut bien reconnaître celle d'une plus grande surveillance ; car, vous le savez, à côté de la science est l'erreur, à côté de la lumière est le feu. C'est pour chasser l'erreur, pour étouffer le feu, que nous avons appelé dans les conseils académiques ces hommes qui ont fait leurs preuves, qui, depuis trente ans, ont donné des garanties au pays.

» En composant le conseil académique du recteur, du préfet, de membres du conseil général, de l'évêque, des inspecteurs, nous avons, je crois, trouvé la meilleure composition.

» Il ne s'agit pas là de politique, mais de diriger l'esprit des jeunes générations de manière que le gouvernement soit possible ; nous ne ferons pas de la politique, nous ferons de la société, de l'humanité, de la moralité, du patriotisme, de la vérité.

» Je vous demande la permission, en terminant, de caractériser l'ensemble de la loi. La liberté d'enseignement, d'après la Constitution, doit s'exercer sous la surveillance de l'Etat. Aux termes de la Constitution, tout le monde peut user de la liberté d'enseignement.

» La Constitution n'exige d'autres conditions que la capacité et la moralité et la surveillance de l'Etat.

» Voilà l'Etat, le clergé, les laïques appelés à donner l'enseignement ; ne faut-il pas constituer des corps organisés, de manière à surveiller ces diverses natures d'établissements ?

» Voulez-vous donc que l'Etat se borne à inspecter ses établissements, que les laïques et le clergé s'inspectent eux-mêmes? Voulez-vous que chacun soit appelé à se donner des témoignages de sa propre satisfaction?

» Je ne crois pas à la liberté illimitée, mais je crois à la liberté. Et voici ce que j'appelle liberté : c'est lorsque de bons citoyens se réunissent, même prévenus les uns contre les autres, et s'éclairent, s'entendent.

» Vous nous accusez de désespérer du pays. Non! c'est vous qui désespérez, et de quoi? De la conscience humaine! Quoi! de bons citoyens seront réunis, et, selon vous, parce que l'un portera un habit noir et l'autre une soutane, ils ne pourront s'entendre sur le bien à faire?

» Vous dites que M. l'évêque de Langres a fait ses réserves; nous ne pouvons que l'approuver. Il a demandé que cela ne portât pas atteinte à la foi. Mais cela était bien entendu. Il ne peut y avoir aucune entreprise sur la conscience des membres du comité supérieur. Il s'agit de veiller sur la jeunesse, d'écarter d'elle, car il faut la respecter, d'écarter tout livre contesté, tout professeur contesté.

» Je ne craindrai pas d'avouer à la face de mon pays que si j'étais membre du conseil d'instruction, et que l'on m'apportât un livre blessant la foi catholique ou la foi protestante, je ne voudrais pas le mettre entre les mains de la jeunesse.

» L'enfance n'est pas l'âge des controverses. Quand vous ferez des théologiens ou des docteurs en droit, vous pourrez les initier aux controverses. Mais dans l'enseignement secondaire, il faut respecter l'esprit de l'enfant.

» Le temps de la dispute viendra assez tôt. La gymnastique de nos passions est un exercice trop dangereux pour les enfants, vous leur apprendrez assez tôt les disputes de l'esprit humain et des partis.

» Dans ces limites, en respectant l'esprit de la jeunesse, il est possible de diriger l'enseignement d'une manière utile à la société; dans ces limites, les membres du comité supérieur pourront vivre les uns à côté des autres sans que cela produise de mal. Quant à moi, je crois toujours qu'il est possible d'établir un accord entre la philosophie et la religion.

» Et voyez combien vous êtes difficiles! Lorsque l'autre jour M. de Montalembert attaquait la philosophie, vous vous êtes récriés. J'ai dit que ces sœurs immortelles pouvaient vivre en bonne intelligence; vous vous récriez. Eh bien! je le crois encore, la philosophie et la religion n'ont pu se détruire; quoiqu'elles se soient tour à tour persécutées.

» Au moyen-âge, la religion a persécuté la philosophie; l'a-t-elle détruite? Non. Depuis cinquante ans la philosophie a persécuté l'Eglise : l'a-t-elle détruite? Non.

» Vous tous, vous vous récriez lorsqu'on dit que la religion veut détruire la philosophie. Voulez-vous donc que la philosophie détruise la religion? Je sais que vous reconnaissez tous la puissance de la religion; vous n'abordez jamais cette tribune sans la glorifier; vous ne parlez de ses ministres qu'avec respect. Vous êtes forcés de reconnaître sa puissance. Eh bien! rassurez-vous, la religion et la philosophie ne se détruiront pas. Je vous propose de les réconcilier. Vous vous récriez? Alors vous êtes de l'avis de M. de Montalembert. Encore une fois, vous ne voulez pas que la religion détruise la philosophie. Encore une fois, vous ne voulez pas que la philosophie détruise la religion?

» Eh bien! vous devez accueillir une loi dont le résultat doit être de faire vivre à côté l'une de l'autre la philosophie et la religion. Vous dites que nous ne réussirons pas. J'espère, moi, dans la vraie liberté, et je crois le contraire de ce que vous croyez. Mais si nous ne devions pas réussir, permettez-moi de vous dire une chose : c'est que nous ne serions pas les seuls, depuis deux ans, qui n'aurions pas réussi. »

Les esprits les plus prévenus contre M. Thiers, et il y en avait beaucoup, si l'on en juge par les interruptions, les exclamations impatientes de l'extrême gauche de l'Assemblée, ont reconnu que l'orateur avait traité la question en véritable homme d'Etat. Ils ont dévoré les reproches qu'il leur adressait pour avoir si imprudemment voté la liberté absolue de l'enseignement, sans calculer les conséquences de ce principe qui tint tous les gouvernements en suspens depuis 1789 jusqu'à 1848, et ils ont reconnu par là que l'ancien ministre de Louis-Philippe était dans le vrai.

CHAPITRE XIV.

DE L'ÉPISCOPAT DANS LE CONSEIL SUPÉRIEUR.

Des deux discours prononcés dans la séance du 7 février, il en est un que nous devons recommander à l'attention de nos lecteurs, parce qu'il résume merveilleusement toutes les raisons qui ont pu déterminer la commission à faire entrer dans le conseil supérieur des membres de l'épiscopat; capitale question qui domine toute la loi.

Le premier de ces discours est celui de M. Cazalès, fils de l'un des plus célèbres constituants de 91, supérieur du grand séminaire de Montauban, homme de bien, homme instruit, mais probablement influencé par sa position personnelle, bien qu'il ait pris soin de déclarer en commençant *qu'il ne parlait pas comme organe du clergé.*

Quelle est la portée d'une semblable déclaration, quand elle est immédiatement suivie de ce qu'on va lire : « Dans
» mon opinion, LE CLERGÉ N'ACCEPTE PAS la part qu'on veut
» lui faire ; *les déclarations des prélats* et le langage de
» la presse religieuse *le prouvent assez.* »

On peut se soucier fort peu du langage de la presse

dite religieuse, quand on sait les intempérances auxquelles elle se livre tous les jours, quand on la voit s'exposer trop souvent à des désaveux publics et secrets, à des censures épiscopales qui prouvent que pour elle les bons conseils sont sans valeur (1); mais il n'en est pas de même des *déclarations des prélats*, surtout quand au lieu de rester dans le secret de délibérations intérieures, elles viennent se produire à la tribune, et par la bouche d'un prêtre. Le discours de M. Cazalès, qui n'est que le développement de cette pensée : LE CLERGÉ N'ACCEPTE PAS, était donc de nature à produire un grand effet, et le pays doit de la reconnaissance à M. de Vatisménil, homme de principes religieux, ancien ministre de la royauté, plus libéral alors que ne le sont les libéraux d'aujourd'hui, d'avoir combattu avec énergie le refus du clergé.

Selon M. Cazalès, le clergé n'a rien à gagner dans le rôle qu'on veut lui assigner, et l'Etat ne pourrait qu'y perdre. Il s'agit bien du gain que peut faire le clergé! On comprendrait ce langage à peine dans la bouche de quelques maîtres de pension, mais dans celle d'un législateur, dans celle d'un ecclésiastique, c'est une aberration d'esprit qui ne se peut concevoir. Aussi M. de Vatisménil a-t-il laissé de côté cet argument qui se réfute de lui-même, pour considérer la question de plus haut.

« La société n'a pas seulement pour devoir de s'occuper des temps présents, a-t-il dit; elle doit pourvoir à l'avenir, et elle y pourvoit par l'éducation.

» L'éducation ne consiste pas seulement dans l'instruction donnée par les écoles, par les professeurs; elle

(1) Voyez Appendice du Livre Ier, n° 18, page 197.

est donnée par toutes les influences sociales. Les influences sociales commencent au berceau de l'enfant. Avec les premiers mots qu'elle lui apprend à bégayer, la mère jette dans son cœur les premières semences de la morale et la première image de Dieu.

» Plus tard, le père arrive avec plus d'autorité et continue cette œuvre, toute de famille et de tradition. Viennent ensuite les supérieurs de toute nature, les instituteurs, les patrons et surtout les ministres des autels. Ce n'est pas tout, l'enfant subit aussi l'influence de la littérature, de l'art, des sciences ; c'est par toutes ces impulsions, par le concours de toutes ces influences que la société transmet à l'enfant les idées, l'esprit national, le dépôt des connaissances humaines. Cette transmission, c'est l'éducation.

» Ce préambule me conduit à vous dire la pensée de la commission dans la rédaction de l'article 1er. Ce que je viens de dire sur la transmission des idées morales, des pensées, des connaissances humaines, vous a fait comprendre que c'est là un fait indépendant des lois, indépendant du gouvernement, au moins dans son action répressive. Eh bien! si toutes les influences sociales concourent à donner l'éducation, nous avons certes à nous inquiéter grandement de la surveillance des écoles.

» Pour exercer cette surveillance, est-ce que nous n'avons pas le droit de nous adresser à tout ce qu'il y a de plus pur, de plus éclairé, de plus honorable, parmi ces influences ? Or, c'est précisément ce qu'a fait la commission, selon moi, avec une grande sagacité et une profonde sagesse.

reçoive une fois par semaine seulement des instructions religieuses, tandis que le reste de la semaine serait employé à en détruire le fruit dans son cœur.

» On a dit qu'il fallait craindre de compromettre l'Eglise dans des choses laïques. Je comprends cette crainte dans celui qui ne donne que sa voix. Au parlement, il y avait des conseillers-clercs ; souvent le parlement avait à statuer sur des questions qui touchaient de bien près à la religion. Est-ce qu'il est jamais venu à la pensée de personne de rendre les conseillers-clercs responsables des décisions du parlement? Jamais cela n'est arrivé, et cela ne pouvait jamais arriver, car une décision collective ne peut jamais être reprochée à chacun de ceux qui y ont pris part, et cela par la simple raison qu'on doit ignorer la résolution particulière à chacun.

» La commission, avec une grande sagesse, a cherché tous les moyens de mettre le conseil supérieur à l'abri de l'influence des partis ; elle y est parvenue par la composition même de ce conseil.

» J'arrive à la fin de cette discussion, trop longue peut-être, et je termine par cette réflexion : Il y a une arme dont certains partis font usage, c'est la défiance ; ils la sèment partout, ils la grossissent, ils l'étendent.

» Tous les partis ont usé de cette arme, nous-mêmes, peut-être, nous n'avons pas eu toujours le courage de la dédaigner. Eh bien! en présence du projet de loi, en présence de tant d'efforts tentés pour doter le pays d'une grande et forte institution, je dirai à tous les partis : examinons, méditons, rendons justice à tous, et surtout, défions-nous de la défiance, et n'oublions jamais que c'est la religion, que c'est l'Eglise qui, au moyen-âge, ont sauvé la civilisation de l'ignorance et de la barbarie; espérons que l'Eglise sauvera encore la civilisation de la barbarie savante ou soi-disant telle, dont un certain parti nous menace chaque jour. »

Il serait difficile sans doute de trouver un langage plus pur, des sentiments plus religieux. Ce discours de M. de Vatismenil est une nouvelle preuve de cette vérité, que l'Eglise est mieux servie, mieux défendue par les laïques que par les ecclésiastiques.

MM. Thiers et Vatismenil ont ainsi présenté la loi, sous le rapport religieux, sous le point de vue le plus favorable à l'Eglise de France; on aurait voulu quelque chose de plus pour l'Eglise romaine; mais il aurait d'abord fallu rendre ce quelque chose possible, et admissible pour la nation; et, il faut le dire, les représentants du clergé entravaient bien plus qu'ils ne secondaient les bons esprits, dont nous venons d'analyser les pensées, avec un vif regret de ne pouvoir les donner dans tous leurs développements lumineux, chrétiens, et pleins de ce patriotisme élevé qui porte les hommes aux concessions, et même aux sacrifices.

Cela fut senti et approuvé de toute la France, et cela ne fut blâmé que des ultramontains, qui virent une sorte d'échec dans ce que, plus habiles, il auraient considéré comme un triomphe.

CHAPITRE XV.

DE L'ENSEIGNEMENT PRIMAIRE.

On avait, dans le cours de cette importante discussion, demandé qu'elle redevînt générale lorsqu'on aborderait le chapitre des écoles primaires; il y avait, en effet, beaucoup à dire sur ce chapitre, puisqu'un dissentiment assez vif a éclaté entre les rédacteurs du projet primitif, la commission et le conseil d'Etat; mais la rédaction définitive du projet ayant fait la part de chacun des systèmes, elle a à peu près désintéressé les orateurs qui voulaient soutenir ou combattre le premier projet.

« Des diverses branches de l'enseignement, disait
» M. Beugnot, rapporteur, il n'en est pas qui doive in-
» spirer un intérêt plus sincère, mais plus réfléchi, que
» l'enseignement primaire. Aucun Etat ne pourrait résis-
» ter à l'action prolongée d'un enseignement populaire
» qui serait irréligieux et corrupteur. »

Tel pouvait être le thème d'une discussion approfondie. Mais ce n'est pas sur ce point capital qu'a roulé la discussion. MM. Lefranc, Saint-Hilaire et Salmon ont vainement tenté de l'y fixer, l'article 23 est passé presque inaperçu, quoiqu'il soit la base de tout le titre II de la loi.

L'article 24 a soulevé quelques difficultés.

C'est celui qui déclarait que l'enseignement primaire devait être donné gratuitement à tous les enfants dont les familles sont hors d'état de le payer. Cet article ne convenait pas à la portion de l'Assemblée qui voulait la gratuité pour tous les enseignements, même celui de l'école polytechnique. Cinq membres proposèrent de l'amender ainsi :

« L'enseignement primaire est gratuit et obligatoire. »

On espérait bien que ce principe une fois admis, on parviendrait plus tard à l'étendre à toutes les écoles, ce qui eût été désastreux pour le trésor public et inique à l'égard des imposés, qui ne doivent pas plus être chargés de payer les frais d'éducation des enfants des personnes aisées que de payer leur nourriture et leur habillement. L'exposé des motifs de la loi avait d'avance répondu à cette prétention, par ces mots qui auraient dû, sinon la repousser, du moins la faire ajourner par ses auteurs.

« Rendre l'enseignement primaire entièrement gratuit,
» ce n'est pas faire que personne ne le paie, c'est faire,
» au contraire, qu'il soit payé par tout le monde, c'est-
» à-dire par l'impôt; charge énorme, que le projet du
» 23 juin 1848 évaluait à 47 millions; c'est, de plus,
» affranchir les parents et les enfants d'un indispensable
» lien les uns vis-à-vis des autres.

» Les prescriptions de notre Constitution actuelle
» avaient été devancées par le régime financier de la loi
» de 1833, qui imposait les charges précisément dans

» l'ordre des devoirs respectifs; d'abord à la famille, ou
» au concours volontaire des particuliers, puis à la com-
» mune, puis au département, enfin à l'Etat. Ces prin-
» cipes sont excellents; il suffira de les développer. »

L'enseignement obligatoire n'est pas, comme on le croit trop généralement, une innovation moderne. Cette idée est, comme beaucoup d'autres de ce temps-ci, plutôt renouvelée que nouvelle. Les états généraux de 1580 voulurent l'imposer en France. Une contrainte de cette nature, opposée à nos mœurs, ne put jamais s'y introduire. Elle n'est point praticable, elle ne serait point salutaire. Quelle partie de l'enseignement d'ailleurs rendra-t-on obligatoire? Demandez-vous beaucoup : vous imposez une rigueur excessive. Demandez-vous peu : vous abaissez le niveau de l'enseignement général. Vous révoltez les instincts les plus vivaces du cœur humain, contre ce que vous prétendez servir; vous alarmez la parcimonie trop naturelle du pauvre par vos amendes, vous blessez l'esprit d'indépendance par vos pénalités! Le meilleur, l'unique moyen d'universaliser l'enseignement, c'est de le rendre universellement accessible, applicable. Aujourd'hui, et au sein même de Paris, ce sont les écoles qui manquent aux élèves, et non les élèves aux écoles. Fondez et dotez, encouragez les sacrifices, les émulations; renversez les entraves, récompensez les services, et vous aurez en peu d'années, mieux que l'enseignement obligatoire, vous aurez l'enseignement avidement recherché et béni. Telles sont les idées saines qui devaient prévaloir et qui ont en effet prévalu.

CHAPITRE XVI.

DES ÉCOLES NORMALES PRIMAIRES.

La discussion sur les écoles normales primaires n'a pas eu non plus beaucoup de développement. Il y avait contre ces établissements de nombreuses réclamations : dans les uns, on trouvait de ces demi-savants, qui, gonflés de leur importance, portaient dans les petites communes où ils étaient nommés, un profond dégoût pour leur état, et s'occupaient bien plus des moyens de satisfaire leur ambition démesurée que de ceux de répandre l'instruction parmi leurs écoliers. Les conseils généraux se sont élevés contre cette instruction normale dès la première année de la mise à exécution de la loi de 1833. Dans d'autres écoles, on s'occupait particulièrement de gymnastique, d'escrime et de chant, toutes choses excellentes en elles-mêmes, mais parfaitement inutiles pour les enfants des campagnes ; dans d'autres, la politique dominait tout, absorbait tout, et les directeurs se faisaient un mérite de l'état d'insubordination où se trouvaient leurs établissements, parce qu'ils appelaient cette insubordination, esprit d'indépendance, et que la démagogie le couvrait du nom de patriotisme. — Ces graves altérations de l'institution des écoles normales, l'avaient compromise à tel point, que dans plusieurs départements se manifesta ouvertement l'idée de la suppression. Mais les hommes réfléchis ne tardèrent pas à reconnaître qu'il y avait là un vice de direction, une mauvaise administration, plutôt qu'un vice d'institution. — On pensa qu'il suffirait de quelques changements de directeur et d'une surveillance plus active pour mettre un terme à de tels abus. Le gouvernement partagea cet avis; voici son opinion exprimée dans l'exposé des motifs :

« Des voix sérieuses, impartiales, politiques, se sont
» élevées pour demander la suppression absolue des
» écoles normales primaires. On n'a pas refusé de sin-
» cères hommages à un grand nombre de directeurs de
» ces établissements, fonctionnaires éminents et dévoués;
» on a rendu justice à beaucoup d'instituteurs sortis
» de leurs mains; mais l'institution a été attaquée en
» elle-même, comme essentiellement vicieuse. On a dit
» que des jeunes gens au-dessous de vingt ans ne de-
» vaient point passer dans une fermentation commune
» leurs plus difficiles années; qu'ils ne pourraient voir
» de près les villes que la plupart n'habiteront pas, tou-
» cher à toutes les connaissances et n'en approfondir au-
» cune, sans prendre un sentiment exagéré de leur situa-
» tion, une trompeuse idée de leurs devoirs; qu'ils ne se
» croyaient pas décorés de titres superficiellement acquis,
» sans en garder une ambition inquiète, et qu'il était
» d'une souveraine imprudence de ramener à la vie des
» champs, des esprits qu'on avait préparés d'avance à
» la prendre en dégoût ou en haine. »

La commission s'était d'abord prononcée pour ce système; elle avait demandé la suppression absolue de ces écoles. — Suivant elle, on y donnait aux élèves des connaissances trop étendues, et qui devaient éveiller en eux une ambition dangereuse. Il y avait aussi des inconvénients à les accoutumer au séjour des villes. Enfin les écoles normales primaires négligeaient complètement l'enseignement religieux. Le véritable enseignement normal, ajoutait la commission, ce sont les écoles primaires elles-mêmes.

Cependant, lors de la deuxième délibération, la commission, par l'organe de M. Salmon, a déclaré qu'elle se réunissait à la pensée du projet du gouvernement, c'est-à-dire à la conservation purement facultative des écoles normales.

Cette décision est pleine de sagesse. Il suffit d'avoir vu de près les écoles normales, pour savoir que tout le mal venait du directeur et nullement de l'institution elle-même. Cette vérité fut surtout palpable en 1848, lorsque la trop fameuse circulaire de M. Carnot parvint aux jeunes élèves des écoles normales, devenus maîtres de villages. Elle occasiona une sorte de délire; ces jeunes gens qui étaient d'autant plus ignorants qu'ils croyaient être plus capables, se persuadèrent qu'ils étaient appelés aux plus hautes dignités démocratiques, et l'on fut obligé, quelque temps après, d'en déplacer, d'en réformer un très-grand nombre pour les soustraire au ridicule dont ils s'étaient couverts aux yeux des élèves et de leurs parents.

Mais combien y avait-il de mauvais directeurs en France? — Pas le dixième. Combien y eut-il de mauvais instituteurs dans les neuf dixièmes des écoles restées intactes? Pas plus que dans les autres établissements depuis longtemps établis, pas plus que dans les collèges ; pas plus que dans les séminaires.

De tout temps, il y a eu des sujets indociles, vicieux, turbulents, dont il a fallu purger les établissements publics d'instruction. Il est clair que, lorsque les directeurs d'écoles normales seront vicieux eux-mêmes, il n'en sortira pas des maîtres à l'abri du reproche, mais cela ne prouve rien contre les écoles ; cela, bien au contraire, en démontre la nécessité.

Il ne serait pas prudent d'ailleurs que les conseils généraux de départements qui ont fait de grands sacrifices pour ces établissements, s'en rapportassent aveuglément aux déclamations de l'esprit de parti. Ils ont des moyens certains de connaître la vérité ; ils en usent, et ils savent très-bien qu'au fond de tous ces débats, dont l'importance a été fort exagérée, se trouve encore cet adage assez peu recommandable : *ôte-toi de là que je m'y mette.*

CHAPITRE XVII.

DES ÉCOLES DE FILLES.

Toujours par suite de ce principe à l'ordre du jour, que ce qui intéresse peu la politique intéresse peu les partis, la discussion a presque passé sous silence l'introduction des écoles de filles dans la loi sur l'enseignement. C'est cependant une question qui n'intéresse pas moins les familles que celles relatives aux écoles de garçons, car l'instruction des filles a une grande influence sur leur avenir, sur celui des garçons, et sur le bien-être de la société. Le gouvernement avait pensé qu'il ne fallait pas toucher à ce qui existait alors, de peur de lui nuire. C'était là une singulière erreur. Si les règlements sur les écoles de filles étaient bons, pourquoi ne pas les ériger en loi? C'était les mettre à l'abri de l'instabilité administrative. Grâces soient donc rendues à la commission, qui a pensé, au contraire, qu'il fallait faire cesser, au moyen de quelques dispositions nouvelles, l'incertitude du régime sous lequel les écoles de filles sont placées depuis trop longtemps. C'est dans cet ordre d'idées qu'ont été conçus les articles 48 et suivants du projet de loi.

Le rapport de la commission contient, à cet égard, quelques passages que nous croyons devoir analyser.

D'abord, en ce qui touche l'institution même des écoles de filles, il dit :

« Dans le cours de la discussion de la loi du 28 juin
» 1833, il fut reconnu par le gouvernement que les
» écoles de filles ne pouvaient être entièrement assimilées,
» sous le rapport de l'organisation et de la surveillance,
» aux écoles de garçons. Nous croyons les dispositions
» réglementaires proposées par la commission parfaite-
» ment applicables à ces écoles, sauf en ce qui se rap-
» porte à la surveillance et à l'inspection. Un règlement
» spécial, délibéré en conseil supérieur, statuera sur cet
» objet, qui réclame une grande circonspection.

» Le petit nombre d'articles additionnels qui forment
» ce chapitre auront pour résultat d'assurer les succès
» d'établissements à la bonne et sage direction desquels
» nous sommes heureux de rendre hommage. »

Quant aux congrégations religieuses reconnues par l'État et vouées à l'enseignement, la commission prit encore l'initiative d'une mesure qui sera certainement salutaire, celle de donner aux lettres d'obédience l'effet de certificats de capacité ; cela était d'autant plus indispensable, qu'on avait, il n'y a pas longtemps, repoussé ces lettres, comme un moyen, sans doute, de repousser les sœurs, car il était peu probable que des sœurs voulussent encourir les chances de l'examen nécessaire pour arriver au brevet de capacité. Ainsi se trouve constituée régulièrement, définitivement, l'instruction primaire, autant qu'on peut, en France, faire du définitif. On pourra apporter des modifications dans les détails, mais le fond de la pensée restera.

On faisait à la loi un reproche bien dénué de fondement, lorsqu'on s'écriait que la création des établissements de sœurs aurait pour les institutrices les mêmes inconvénients que ceux des jésuites à l'égard des écoles primaires, des collèges et des lycées. Les bons pensionnats n'ont rien à craindre de cette concurrence. Quant aux médiocres, quant aux écoles mixtes, non-seulement il est bon qu'il y ait concurrence, mais il serait fort à désirer, surtout dans les campagnes, que les écoles de sœurs l'emportassent partout sur les autres. C'est cependant ce qui n'arrivera pas, en raison de ce que coûtent les sœurs, et du peu de ressources qu'offrent presque toutes les communes.

La commission s'est aussi préoccupée des écoles de filles laïques, et surtout de l'examen de capacité que doivent soutenir les personnes qui désirent entrer dans l'instruction publique primaire. On ne peut qu'applaudir aux motifs qui l'ont déterminée à proposer l'article 51, qui a été adopté sans discussion. Voici un passage du rapport de M. Beugnot, qui témoigne des sentiments de délicatesse qui ont dicté ce travail remarquable :

« Les institutrices laïques ont également des droits à la
» bienveillance du législateur. Longtemps elles vécurent
» sous le régime d'une liberté qui n'enfanta aucun abus.
» Les préfets, en vertu des attributions générales qui leur
» avaient été conférées sur l'instruction publique, par le
» décret de 1808, s'assuraient de la moralité des aspi-
» rantes, et surveillaient les écoles de filles. Ces simples

» précautions paraissaient suffisantes et l'étaient en effet.
» Mais l'ordonnance du 21 avril 1828 fit passer ces
» écoles sous le régime universitaire, et dès lors, les as-
» pirantes au brevet de capacité furent assujetties à l'exa-
» men public. — Peut-être aurait-on dû réfléchir qu'un
» examen de ce genre se concilie difficilement avec la
» modestie et la timidité de jeunes filles qu'il est dange-
» reux d'exposer aux regards et à la malignité du public.
» Nous ne proposons pas de supprimer le brevet de ca-
» pacité pour les institutrices laïques, parce que l'usage
» s'en est établi, et que, d'ailleurs, les conseils acadé-
» miques pourront leur accorder des dispenses; mais
» nous demandons que l'examen, quand on jugera con-
» venable de l'exiger, ait lieu avec de justes ménage-
» ments pour des personnes qui ne doivent pas placer
» l'assurance au nombre des vertus de leur profession. »

Le même rapport contient, un peu plus loin, des réflexions sur les inconvénients des écoles mixtes, qui nous paraissent fort exagérées en ce qui touche les écoles villageoises. Qu'on tienne à la séparation des sexes dans les écoles des villes, cela se conçoit; les enfants s'y connaissent peu, il est inutile de leur donner des moyens ou des occasions de se connaître; mais dans les campagnes, où filles et garçons se connaissent parfaitement, et vivent, jouent ensemble dans le village; dans les campagnes, où les enfants des hameaux voisins viennent ensemble à l'école et retournent ensemble, quel danger y a-t-il à les réunir dans la même école, puisque, unis ou séparés, ils sont sous le même maître?

Il est sans contredit très-intéressant de multiplier les

écoles de filles, mais par un autre motif que la séparation des sexes, par le motif que l'éducation des filles doit être faite par des femmes et non par des hommes. Il y a pour cela des raisons sur lesquelles il est inutile d'insister.

Personne n'ignore, en effet, que les petites filles ont besoin de soins personnels qu'un instituteur ne saurait leur donner. On dit que leurs femmes s'en chargeront, c'est possible dans certaines localités où les instituteurs sont mariés; mais lorsqu'ils ne le sont pas! mais lorsque la femme de l'instituteur marié aura ses propres enfants à soigner, qui donc pourra remplir ces petits devoirs auxquels tiennent tant et avec raison les mères de famille?

CHAPITRE XVIII.

DES SALLES D'ASILE.

Les motifs qui déterminèrent la commission à comprendre dans la loi les dispositions relatives aux écoles de filles, la déterminèrent aussi à y admettre quelques articles sur les salles d'asile, établissements intéressants, qui participent à la fois de la charité et de l'enseignement; oui, de l'enseignement, et ce n'est pas le moins important. Il faut n'avoir jamais vu ce qui se passe dans ces salles pour ne pas comprendre que les premières leçons qu'y reçoit l'enfant le préparent parfaitement à désirer l'école et à en profiter plus tard. Les soins de propreté, les exemples de bon ordre, les exercices réguliers, tout cela influe heureusement sur l'intelligence, sur le développement corporel, les goûts et le caractère.

L'exemple du travail que les enfants ont constamment sous les yeux n'est pas un des moindres avantages des salles d'asile; il en donne l'habitude, il fait mépriser l'oisiveté, la paresse, ces deux vices que les enfants trouvaient partout, lorsque avant cette institution toute chrétienne, ils vagabondaient dans les rues ou sur les places publiques des villes et des villages.

Ce qui charme surtout dans ces asiles, c'est le patronage que leur accordent les dames notables de la ville ; ce sont ces rapports fréquents de la fortune avec la pauvreté, qui persuadent aux enfants, à mesure que leurs facultés se développent, qu'ils ont intérêt de se bien conduire, afin de conserver la bienveillance de leurs protectrices.

Le clergé, dit-on, n'est pas favorable à ces établissements. A quoi cela tient-il? Nous l'ignorons. Nous avons bien entendu dire, dans le cours de nos inspections, que c'est à ce que les salles d'asile font concurrence aux établissements de sœurs qui se chargent de jeunes filles. Ce serait un motif bien futile, et il faudrait y applaudir plutôt que de s'en plaindre, car la concurrence de cette nature est un grand bien pour les malheureux ou pour les ouvriers chargés de famille qui sont hors d'état de les garder dans leur habitation. Ne suffit-il pas de savoir que de nombreux accidents sont évités par là, pour concevoir le désir de protéger ces établissements, ou, du moins, pour ne point les haïr.

Ni la révolution de 1789, ni celles qui l'ont suivie, ni l'Empire, ni la Restauration, ne songèrent à cette protection si douce qu'on montre depuis quelques années en faveur de l'enfance. Ce sera l'éternel honneur de notre temps d'avoir fondé les écoles primaires et les salles d'asile. On ne trouve pas assez d'éloges pour les merveilles de l'industrie, pour l'invention de la vapeur et de l'électricité appliquée à la transmission des nouvelles, et l'on est de glace quand il s'agit de développer l'intelligence et la santé des enfants.

On comprend très-bien le grand intérêt politique et commercial de ces communications à grande vitesse ; mais cela est-il comparable à l'intérêt moral qui se lie au développement de l'enfance, à la sécurité des mères de famille. Il faut donc s'étonner que tant de milliards se dépensent sur tous les points de la France et du monde, pour hâter l'arrivée de Paris à Londres, ou de Vienne à Saint-Pétersbourg, et que si peu de centimes soient consacrés à des établissements si utiles à la société et si précieux pour l'humanité.

Que les administrateurs hommes de bien s'entendent donc pour parer à cet état de choses défectueux ; que les dames surtout offrent ou multiplient leurs efforts et leurs concours, qu'elles veuillent bien renouveler souvent leurs inspections, qu'elles se fassent accompagner de leurs enfants, afin de les préparer à les remplacer un jour. Cela aurait deux avantages inappréciables : familiariser les enfants des riches avec l'idée du bien qu'ils doivent faire aux pauvres, familiariser le pauvre avec l'espérance et la reconnaissance.

CHAPITRE XIX.

DE L'INSTRUCTION SECONDAIRE.

L'instruction secondaire est surtout celle qu'ont en vue tous les partis. Il y a pour cela deux raisons : le profit et l'influence. Le profit est la première de toutes les raisons ; rien ne le prouve mieux que le prix des pensions. C'est le côté déplorable de l'éducation ordinaire ; mais aucune loi ne peut empêcher un tel scandale.

L'influence vient ensuite ; ici ce n'est pas seulement un scandale, c'est un véritable danger. Un seul homme corrompu peut corrompre toute une école. Un seul fanatique peut l'égarer, un seul impie peut la perdre.

Ces dangers ne sont pas les seuls ; l'altération du caractère, des principes de famille, l'entraînement vers une carrière autre que celle à laquelle on était destiné ; de mauvaises connaissances qui s'attachent comme une lèpre à celui qu'elles ont capté ; tout cela dépend aussi du choix de la pension où doit commencer la vie studieuse, morale et religieuse.

Mais ce qu'il faut surtout redouter, ce sont les maîtres.

Il en est qui se sacrifient au bien-être, au succès de leurs élèves; — il en est qui sacrifient, qui détournent leurs élèves. Il en est qui les affilient, qui les séquestrent, qui les fanatisent pour les mieux dérober à leurs familles et qui, en s'appropriant l'enfant, songent encore plus à sa fortune qu'à sa personne.

De tous les actes de la vie, le plus important pour un père de famille, est donc assurément le choix de l'établissement auquel il confiera son fils ou sa fille. Les orateurs qui ont concouru à la loi, ne pouvaient pas manifester de telles idées, mais nous ne pouvions pas ne pas le faire, en abordant ce point de l'enseignement qui décide souvent de toute la carrière d'un homme. Nous disons homme et nous devrions généraliser notre pensée, car les dangers dont nous parlons sont encore plus graves pour les filles : qu'on les considère comme enfants, comme nubiles, comme épouses ou comme mères, les fruits de l'éducation, bons ou mauvais, se trouvent dans toutes les positions de la vie.

C'est surtout sur le titre III de la loi, qui traite de l'instruction secondaire, que se sont portés tous les efforts de ceux qui voulaient la repousser. Nous avons vu plus haut les idées pratiques et les idées spéculatives de la majorité sur l'instruction donnée dans l'Université. Aux principes généraux que nous avons exposés, succédèrent des questions de détails encore plus irritantes.

Ainsi, un orateur demanda qu'en tête de ce titre, on spécifiât les objets de l'enseignement secondaire. Il le bornait à l'instruction morale et religieuse, à l'étude des langues, de l'histoire, de la géographie, des sciences mathématique et physique, qui servent de préparation au baccalauréat ou aux examens d'admission dans les écoles spéciales. — Le but de cet amendement était de supprimer l'enseignement de la philosophie. — M. F. de Lasteyrie, auteur de cette proposition, trouvait logique de reporter les études philosophiques aux établissements d'études supérieures, parce qu'il pouvait arriver que la philosophie enseignée dans les lycées ne fût pas celle des pères de famille, et que l'enfant, en rentrant dans la maison paternelle, y apportât des idées de discussion, qui sont déjà plus développées qu'il ne conviendrait.

M. Thiers, au nom de la commission, a repoussé cet amendement, parce que dans l'enseignement secondaire, on doit apprendre tout ce qui compose le savoir de l'homme éclairé chez les nations civilisées. Il a très-bien exprimé la différence qu'il faut voir entre l'enseignement secondaire et l'enseignement supérieur, qui serait mieux nommé enseignement spécial ; car, en effet, les jeunes gens qui se destinent à la carrière judiciaire, à celle de la médecine, à celle militaire, font des études spéciales, tout-à-fait indépendantes des études philosophiques. Si l'on eût adopté l'amendement, il aurait fallu que tous les étudiants, en sortant du lycée, entrassent dans les écoles spéciales, ce qui eût été ruineux pour les pères de famille et très-dangereux sous plus d'un rapport.

Nous devons analyser encore ici l'exposé des motifs et le rapport de la commission qui prouvent toute l'élévation des idées qui ont présidé à la rédaction de la loi. On lit dans l'exposé des motifs :

« Aucun degré de l'enseignement ne peut se passer de

liberté, mais l'enseignement secondaire moins qu'aucun autre. Le plus humble, comme le plus élevé, a beaucoup à gagner au développement d'une concurrence sérieuse. La nature des choses veut cependant que l'action de cette concurrence ne puisse se faire sentir partout avec la même efficacité. L'enseignement primaire, si modeste, si pénible, n'offre ni aux esprits, ni aux intérêts, ces excitations puissantes qui provoquent et multiplient les vocations. L'influence qu'il exerce sur la société est immense, mais presque latente. — La liberté d'un enseignement pareil ne sera jamais que la liberté du dévouement. Telle n'est point la condition de l'enseignement secondaire. Par sa nature même, par la variété et l'étendue des connaissances qu'il embrasse, il s'adresse forcément à la portion la plus aisée de la société; il assure aux maîtres qui s'y livrent une carrière souvent brillante.

» D'un autre côté, par l'importance, par la durée des cours, il constitue une éducation complète; il n'abandonne l'enfant qu'après l'avoir fait homme, et l'avoir placé sur la pente des grandes vérités ou des grandes erreurs. Ce n'est donc pas seulement ici l'activité individuelle, la concurrence privée qu'il s'agit d'introduire, comme nous le faisons dans les autres branches de l'activité humaine; c'est, avant tout, la conscience responsable des familles qui a besoin de voir rendre libre un enseignement intimement lié à des affections sacrées, à d'inviolables droits.

» Notre constitution attache deux conditions à l'exercice du droit d'enseigner :

» La capacité, la moralité.

» La moralité ne peut faire l'objet d'aucun doute, quant à la nature même des qualités requises. Tout le monde comprend ce qu'exigent, en fait de probité, de régularité de conduite, les hautes et délicates fonctions de l'éducation publique. La difficulté ne consiste pas à se rendre compte de ce qui est exigible, mais à le constater. — La morale n'a que des lois : la moralité a des nuances. On peut n'avoir encouru aucune condamnation judiciaire, conserver l'intégrité de ses droits civils et politiques, et n'en avoir pas moins perdu cette considération, ce respect de l'opinion, desquels dépend l'ascendant du maître sur les élèves.

» Le savoir ne suppose pas nécessairement la rectitude de l'esprit, la fermeté, la discrétion, le sens pratique essentiel à quiconque veut élever et diriger la jeunesse. Ce dernier genre d'aptitude se développe bien moins par l'étude solitaire des sciences et des lettres que par le contact journalier et intime avec de jeunes et ombrageuses intelligences. La bienveillance du cœur, l'aménité des mœurs, la promptitude, la sûreté du coup-d'œil, ne peuvent se reconnaître par examen et se constater par diplôme : cependant, ne sont-ce pas les premières qualités du chef d'institution et de ses collaborateurs directs ? »

Quoi de plus propre à élever le caractère du professorat, que de le considérer à ce point de vue ? Eût-on jamais entendu une seule plainte contre l'Université, si les choix eussent été faits plus souvent dans cet esprit de sagesse et de bienveillance ? Il ne faut pas croire cependant que de tels hommes soient rares. Il y a dans le professorat supérieur, un parfum de désintéressement, d'affection pour la jeunesse, qui met ces hommes qu'on attaque avec tant de fureur, fort au-dessus des hommes ordinaires. L'homme qui choisit cette carrière avec la certitude qu'il n'y fera pas fortune et la crainte que ses services peuvent être méconnus, aurait pu se faire médecin, avocat, notaire, négociant, banquier, tout aussi bien que professeur ; si donc, il a choisi le professorat, c'est qu'il en avait la vocation, c'est qu'il sentait en lui les qualités qui assurent le succès dans cette honorable et belle mission d'éclairer, de diriger la jeunesse.

Ces considérations sont vraies, surtout sous une constitution qui admet la liberté ou le droit des familles, comme la base du système d'éducation nationale, et détermine le caractère et les limites de l'intervention de l'Etat.

L'Etat n'intervient pas seulement dans la surveillance des études, il intervient encore pour tous ses établissements, dans le choix des personnes qu'il met à leur tête. Il sait que la liberté d'enseigner s'exercera sous certaines conditions de moralité et de savoir, fixées par la loi, et ce qu'il doit vouloir pour les établissements libres, il doit le vouloir pour les siens. C'est en ce sens que le rapporteur disait : « L'Etat intervient avec son caractère de gardien » de l'ordre et des bonnes mœurs, par la surveillance *de* » *tous les établissements d'instruction publique, quelle que* » *soit leur nature.* » Cette intervention est une garantie que les pères de famille ne devraient jamais perdre de vue et que les instituteurs, quels qu'ils soient, doivent adopter comme un frein salutaire.

CHAPITRE XX.

CONSIDÉRATIONS SUR QUELQUES POINTS ACCESSOIRES.

Si nous rentrions maintenant dans l'examen des amendements qui ont été présentés et dans les discussions auxquelles ils ont donné lieu, nous retomberions dans des répétitions que nous devons éviter. Tout ce qu'on a dit pour ou contre le titre III de la loi, se trouve dans les discours prononcés pour ou contre l'Université. Reprenons donc seulement quelques idées qui ne sont pas sans intérêt.

Ainsi, lorsqu'on demanda l'interdiction de l'enseignement aux associations, on répondit que le système de la liberté ne permettait d'interdire personne, que ceux frappés d'une incapacité légale. Le candidat tient son droit de la constitution et de la loi. Si sa vie n'est pas irréprochable, si sa réputation n'est pas intacte, il a sans doute une épreuve à traverser, un jugement à subir. La société conservant ses prérogatives de surveillance et d'interdiction envers ceux contre lesquels s'élèvent des réclamations ou des plaintes fondées, il doit toujours être prêt à comparaître devant elle ; ou pour mieux dire devant les surveillants qu'elle institue.

Ainsi, lorsqu'on demanda si les écoles existantes sont maintenues avec les conditions imposées par les ordonnances de 1828, la commission répondit que non ; et le ministre de l'instruction publique ajouta : « Nous sommes
» de cette opinion bien arrêtée, que lorsque l'on se rap-
» proche si avantageusement du droit commun, on doit
» subir aussi les conséquences du droit commun. »

Ainsi, lorsqu'on annonça qu'un évêque avait déclaré publiquement, qu'il n'accepterait jamais la surveillance de l'État dans son petit séminaire, et qu'on demanda au gouvernement si la surveillance appliquée aux petits séminaires serait une surveillance efficace, le ministre répondit : que la loi veut que la surveillance de l'Etat s'exerce à l'égard des établissements secondaires ecclésiastiques, comme à l'égard des établissements libres ; et qu'il était disposé à croire que devant l'application ferme, impartiale, modérée et bienveillante de la loi, les scrupules et les ombrages disparaîtraient.

Il suit de là que l'objet principal que s'étaient proposé les aveugles partisans de l'indépendance absolue, n'est pas atteint et qu'il ne le sera pas, car un gouvernement, quel qu'il soit, ne peut renoncer à ce qui fait sa force, à ce privilège de surveiller l'éducation qui ouvre toutes les carrières. Cette question, accessoire en apparence, est devenue, quoi qu'on en dise, la question fondamentale ; celle en présence de laquelle toutes les autres n'étaient, ne sont, ne seront jamais rien.

CHAPITRE XXI.

DE L'ENSEIGNEMENT SECONDAIRE TEL QU'IL DEVRAIT ÊTRE.

Nous avons vu l'enseignement secondaire tel qu'il est d'après la loi; nous ne reviendrons pas sur ce sujet. Nous voulons seulement présenter quelques considérations sur des changements que nécessitent l'état actuel des besoins du peuple, les connaissances généralement répandues, et les intérêts de l'agriculture et de l'industrie.

C'est une chose incroyable et cependant vraie, que l'on ne comprend pas encore tout ce qu'imposent l'égalité devant la loi civile, l'égalité devant la loi pénale et l'égalité devant la loi politique. C'est cependant dans ces trois points, qu'à vrai dire, se résument la révolution de 1789 et le Code civil qui en est la plus belle conséquence.

Cela réagit d'une manière pernicieuse sur l'instruction secondaire; les familles la veulent, comme elles la voulaient autrefois. Elles augmentent ainsi les dangers qui menacent l'ordre social et l'autorité paternelle, quand il serait si urgent de les conjurer.

On fait monter l'enseignement secondaire jusqu'à l'enseignement spécial; si bien que tout élève doué de quelque facilité s'imagine qu'en sortant du collège, il peut franchir le degré en deçà duquel il devrait rester.—Une profession, fi donc! je veux l'école polytechnique.—Mais il est beaucoup d'appelés et peu d'élus. —Tant mieux, je serai des élus, on me serine depuis un an (1), je suis certain d'être admis.—A merveille, mais si vous ne l'êtes pas?—Alors, je me rabattrai sur l'école militaire.—N'y arrive pas qui veut. — C'est vrai, mais j'y arriverai.— Je le veux bien, je le désire, mais. — Mais, mais! eh bien! je m'engagerai.—Oh la belle chute!...—Eh mon dieu! elle n'est pas pire qu'une autre ; regardez bien, et vous verrez que dans le barreau, dans l'art médical, dans les arts, peinture, sculpture, gravure, littérature, tout meurt de faim. Comme soldat, j'aurai du pain pour le présent, l'épaulette pour l'avenir, et le bâton de maréchal pour perspective. Vous riez!... Et qui n'aurait pas ri, si, il y a vingt ans, messieurs tels et tels s'étaient ouverts aussi franchement que je le fais?

Voilà quelles sont les idées de la jeunesse dorée, et, qui pis est, celles de la jeunesse aux abois ; c'est-à-dire, de celle qui n'a d'autre bagage en entrant dans le monde, que beaucoup d'amour-propre, d'illusions et d'espérance.

Les jeunes gens sages ont des vues différentes. Ils songent à des professions utiles et lucratives. Mais elles sont obstruées, il faut, pour y prospérer, étudier beaucoup, se livrer à des recherches sur tout ce qui se rattache à la profession qu'on se propose d'embrasser, et c'est alors qu'on regrette de n'avoir reçu dans les collèges qu'une éducation incomplète. — On commence à comprendre

---

(1) Cette expression d'étudiant est d'une effrayante vérité.

ce qui manque à l'enseignement sous ce rapport ; mais cela ne suffit pas, il faudrait y pourvoir.

Pour les uns la physique, pour d'autres la chimie, pour d'autres la mécanique ou la minéralogie, sont des accessoires indispensables. Pour le plus grand nombre, les langues et les voyages, les sciences naturelles et l'économie politique au point de vue industriel ; toutes connaissances essentielles qu'on acquérait autrefois tardivement, superficiellement, tandis qu'il faut les considérer comme un programme propre à toutes les carrières ; comme un premier problème de l'existence humaine.

On a créé à Paris des institutions d'une incontestable utilité pour les manufactures, pour les arts ; puis des discoureurs gagés, qui embrouillent plus qu'ils n'éclairent ; qui vont, de doute en doute, à des démonstrations que l'on ne comprend pas ; cela ne saurait remplacer l'enseignement professionnel.

Il serait aisé, maintenant qu'il y a autant d'universités que de départements et que les recteurs peuvent tout voir par leurs yeux, d'approprier les études aux besoins des populations. Le but des universités est aujourd'hui de fournir aux facultés de théologie, de droit, de médecine, des sciences et des lettres, des élèves capables d'embrasser l'enseignement de chaque faculté. Ce but doit être modifié. Il faudrait que les études fussent dirigées de manière que les élèves pussent sortir des lycées et des collèges, au point où tout ce qu'on enseigne est inutile à tel ou tel élève. On le peut, dit-on. Je réponds qu'on ne le peut pas, parce que si l'on sort avant d'avoir terminé ses classes, on sort comme un élève incomplet, comme un élève ignorant, tranchons le mot. On obvierait à cet inconvénient fort grave, en changeant l'ordre des classes, de telle sorte qu'un élève de quinze ans pût en trois ans parcourir la carrière dans laquelle on se traîne pendant six, sept et même huit ans.

On apprend tant de choses, qu'il n'est pas rare qu'on sorte du collège sans en savoir aucune. Tout ceux qui parviennent à une certaine distinction, n'y arrivent que par leur travail non-seulement dans les classes, mais surtout après la sortie du collège.

Le plus grand nombre des prodiges de collèges descendent presque toujours avant de devenir hommes. Les élèves laborieux au contraire, même quand ils percent difficilement, finissent par arriver à leur rang et par laisser en arrière ceux qui les regardaient en pitié. Puisque le travail est tout, ce qu'il faut aux élèves, c'est avant tout l'art de travailler. Si l'on employait à cette démonstration la moitié du temps que l'on consacre à des choses que j'appellerai des curiosités scientifiques, bonnes pour des amateurs, les élèves en sauraient plus en moitié moins de temps. Ce que je dis là, s'applique plus particulièrement à la physique, à la chimie appliquées aux arts, aux métiers, deux branches de l'enseignement qui l'emportent de beaucoup en utilité sur ce qu'on enseigne ordinairement dans les collèges et les pensionnats, tels qu'ils sont constitués aujourd'hui.

Concluons que si les collèges communaux remplissaient bien leur programme, ils deviendraient d'excellents collèges professionnels sans accroître de beaucoup les dépenses qu'ils supportent en ce moment. — En effet, on compte en France plus de huit cents collèges communaux et institutions libres, donnant un enseignement propre à préparer la jeunesse à toutes les professions ; il suffirait donc d'y ajouter quelques nouvelles branches d'instruction pour atteindre le but. On peut en juger par le programme suivant des matières d'enseignement, qui est presque partout le même pour les collèges de première classe.

PROGRAMME DE L'ENSEIGNEMENT DES COLLÈGES COMMUNAUX.

De quatre cents collèges communaux, cent soixante-sept de première classe donnent un enseignement complet équivalent à peu près à celui des lycées ; deux cent trente-trois de seconde classe ne peuvent conduire au baccalauréat ès-lettres qu'au moyen d'études supplémentaires dirigées par des chefs d'institutions ou des professeurs particuliers. — Il en est dans l'une et l'autre classe de beaucoup plus forts les uns que les autres, et ils ont cela de commun avec les lycées.

COURS SPÉCIAUX.

Des cours spéciaux sont établis dans quelques collèges en faveur des élèves qui, après avoir suivi les premières années des cours actuels, veulent se livrer au commerce, aux divers arts industriels, ou à une profession quelconque pour laquelle l'étude approfondie des langues anciennes n'est pas indispensable.

L'enseignement se divise en deux années.

PREMIÈRE ANNÉE.

Français. — Le professeur enseigne les principes raisonnés de la grammaire générale et de la langue française ; il exerce les élèves à des compositions telles qu'analyse, lettres, rapports, narrations, etc.

Mathématiques. — Arithmétique ; application aux opérations commerciales, tenue de livres en partie simple et en partie double, éléments de géométrie, trigonométrie, avec des applications, arpentage.

Physique. — Les élèves suivent cette année les cours de physique et de chimie.

Histoire naturelle. — Eléments de botanique et de zoologie.

Allemand. — Eléments de la grammaire allemande, explication et traduction des divers auteurs. Les élèves sont exercés à parler et à écrire cette langue.

Histoire. — Cours d'histoire moderne, histoire de France.

Géographie commerciale. — On s'attache à faire connaître dans ce cours les productions, les débouchés des différentes parties du globe, enfin la statistique commerciale des principaux pays.

Ecriture perfectionnée, dessin, lavis des plans, etc.

DEUXIÈME ANNÉE.

Français. — Cours de rhétorique française, histoire abrégée de la littérature, composition, etc.

Philosophie. — Les élèves de l'école spéciale auront la faculté de suivre, en tout ou en partie, le cours de philosophie qui a lieu pour les élèves des lycées. On y joint un cours élémentaire sur les principes généraux du droit.

Mathématiques. — Géométrie, éléments d'algèbre, de

statique, de mécanique appliquée aux machines, et de géométrie descriptive.

Physique et chimie. — Application de la physique et de la chimie aux arts et métiers.

Il suffirait, on le comprend, d'un professeur de plus pour enseigner les matières de commerce, d'industrie, d'arts et métiers, que l'on pourrait considérer comme préparatoires et conduisant les élèves aux écoles spéciales, pour ceux qui veulent les suivre, et qui satisferait aux besoins des élèves lorsqu'ils voudraient, en sortant du collège, se livrer à une profession déterminée. Quelques institutions communales l'ont, dit-on, tenté sans succès, mais ce n'est pas une raison pour ne pas introduire ce perfectionnement par un acte gouvernemental, car en général rien ne facilite le succès d'une chose, comme l'obligation de la faire.

Ce ne serait pas encore assez. Il est un moyen de lever presque tous les obstacles de la nature de ceux qu'on oppose, c'est de créer des bourses à l'obtention desquelles on pourrait arriver facilement chaque fois qu'on se serait distingué par un travail assidu, par une bonne conduite ou par une vocation décidée.

Cela aurait besoin de beaucoup de développements qui ne peuvent entrer dans notre cadre, et qui se présenteront d'eux-mêmes à quiconque voudra étudier la question que nous ne faisons que soulever.

On trouvera au surplus dans l'Appendice de ce livre, N°s 3 et suivants, des exemples de ce qui peut être fait sous le rapport de l'éducation professionnelle.

CHAPITRE XXII.

D'UN NOUVEAU SYSTÈME D'ENSEIGNEMENT ULTRAMONTAIN.

Il semblerait que plus un paradoxe est faux et insensé, plus certains écrivains tiennent à le faire prévaloir. Ce n'était point assez que depuis 1815 jusqu'à 1848, les partisans des jésuites et les jésuites eux-mêmes se fussent acharnés contre l'Université, qu'ils voulaient à tout prix dénaturer ou démembrer. Ils s'écrièrent chaque jour, durant cette période de trente-trois ans, que depuis la révolution, l'enseignement public était impie et corrupteur; qu'on marchait droit au renversement de la religion et à la perte des âmes, et qu'il fallait de toute nécessité que l'enseignement fût rendu aux corporations religieuses, si l'on voulait éviter le plus grand des malheurs pour une nation, celui de n'avoir ni instruction, ni morale, ni religion.

C'était assurément apprécier à bien peu de valeur l'habileté du gouvernement et la puissance du christianisme. C'était aussi connaître bien mal les hommes auxquels s'adressaient des doléances aussi exagérées. Elles parurent inspirées par une jalousie assez peu honorable, plutôt que par un zèle pur de tout intérêt personnel. On répondit que c'était même outrager les législateurs, les ministres, les érudits, les écrivains, les pères de famille, qui, presque tous sortis de l'Université, ne se sentaient ni si ignorants, ni si corrompus qu'on avait le bon esprit de le dire. Aussi les déclarations des réformateurs ne produisirent-elles aucun effet. L'Université attaquée, mutilée, calomniée, répondit par ses œuvres; et il ne fallut rien moins qu'une révolution absurde et démagogique, pour ébranler sérieusement cette institution et rappeler en France ses adversaires les plus hardis et les plus dangereux. On sait maintenant à quoi s'en tenir sur les avantages de la loi de 1850 et sur les discussions auxquelles elle a donné lieu. Les chapitres précédents nous semblent ne rien laisser à désirer.

Mais, ainsi qu'on devait s'y attendre, l'esprit jésuitique n'est pas encore satisfait; — il vient de dire son dernier mot, — mot sublime en vérité !... le voici, on n'en rabattra rien : *Il faut que l'enseignement redevienne ce qu'il était au moyen-âge.* Il y a longtemps que nous nous doutions de cette arrière-pensée de nos ultramontains. Ils ne pouvaient pas la dissimuler plus longtemps. Ils ont habilement saisi l'occasion qui leur était offerte.

Une coterie justement surnommée *la jésuitière* de 1852, vient de révéler deux autres secrets du parti :

Le premier, la suprématie du spirituel sur le temporel des rois; le second, la suppression de l'enseignement donné à l'aide des classiques.

Nous avons plus haut traité le premier point, chapitres 16, 17, 18. — Il nous reste à traiter le second que nous avons seulement indiqué dans plusieurs parties de notre livre Ier, notamment au chapitre XX.

Pour appuyer leur nouveau système, nos docteurs appellent à leur aide les institutions du moyen-âge, et ils cherchent à démontrer que cette époque est celle du triomphe de la religion et de la saine littérature. La tâche serait difficile pour d'autres que pour eux ; ils la trouvent toute simple. Voyons donc comment ils l'accomplissent.

« Pendant toute la durée du moyen-âge, dit le père
» Gaume, docteur en théologie de l'Université de Prague,
» dont nous avons déjà parlé (1), l'éducation fut *exclu-*
» *sivement* chrétienne. Jamais les livres païens n'étaient
» remis comme classiques aux mains de la jeunesse. Elle
» n'y touchait qu'à l'âge où l'esprit, le cœur, l'imagi-
» nation, l'âme enfin, coulée dans le moule du christia-
» nisme, avait pris sa forme absolue, où par conséquent
» le paganisme ne pouvait plus inspirer à l'enfant qu'une
» forme secondaire, sans influence sur le fond de l'être
» moral. Alors le christianisme était à l'éducation ce que
» sont dans nos festins les mets substantiels qui apaisent
» la faim des convives ; et le paganisme, ce que sont les
» bagatelles qui composent nos desserts. »

Voilà qui est délicat et de bon goût, continuons :

« De là, que résultait-il ? ce qui résultera toujours de
» l'éducation, c'est-à-dire, que dès le berceau, les jeunes
» générations, nourries de christianisme, pénétrées de
» christianisme, élevées dans la connaissance, dans l'a-
» mour, dans l'admiration du christianisme, dans l'en-
» thousiasme de ses gloires et de ses œuvres, transmet-

(1) Voyez Chapitre IV, page 20. — Chapitre XX, pages 116, 119, 121.

» taient à la société ce qu'elles avaient reçu. Et la société
» était chrétienne, profondément chrétienne, et cette
» société chrétienne créa une Europe merveilleuse de
» grandeur, de force, de vertus héroïques, et la couvrit
» de monuments prodigieux, dont les inimitables beau-
» tés ne forment que la moindre partie de sa gloire.

» Vers la fin du quinzième siècle, ajoute l'écrivain,
» vous brisâtes *le moule chrétien*, et vous le remplaçâtes
» par un *moule païen*. Les jeunes générations y furent
» jetées, et cette cire molle prit la forme du moule, et il
» en résulta ce qui devait nécessairement en résulter.
» Les jeunes générations, nourries de paganisme, élevées
» dans l'admiration du paganisme, commencèrent à se
» montrer païennes, et à transmettre à la société ce qu'elles
» avaient reçu. Si, dès la première fonte, elles ne furent
» pas tout-à-fait païennes, attribuez-le à l'action du
» christianisme, qui, dominateur encore dans la famille
» et dans la société, empêcha une transformation com-
» plète et soudaine. »

On serait bien tenté de tourner en plaisanterie une telle prétention. Mais il se pourrait qu'elle fût sérieuse, comme tant d'autres qui surgirent de 1816 à 1830 ; il faut donc l'examiner sérieusement.

Retenons bien d'abord ces mots essentiels : l'éducation était exclusivement chrétienne. On ne touchait aux classiques que quand l'âme avait pris sa forme absolue. Il résultait de là que la société était chrétienne, profondément chrétienne ; et cette société chrétienne créa une Europe merveilleuse de grandeur, et la couvrit de monuments prodigieux.

Avant de passer à l'examen de chacun de ces points, rapportons encore deux petits passages du même docteur en théologie, qui peuvent être la clef de plus d'un des mystères que nous cherchons à pénétrer :

« Le danger devenant, après la rupture du moule, de
» plus en plus sérieux, la religion et la société perdaient
» visiblement du terrain. On se remit à l'œuvre et l'on
» essaya de former une génération nouvelle qui, profon-
» dément chrétienne, contre-balancerait l'action désas-
» treuse de celle qui cessait de l'être, ou qui ne l'était
» déjà plus. La grande réaction catholique du seizième
» siècle commença.

» Appelés à y concourir, les docteurs les plus expé-
» rimentés, les ordres religieux les plus savants, redou-
» blèrent d'activité. *Le plus habile de ces grands corps,*
» *l'immortelle compagnie de Jésus sembla créée tout ex-*
» *près pour venir au secours de l'Eglise et de la société*
» *dans l'éducation.* » — Nous ne pensons pas que ceci ait besoin de commentaire. Continuons notre citation, intéressante à plus d'un titre :

« Bientôt les collèges de l'illustre compagnie *couvri-*
» *rent le sol de l'Europe.* Une jeunesse nombreuse, et
» surtout la jeunesse appartenant aux classes supé-
» rieures, se pressa autour des chaires des illustres reli-
» gieux. La science, la vertu, le dévouement, la pater-
» nité des maîtres, l'orthodoxie de leurs doctrines, la
» variété et l'éclat des cérémonies religieuses accomplies
» dans leurs maisons, tout semblait réuni pour faire re-
» vivre et pour perpétuer dans la société la foi vigoureuse
» du moyen-âge. » (Pages **27** et **28**.)

Voilà sans doute le problème bien posé. On veut :
1° que l'éducation soit exclusivement chrétienne, c'est-à-dire dégagée de toutes les connaissances païennes qui font le charme de la vie des hommes instruits, des artistes, des industriels, c'est-à-dire que l'éducation devra se composer exclusivement de l'étude de la bible, des psaumes, de la vie des saints, et des actes des martyrs; cela est longuement développé par le père Gaume;

2° Que les enfants ne puissent toucher aux classiques qu'après leur première communion; c'est-à-dire que, si ces livres sont aussi dangereux qu'on le dit, ils effaceront en peu de temps tout ce que l'éducation religieuse aura fait éclore de bons sentiments dans le cœur de l'adolescence. Nous l'avons déjà dit, ce n'est pas au moment où fermentent les passions naturelles, au moment où les jeunes gens sont le plus accessibles aux passions factices que soulève la lecture des livres impies et luxurieux, que l'on peut admettre la communication des livres païens, selon le père Gaume, des livres classiques, selon l'opinion commune. Sous ce rapport donc, ce que loue ce bon père peut être vivement contesté. Il est d'ailleurs évident, qu'en ce point il cherche à conjurer un mal, à en retarder l'explosion, ce qui est, quoi qu'il en dise, un hommage à la nécessité d'étudier les classiques.

« La société, dit-il, était chrétienne, profondément
» chrétienne avant qu'on ne la jetât dans un moule païen. »
Parler ainsi, c'est confondre deux choses parfaitement distinctes : l'ignorance et la foi; l'abrutissement et la force d'esprit. Non, les xiie, xiiie et xive siècles n'étaient pas profondément chrétiens; non, les prêtres de cette

époque n'offraient pas de sages modèles du chrétien pur et fervent.

C'est ce que nous allons démontrer en examinant la dernière proposition que nous avons réservée ci-dessus, à savoir, que la société n'était pas aussi chrétienne que dans les temps de la primitive Église, et que les grands monuments que le père Gaume attribue exclusivement à cette époque, ne lui appartiennent plus qu'à tout autre, que parce que le moyen-âge est le temps où la domination des prêtres parvint à son apogée et descendit ensuite au-dessous de ce qu'elle avait été à la naissance du christianisme. La première période fut féconde en monuments d'une grande magnificence, proportionnée à la puissance des prélats marchant les égaux et souvent les supérieurs des rois. La seconde le fut en combats fort peu chrétiens, en décadences successives. Dans la première, le prestige du pouvoir sacerdotal détermina les peuples à d'innombrables sacrifices ; dans la seconde, l'abus de ce pouvoir porta les peuples à refuser leur concours et à se soulever contre ce pouvoir. Dans la première, les peuples, traités en esclaves, se courbaient aux exigences des prêtres, qui commandaient partout en maîtres ; dans la seconde, le peuple, impatient, tendait la main aux rois pour lutter contre ce qu'il appelait l'ennemi commun.

Telle était la situation politique. Est-ce là ce que voudraient restaurer les partisans du moyen-âge ?

Quant à la situation religieuse, nous l'avons fait connaître dans notre premier livre, chapitres 3, 4, 5 et 6 ; nous nous bornerons à ajouter ici deux tableaux d'autant moins suspects qu'ils émanent d'ecclésiastiques éminents, qui n'avaient aucun intérêt à rembrunir leurs couleurs.

L'un d'eux, qui vivait au moyen-âge, peint ainsi la situation de la France, telle qu'il la voyait :

« Le monde se précipite avec fureur dans l'abîme de
» tous les vices ; et plus il approche de sa fin, plus il voit
» grossir la masse énorme de ses crimes. La discipline
» ecclésiastique est presque universellement négligée.
» Les prêtres ne reçoivent plus le respect qui leur est dû ;
» les saints canons sont foulés aux pieds ; et l'ardeur
» qu'on devrait avoir pour le service de Dieu est unique-
» ment employée à la poursuite des biens de la terre.
» L'ordre légitime des mariages est confondu... Où ne
» voit-on pas régner la rapine, le larcin ? Qui a honte du
» parjure, de l'impudicité, du sacrilège et des plus hor-
» ribles forfaits ? Il y a longtemps que nous avons renoncé
» à toute vertu et que les désordres de toute espèce nous
» inondent de toutes parts... Un mauvais esprit entraîne
» violemment le genre humain dans toutes sortes de for-
» faits, et répand de tous côtés les haines et les jalousies,
» sources de divisions. Les guerres, les armées, les in-
» vasions d'ennemis se multiplient à un tel point, que
» l'épée fait périr un plus grand nombre d'hommes que
» les maladies et les infirmités attachées à la condition
» humaine. L'affreux homicide pénètre partout, et sem-
» ble parcourir tous les pays du monde, pour les réduire
» à une affreuse stérilité ; les églises ont à subir d'af-
» freuses calamités ; les séculiers s'emparent des droits
» de l'Eglise, saisissent ses revenus, envahissent ses pos-
» sessions ; ils se pillent en même temps les uns les autres,
» se jettent l'un sur l'autre, et, comme s'ils voulaient
» demeurer seuls maîtres du monde, font tous leurs efforts

» pour se supplanter mutuellement, et le monde entier
» n'est plus, de nos jours, qu'un théâtre d'intempérance,
» d'avarice et de libertinage. »

Il ne s'agit point ici d'un de ces sermons où les prédicateurs présentent presque toujours l'espèce humaine comme digne de tous les châtiments de l'enfer ; il s'agit d'un document écrit avec le calme d'une douleur profonde ; cela doit être pris en considération.

Peut-être aurait-on le droit de demander maintenant au père Gaume, s'il trouve dans ces paroles la preuve de son allégation : *la société était chrétienne, profondément chrétienne.*

Mais il pourrait, s'armant de notre propre raisonnement, répondre qu'un seul témoignage de cette nature ne détruit pas ceux qu'il invoque ; il faut donc en chercher d'autres. Nous ne parlerons ni des papes déposant les empereurs, excommuniant les rois ; ni des empereurs faisant élire des papes, ou des rois bravant l'autorité des papes ; ni des luttes entre les seigneurs et les évêques, touchant les droits féodaux ; ni des Vaudois, ni des flagellants, ni des hussites, ni des Albigeois, qui furent exterminés par l'ordre du pape Innocent III et par les soins d'un légat, qui encourageait les massacreurs par ces paroles que nous a conservées l'histoire :

Tuez toujours, Dieu connaît ses élus.

Il faut chercher d'autres autorités. Elles ne sont malheureusement pas difficiles à trouver.

Est-ce par exemple, parce que la société était, comme le dit le père Gaume, chrétienne et profondément chrétienne, que saint Bernard, si célèbre par la pureté de ses

mœurs et par l'élévation de sa piété, s'écriait au xiie siècle : « Que ne puis-je voir avant de mourir, l'Eglise
» de Dieu, comme elle était dans les premiers jours!... »
Il préférait le temps des martyrs à celui de la suprématie du clergé! lui, qui avait vu de si près les papes, les cardinaux, et apaisé tant de querelles entre les deux puissances, qui alors se disputaient le triste honneur de commander à des hommes profondément corrompus, quoique profondément chrétiens, si l'on en croit le père Gaume.

Ce n'est pas tout : Un cardinal renommé pour son savoir et par son caractère, fut chargé par le pape, de préparer les matières qui devaient être traitées au concile de Vienne en 1312, et, chose digne de remarque, le premier point qui l'occupa, fut *la réforme de l'Eglise dans le chef et dans les membres*. Ce cardinal prévoyait les maux qu'un grand nombre d'abus signalés par lui devaient attirer sur l'Eglise.

Voici dans quels termes il les dénonçait au pape :

« Ces désordres excitent la haine du peuple contre
» tout l'ordre ecclésiastique; et si on ne les corrige, on
» doit craindre que les laïques ne se jettent sur le clergé...
» Les esprits sont en attente de ce qu'on fera, et ils sem-
» blent devoir bientôt enfanter quelque chose de tragique.
» Bientôt ils croiront faire à Dieu un sacrifice agréable,
» en maltraitant, en dépouillant les ecclésiastiques, comme
» des gens odieux à Dieu et aux hommes, et plongés
» dans la dernière extrémité du mal. Le peu qui reste de
» dévotion envers l'ordre sacré, achèvera de se perdre.
» On rejettera la faute de tous ces désordres sur la cour

» de Rome, qu'on regardera comme la cause de tous les
» maux... Je vois que la cognée est à la racine; l'arbre
» penche, et au lieu de le soutenir pendant qu'on le pour-
» rait encore, nous le précipitons à terre... Les corps
» périront avec les âmes. Dieu nous ôte la vue de nos
» périls, comme il a coutume de faire à ceux qu'il veut
» punir : Le feu est allumé devant nous et nous y cou-
» rons..... »

Si ces autorités ne suffisent pas pour désabuser le père Gaume, chef apparent de la nouvelle école, d'abord de son engouement pour le moyen-âge, et ensuite de son antipathie pour la renaissance et les temps qui l'ont suivie, nous lui ferons observer, qu'à dater du concile de Trente, où de sages règlements rétablirent l'ordre si longtemps troublé, s'élevèrent des églises non moins belles que celles du moyen-âge, telles que Sainte-Geneviève, Saint-Sulpice, Sainte-Clotilde de Paris, celles des Invalides, du Val-de-Grâce, de la Madeleine, celle de Sainte-Croix d'Orléans, les cathédrales de Tours, de Nancy, de Toul, et bien d'autres qui prouvent que la renaissance n'a pas empêché l'élévation de ces monuments sacrés. Nous lui ferons encore observer que l'étude des monuments païens a produit Sainte-Geneviève, la Madeleine et Saint-Sulpice, aussi bien que le Louvre, la Bourse, la place de la Concorde, qui lui demandent grâce de n'être pas venus au moyen-âge.

J'ajouterai que depuis ce concile si fameux, ont disparu tous les scandales que nous signalaient l'histoire et les autorités que je viens de citer ; que des écoles ecclésiastiques célèbres ont produit des évêques, des prédicateurs de génie ou de talent qui furent à jamais la gloire de l'Eglise française, et que, malgré que l'enseignement y fût païen, pour employer une expression qui lui est propre, saint François-de-Sales, saint Vincent-de-Paul, Bossuet, Fénelon, Massillon, Frayssinous et bien d'autres illustrations ecclésiastiques, ont racheté par leurs œuvres les erreurs de ceux qui, se proclamant meilleurs qu'eux, ont eu le malheur de ne porter dans l'Eglise que le trouble et l'irritation, et dans l'esprit des fidèles, que le doute ou l'indifférence.

Ainsi donc, il ne faut pas se préoccuper des réformes proposées par le père Gaume; leur utilité est plus que problématique, et leur exécution aurait l'inconvénient d'être impossible. — Comment, en effet, retrancher de l'enseignement ce qui en est la base dans toute l'Europe et dans les Amériques? Comment réduire l'enseignement aux matières sacrées exclusivement, comme si l'instruction ne devait former que des séminaristes? Comment ne pas admettre que l'industrie, que le père Gaume traite avec tant de dédain, a quelque utilité dans la société où nous avons le malheur de vivre? Comment ne pas reconnaître que les arts et les lettres de la Grèce et de Rome ont trop d'admirateurs, trop d'imitateurs, pour qu'on puisse les retrancher, non-seulement de l'enseignement libre, mais même de l'enseignement ecclésiastique.

Est-ce que le père Gaume et ses coréformistes ignorent que l'institut des jésuites et celui des sulpiciens comprenaient et comprennent encore ces matières au nombre de celles qu'ils doivent enseigner, non-seulement comme étant une chose éminemment utile, mais encore comme un moyen de lutter avantageusement avec l'enseignement universitaire (1).

Est-ce que ces bons pères n'ont pas remarqué que les prédicateurs eux-mêmes ont besoin de ces connaissances pour se tenir au niveau de celles de leur auditoire ?

Est-ce qu'ils oublient qu'eux-mêmes ont reconnu, et spécialement le père Gaume, que les premiers chrétiens étudiaient les classiques afin de les mieux combattre.

Est-ce que depuis 1815 tous les prédicateurs n'ont pas abandonné les classiques pour tourner leurs foudres contre Voltaire, Rousseau, Corneille et Molière. Est-ce qu'ils n'ont pas lu ces auteurs ? Est-ce que le venin qu'ils distillent n'est pas mille fois plus dangereux que celui qui découle des œuvres de Cicéron, de Tacite, de Tite-Live, de Lucrèce, de Sénèque, de Térence, de Virgile, de Socrate, d'Homère, de Sophocle, d'Aristophane ?

Est-ce que, lors même qu'il leur serait donné d'étouffer tous ces beaux génies, il ne resterait pas encore Rabelais, Montaigne, Labruyère, Montesquieu, etc., etc., qu'ils ont jusqu'à présent tolérés ?

Et quand même ces écrivains seraient encore anéantis, est-ce qu'il ne resterait pas des millions de sceptiques, d'incrédules, d'impies, tranchons le mot, qui, se rappelant ce que firent les Albigeois, les calvinistes, les luthériens, montreraient d'autant plus de violence et d'animosité, que tant de proscriptions de leurs écrivains favoris leur sembleraient plus tyranniques.

Il faut donc tolérer ce qu'on ne peut empêcher ; tra-

---

(1) Si la proposition du père Gaume était vraie, il faudrait donc croire que nos supérieurs, nos évêques, s'étudient à former des impies.

vailler avec courage au moyen de dégoûter le peuple de la lecture des ouvrages immoraux ; se décider à préférer la bonne littérature à la mauvaise ; faire connaître aux enfants, aux adolescents, aux hommes, ce qu'il y a de beau dans nos grands écrivains, ce qu'il y a d'affreux, de dangereux, dans les médiocres et les mauvais, afin de donner des lecteurs aux premiers et d'en enlever aux autres.

Voilà une réforme que nous recommandons à nos réformateurs ; elle présente peu de difficultés. Ce serait faire la part au feu pour sauver ce qui reste des principes religieux de nos pères et donner une bonne direction aux esprits faciles, qui ne demandent pas mieux de suivre les conseils quand ils n'imposent pas de trop grands sacrifices, et qui se cabrent, au contraire, quand on leur montre l'intention de les contraindre dans leurs goûts, dans leurs sentiments en matière artistique ou littéraire.

CHAPITRE XXIII.

DE LA PUISSANCE DES JÉSUITES ET DE SES EFFETS.

Il ne s'agit point ici de dresser l'acte d'accusation de cette compagnie fameuse qui joua si bien la piété, l'humilité, le désintéressement, et développa si habilement l'art de dominer, d'acquérir des richesses, et d'éluder les principes religieux au moyen de restrictions mentales, de dispenses et de capitulations de conscience. Notre objet est de donner une idée de son influence, et surtout de rechercher quel fut, sur les mœurs et sur l'esprit public, l'effet du système d'éducation que ses membres pratiquèrent avec une merveilleuse entente des intérêts humains. Et comme les jésuites sont ce qu'ils étaient, et qu'ils seront toujours ce qu'ils sont, on pourra, à l'aide de faits irrévocables, prévoir ce qui doit arriver dans un temps qui n'est pas éloigné de nous.

Sous le point de vue politique et religieux, leur première mission est de rétablir la suprématie des papes sur les gouvernements, quels qu'ils soient; tâche qu'ils ont déjà bien compromise autrefois, et qu'ils rendent pleine de difficultés, par cela seul qu'ils l'entreprennent de nouveau. Il faut être dévoré de la soif du bruit et du ridicule pour soulever aujourd'hui de semblables questions.

Leur seconde mission est de s'emparer de l'enseignement public et particulier, comme moyen de préparer d'abord, et d'assurer ensuite le succès de la première.

Nous avons vu combien d'efforts a tenté cette société remuante pour renverser les libertés de l'Eglise gallicane, qui furent de tout temps odieuses à la cour de Rome.

Tantôt, maîtres de l'oreille d'un roi, les jésuites le provoquèrent à des mesures désastreuses contre une partie de ses sujets, dans le seul but de rétablir leur domination éclipsée (1); tantôt, ligués avec des évêques brouillons ou ambitieux, ils portèrent le désordre et la zizanie dans l'Eglise (2); tantôt, ils échauffèrent les esprits les plus calmes par des thèses et par des écrits où ils soutenaient les propositions les plus extravagantes que puisse enfanter l'ultramontanisme (3); tantôt, sous le modeste habit de frères ignorantins, ils s'insinuèrent dans les familles pour les diriger vers la fin que se proposaient les bons pères.

Cela n'empêchera probablement pas leurs amis de les considérer comme les plus fermes soutiens de la religion, comme les meilleurs instituteurs de l'univers, d'autant plus dignes d'admiration, qu'ils sont plus vivement attaqués par les impies.

Quoi qu'on ait pu dire du fondateur de cet ordre célèbre, il est difficile de croire qu'il ne l'ait établi d'abord

---

(1) Les protestants, révocation de l'édit de Nantes.
(2) Mandements des évêques d'Apt et de Clermont, etc.
(3) Voyez d'Aguesseau, tome 13, et l'Histoire Ecclésiastique.

que dans des vues ambitieuses et mondaines ; il ne songeait pas non plus à changer la face du monde par l'éducation des enfants ; il paraît même certain que ce n'est que beaucoup plus tard que l'on conçut l'idée du monopole de l'instruction publique, et cela, comme moyen de s'insinuer dans les familles et de restaurer les immunités d'autrefois.

Ignace de Loyola, en quittant la profession des armes pour la vie solitaire, n'espérait certainement pas se conquérir une aussi grande renommée que celle qu'on lui a faite.

Toute la première partie de sa vie monastique est une suite de revers, de persécutions et de mauvais traitements qui n'étaient pas de nature à lui donner beaucoup d'orgueil et d'espoir.

Soit qu'on le considère dans sa caverne de Manrèse, ou dans celle de Montmartre, soit qu'on le suive en Palestine ou dans le couvent des Anges [1], on le trouve toujours malheureux, soulevant contre lui les passions, et subissant dans les prisons la peine du bien qu'il avait fait ; on le traitait d'ignorant, de séditieux, et même d'hérétique [2] ; le pauvre homme !... Qui donc pourra s'étonner de ce titre, s'il fut donné même au grand Ignace de Loyola !

C'est en 1534 qu'il conçut en France la résolution d'établir un nouvel ordre religieux dont *les membres se-*

---

[1] Monastère de Barcelone, où il parvint à convertir un grand nombre de religieuses célèbres alors par la vie scandaleuse qu'elles y menaient.
[2] Il fut emprisonné à Alcala, à Salamanque, et mis aux fers comme hérétique.

raient tirés du corps de l'*Université de Paris*, et cela dans l'intention de *se consacrer entièrement à la conversion des infidèles, dans la Palestine, où il y avait*, disait-il, *une riche moisson à recueillir*. Il résulte évidemment de ce premier document, qu'ainsi que nous le disions il y a un instant, Ignace de Loyola voulait se vouer tout entier à la prédication chez les infidèles, et nullement changer son épée contre la férule. C'est en ce sens qu'il faut considérer la vie et les desseins de cet homme, résolu à tout pour assurer le succès de son entreprise.

Ces projets ayant été approuvés par les compagnons qu'il s'était choisis, Ignace voulut les lier par un engagement sérieux et sacré. L'église de Montmartre fut choisie comme lieu de réunion. L'un d'eux dit la messe. Il les communia *dans la chapelle souterraine*, et après cette cérémonie, ils firent, au nombre de sept, le vœu *d'entreprendre le voyage de Jérusalem, pour la conversion des infidèles du Levant; de quitter tout ce qu'ils possédaient au monde;* et en cas qu'ils ne pussent entrer dans la Terre-Sainte, de se jeter aux pieds du Pape pour lui offrir leurs services, et aller *sous ses ordres partout où il lui plairait de les envoyer.*

S'il est un fait aujourd'hui bien constant, c'est que le fondateur des jésuites, contrairement à ses vues primitives, fut conduit dans sa carrière de lutte et de puissance, par les évènements bien plus que par ses intentions et par sa prévoyance.

Un peu plus tard, Ignace fit accepter par plusieurs de ses compagnons, cette règle qui décida de son avenir : « Vivre » d'aumônes et demeurer dans les hôpitaux, prêcher sur

» les places publiques ; enseigner le catéchisme aux en-
» fants et n'accepter pour ces travaux *aucune rétribution
» en argent.* »

On découvre déjà dans cette modification le germe d'un système nouveau. Il se développa plus clairement encore dans les statuts présentés au pape. On annonçait que le but était de travailler au perfectionnement des âmes, par la prédication et la confession :

D'instruire la jeunesse et de propager la foi.

Ce ne fut que le 25 septembre 1540, que le pape Paul III, cédant aux pressantes sollicitations d'Ignace, approuva le nouvel institut des jésuites, à condition toutefois *qu'ils ne seraient pas plus de soixante profès.* Le 17 avril suivant, Ignace, qui avait été élevé au généralat, par le choix de ses compagnons, procéda à la cérémonie de la profession dans l'église Saint-Paul de Rome. Cette profession était déjà différente des vœux de Montmartre, puisque, indépendamment de l'obligation de vivre dans *la pauvreté et la chasteté*, les membres de l'ordre s'engagèrent à *une obéissance perpétuelle et spéciale au souverain-pontife*, ainsi qu'au général résidant à Rome, lequel était comme eux soumis *à l'obéissance perpétuelle à l'égard du pape.*

Les constitutions de l'ordre furent publiées en 1542. C'est là qu'on voit sans peine de quelle influence devait jouir l'institut, puisqu'il se composait de *quatre assistants généraux*, pour l'Italie, la France, l'Espagne et l'Allemagne, et de jésuites de trois degrés : l'un de *profès*, l'autre de *coadjuteurs*, et le troisième de *novices et d'écoliers approuvés.* Tels étaient les anneaux de cette vaste

CHAPITRE XXIII.

chaîne destinée à envelopper les parties les plus florissantes de l'Europe, et à s'étendre ensuite dans l'Inde et les Amériques.

Ils eurent le grand art de se recruter presque partout, et dans tous les états, les plus élevés comme les plus abjects, assurés qu'ils étaient de trouver la place de chacun.

Sous prétexte d'instruire les enfants, ils savaient se les attacher; sous prétexte de prêcher l'obéissance aux lois de Dieu, ils soumettaient l'espèce humaine au sceptre théocratique que le pape avait confié à leurs mains, et qu'ils n'abaissaient que devant celui du pontife universel lui-même.

Leur devise : *Sint ut sunt, aut non sint*, est encore aujourd'hui un défi porté à tous les peuples, à tous les rois chez lesquels on les a laissés se produire.

Le collège des cardinaux fut très-opposé d'abord à la fondation de cet ordre nouveau; mais le pape était dans le secret, il autorisa Ignace et ses compagnons sous le titre de Compagnie de Jésus, et l'acte du 27 septembre 1540 leur donna la faculté *d'avoir, dans les universités, des collèges suffisamment dotés*.

Ils allèrent plus loin; ils résolurent de prêcher les Juifs et de convertir les femmes publiques; là commença la décadence de l'ordre, non pas dans l'opinion du peuple, mais dans celle du clergé, qui rougit du contact que voulaient lui imposer les jésuites, auxquels on les offrait comme coopérateurs.

Les jésuites échouèrent complètement dans leur tentative sur les Juifs, et ce qui pis est, ils furent l'objet de graves accusations à l'égard des conversions de jeunes filles qu'ils voulaient *empêcher de se perdre*. Mais ils réussirent parfaitement dans la collection des aumônes, ce qui avait pour résultat d'enrichir la compagnie de Jésus, malgré son vœu de pauvreté. — L'opinion les attaquait sous le rapport de l'avarice et de l'immoralité ; c'était probablement de la calomnie, mais on ne calomnie jamais un prêtre sans nuire à sa réputation ; l'attaque contre un ordre est plus fâcheuse encore.

On sentit donc qu'il était temps de changer de système. Jean III envoya les bons pères faire des conversions dans les Indes, chez les païens ; ils allèrent aussi en Irlande pour résister aux tentatives d'Henri VIII, mais leur violence les en fit expulser. Il en partit quelques-uns ; le plus grand nombre évita le coup. Le pape ferma les yeux ; il les châtiait d'une main et les caressait de l'autre. Ils ne s'en crurent que plus puissants et ils agissaient sans se préoccuper de l'opinion publique qui ne leur était pas favorable.

Leur influence en Espagne, en Italie, détermina même le pape à leur accorder encore une modification essentielle de leurs statuts qui bornaient le nombre des membres de la société à soixante ; ils obtinrent en 1543 qu'il serait *désormais illimité*. — Trois ans plus tard, une concession leur fut faite, c'était la plus importante de toutes, celle d'exercer les fonctions du ministère sacré *en tous lieux et dans toutes les églises, et de donner l'absolution même dans les cas réservés* ([1]).

([1]) C'est par suite de ce privilège, sans doute, que les missionnaires de 1816 à 1826 s'établissaient en maîtres dans les paroisses, substituaient leurs cérémonies grotesques à celles du culte, et occupaient les confessionnaux en présence des titulaires mis de côté.

En 1558 fut portée une nouvelle atteinte aux statuts primitifs. Lainez, la meilleure tête de l'ordre, se fit élire pour trois ans, et bientôt il obtint l'élection à vie, en manœuvrant dans son ordre comme son ordre manœuvrait dans le monde. Une fois arrivé à ce point de puissance, Lainez rêva l'empire universel ; il s'entendit si bien avec le cardinal de Lorraine, qu'il obtint de François II la faculté d'établir ses compagnons en France. Il consentit à cet effet à toutes les restrictions qu'on voulut lui imposer, assuré qu'il était qu'une fois établis, toutes seraient habilement éludées.

Le concours que les jésuites prêtèrent à la Ligue, leurs prédications contre les rois, favorisèrent leur popularité ; Ils étaient les véritables rois de la populace, et le chemin rapide qu'ils faisaient inquiéta bientôt la Sorbonne, l'épiscopat et l'Université ; alors commença cette lutte gigantesque que les bons pères soutenaient contre une multitude d'ennemis, soulevés par leur ambition, leurs succès et leurs violences.

Bientôt se manifesta une nouvelle crise, et ce fut une seconde époque de décadence. La plus grande partie de l'Allemagne fut fermée aux jésuites en 1590 ; ils furent bannis de France en 1594, d'Angleterre en 1602, de Venise en 1606, de Suède en 1607, de Russie en 1608, du Céleste Empire en 1615.

On sentit encore à cette époque la nécessité d'une réforme ; elle s'opéra sous le gouvernement d'Acquaviva, heureuse pour l'ordre qu'elle relevait de l'abaissement où il était tombé par l'excès de sa puissance, l'entassement de ses richesses, et la corruption de ses mœurs.

Ce fut une véritable révolution. — De soixante qu'ils étaient sous Ignace, ils étaient parvenus à 1,000, et sous Lainez, ils montèrent de 1,000 à 4,000. On ne sait ce qu'il y en avait à l'époque de la réforme, mais on sait qu'ils furent divisés en deux classes : *La grande et la petite observance*. *Les profès* composaient la grande ; *les novices, les coadjuteurs, les scolastiques*, composaient la petite.

Les scolastiques se formaient au service de l'Eglise, de l'enseignement, des affaires économiques ; les coadjuteurs aidaient les profès dans les fonctions du culte et de l'instruction. A la mort d'Acquaviva, la société comptait vingt-un mille membres, dont huit cents prêtres, et son influence alla toujours croissant jusqu'en 1710.

Ils ne furent domptés que par Richelieu, qui les obligea à désapprouver la doctrine sur la suprématie temporelle des papes, et qui obtint du général de la société, le 13 août 1626, *la promesse qu'aucun membre de l'ordre ne traiterait plus cette question;* ce qui n'empêcha pas le père Héreau de la reprendre sous la minorité de Louis XIV ; ce qui n'empêche pas non plus nos docteurs du jour de la reprendre avec toutes les subtilités qu'elle comporte.

Pendant les premiers temps de la réforme, les jésuites reprirent le cours de leurs prospérités ; ils étaient les maîtres en France, en Portugal, en Italie, en Espagne ; le despotisme les soutenait partout comme propices à ses desseins ; mais cela ne pouvait durer. La royauté perdait tout ce que le jésuitisme s'attribuait d'influence, de pouvoir. La royauté humiliée, l'épiscopat assujetti, l'Université dépouillée, s'entendirent partout, et ce furent précisément les Etats qui les avaient accueillis avec le plus de faveur, qui commencèrent à les redouter et qui osèrent les punir.

En 1759, le roi de Portugal leur retira l'enseignement, et défendit à ses sujets d'avoir aucun rapport avec les jésuites ; et le 3 septembre de la même année, il bannit l'ordre du royaume et des colonies.

Charles III fit de même en février 1767 ; on en transporta cinq mille hors de l'Espagne.

Ferdinand IV les chassa de Naples.

Le duc de Parme en fit autant chez lui.

Le grand-maître de Malte lui-même adopta cette mesure ; ce qui était significatif.

Mais revenons à ce qui se fit en France. En 1757, les jésuites furent cause et victimes d'un soulèvement de l'opinion publique, auquel on ne pourrait rien comparer dans nos annales même révolutionnaires. Le parlement examina la constitution de cette société, et déclara, par deux arrêts solennels ; le premier, qu'elle était dangereuse pour la religion et l'État ; le second, que les ouvrages des jésuites étaient contraires à la morale, et devaient être brûlés par la main du bourreau.

L'établissement des disciples d'Ignace en France avait originairement souffert beaucoup de difficultés. Non-seulement, le roi Henri II avait résisté pendant neuf ans aux demandes réitérées qu'on lui avait présentées, mais le parlement, qui s'était en outre opposé, pendant deux années, à l'enregistrement des lettres patentes, par le motif qu'il n'y avait déjà que trop de religieux en France, se réunit au roi Louis XV avec une sorte d'enthousiasme, pour en délivrer le pays. — L'arrêt de bannissement fut porté en 1764, et le pape Clément XIV, irrité de l'audace de cet ordre (qui fit, pendant le débat, imprimer l'ouvrage de Bellarmin sur la puissance temporelle), le supprima, le 21 juillet 1773, pour cause d'abus, et de désobéissance au Saint-Siège.

On dut espérer que cette fois la chute serait définitive ; mais quiconque connaissait l'esprit prêtre, ne vit encore dans ce fait, qu'un ajournement. Comme ces soldats qui se mettent à plat-ventre pour recevoir la décharge de l'ennemi, se relèvent ensuite, et se vengent, les jésuites se courbèrent pour laisser passer l'orage, persuadés qu'il ne durerait qu'un temps ; ils avaient raison.

Les attaques anciennes et nouvelles se réveillent dans tous les temps de crise, mais ils savent se maintenir par l'adresse et la patience. Ils dévorèrent les outrages, les affronts avec résignation. Ils savaient bien, par exemple, que ceux qui les accusaient d'assassinat, ne croyaient pas un mot de ce qu'ils disaient. Jean Chatel qui frappa Henri IV, était un de leurs élèves, cela est vrai ; l'arrêt qui condamna ce misérable au dernier supplice, proscrivit l'ordre des jésuites, sous peine d'être puni comme criminel de lèze-majesté, c'était bien pour le temps, mais tout cela ne prouve pas que les jésuites aient été complices du régicide, comme on le leur a reproché ; il n'y avait pas plus de justice à accuser un instituteur d'un crime commis par son élève, lors même que cet instituteur était jésuite, qu'il n'y en aurait aujourd'hui d'accuser un journaliste d'un crime commis par l'un de ses lecteurs, quand ce journaliste serait un révolutionnaire. Il faut donc laisser toutes ces accusations et ne s'arrêter qu'aux faits personnels; car c'est par la connaissance exacte de ces faits, qu'on arrive à la connaissance exacte des principes.

Eh bien! quant aux faits, l'histoire permet-elle le moindre doute sur la participation des jésuites à la proscription d'une partie notable des populations protestantes? en permet-elle sur l'abus que firent les confesseurs de leur influence sur les pénitents couronnés et sur les femmes le plus haut placées à la cour et dans la plus brillante société ([1])? et si tout cela est vrai, peut-on raisonnablement douter de ce qu'ils veulent faire et de ce qu'ils feraient s'ils étaient maîtres de la place?

Etait-ce comme disciples de Jésus-Christ, ou comme agents de la cour de Rome, qu'ils s'insinuaient ainsi partout où ils pouvaient acquérir ou développer de la puissance? Humbles en commençant, terribles et menaçants quand ils avaient attaché leur joug sur le front de ceux qui les redoutaient; or, ce qu'ils ont fait autrefois contre les prélats qui les repoussaient, ne le font-ils pas déjà par des affidés, en attendant qu'ils le fassent eux-mêmes?

Etait-ce comme ouvriers du Seigneur, comme délégués de l'autorité papale, qu'ils étaient si faibles, si tolérants avec les uns, si rigides et si absolus avec les autres, et surtout à l'égard des mères de famille?

Est-ce pour accomplir leur vœu de pauvreté, qu'ils s'immiscèrent dans des entreprises commerciales, et qu'ils amassèrent des trésors par une foule de moyens peu compatibles avec l'abnégation qu'ils affectaient?

Etait-ce dans l'intérêt des mœurs publiques qu'ils se

---

[1] Voyez Appendice du Livre Ier, n°s 7, 9 et 10; et Chapitre XXIV, pages 444 et suivantes.

livrèrent à l'éducation de la jeunesse, de manière à se conquérir des élèves par des relâchements successifs, soit dans les objets d'étude, soit dans les modes d'enseignement?... Voilà, nous ne craignons pas de le dire, voilà sur quels points doivent porter les investigations des hommes d'Etat.

Maintenant que nous avons vu que les jésuites sont essentiellement hommes politiques, que leur influence a été partout plus politique que religieuse ; que leur objet a toujours été de s'occuper beaucoup plus de l'or que des bonnes mœurs, plus de pouvoir que de piété, on peut facilement apprécier quelle est leur tendance en matière d'éducation publique ou privée, et quelles opinions ils glisseraient dans les têtes de ceux de leurs élèves qu'ils recruteraient pour leurs séminaires ; c'est là qu'est le danger pour le clergé, pour la religion, dont ils compromettraient la pureté. C'est sur ce point que nous insistons, pour qu'ils soient soumis à une continuelle surveillance, et pour déterminer le gouvernement à prendre les précautions les plus minutieuses, et au besoin les plus énergiques, afin qu'ils n'abusent point de sa condescendance ; condescendance qu'on blâme déjà, qu'on blâmerait bien davantage, quoiqu'elle soit moins l'effet de ses sympathies qu'une conséquence des principes établis par les républicains de 1848.

On peut en effet se rappeler combien la démagogie fut imprudente et aveugle, lorsqu'elle s'empressa de proclamer la liberté de l'enseignement sans en calculer les conséquences. On peut se rappeler aussi les cris, les réclamations des membres de la gauche, lorsque ces conséquences se déroulant à la tribune, ils reconnurent leur erreur capitale. — Personne n'a encore oublié ces épigrammes oratoires, par lesquelles MM. Thiers, Dupin, Dufaure et bien d'autres, répondaient à ces désaveux bruyants et tardifs. *Vous avez voulu la liberté absolue, leur disait-on, vous l'avez introduite dans la Constitution, nous ne pouvons pas l'ôter; et vos adversaires en jouiront comme vous-mêmes.* On n'a pas oublié non plus ces dénégations naïves : — *Mais non! mais non! nous n'avons jamais voulu cela, nous n'avons jamais entendu favoriser les jésuites.*

C'était convenir qu'ils ne voulaient la liberté d'enseignement, comme la liberté publique, que pour eux et les leurs ; selon l'usage des factions puissantes.

Les jésuites aux aguets depuis quarante ans, étaient de trop habiles gens, pour ne pas profiter de ces débats qui, selon leurs casuistes, les relevaient de fait des condamnations prononcées contre eux, et renouvelées même sous la restauration. Ils étaient là. Ils manœuvrèrent si bien, que la démagogie, la démocratie, les constitutionnels, les doctrinaires, les dynastiques, furent vaincus, *au moins momentanément*. N'insistons pas sur cette pensée que nous développerons dans le chapitre suivant.

CHAPITRE XXIV.

CONSIDÉRATIONS SUR LA RÉSURRECTION DES JÉSUITES.

Nous voulons, avant que de conclure, dire un mot de la résurrection des jésuites, comme corps enseignant.

Il faut que les bons esprits ne se fâchent ni ne s'applaudissent de cette résurrection ; — nous ne la désirions pas, nous ne devons pas la redouter : un ennemi démasqué est moins à craindre que celui qui se cache. — Les jésuites agitaient sourdement la France depuis plus de trente ans; nous les sentions, nous les dénoncions à l'Etat en 1816, 1825, 1827; à l'opinion publique tous les jours; on nous répondait : Vous êtes des calomniateurs!

Nous les sentions encore, nous les dénoncions en 1840; que nous répondait-on? Que les pères de la foi n'étaient pas jésuites. Il arriva même qu'ils prirent ce nom pour une injure. Mais tout changea en 1850. Nous assistâmes à un véritable coup de théâtre en présence de l'Assemblée nationale. On leva le masque, on monta à la tribune, et l'on osa dire à toute la France : Les voilà! Et la France, stupéfaite, répondit : Les voilà !... Donc, on avait raison, en 1815, en 1825, en 1827, de signaler leur présence,

CHAPITRE XXIV.

Les voilà! Ils n'ont jamais quitté la France! Ils sont les plus fermes soutiens de la religion; nous faisons cause commune avec eux!...

Et l'on répond à leur introducteur : Ce sont donc eux qui ont détrôné Louis XVIII en 1815, car ils le traitaient de jacobin?

Les voilà! Ils régnaient sous le nom de Charles X, qui, cependant, avait l'air de leur interdire son royaume (¹).

Et l'on répond : Pourquoi donc n'ont-ils pas empêché sa chute, car il était leur disciple, leur pénitent et leur protecteur secret?

Est-ce que, par hasard, l'idée qu'on avait de leur puissance n'était qu'une pieuse erreur?

Les voilà! C'étaient donc bien eux qui déblatéraient perpétuellement contre l'Université? Alors on peut douter du fondement de leurs cris, de leurs accusations; on avait raison d'en douter, on a maintenant le droit de n'y pas croire.

Les voilà! C'étaient donc eux qui sapaient l'enseignement mutuel, qui accaparaient les écoles primaires, qui élevaient les neuf dixièmes de la jeunesse depuis 1820? Et l'on se demande comment il se fait que leurs élèves soient tous socialistes, au moins païens, au dire de M. le docteur de l'Université de Prague, dont nous avons parlé plus haut (²).

Ils accusaient l'Université de perdre la jeunesse, mais ce ne sont pas des élèves de l'Université qui parcouraient

---

(1) Voyez page 449.
(2) Voyez Livre Iᵉʳ, Chapitre XX, pages 117 et 118.

le val de la Loire avec des sacs, des bêtes de somme, des charrettes pour faciliter le déménagement des maisons bourgeoises et des châteaux ; ce sont donc eux qui formèrent certaines écoles fanatiques, et qui armèrent de la férule des jésuites, les frères ignorantins et leurs adhérents.

Les voilà ! c'est à merveille !... Cela surprend peu les hommes clairvoyants ; le mot seul est nouveau ; l'évènement ne l'est pas. On en convient enfin, et, quand on le nierait encore, nous persisterions à dire : Ils sont là. Nous savions depuis longtemps que la dénégation d'un fait certain ne fait qu'ajouter à la certitude ; nous savions que les mineurs de Rome labouraient le sous-sol de la France ; que la galerie qui les conduit du Vatican à Paris a des embranchements sur Vannes, sur Nantes, sur Rennes ; qu'elle en a d'autres sur Colmar, Besançon, Nancy ; d'autres sur Bordeaux, sur Toulouse et sur Lyon ; mais ce que nous ne savions pas, ce que nous n'eussions jamais osé prévoir, c'est que la grande galerie aboutissait sous la tribune de l'Assemblée nationale.

Cela est désormais certain. Eh bien ! tout va pour le mieux... Les doutes deviennent des certitudes, les imputations de calomnies tombent à plat ; la position est largement dessinée... Mais cet évènement, cette ovation des bons pères soulève une question à laquelle on ne paraît pas avoir assez songé ; elle mérite pourtant qu'on y songe. La voici :

A quel titre les jésuites reviennent-ils en France après y avoir été condamnés ?... Qui a rompu leur ban ?

Est-ce un acte de clémence ?... Qui l'a signé ? Quelle cour l'a vérifié, enregistré, selon l'usage et selon la loi ?

Est-ce un acte d'amnistie? A qui cette faveur est-elle accordée? Quels engagements ont pris les amnistiés?

Est-ce un acte politique? Dans quel numéro du *Moniteur* ou du *Bulletin des Lois* est-il publié?

Réfléchissez et répondez.

Ne serait-ce qu'un acte de tolérance? Plût à Dieu! car si Dieu a inspiré le Pouvoir, il inspirera les bons pères; et, dans ce cas, ils rachèteront leur passé; ils béatifieront leur avenir, et nous serons des premiers à nous réjouir de leur retour.....

Mais alors, comment concilier ce retour et la modification de leurs doctrines avec les écrits qui se publient en ce moment en leur honneur? Comment expliquer leur présence à la tête des écoles et l'esprit païen qu'on impute aux élèves?... Il se commet donc de graves imprudences? Le mot de passe n'a donc pas été donné à tout le monde, ou ces mots : *Paix et conciliation*, si doux à notre oreille, ne plaisent donc pas aux ultramontains? Est-ce que la division serait déjà dans le camp d'Ignace de Loyola? Est-ce que ses soldats, si soumis, si bien disciplinés, si humbles, si fervents, marcheraient chacun de son côté : ici, pour les évêques, et là, contre les évêques, selon que les prélats leur seraient propices ou contraires? Est-ce qu'ils auraient chacun ses doctrines, chacun son moyen favori? Est-ce enfin que cette corporation, jadis si forte, tomberait en dissolution?

Nous ne savons vraiment par où sortir de notre perplexité... Oh! nous vous entendons : ce n'est pas cette corporation, dites-vous, qui publie les écrits qui désolent l'épiscopat français et délectent les cardinaux ultramontains; ce sont les ennemis de la société de Jésus. — Ses ennemis!... oui, nous le croyons, ses ennemis les plus imprudents, les plus dangereux.

Nous avons dit sous le rapport historique, tout ce que nous voulions dire de cet ordre si pernicieux par sa politique et par son système d'éducation.

Par son système politique, dont le but unique était le rétablissement de la suprématie de Rome sur tous les autres pouvoirs; dont la passion était l'anéantissement des conquêtes de 1789.

Par son système d'éducation qui créait partout l'espionnage au moyen de nombreux affidés dont il disposait, qui fomentait l'impiété ou l'excusait par des restrictions mentales, et des distinctions subtiles qu'on cherche à remettre en vogue aujourd'hui, qui outrageait la morale, en autorisant le vice dans les personnes dévouées ou dans celles qu'on voulait conquérir [1]. Sous ces deux rapports, ils sont connus, ils sont jugés, ils sont condamnés.

Jetons maintenant un coup-d'œil sur la législation française, et nous verrons s'ils ne la violent pas ouvertement depuis trente ans. Nous trouverons qu'indépendamment des arrêts et de l'édit dont nous avons parlé, les jésuites ont été supprimés par les lois de 1789, 1792 et 1802, atteignant toutes les congrégations d'hommes. Qu'un décret de 1804, et deux lois de 1817 et 1825, portent qu'aucune congrégation ne peut être rétablie qu'en vertu d'une loi. Qu'un arrêt du 18 août 1826 a

---

[1] Louis XIV avait deux jésuites pour confesseurs, et madame de Montespan, sa concubine, était leur alliée, tantôt protégée, tantôt protectrice, selon les temps et les circonstances.

proclamé que la législation s'opposait formellement au rétablissement de la société de Jésus, sous quelque dénomination que ce fût : « Que les arrêts et édits antérieurs
» étaient principalement fondés sur l'incompatibilité re-
» connue entre les principes professés par cette société, et
» l'indépendance de tous les gouvernements. »

Nous y verrons enfin, qu'une ordonnance du 21 juin 1828 a décidé que les établissements fondés par des jésuites à Aix, Saint-Acheul et autres lieux, seront soumis au régime universitaire, ce qui était l'équivalent de leur suppression comme collèges de jésuites.

C'est en présence de tels monuments législatifs et judiciaires, qu'on vient dire aujourd'hui qu'un article d'une constitution renversée depuis un an protège assez efficacement les jésuites, pour qu'ils puissent reprendre leur système, leurs collèges, comme si la loi de 1850 qui établit la liberté de l'enseignement, ne mettait aucune condition à l'exercice de ce droit, et comme si l'incapacité légale prononcée contre un ordre n'équivalait pas à l'une des autres incapacités mentionnées dans la loi d'enseignement.

Il faut donc reconnaître que sous le rapport politique, les jésuites sont frappés d'incapacité, et que la tolérance qu'on leur accorde *ne leur confère aucun droit*. — Ou bien, on arriverait à cette étrange doctrine, qu'un principe général, posé accessoirement, détruit toutes les lois antérieures, même en ce qu'elles ont de différence capitale avec la loi nouvelle.

Pour prouver jusqu'à quel point cette conséquence est déraisonnable, bornons-nous à poser cette question : De ce que la liberté de l'enseignement est proclamée, s'en-

30

suit-il qu'un ou plusieurs des proscrits qui résident hors de France, pourrait y entrer et s'y faire instituteur ?

Si l'on répond *oui,* il s'ensuit que la loi sur la liberté de l'enseignement est une véritable loi d'amnistie ; si l'on répond *non,* il s'ensuit que les jésuites ne peuvent pas légalement fonder des collèges en France, tant qu'une loi ne les aura pas relevés de l'interdit fulminé contre eux, par cette puissance temporelle de droit divin dont ils étaient censés soutenir les intérêts et qui leur a dit : Je ne veux plus de vous, car vous corrompez mes peuples ; et par cette puissance nationale, née de 1789, qu'ils attaquent sans cesse, et qui, jusqu'à présent, les a dédaignés assez pour ne pas les punir.

CONCLUSION
DU LIVRE SECOND.

Nous avons dû examiner avec quelque développement cette grande question de la liberté de l'enseignement, introduite avec tant de maladresse dans une constitution, qu'on avait la prétention de faire démocratique et qui l'était assurément moins que la Charte de 1830, que le Code civil et que les lois sur l'instruction publique.

Vouloir mettre dans les mains de l'Etat, les fortunes, les personnes, les institutions, tout en un mot, c'est fonder le despotisme; et quel despotisme? le plus terrible connu, celui d'une assemblée unique.

L'enseignement gratuit et obligatoire entraînait contre les familles un despotisme plus révoltant encore, car il descendait jusqu'au foyer domestique.

Que la loi ait déclaré l'enseignement obligatoire pour les communes, pour les arrondissements, pour les départements, en ce sens que chaque commune fût obligée d'avoir au moins une école pour sept à huit cents habitants, deux écoles de garçons et de filles pour les communes plus populeuses; cela se comprend, cela serait à désirer. Mais aller au-delà, imposer à des milliers de pères de famille, la volonté d'un utopiste de Paris, leur infliger des amendes, ajouter à leur misère, sous prétexte de bienveillance pour leurs enfants, c'eût été une véritable tyrannie.

Un bon gouvernement doit favoriser, autant qu'il est en lui, l'établissement et le développement des écoles; encourager, soutenir les institutions; les surveiller; les faire surveiller par les pères de famille, concurremment avec les inspecteurs salariés, qui ne remplissent pas toujours leurs devoirs avec tout le soin qu'on a droit d'attendre d'eux; aider enfin les pauvres communes à supporter la charge qui leur est imposée. Cette tâche est assez belle, elle est surtout assez difficile pour qu'un ministre de l'instruction publique, pour que les évêques, les préfets, les recteurs, les conseils généraux, puissent y recueillir un peu de gloire. Les recteurs surtout, qui, lorsqu'ils sont à la hauteur de leurs belles et nobles fonctions, donnent à l'enseignement une impulsion qu'il ne pourrait recevoir de personne.

Les préfets s'étonnent de ce que l'instruction publique leur est en quelque sorte enlevée; c'est assurément leur faute, en ce sens que beaucoup ne s'occupaient pas assez des devoirs que l'ancienne loi leur avait imposés. Ceux du rectorat sont-ils mieux remplis? Nous répondons oui pour la plupart des départements; mais combien de recteurs restent encore en arrière!...

La loi nouvelle est, dit-on, déjà menacée de modifications importantes. Quoi qu'il en puisse être, l'esprit qui l'a dictée ne se modifiera pas. Il a résisté aux utopies républicaines, au jésuitisme, et personne ne doit craindre que ces deux ennemis ne reprennent le dessus, tant que nous les surveillerons nous-mêmes.

L'Université n'a jamais été complètement organisée; son fondateur lui-même attendait tout du temps. Il jeta les bases de l'édifice et confia le reste à l'expérience. Les modes d'enseignement ont varié; des progrès ont été constatés, mais il y a beaucoup encore à expérimenter et peut-être concevra-t-on qu'il y aurait peu de prudence à remanier aussi promptement une loi qui a coûté tant d'efforts et qui, sans aucun doute, vaut mieux que ce qui existait avant elle.

Beaucoup de bons esprits lui trouvent un vice capital, que n'avait pas l'ancienne législation. Elle favorise évidemment le retour et la prépondérance des jésuites. C'est peut-être un malheur, mais ce malheur ne touche en réalité que le clergé. Or, il est assez nombreux, assez fort pour se défendre quand il voudra. Il a déjà fait autrefois ses expériences, et certes il est mieux placé que jamais pour les reprendre et repousser l'invasion dont on le dit menacé.

Il faudra quelque temps pour que les jésuites redeviennent dominateurs. Faibles instruments, ils se sont faits petits pour rentrer en France; on les tolère, mais, nous l'avons démontré, les lois qui les ont chassés sont toujours là, prêtes à se dresser devant eux, s'ils devenaient un sujet d'alarmes.

Le principal vice de cette loi est le faux nom sous lequel on l'a présentée. — Ce n'est pas la conciliation, c'est la peur qui l'a fait passer. Ce n'est pas la conciliation, car le clergé, qui paraît l'avoir imposée, n'en est pas satisfait ; il l'a dit sans ménagement lors de la discussion ; il le dit avec amertume depuis qu'on est passé de la théorie à la pratique. Ce n'est pas la conciliation, car ceux qui ont proclamé la liberté de l'enseignement ont voté contre la loi entière. C'est donc un traité entre les modérés, faisant des concessions au clergé pour obtenir son concours, et les prélats les acceptant pour obtenir les jésuites et l'indépendance de leurs séminaires ; les jésuites surtout, qui, si la République eût eu le dessus, eussent été de nouveau exclus de tout enseignement.

De ce que cette loi ne convient ni au clergé ni aux républicains, s'ensuit-il qu'elle ne doit pas convenir aux pères de famille, au gouvernement impérial? C'est une autre question sur laquelle il est bon de s'appesantir.

Et d'abord, entendons-nous bien sur le mot gouvernement impérial. J'en parle d'une manière générale ; je le considère comme constitué depuis trente ans et devant vivre longtemps, car si j'entendais par le gouvernement impérial l'empereur lui-même, la question perdrait beaucoup de son importance. Louis-Napoléon, en effet, a donné au gouvernement romain tant de preuves de sa bienveillance, qu'il n'a rien à craindre personnellement des ultramontains, et que les jésuites n'agissant que selon la volonté de Rome, le rétablissement de cette milice dévote ne saurait donner aucun ombrage à l'empereur.

Mais Louis-Napoléon n'a pas relevé l'Empire pour lui seul ; il avait en vue sa gloire et celle de sa race ; il avait en vue aussi l'honneur de la France, gravement compromis par les tentatives démagogiques de 1851. Il y a aujourd'hui un intérêt dynastique dans tous les actes du jeune empereur; il y a, dans cet intérêt même, une chose qui le préoccupe à un plus haut point qu'elle n'a jamais préoccupé aucun gouvernement : c'est la satisfaction, le bien-être du peuple. — Cette pensée, soutenue d'une volonté ferme et de faits significatifs, donne à son système un caractère tout particulier, qui mérite bien qu'on le considère avec attention. Or, je soutiendrais volontiers qu'autant le peuple est attiré vers l'Empire, dans lequel il voit la chute définitive de l'ancien régime toujours menaçant, autant il est pétrifié par l'apparition des jésuites. Cette corporation est pour le peuple une menace perpétuelle d'un régime qui lui déplaît encore plus que l'ancienne royauté : le régime du cloître et de la dîme.

Cela est incontestable; on en a vu des preuves irréfragables pendant la domination du parti prêtre, en 1815 et les années suivantes. Les habitants des campagnes calculaient déjà avec anxiété le moment où cloîtres et dîmes pourraient être rétablis, et l'on en a vu s'empresser de détruire des chapelles vendues nationalement et converties en granges, et cela, afin qu'on ne pût pas les revendiquer pour rétablir des prieurés, des monastères, tels qu'ils existaient avant la révolution de 1789.

Cela était déraisonnable, sans doute.

Mais cela naissait naturellement des entreprises de certains seigneurs redemandant leurs domaines confisqués par la révolution, à leur retour, en 1815, comme ils l'auraient fait s'ils fussent rentrés en 1794 ou 1795. Cela naissait encore des discours, des menaces des missionnaires, et, enfin, du rétablissement de la gabelle sous le nom d'impôt du sel, de la corvée, sous celui de prestation. Le peuple des campagnes, dans de pareilles circonstances, n'examine pas la différence dans l'application, il ne voit que la ressemblance dans les faits.

Eh bien! pour le peuple en général, le jésuite moderne ne vaut pas mieux que le jésuite ancien; et, s'il résultait jamais de l'ascendant que la loi sur la liberté de l'enseignement semble donner aux jésuites, l'idée que cette corporation est rétablie en France, et qu'elle peut redevenir ce qu'elle était, on ne peut prévoir tout ce que cette idée produirait de mécontentement et de désaffection.

On ne peut avoir de doutes sur cette restauration jésuitique si souvent attaquée depuis quarante ans, si singulièrement reniée par ses amis d'aujourd'hui; mais on peut douter que cette restauration fasse les jésuites ce qu'ils étaient avant leur expulsion. Ils seront restaurés comme le fut la monarchie de Louis XVI, c'est-à-dire moins les privilèges, et alors que nous importe?

Mais s'ils tentaient de renouveler leurs exactions, malheur à celui qui les maintiendrait, et qui forcerait ainsi le peuple à se mêler aux débats.

Ils sont constitués de manière à marcher de crise en crise; ils échappent à peine à la discussion de la loi sur la liberté d'enseignement, que peut-être il s'en prépare une autre.

C'est sous ce rapport que la révision de la loi doit avoir un grand intérêt pour tout le monde, surtout si l'on considère combien il serait encore facile, en ce moment, de modérer l'ardeur des jésuites, et combien il pourrait l'être peu de l'arrêter plus tard.—Aucun gouvernement ne doit oublier que la devise des bons pères est renfermée dans ces mots d'une rare énergie : Qu'ils soient ce qu'ils étaient, ou qu'ils cessent d'être !...

Déjà se manifeste l'esprit qui les rendit si fameux. A peine sont-ils installés, que leurs doctrines reparaissent. Mais ce ne sont pas eux, ce ne sont pas leurs disciples qui propagent leurs anciens principes : ce sont leurs ennemis. Ils les renient, ils les désavouent publiquement, sauf à les applaudir en secret (1).

A qui persuadera-t-on, en effet, que des écrivains qui n'ont de lecteurs que les jésuites et ceux qui les combattent, ne se mettent en avant que pour leur déplaire et donner des armes contre leur parti ? Comment ! ces grands préceptes de la suprématie du pape se propagent de nouveau ; et ce n'est pas une preuve de l'influence jésuitique renaissante !

Comment ! on proclame le droit d'insurrection contre le pouvoir temporel ; principe qui peut compromettre le clergé dans ses intérêts les plus chers, et ce serait le vrai clergé qui s'oublierait à ce point ! Personne ne voudra croire à tant d'aveuglement.

Comment ! des plumes acerbes attaquent les libertés de l'Eglise de France, soutenues, enseignées, recommandées par quatre-vingt-dix-huit prêtres sur cent, et ce seraient des membres du clergé qui commettraient de tels écarts ! Oh ! non, cela n'est pas possible. Qui donc a tant d'audace et d'imprudence ? Ceux qui se firent toujours

(1) Voyez, Appendice du Livre Ier, une lettre du secrétaire du pape.

remarquer par leur imprudence. Ils sont ce qu'ils étaient, ce qu'ils ne peuvent pas ne pas être. Un éclair de prospérité les aveugle : En avant! disent-ils; nous avons fait reculer la révolution, faisons reculer les siècles; évoquons le moyen-âge! Et le moyen-âge est évoqué, et, chose bien significative, il l'est comme les jésuites invoquaient l'histoire, en l'accommodant à leurs desseins. Si ce ne sont pas eux, ce sont donc des faussaires? quel motif alors de les ménager, de ne pas les marquer au front du titre d'imposteurs? Tant de patience et d'abnégation ne vont guère à des hommes qui, depuis trente-trois ans, et bien avant encore, n'ont jamais reculé devant un démenti, quand la peur le leur commandait.

Qu'ils imitent donc ces sages prélats qui censurent avec énergie ces manifestations compromettantes; qu'ils protestent donc contre ces doctrines du moyen-âge, qu'on transforme en âge d'or de l'Eglise, quand il en fut la honte. Feraient-ils aujourd'hui ce qu'en d'autres temps firent leurs prédécesseurs, afin de se laver d'une complicité moins avérée que celle qu'on leur impute dans de haïssables publications?... Non, ils ne le feraient pas. Tout faibles qu'ils sont, ils se croiraient assez forts pour résister à un Richelieu, dans l'espérance qu'ils ont de retrouver et de dominer un Louis XIV vieilli (1).

(1) Voyez page 438.

APPENDICE

DU LIVRE SECOND.

N° 1. *De l'instruction publique en 1844.* (¹)

Il est deux choses que le clergé ne pardonnera jamais : la confiscation de ses biens par la révolution de 1789, et la perte de son influence par la création de l'Université. Ses livres, ses discours, ses intrigues, ses soumissions affectées, ses colères mal dissimulées, sont autant de preuves de cette vérité.

Il semble démontré par les faits que plus ils s'agitent, plus nos ultramontains empirent leur position.

Que voyons-nous depuis cinquante ans? Un clergé injustement proscrit, décimé, ruiné ; puis rappelé, honoré, soutenu par des traitements qui ne s'élèvent pas à moins de trente millions de francs; puis un clergé restauré, en-

---

(1) Ce qu'on va lire est extrait d'un ouvrage qui fut publié en 1844, à propos des exigences des jésuites à l'égard de la loi sur l'instruction publique promise par la charte de 1830.

couragé par des privilèges, par des dotations, des bourses, des autorisations d'acquérir ou de recevoir des legs ou des dons manuels; eh bien! qu'ont produit tant de bienfaits? des périls pour la monarchie. Pourquoi? parce qu'une institution détruite ne renaît pas de ses cendres, parce qu'une institution restaurée n'est plus en harmonie avec les autres institutions, dont l'esprit a changé.

Que veut sérieusement le clergé, ou plutôt que veulent les ultramontains, les jésuites? ils veulent le monopole de l'enseignement; c'est évident. Examinons donc les chances qu'ils peuvent avoir d'atteindre ce but, objet de tant d'efforts et de désirs mal contenus.

Il a été pourvu à la liberté de l'enseignement primaire par la loi du 28 juin 1833, mais sans déroger aux lois organiques de l'Université; en les confirmant, au contraire, en demandant des garanties aux instituteurs, en leur imposant des conditions, en les soumettant non-seulement à la surveillance de l'Université, mais, de plus, à celle de l'administration locale et à l'ensemble des pères de famille, représentés par les comités locaux, les comités d'arrondissement et les conseils généraux.

Cette loi sur l'instruction primaire, l'ordonnance qui l'a suivie et l'application qu'on en fait, font pressentir ce que sera la loi sur l'instruction secondaire. Comment donc peut-on soutenir, même avant cette loi et en présence des règlements universitaires en pleine vigueur, que le clergé peut avoir des écoles affranchies de toute surveillance et s'attribuer le droit de surveiller tous les collèges royaux et communaux?

Cette prétention est des plus excentriques qu'on ait jamais manifestées ; on n'eût point osé la produire au grand jour sous le règne des Latil et des Hermopolis ; on ne l'énonce aujourd'hui avec fracas que parce que l'on se croit soutenu par un parti qui partage la haine que les meneurs du clergé exhalent contre nos grandes révolutions de 1789 et de 1830.

Avant de proposer les raisons de décider entre l'Université moderne et l'immuable clergé, jetons un coup-d'œil rapide sur ce qu'ils étaient l'un et l'autre avant 1789.

L'Université de Paris était la fille des rois de France ; à ce titre elle avait beaucoup de privilèges ; les autres universités du royaume étaient sous la direction des évêques ; ces prélats avaient même dans plusieurs le droit exclusif de choisir les recteurs et professeurs ; aucun officier d'aucune université n'aurait refusé de rendre compte à l'évêque diocésain de ce qui s'y passait ; aucun n'aurait résisté aux injonctions qu'il en aurait reçues.

Le premier monument législatif qui fonda cet état de choses, remonte à Philippe-Auguste. Six siècles durant, les universités, les collèges, les facultés ont été sous la coupe ecclésiastique. C'était, disait-on, le seul moyen de donner au peuple une éducation religieuse, de propager les bienfaits de la foi, et de former des hommes capables de défendre la religion et le trône. Rien ne fut épargné pour atteindre ce but sacré. Il arriva cependant que le clergé, directeur de l'enseignement, fit beaucoup plus de mauvais prêtres que de bons, beaucoup plus d'élèves impies que de chrétiens éclairés : ce sont ses propres élèves qui ont déchiré le voile qui couvrait tous les abus importés de Rome, et il fut démontré que ceux qui devaient prendre soin des âmes s'occupaient bien plus d'assouvir leurs passions que de calmer celles de leurs ouailles.

Six siècles durant, le haut clergé eut tantôt la surveillance et la direction de l'éducation supérieure, tantôt le gouvernement des rois, des reines, des régents, et il souffrit l'inceste, l'adultère, l'assassinat, l'empoisonnement sur le trône; autour du trône l'athéisme, la démoralisation dans toutes les classes de la société. Le clergé fulmine incessamment contre les philosophes, et ces hommes, objets de tant d'anathèmes, sont ses élèves. Est-ce à dire que le clergé les a pervertis, les a conduits à la damnation éternelle? assurément non : il ne faut s'en prendre qu'à la mauvaise nature des philosophes.

Si d'un côté on soutient que la religion est en cause, si de l'autre on y met aussi le trône, c'est un artifice de style ou une tactique politique dont nous ne pouvons être dupe; non, non, il ne s'agit ici ni de la religion, ni de la foi, ni même des vrais intérêts du clergé : il s'agit uniquement des jésuites et de l'Université. Je ne dis pas qu'en cas de succès des jésuites, la querelle ne s'élèverait pas plus haut; je ne dis pas que le parti qui soutient les jésuites ne voit pas dans la lutte un moyen de saper le trône constitutionnel et de préparer les voies au trône absolu : ce fut le rêve de tous les temps, mais ce ne fut, ce ne sera jamais qu'un rêve.

Un homme qui ne peut traiter une question sans l'élever à son plus haut degré, a vu dans les doléances de quelques évêques contre l'enseignement de la philosophie universitaire, une lutte entre l'Etat et l'Eglise; il ne pouvait descendre ni dans la sacristie pour en contempler les misères, ni dans l'école pour y voir les personnes et les choses, il lui fallait une tribune, il s'en est fait une :

« Dieu est le fond de toute chose, a-t-il dit; les
» sociétés humaines n'ont d'autre but sérieux que d'ar-
» river à Dieu par la lumière et par la vérité. »

C'est de cette hauteur que M. de Lamartine a donné son avis tantôt pour, tantôt contre le clergé, fort peu contre l'Etat, et, ce qui est fort remarquable, jamais contre l'Université.

Cet esprit si élevé, si généreux, si juste, a senti qu'il ne pouvait pas, sans se mêler aux colères de certains prélats, s'élever contre les établissements dont est sorti tout ce que la France honore le plus dans les sciences, les arts, l'enseignement, la magistrature et les corps politiques. Il a senti aussi qu'il ne pouvait prendre parti pour l'enseignement jésuitique qui a produit tant d'hommes irréligieux et dissolus; cela était trop au-dessous de sa thèse.

C'est au nom de la véritable religion, de la véritable foi, non pas seulement de la foi catholique, et encore moins de la foi jésuitique, qu'il parle pour la liberté de l'enseignement : c'est au nom de cette foi toute divine, qui reporte sans cesse l'âme de l'homme vers le créateur de toute chose.

Ces théories sont admirables; mais hélas ! elles sortent du culte d'une âme pénétrée de la grandeur de Dieu, et leur sublimité s'affaisse devant le culte des intérêts humains qui stimulent les appétits du jésuitisme.

Chose étrange! l'Etat donne aux prêtres des campagnes tout ce qu'il peut leur donner d'ascendant; ils ont comme auxiliaires le catéchisme, la première communion, la confession, des instructions religieuses sans limites, sans contrôle, ils peuvent voir, exciter, diriger, effrayer, au nom d'un Dieu vengeur, les mères de famille, et cependant ces arbitres des consciences ont grand'peine à recruter, à s'attacher quelques enfants de chœur, quelques chantres pour les plus grandes solennités de l'Eglise; et, chose plus significative encore, malgré leurs efforts pour recruter des sujets pour les séminaires, ils n'obtiennent pas un enfant sur cent. L'auraient-ils même ce centième, si la crainte du recrutement ne leur venait en aide! Les prêtres savent tout cela mieux que nous, les prêtres ne peuvent donc pas vouloir la liberté d'enseignement : c'est le monopole qu'il leur faudrait!

Si nous jetions un coup-d'œil dans le passé, nous trouverions que, lorsqu'il était tout-puissant, le clergé n'agissait qu'autant que le bras civil voulait bien le soutenir. Que de remontrances, que de conciles, que de bulles pour saisir le pouvoir, et que de résignation et de docilité à supporter les échecs de six siècles d'intrigue, et surtout ceux de 1682! Ce que demandait, ce que demande, ce que demandera toujours le clergé, a donc le plus grand des inconvénients, c'est d'être une chose impossible.

Est-il vrai d'ailleurs que l'Université empiète sur les droits du clergé, qu'elle corrompt ses doctrines, qu'elle gêne l'Eglise? assurément non : loin de là, bon nombre de pères de famille seraient bien plutôt tentés de lui reprocher trop de condescendance pour le pouvoir ecclésiastique.

La loi fait deux parts bien distinctes : au clergé le dogme, la morale religieuse, le culte, tout ce qui fait le chrétien; à l'Université la science de ce monde, les principes philosophiques, l'éducation supérieure, tout ce qui constitue l'homme social, le citoyen, le fils et le père de famille. Liberté pour chacun dans sa sphère, surveillance de l'Etat sur tous deux, obéissance aux lois pour tous deux.

Je n'admets pas que l'Eglise et le clergé soit une seule et même chose ; j'admets encore moins que l'Eglise soit une nation dans la nation, un Etat dans l'Etat.

Je ne puis résister au désir de rapporter ici quelques phrases de l'écrit de M. de Lamartine. Voici comment il apprécie le concordat :

« L'Eglise sortait d'une persécution et se trouvait heu-
» reuse de s'abriter, modeste et docile, sous le pouvoir
» civil, qui lui offrait protection. L'Etat sortait de l'a-
» narchie et devait remonter avec ardeur vers la source
» de tout ordre et de toute morale, la religion. L'union
» était profane de la part de l'Eglise, hypocrite de la
» part de l'Etat; elle manquait à la foi et à la raison tout
» ensemble; mais elle était politique. Elle se fit. Pouvait-
» elle durer sans que la raison fût sacrifiée à l'Eglise ou
» contrainte par le pouvoir civil? pouvait-elle durer sans
» que l'Etat ou l'Eglise fussent absorbés l'un par l'autre,
» ou sans que la guerre intestine et sourde se déclarât
» entre ces deux puissances? évidemment, non; et c'est
» ce que nous commençons à voir aujourd'hui. L'Eglise
» dit : le culte, c'est la foi; la foi, c'est l'enseignement.
» Vous m'avez donné le culte, vous me devez l'enseigne-

» ment. Rien de plus rigoureusement logique. L'Etat dit :
» l'enseignement, c'est l'homme; l'enseignement, c'est
» l'esprit humain. Si je vous livre l'enseignement, je vous
» livre l'homme; si je vous livre l'esprit humain, je vous
» livre la civilisation tout entière :.

» En un mot, j'abdique. »

J'admets cela, mais j'en tire une tout autre conséquence que celle indiquée par M. de Lamartine : je dis qu'il faut choisir entre l'Etat et l'Eglise, et qu'il n'y a pas à hésiter, car nous avons les résultats les plus déplorables de l'absorption de l'Eglise pendant dix siècles ; nous avons les résultats satisfaisants d'un demi-siècle de suprématie de l'Etat.

L'Eglise maîtresse de l'enseignement, c'est l'étouffement de la pensée, la mort de l'industrie ; les siècles sont là qui le proclament, et Rome elle-même en est la preuve la plus éclatante.

M. de Lamartine ajoute aux paroles que nous venons de rapporter, celles que voici, et que nous recommandons spécialement à l'attention du clergé : « Ces ministres
» (ceux de l'Eglise) sont respectables dans leur vigilance ;
» ils sont dans leur droit devant Dieu : seulement ils ou-
» blient une chose, c'est que, dans la fausse situation
» qu'ils ont acceptée, ils ne sont pas dans leur droit devant
» l'Etat. Ils veulent faire usage de leur liberté, et ils ne
» sont plus libres. Ils ont fait un pacte avec l'Etat et ils
» reçoivent une sanction et des trésors du pouvoir civil.
» Les contrats sont réciproques. Quand on consent à re-
» cevoir, on consent à donner ; quand on a aliéné une
» partie de sa liberté pour un salaire, on ne l'a plus tout

» entière. Si l'État est enchaîné, vous l'êtes aussi! s'il
» vous doit les cathédrales, les évêchés, les trente mil-
» lions de traitement religieux, les vingt mille sémina-
» ristes, les cent millions de propriété de main-morte, la
» nomination aux diocèses, l'exécution du Concordat, la
» protection de vos cérémonies publiques, l'empire in-
» contesté de la famille et le règne de la foi ; vous lui
» devez le culte. Voilà le contrat. De deux choses l'une,
» ou il faut le déchirer ou il faut le tenir. Si vous le tenez,
» vous abdiquez une partie de la force et de la dignité
» de votre foi, vous avez un autre maître que Dieu, vous
» comptez avec le roi. Si vous le déchirez, vous renon-
» cerez à la force des hommes pour vous réfugier dans
» la force de Dieu. »

Voilà de belles, de poétiques paroles; mais le clergé se nourrit peu de poésie ; elles lui suggéreront de bien tristes réflexions. J'entends ses tribuns se dire à voix basse : « Nous réfugier dans la force de Dieu! hélas! si
» cette force était avec nous, aurions-nous besoin de
» tant prêcher, de tant écrire, de tant remuer pour ac-
» créditer l'idée de notre puissance? »

Le clergé, après avoir lu cette censure, ne pourra donc plus considérer M. de Lamartine comme un de ses défenseurs; eh bien! ce n'est pas assez de ce malheur, il va reconnaître en lui un de ses plus redoutables adversaires, s'il médite quelques autres parties de l'écrit dont nous nous emparons, nous qui, depuis vingt-cinq ans, luttons contre les empiètements du clergé militant, si hostile, si funeste aux ecclésiastiques prudents et vertueux qui respectent la foi jurée.

M. de Lamartine, examinant si l'État a pu faire la part du clergé dans l'enseignement, dit « qu'il a, en
» l'essayant, créé le conflit inextricable entre l'Université
» et l'Eglise, entre l'enseignement traditionnel et l'ensei-
» gnement rationnel. Faire la part exacte d'enseignement
» légal entre la tradition et la philosophie, qui se con-
» tredisent en apparence souvent, c'est aussi impossible
» que de faire la part entre la foi et l'incrédulité! c'est le
» sacrilège de l'administration contre la religion, contre
» la raison, contre le père de famille et contre l'enfant à
» la fois. Etonnez-vous donc de l'agitation qui s'élève,
» des justes réclamations des évêques, des justes indi-
» gnations de la philosophie, des justes appréhensions
» des pères! L'enseignement, c'est la foi du chrétien!
» l'enseignement, c'est la foi du protestant! l'enseigne-
» ment, c'est la foi de la philosophie! l'enseignement,
» c'est la foi de la famille! Avez-vous mesuré chacune
» de ces fois, pour ne rien donner à l'une aux dépens
» de l'autre? Non, vous n'en savez rien, vous servez
» dans les ténèbres, vous agissez au hasard, et vous
» blessez tout ce que vous touchez. *De la suprématie de*
» *l'Eglise,* — *avant la Révolution, il est sorti un siècle*
» *impie;* — *de la suprématie de l'Etat, il sortira un siècle*
» *sceptique.* »

L'Eglise a fait un siècle impie, comprenez-vous bien ces paroles?

On peut faire à la pensée principale de M. de Lamartine une objection assez sérieuse; on peut demander où est l'article du Concordat dans lequel se trouve le partage qui émeut si vivement son âme. Qu'il veuille bien lire le Concordat et les dispositions organiques ; il y trouvera le droit, pour les évêques, de fonder des séminaires, mais il ne trouvera rien qui se réfère à l'enseignement civil : c'est sous la Restauration seulement qu'on a imaginé de faire de l'enseignement un des instruments de la royauté, — et encore la Restauration ne tarda-t-elle pas de s'en repentir et de mettre elle-même des obstacles aux empiètements d'ambitieux qui envahissaient le pouvoir avec leurs légions de jésuites, de missionnaires, de confréries, de congrégations et d'ultramontains de toutes les couleurs, et qui, surtout, cherchaient à s'emparer illégalement de l'instruction publique : si donc il est vrai qu'il y ait encore des confréries, des congrégations, des bénédictins, on ne les doit qu'à la Restauration.

Ainsi, la pensée qui donna le Concordat n'a point chargé le clergé de l'enseignement de la jeunesse ailleurs que dans l'Eglise; elle lui conférait sans doute l'instruction chrétienne; mais pour l'enseignement, pour l'éducation qui font l'homme civil et le citoyen, l'Etat seul en est demeuré responsable.

L'article 11 de la loi du 8 avril 1802 déclare « supprimés tous les établissements ecclésiastiques autres que les chapitres et séminaires. » Comment se fait-il qu'il y ait des congrégations de missionnaires, des bénédictins, des trappistes, des chartreux et des pénitents blancs et gris, malgré la suppression prononcée par les lois de la Révolution, par celle de 1802, par le décret du 9 avril 1809, et par l'ordonnance royale du 21 juin 1828 qui a soumis à l'Université les maisons que les jésuites avaient établies à Aix, à Billon, Bordeaux, Forcalquier, Dôle, Montmorillon, Saint-Acheul et Sainte-Anne d'Auvray (¹)?

L'article 12 « interdit toutes autres qualifications que » celle de monsieur. » Et cependant tous les évêques et archevêques se font modestement qualifier de monseigneur, de grandeur, d'éminence. Cela ne mérite guère qu'on s'en occupe; mais comme la persécution se trouve dans les petites choses aussi bien que dans les grandes, il est convenable de faire remarquer que le gouvernement tolère même les vanités les plus mondaines, qu'il pourrait empêcher ou calmer d'un seul mot.

L'article 23 de la même loi veut que « les règlements » de l'organisation des séminaires soient soumis à l'approbation du gouvernement; » on a souffert qu'il tombât en désuétude : les évêques ne rendent aucun compte; ils ne permettent même pas aux corps qui leur allouent des subventions d'examiner si elles sont nécessaires.

L'article 67 « autorise les conseils des grandes communes à augmenter le traitement des évêques. » N'a-t-on pas étendu cette faculté aux plus petites communes et aux simples desservants? Est-ce là de la persécution?

L'article 71 « autorise les conseils généraux à procurer

---

(1) Voici le préambule de cette ordonnance, qui prouve que Charles X comprenait qu'il était débordé par le parti prêtre : « Sur le compte qui » nous a été rendu : 1º que parmi les établissements connus sous le nom » d'écoles secondaires ecclésiastiques, il en existe huit qui se sont écartés » du but de leur institution, en recevant des élèves dont le plus grand » nombre ne se destine pas à l'état ecclésiastique; 2º que ces huit éta— » blissements sont dirigés par des personnes appartenant à une congré- » gation religieuse non légalement reconnue en France; voulant pourvoir » à l'exécution des lois du royaume, de l'avis de notre Conseil, etc.

» aux évêques et archevêques un logement convenable. »
On leur a donné, dans tous les départements où il existe des évêchés et des archevêchés, non-seulement des hôtels meublés, mais encore des subventions de 6, 8, 10, 15,000 fr. pour eux personnellement et pour leurs séminaires, et cela, indépendamment de traitements plus forts que ceux des premiers magistrats.

Quelques conseils généraux ont, à la vérité, supprimé leurs subventions pour témoigner leur mécontentement de la direction donnée, dans certains diocèses, à l'enseignement ecclésiastique; mais le principe est resté, et je doute d'autant moins du rétablissement des subventions, quand cessera la cause qui les a fait supprimer, que déjà celles enlevées à des évêques ouvertement ennemis de nos institutions, ont été rendues à leurs successeurs aussitôt qu'ils se sont rapprochés du gouvernement constitutionnel et des libertés de l'Église gallicane.

Disons donc, et disons-le très-haut, car c'est une vérité importante, la France n'est restée au-dessous d'aucune de ses promesses; — elle les a dépassées outre mesure et n'en est récompensée que par de l'ingratitude.

N° 2. *De l'enseignement primaire du second degré, tel qu'il devrait être.*

S'il est un besoin senti, non-seulement en France, mais dans toute l'Europe, c'est celui d'un enseignement qui ait pour but principal de ne pas laisser le pouvoir électoral à la discrétion des ignorants. — Il faut donc sortir des routines créées pour les obscurantins. Il faut rejeter au loin ces idées qui dominèrent trop longtemps, que plus un peuple est ignorant, plus facilement on le gouverne; que plus une chose est absurde, plus facilement on la fait croire. Idées qui purent être en crédit quand le peuple n'était rien qu'un troupeau de brutes, mais qui sont de véritables contre-sens, quand le peuple est, par ses passions, par son intelligence, par ses travaux, par ses richesses, le véritable dominateur de ceux qui jadis le dominaient. — Ne voit-on pas qu'il n'y a aujourd'hui d'hiérarchie que dans la propriété, dans l'industrie, dans l'intelligence, et que l'enseignement doit se conformer à cet état de choses, sous peine de se trouver toujours à côté des besoins de la société? — Il y avait monopole pour les riches; eux seuls parvenaient aux emplois, eux seuls arrivaient aux sommités agricoles ou industrielles et intellectuelles. Le monopole n'est plus, un autre abus le remplace, c'est la velléité générale de parvenir à tout, et le malheur pour les dix-neuf vingtièmes des petits ambitieux, de ne parvenir à rien. On veut être propre à tout, sans s'appliquer à rien. Avec cela, on tend perpétuellement au bouleversement de la société.

Que faut-il donc que produisent nos écoles primaires de second degré? Des agriculteurs d'abord, puis des ouvriers de toutes les catégories. Il ne s'ensuit point que dès les premiers pas d'un enfant, on pourra lui dire, tu seras homme de lettres, artiste, ouvrier, architecte, mécanicien, serrurier, tailleur, etc. Non, cela ne dépend pas de l'enseignement; — mais bien de l'éducation, de l'autorité du père de famille, des conseils, des exemples reçus au foyer domestique. Cela dépend surtout d'une chose qui ne se donne pas et qui seule fait les hommes de génie, la vocation. Etudiez-la, devinez-la, dirigez-la, si vous pouvez, mais ne la contrariez jamais ; et prenez soin, dès qu'elle se manifeste, de diriger l'enseignement vers le but qu'elle indique.

On dit chaque jour à quoi servent le grec et le latin. C'est une grosse absurdité ; le grec et le latin servent à tout ; mais ils ne servent pas à tout le monde ; il ne faut donc les enseigner qu'à ceux qui les aiment, qu'à ceux qui désirent les connaître, parce qu'il y a dans cet amour, dans ce désir, le premier indice d'un esprit d'élite, et que ces esprits sont trop rares pour qu'on doive en négliger aucun.

On dit aussi, à quoi sert la poésie? Elle ne sert à rien à ceux qui ne la comprennent pas ; à ceux auxquels Dieu a refusé ce qu'on appelle l'harmonie, le goût, l'imagination ; elle ne sert à rien à ceux qui savent employer la vie à des choses utiles ou futiles. Elle est même pernicieuse pour les esprits médiocres qui s'y livrent sans calculer leurs forces. Mais quel charme ne répand-elle pas sur l'existence des hommes instruits ou non !.. Ce n'est pas l'étude qui la fait naître, qui en développe le sentiment, c'est la nature ; c'est elle qui veut que l'homme, quoi qu'il fasse, dans les emplois, dans les champs, dans les cités, ait besoin de repos et qu'il sache entremêler le sérieux de ses devoirs des doux loisirs que donnent l'étude et la poésie. Il est un point de vue sous lequel on ne la considère pas assez souvent, et qui est cependant capital, même pour les enfants du peuple. Le voici :

Peu de personnes savent lire, bien moins encore savent écrire. — Or, on ne sait lire que quand on a lu des poëtes, on ne sait écrire que quand on les a imités, non dans leurs folies, mais dans l'expression de leurs pensées. C'est dans leur commerce qu'un jeune homme se complète, s'achève. On peut ne pas faire de vers et se plaire à les lire ; on peut faire des vers et ne rien connaître à la poésie ; on peut ne faire que de la prose et l'embellir de tous les charmes de la poésie. — Ce sont là de nobles amusements ; mais ce ne sont point des choses inutiles, puisqu'elles concourent aux délassements, à la culture de l'esprit, et qu'en définitive; puisqu'il est vrai que tout en ce monde est esprit ou matière, il n'y a pas grand mal à porter, à entraîner les hommes au-dessus de la matière.

Ce besoin de la culture de l'esprit n'est, au surplus, un mal, un travers, un ridicule que dans celui qui en abuse ou qui en use mal. Il est un bien, un honneur, un bonheur pour ceux qui restent sous ce rapport dans un cercle tempéré, autour duquel ils tournent avec la certitude de passer alternativement de l'utile à l'agréable, de manière que l'un devienne pour ainsi dire le délassement de l'autre.

Il n'y a pas, en effet, d'existence plus digne d'envie que celle de l'homme qui trouve en lui-même le bon emploi du temps.

Mais ce que nous disons là, s'applique plus particulièrement à l'enseignement secondaire. Il est sans doute celui qui a le plus d'influence sur ce qu'on appelle la bourgeoisie. Il n'en a sur les classes infimes, que par l'ascendant qu'il donne sur elles aux personnes qui cherchent à les diriger. Il y a à cet égard une préoccupation générale, une idée fâcheuse, mais fausse, celle qui attribue à la bourgeoisie de l'influence sur les masses. Cela n'existe que dans les villes, et encore, arrive-t-il souvent que les demi-savants, c'est-à-dire la classe la plus dangereuse d'ignorants, ont plus d'influence que les bourgeois réellement instruits, parce qu'ils s'adressent plus particulièrement aux passions qu'à la raison des hommes.

Peut-être est-ce en cela que le véritable intérêt de la société réclame une plus grande diffusion de ce que l'on peut appeler les lumières vulgaires, c'est-à-dire celles qui conviennent à toutes les professions; qui y préparent, qui peuvent porter la jeunesse à faire un choix éclairé et sérieux.

Cet enseignement commence dans l'école primaire et se termine dans les premières classes des lycées, en cinquième, en quatrième, par exemple. — C'est alors que les élèves abandonnent grec et latin pour se livrer à l'étude qui doit les conduire à l'état qu'ils ont choisi. On substitue toujours avec avantage, aux langues anciennes, les langues vivantes, et cette étude-là n'est jamais inutile, quelle que soit la position qui nous attend dans le monde.

Il est des établissements particuliers qui comprennent parfaitement les avantages d'un tel enseignement, ainsi appliqué aux besoins futurs des jeunes hommes qui rêvent un avenir; mais peu d'établissements publics sont franchement entrés dans cette voie. C'est un malheur. Le gouvernement y doit veiller, son avenir en dépend.

Le système qu'on suit déclasse les jeunes gens et déclassera les hommes. On sait quelle est la conséquence de ce déclassement de la jeunesse. Il introduit la discussion dans les familles; — les enfants se dédaignent, se jalousent entre eux, si le fils aîné, poussé vers le collège, devient supérieur à ses frères, qu'on a laissés à l'école primaire; — le docte aîné prend des airs hautains qui blessent même ses père et mère; — et les sacrifices commencés devront être continués, car l'aigle de la famille, ne pouvant être, comme son père, un bon cultivateur, voudra devenir un mauvais ou bon notaire, sinon mauvais avoué, mauvais huissier, ou coureur de places à sa taille, se résignant à tout pour être quelque chose, ou, parlons net, pour n'être rien. Voilà l'ordinaire. Il y a des exceptions, mais c'est encore un problème non résolu, que celui de savoir si ceux qui réussissent ne sont pas encore au-dessous de ce qu'ils eussent été en suivant la carrière paternelle.

Est-ce que l'homme qui se distingue dans une carrière quelconque ne fait pas preuve de la distinction à laquelle il fût parvenu s'il eût suivi celle dans laquelle il était né? Est-ce qu'un bon cultivateur ne vaut pas un bon lettré? Est-ce qu'un bon cultivateur n'est pas plus heureux, sous le rapport du calme de l'esprit, de la conservation de la fortune et de la santé, sous celui de la paix du cœur, que nos préfets, nos juges, nos consuls et nos ambassadeurs? Il faut n'avoir pas connu le monde, n'avoir pas vu la société en déshabillé, s'être laissé éblouir par l'éclat des salons et des costumes, pour avoir le moindre doute à cet égard. On ne peut admettre d'exceptions que celles qui résultent des caractères hors ligne; — ceux-là percent partout, un peu plus tôt, un peu plus tard; les exemples ne manqueraient pas. On en trouverait dans les lettres, dans les arts, dans l'armée, dans la marine, dans les sciences, et même dans les métiers, où beaucoup d'hommes, qui ne savent ni lire ni écrire, sont d'une grande supériorité, comparativement à d'autres qui ne savent que ce qu'on leur a soufflé.

La conséquence de tout ceci est bien simple; la voici : Je m'adresse à tous les pères de famille, et je leur dis : Donnez à vos enfants tout ce qu'il faut d'instruction pour améliorer leur position sous le rapport industriel ou agricole. Si vous faites ce qu'il faut pour qu'ils soient mieux que vous, votre mission est accomplie.

Et je dis à l'Etat : Si le choix de vos instituteurs est au niveau des besoins du pays, ainsi compris, vous en recueillerez les fruits; vous y êtes plus intéressé encore que les familles, car votre sort en dépend, et votre gloire est là.

L'instruction obligatoire n'oblige personne; ce n'est qu'un mot. Elle est obligatoire pour l'Etat, c'est-à-dire qu'il la doit à tous; mais elle ne saurait l'être pour les familles. On dit que cela existe dans quelques parties de l'Allemagne; je le veux bien, mais je soutiens que ces parties-là ne sont pas plus instruites ni plus morales que les autres, et qu'elles sont probablement plus malheureuses.

Il est un point sur lequel on pourrait contraindre les parents à devenir raisonnables, par la persuasion, et non par des amendes; voici lequel : Les habitants des campagnes consentent assez volontiers à envoyer leurs enfants à l'école, de novembre au mois d'avril, parce qu'alors ils n'en peuvent pas tirer grand parti; mais quand le soleil se montre radieux, quand les prés changent leur linceul jauni contre une tunique de verdure émaillée de fleurs, le mugissement des génisses, le bêlement des agneaux, prisonniers depuis quatre mois, avertissent le cultivateur que le bouvier, le berger ont besoin de son aide, et l'on dit au fils de la maison : Tu n'iras plus à l'école ! Et l'enfant répond : Tant mieux ! j'aime bien mieux les champs ! Ni l'enfant, ni son père, ne comprend son véritable intérêt. Il faut dire au père : Votre enfant va perdre en trois mois ce qu'il avait acquis en trois ans; vous l'ôtez de l'école quand il allait profiter du séjour qu'il y avait fait; vous allongez ainsi le temps pendant lequel vous devez en être privé. Il faut dire à l'enfant : Tu veux jouir de ta liberté? mais l'école reviendra l'hiver prochain; tu verras tes camarades montés en grade, sans pouvoir les suivre; si tu étais resté deux ans de plus, tu obtiendrais ton affranchissement définitif, bien supérieur à ces trois mois qui retardent tout.

Ce serait donc une chose heureuse qu'une combinaison qui contraindrait les parents à ne pas retirer leurs enfants de l'école pour les livrer à des travaux fort insignifiants et fort improductifs, puisque les enfants perdent beaucoup plus, personnellement, qu'ils ne gagnent pour leurs parents. Le moyen qui réussirait le mieux consisterait d'abord à faire payer les frais d'instruction primaire par année, au lieu de les exiger par chaque mois, et d'instituer, pour le mois d'août ou de septembre, des distributions de prix qui rattacheraient les enfants studieux à l'école pour toute l'année, et de laisser les paresseux en pleine liberté. Cette distinction suffirait pour signaler les bons sujets et ceux qui ne le sont pas, et cette distinction suivrait aussi bien l'élève primaire dans son village qu'elle suit le lauréat du collège dans toutes les phases de sa vie.

N° 3. *De l'enseignement professionnel tel qu'il pourrait être.*

Cet appendice ayant pour objet de combler les lacunes de la loi sur l'enseignement, dont nous avons examiné les principes et indiqué les conséquences, nous allons parler de celle de ces lacunes que nous regardons comme la principale : le silence sur l'enseignement professionnel et notamment sur l'art agricole.

La première et la plus noble de toutes les professions est sans contredit l'art de l'agriculteur. Je me sers de cette expression, parce qu'elle rend mieux ma pensée que celle de cultivateur ; l'agriculteur, ou, si l'on veut, l'agronome, est celui qui voit de haut les principes et les pratiques ; le cultivateur, celui qui étudie et suit les meilleures pratiques. Celui qui ne s'inquiète ni des meilleures méthodes, ni des meilleures cultures, est à peine un laboureur, car il repousse même les améliorations, sous prétexte que son père et son grand-père s'en étant passés, il peut fort bien s'en passer aussi.

Je dis la plus noble des professions, parce qu'elle entretient l'homme dans les idées primitives de religion et de vertu, parce qu'elle le met chaque jour en communication avec le ciel, qui est pour moitié dans ses revers comme dans ses succès ; parce qu'elle exige de l'homme de l'activité, de la prudence, de la surveillance, sans lui demander ni ruse, ni finesse, ces deux qualités commerciales qui faussent l'esprit et dégradent le caractère.

L'agriculture devrait donc être la carrière la plus suivie, c'est celle qui l'est le moins ; et pourquoi ?.. parce qu'on n'y fait pas fortune, parce que les succès agricoles sont sans retentissement, sans récompenses, et les revers sans compensations, sans indemnités, sans consolations. Par cela seul donc qu'un homme instruit, élevé dans le monde, se livre à l'agriculture, on peut en conclure que c'est un homme de bien.

Cela n'empêche pas que nous ne soyons encore en France sans enseignement agricole, et que tous les essais ont abouti au ridicule. Cela n'empêche pas que le fondateur de Roville soit presque mort sur la paille. On avait de hautes faveurs, de belles décorations pour la camaraderie bavarde et peu productive, on n'eut pas même un mot d'encouragement pour cet homme utile, qui fit tant d'efforts pour inspirer le goût des études et des pratiques agricoles.

Un Français qui sort d'un collège de son pays, sait parfaitement les mensonges ridicules de Virgile, sur la création des abeilles italiennes, mais il ignore complètement ce que coûte et produit une ruche française. Il connaît par leurs nom et prénoms, tous les tueurs d'hommes, tous les destructeurs de villes et de campagnes, mais il ne connaît point ceux des bienfaiteurs de l'humanité qui ont appris au laboureur à mieux cultiver, à mieux récolter, à mieux conserver leurs grains; trois points capitaux de l'art agricole. Il sait très-bien comment Rome et la Grèce élevaient, privaient des bêtes féroces, pour qu'elles leur procurassent le plaisir de voir déchirer des taureaux et des hommes; mais il ne sait pas ce que produit un troupeau de moutons mis à la disposition de l'homme, pour le vêtir, le couvrir et lui donner les moyens de féconder la terre. N'est-ce pas là un vice capital dans l'éducation de la jeunesse, n'est-ce pas une grande et déplorable lacune dans l'enseignement public?

Ne serait-ce donc rien que d'apprendre aux fils de propriétaires, que si l'on sait dans les villes perdre son temps, sa fortune, sa santé, on peut dans les champs occuper utilement toutes ses facultés intellectuelles, augmenter ou conserver sa fortune, fortifier sa santé et se faire la plus douce des existences?

Ne serait-ce rien que de se familiariser avec les règles de l'agriculture, quand elles ne serviraient qu'à mettre les propriétaires à portée de se rendre compte de ce que produisent leurs terres, leurs prés, leurs bois; de ce que coûtent ces produits à celui qui les fait prospérer, afin qu'on puisse se rendre compte du gain ou des pertes d'un fermier, ou toute personne avec laquelle on traite du fermage ou de la vente des produits? Ne serait-ce rien de pouvoir calculer soi-même ce que coûte un troupeau, ce qu'il produit; quelle espèce de bestiaux convient au sol, au climat, aux herbages? Quels sont les moyens de remédier à la sécheresse ou à l'excès de l'humidité? Quels sont les engrais et les amendements les plus applicables et les plus fécondants? Quels sont les moyens les plus économiques et les meilleurs moments pour les répandre? Quelle est la méthode la plus avantageuse pour rentrer à point les récoltes, les faire battre, les conserver, les écouler. Tout cela peut s'apprendre à l'école, aussi bien que le droit, la médecine, l'art militaire, etc., etc.

L'agriculture est aujourd'hui une véritable industrie qui exige des connaissances spéciales, qui s'harmonise raient très-bien avec la chimie appliquée aux arts et métiers, et ce serait une excellente chose, qu'une classe consacrée entièrement à la chimie usuelle, appliquée à l'agriculture.

Produire beaucoup sans dépenser plus, est un problème susceptible d'appeler une attention; produire plus et dépenser moins, est le comble de l'art agricole.

Utiliser ses capitaux sans les aventurer; appeler ceux d'autrui sans les compromettre; s'enrichir d'abord par l'ordre et l'économie, et conserver sa fortune acquise, au lieu de chercher les inquiétudes et les insomnies dans des opérations où l'on peut augmenter sa fortune, mais où l'on peut aussi l'ébrécher ou la perdre : voilà les avantages incontestables de l'agriculture; et toute personne qui s'y livre, vous dira, que si l'on y gagne peu, on est du moins assuré de ne pas perdre, garantie qu'on ne trouve dans aucune autre industrie.

L'un des meilleurs moyens de faire progresser l'agriculture, est assurément de comparer les résultats obtenus dans des départements différents, et de rechercher les causes des bons et des mauvais résultats, et nul n'est mieux placé que le gouvernement, pour procurer aux étudiants des notions satisfaisantes, résultats des statistiques qu'il fait faire sur tous les points du territoire français. Le gouvernement est bien plus intéressé encore que les propriétaires à faciliter les recherches, parce qu'il en profite tôt ou tard, pour instruire les populations de ce qui peut être ajouté aux bonnes méthodes.

Le professeur d'agriculture posséderait aussi les moyens d'éclairer les aspirants cultivateurs, sur les dangers de la routine qui s'oppose à tout progrès, sur les périls d'expériences irréfléchies qui peuvent compromettre les récoltes, les troupeaux, l'avenir des propriétaires.

Il peut, par les points de comparaison entre ce qui se fait dans un département et ce qui peut se faire dans un autre, arriver à démontrer les avantages de telle ou telle culture, en la transportant d'un lieu dans un autre.

Empruntons à un publiciste habitué à creuser toutes ces questions, un passage qui résume parfaitement les connaissances indispensables à tout homme qui veut s'occuper sérieusement d'agriculture. Il en sortira une raison de plus d'avoir des cours d'agronomie, sans lesquels les notions acquises en physique, en chimie, en zoologie, en hygiène, ne pourraient point être appliquées dans les campagnes.

Il dit : « Pour se faire une idée de toutes les connais-
» sances nécessaires au cultivateur, il faut suivre les opé-
» rations que demande une terre à défricher, à exploiter.
» La première chose à faire, est de choisir le domaine,
» de lui faire subir les divisions et d'assigner la destina-
» tion de chaque portion. Cela seul, dit-il encore, de-
» mande qu'on possède les éléments de géométrie, de géo-
» logie, de physique, de chimie. Pour le cultiver, il faut
» des machines; pour les construire, quelques notions
» de mécanique sont nécessaires si on ne veut s'exposer
» à employer en vain une trop grande quantité de forces.
» Pour les travaux ordinaires, ces connaissances suffi-
» sent : la géologie et la chimie apprennent jusqu'à quel
» point il faut opérer un défoncement pour augmenter

» l'épaisseur de la terre arable; mais s'il est nécessaire
» de faire des irrigations ou des dessèchements, les élé-
» ments des machines hydrauliques deviendront néces-
» saires. La botanique et la physiologie végétale doivent
» seules décider du choix des plantes, du sol qui leur
» convient, dans quel ordre elles doivent se succéder,
» soit pour alléger les fatigues du terrain, soit pour lui
» faire acquérir même de la fertilité par certaines se-
» mences, en changeant les fourrages en engrais. Pour
» toutes ces opérations, l'emploi des animaux devient
» nécessaire : comment préférer les plus utiles à ceux qui
» le sont moins, ceux qui sont plus en rapport que d'au-
» tres par leurs besoins et leurs habitudes; comment les
» élever, les améliorer, les guérir, si on ne possède au-
» cune connaissance de la zoologie, de l'hygiène animale,
» de la médecine vétérinaire? Outre les éléments des
» sciences que nous venons d'énumérer, si l'agriculteur
» veut savoir quelle est l'habitation qui est la plus conve-
» nable à lui-même, à ses animaux, à ses récoltes, il
» sentira le besoin de quelques notions d'architecture; et
» il se convaincra aisément qu'il ne doit pas être étranger
» à la comptabilité, lorsqu'il voudra se rendre compte de
» l'état de son établissement, et à la statistique commer-
» ciale, lorsqu'il saura que cela lui donnera les moyens
» de trouver des débouchés plus favorables à ses pro-
» duits. »

Si l'on considère les avantages de l'instruction agricole, sous le rapport de l'effet moral qu'elle produirait, on désirera plus vivement encore l'établissement d'écoles d'agronomie. Personne n'ignore que tous les cultivateurs redoutent d'engager avec leurs propriétaires, l'examen de questions difficiles sur la culture, quand ils savent que les connaissances agricoles leur manquent; personne n'ignore non plus avec quelle confiance on s'adresse à un propriétaire qui a des connaissances acquises, ne fût-ce que dans les livres, parce que l'on aime à comparer les différentes solutions pour s'arrêter à la bonne.

Les connaissances théoriques qu'on trouve dans les auteurs sont peu utiles aux cultivateurs, parce qu'ils n'ont ni le temps ni les moyens de tout lire, et surtout de bien lire. Le propriétaire, au contraire, lit tout, compare, fait son choix, et les notions pratiques du cultivateur sont des secours utiles qui le confirment ou l'ébranlent et le portent à de nouvelles études; de là, une sorte d'intimité entre le propriétaire et le fermier; de là, un dévouement sincère de la part de ce dernier et des efforts nouveaux pour améliorer sa culture.

Ce n'est pas tout. Le propriétaire, instruit et bienveillant, devient le conseil de tout son canton; et son fils, s'il s'y prend de bonne heure, sera heureux de continuer ce rôle, dont il n'aurait point senti la douceur si, au lieu de succéder à son père, il s'était lancé dans la carrière des emplois ou dans l'industrie plus ou moins aventureuse, comme nous le verrons bientôt.

Le grand intérêt du pays est aujourd'hui dans la prospérité de l'agriculture, parce que ce n'est qu'autant que l'agriculteur sera heureux que les hommes déclassés consentiront à retourner à la vie des champs. Des utopistes entêtés nous diront vainement que l'industrie doit l'emporter sur l'agriculture; qu'il faut continuer à tout faire pour elle, afin de hâter le moment où nous pourrons lutter avec avantage contre nos rivaux. Le bon sens se récrie depuis Sully jusqu'à Mathieu de Dombasle : Songez à l'agriculture; soignez les mamelles de l'Etat; et l'on peut ajouter que si l'on eût fait pour elle ce qu'on fait pour les chemins de fer, par exemple, elle pourrait supporter les pertes que lui occasionnent l'industrie, et spécialement les chemins de fer.

Croit-on qu'un professeur chargé de soutenir cette thèse resterait à court d'arguments; croit-on que si l'agriculteur voyait que l'Etat lui donne des élèves, des émules instruits, capables de rétablir la balance, il ne se relèverait pas de l'abattement qu'il éprouve?

On donne des millions pour assurer la fortune de compagnies déjà fort opulentes; on ajoute des monts d'or à des monts d'or; et quel est pour l'agriculture le résultat de ces prodigalités? La ruine de la production chevaline, la ruine des prairies, la diminution des prix dans toutes les récoltes, sur les points où passent les lignes de fer; et pourquoi cela? Parce que le gouvernement est sans cesse obsédé par les industriels de haut bord, et que l'agriculture n'a pour elle que des voix isolées parlant de ses souffrances.

Il en serait bien autrement si, par un enseignement gradué, bien combiné, on faisait pénétrer le savoir et l'indépendance dans les campagnes; si, par des canaux ouverts par l'Etat, on y faisait circuler un peu de l'or qu'on prodigue à l'industrie.

On parle du crédit foncier, mais personne n'en fait comprendre les avantages; personne n'explique au peuple comment il peut profiter de cette institution nouvelle; il y a de bonnes raisons pour cela, et la première de toutes, c'est qu'il faut être riche pour emprunter, et qu'on est de plus pauvre en plus pauvre quand, au moyen de ces bienfaisants emprunts, on paie cinq pour cent pour retirer deux ou trois. Croit-on qu'il serait difficile à un professeur instruit et pénétré de la sainteté de sa mission de démontrer que l'agriculture est de toutes les industries celle qui aurait le plus de droits à la protection de l'Etat, et celle pour laquelle on pourrait, avec le plus de sécurité, accorder des minimum d'intérêt lorsqu'elle aurait à entreprendre de grandes opérations de défrichement, de nivellement ou d'irrigation.

Nous sortirions de notre sujet si nous poussions plus loin ces observations; puissent-elles suffire pour éclairer la question de l'enseignement agricole, ou pour pousser au moins les amis de l'agriculture à l'approfondir.

N° 4. *De l'enseignement agricole à Grignon, à Roville, et dans d'autres écoles spéciales.*

La preuve que ce que nous demandons dans l'intérêt de l'agriculture est possible, se trouve à Grignon, à Roville, et, pour l'enseignement forestier, à Nancy. Grignon a des succès, Roville en a peu, mais son fondateur a une grande réputation; Roville ne s'est soutenu qu'en joignant à son exploitation une fabrique d'instruments aratoires. La raison du peu de succès de Roville est dans le peu de fonds dont cet institut agronomique, le plus ancien de tous, a pu disposer.

M. de Dombasle avait mal fait ses affaires personnelles;

on ne voulut lui donner que les fonds strictement nécessaires ; on lui donna beaucoup moins. Il fut donc obligé de restreindre son établissement dans des limites qui entravèrent la générosité de ses vues. — Si l'État avait daigné faire pour l'agriculture ce qu'il a fait pour l'école forestière de Nancy, la ferme expérimentale de Roville aurait rendu de bien plus grands services ; mais les souscripteurs qui l'ont fondée, la voyant abandonnée, ont cessé de la soutenir ; il en sera de même de tout établissement non subventionné de l'État.

Est-ce que par hasard les gouvernements ne comprendraient pas tout le parti qu'on pourrait tirer d'une bonne inspection de l'agriculture, partant du centre de chaque département, pour visiter toutes les communes et signaler au pouvoir les propriétaires, petits et grands, les petits surtout, qui se feraient remarquer par de bonnes cultures, par des progrès dans l'éducation des bestiaux, dans l'amélioration des races ? Les comices agricoles bien organisés font cette inspection sur une échelle étroite ; mais si l'inspection était départementale au lieu d'être cantonale, il n'est pas douteux qu'elle ne produisît un excellent effet. Ces inspecteurs, pris eux-mêmes parmi les propriétaires intelligents, feraient chaque mois un rapport aux sociétés d'agriculture, et le président de ces sociétés rendrait compte, de son côté, de l'opinion de la société départementale, sur les observations et propositions faites par l'inspecteur. Cela serait important, afin que les inspections fussent ce qu'elles devraient être : bienveillantes, intelligentes, sincères et impartiales.

Il est un point sur lequel on ne saurait trop insister en

ce qui touche l'enseignement agricole ; ce serait qu'il fût bon, simple, pratique autant que théorique, et surtout à bon marché.

L'enseignement donné à Grignon est trop cher et trop étendu pour que les fils de simples cultivateurs puissent s'y rendre ; c'est une pépinière d'instituteurs agricoles plutôt que de cultivateurs. La ferme est montée sur un bon pied ; elle est pourvue de bons instruments, de troupeaux de choix ; mais son enseignement sur des sciences et des arts applicables à l'agriculture, sur l'arpentage, la levée des plans, le nivellement, la physique, la chimie, la botanique, la physiologie végétale, l'art vétérinaire, les principes raisonnés de la culture, les principes d'économie rurale appliquée à l'emploi des capitaux ; cet enseignement, dis-je, fait des savants peu propres à prendre et diriger la charrue, peu capables de propager les bonnes pratiques, par de bons exemples.

Ce que nous venons de dire n'est cependant que le programme de la première année.

On va plus loin dans la seconde ; on s'occupe des principes de culture dans leurs applications spéciales à l'art de produire et à l'emploi des produits ;

Des mathématiques appliquées à la mécanique et à l'hydraulique, et des éléments d'astronomie ;

De la physique et de la chimie appliquées aux analyses des terres, des eaux, des engrais, etc., aux distillations et à l'emploi économique de la chaleur ;

De la minéralogie et de la géologie appliquées aux exploitations des diverses substances fossiles, aux sondages et aux recherches des eaux souterraines ;

De l'horticulture — du potager et du verger, — de l'art forestier et de la connaissance des insectes utiles et nuisibles, pour propager les uns et détruire les autres;

De l'architecture rurale, dans les applications aux constructions des bâtiments, aux chemins, à la conduite et conservation des eaux, aux devis de travaux, aux dessins des plans, à la fabrication des chaux, mortiers, ciments, bétons et bitumes, et à leurs emplois;

De la législation relative aux propriétés rurales;

Des principes d'hygiène générale pour les hommes et les animaux.

Les cours sont distribués de manière que ceux qui comportent le plus grand nombre d'expériences et d'application sur le terrain aient lieu pendant l'été, et les autres pendant l'hiver.

Je suis loin de penser que des cours aussi étendus soient blâmables; ils sont très-bien où ils sont, mais ils seraient fort mal dans des écoles élémentaires jointes, par exemple, à la principale école de chaque canton.

Ainsi, il y a là des choses qui ne seraient d'aucune utilité dans les campagnes; il y a des conditions de dépense qui ne seraient admissibles dans aucune école pratique cantonale.

Il y a deux classes d'élèves admises à des conditions différentes, quant au prix de la pension, mais sur le même pied, quant à l'instruction qu'on y reçoit.

Les élèves sont qualifiés libres et internes.

Nul ne peut être admis comme élève libre, s'il n'est âgé de vingt ans révolus. Chaque élève de cette classe a une chambre particulière.

Ces élèves ne sont soumis à aucun règlement intérieur; cependant ils doivent loger à l'établissement, et prendre leurs repas à la table commune.

Les élèves internes, admissibles à 15 ans révolus, sont soumis à un règlement intérieur d'ordre pour leur conduite et l'emploi de leur temps, qui est distribué en études théoriques et pratiques : il leur est présenté avant leur entrée, et ils doivent promettre de l'observer strictement.

Les élèves des deux classes qui postulent leur entrée à l'institut de Grignon, doivent justifier qu'ils possèdent au moins une instruction première.

Le prix de la pension des élèves libres est de 1,500 fr. par année de cours, payables par trimestre et d'avance, pour l'instruction, le logement et la nourriture : le blanchissage se paie à part.

La pension des élèves internes est de 1,300 francs, payables par trimestre et d'avance, pour l'instruction, le logement, la nourriture, le chauffage commun, l'éclairage, les soins médicaux, le blanchissage et l'entretien du trousseau. Ils sont logés dans des dortoirs en cellules.

Ceux qui désirent avoir des chambres particulières paient 300 fr. de plus; ce qui est énorme.

Il n'y a aucune rétribution accessoire, sous quelque prétexte que ce soit ; cependant les fournitures des objets de bureau et de dessin sont au compte des élèves.

Le conseil d'administration de Grignon, dans le but de propager, autant qu'il est en lui, l'instruction agricole en France, a décidé, le 16 février 1832, qu'il serait fondé vingt-cinq bourses, de 300 fr. chacune, pour autant d'élèves internes, dont la pension se trouvera ainsi réduite à 1,000 fr.

Pièces à produire pour l'obtention des bourses.

Pour être admis à cette faveur, l'élève ou ses parents doivent adresser au directeur de l'établissement leur demande appuyée : 1° d'un certificat du maire, constatant que le candidat est de bonnes vie et mœurs, et qu'il a reçu une instruction première; 2° d'une déclaration des parents, portant que leur fortune ou le nombre de leurs enfants ne leur permettent pas de payer le prix intégral de la pension; 3° d'un extrait des impositions payées soit par l'élève, soit par ses père et mère. Ces demandes sont enregistrées, et les élèves sont reçus d'après la date de leur inscription.

Les jeunes gens ainsi admis ont droit à la même instruction, et sont l'objet des mêmes égards que les autres élèves, parmi lesquels l'aptitude et la conduite peuvent seules établir des distinctions.

Les fondateurs de Grignon exigent de plus un trousseau; ainsi la pension s'élève, avec les faux frais, à plus de 1,600 fr. pour les élèves libres, et à plus de 1,300 fr. pour les internes; il n'est pas de cultivateur qui puisse faire de tels sacrifices; aussi ne s'en présente-t-il point à Grignon, même avec l'espérance d'avoir une bourse qui réduit le prix de la pension à 1,000 fr.

Les fondateurs de l'école de Grignon n'ont pas voulu que les élèves pussent demeurer en dehors de l'établissement et ils ont bien fait. C'est un des inconvénients de l'école de Roville, de laisser les élèves maîtres absolus de leur temps, aussitôt qu'ils ont quitté l'école.

C'en est un autre non moins grave, que la facilité qu'on

a laissée à tout le monde, sans aucune condition de capacité, de se présenter avec la certitude d'être admis.

Les fondateurs de l'institut de Grand-Jouan ont eu l'heureuse idée de joindre à leur établissement une école primaire d'agriculture. Il serait à désirer qu'on en fît autant dans toutes les autres écoles spéciales, et que ces petites écoles pussent avoir assez d'élèves pour qu'on arrivât promptement à l'amélioration de la culture dans la Loire-Inférieure d'abord, et ensuite dans les départements limitrophes.

L'instruction donnée à l'institut de Grand-Jouan est à peu près la même qu'à Grignon, cependant elle coûte beaucoup moins aux parents; car le prix de la pension, pour des élèves de 16 à 20 ans, est de 900 fr. tout compris. Et, chose digne de remarque, celui de la pension de l'école primaire n'est que de 480 fr. pour l'instruction, la nourriture, le logement, l'éclairage et le blanchissage de jeunes gens de 14 à 17 ans.

Ces pensionnats seraient peu praticables dans des écoles de canton, parce qu'il serait difficile de créer des établissements ruraux assez considérables pour y recevoir des pensionnaires. Il y a une autre raison; l'inutilité. Les fils de cultivateurs sont destinés à une vie active et laborieuse. Il leur faut de l'exercice; l'aller et le retour de la ferme à l'école, non-seulement n'ont aucun inconvénient, mais au contraire ils ont des avantages et notamment celui de joindre en même temps la pratique des champs à la théorie de l'école. En un mot, plus on approfondit la question, plus on est convaincu de l'utilité, de la possibilité de doter l'agriculture des écoles dont nous venons d'indiquer le but.

N° 5. *Des écoles d'économie agricole et industrielle.*

On est parfaitement convaincu en France que l'agriculture est improductive, comparativement à l'industrie, et que c'est la cause de son abandon. Pourquoi a-t-on cette conviction? Parce que personne ne connaît à fond toutes les ressources de l'industrie agricole; et toutes les chances funestes de l'industrie mercantile.

Le gouvernement s'occupe en ce moment d'une statistique de France agricole et industrielle; il croit ou plutôt il a l'air de croire qu'il parviendra à connaître la vérité sur une multitude de détails qui font sourire le cultivateur, au lieu de provoquer son concours en le convainquant de l'utilité de l'entreprise. Il y avait un point de statistique bien important, bien facile à établir, et c'est précisément celui auquel on n'a pas songé. On demande par exemple ce que pèse un cochon, ce que coûte une chambrière, ce que gagne un manœuvre et ce qu'il économise par jour ou par an; mais ces importantes recherches éloignent de l'esprit investigateur d'un commis qui rêve la statistique agricole comme d'autres rêvent la découverte des planètes, les questions qui pourraient aider à résoudre un problème duquel dépendent la civilisation et la prospérité du monde entier. Ce problème est celui qui consiste à trouver le moyen de rendre à l'agriculture les bras et les mœurs que l'industrie lui enlève.

Pour le résoudre, il n'y aurait pas de plus énergique moyen, que de convaincre les populations qu'on vit mieux et plus longtemps dans les champs que dans les fabriques.

Qu'on y a moins de misère sous le rapport du salaire, du vêtement, du loyer, de l'éducation des enfants.

Il faudrait donc pour résoudre ce problème, qu'une statistique bien faite mît sous les yeux de tous, l'état vrai de l'homme des champs et de l'homme des villes.

Les éléments ne manqueraient pas : voici quelques questions que nous indiquons en passant.

Combien naît-il d'enfants dans une agglomération rurale de 500 personnes, et combien en arrive-t-il à l'âge de 5 ans, de 10 ans, de 15 ans, de 20 ans?

Combien en naît-il dans une agglomération urbaine du même nombre de personnes? etc., etc.

Combien de conscrits sont réformés sur 20 dans les cantons ruraux?

Combien dans les cantons urbains?

Combien d'hommes des champs meurent avant 30 ans, avant 40 ans, avant 50 ans, après 70 ans, après 80 ans?

Combien d'hommes des villes? etc., etc.

Combien d'hommes des champs meurent dans les hospices ou à la charge des communes rurales qui n'ont point d'hospices?

Combien d'hommes des villes?

Combien d'hommes des champs arrivent à l'aisance et peuvent dans leur vieillesse suffire à leurs besoins?

Combien dans les villes en les fractionnant par masse d'habitants égales aux masses de campagnards, prises comme points de comparaison?

Combien de maris abandonnent leurs femmes, sur une population rurale de 1,000 individus?

Combien de maris des villes? etc., etc.

Combien d'enfants des campagnes abandonnent leurs parents âgés ou infirmes ?

Combien d'enfants des villes? etc., etc.

Combien de familles des champs vivent au même foyer de la vie commune, sur une population de 1,000 âmes?

Combien dans une agglomération semblable dans les villes manufacturières?

Toutes ces questions et bien d'autres qui se réfèrent à notre état social, suffiraient pour démontrer que malgré l'abandon dans lequel on laisse l'agriculture, la vie des champs l'emporte de beaucoup sur celle des cités.

Mais il en est une qui me ramène naturellement à mon sujet : combien d'établissements agricoles unissent aux travaux d'agriculture des travaux industriels qui peuvent s'y rattacher pour occuper les hommes, les femmes, les enfants pendant les mauvais temps ou les mortes saisons?

La statistique sur ce point prouverait deux choses : savoir que ces établissements accessoires sont peu nombreux, et que partout où il y en a, ils ajoutent au bonheur, à la moralité et à l'aisance des familles.

Je sais très-bien que cela n'est pas toujours praticable; mais je sais aussi que ce n'est pas pratiqué chaque fois que ce pourrait l'être. — Et pourquoi donc? Parce que dans beaucoup de villages on ignore complètement ce qui peut être fait, faute d'exemples à suivre.

Presque partout on sait semer, cueillir, rouir, teiller, piler, filer le chanvre, — on sait le filer, le convertir en toile et confectionner avec cette toile, du linge de table et de corps, d'une grande solidité.

On sait recueillir la laine et l'on ne peut en faire usage,

parce qu'on ne saurait s'y prendre pour la dégraisser, la blanchir; rien n'est cependant plus facile, mais encore faut-il le savoir. Les ouvriers de Paris l'apprennent des professeurs qu'ils écoutent, mais les gens de campagne, pour lesquels ce serait chose intéressante, n'en entendent jamais parler.

Il est impossible, répond-on, d'étendre cet enseignement aux villages. On a raison; aussi n'est-ce pas là ce qu'on demande. On voudrait quelque chose de plus élémentaire; mais pour prouver jusqu'à quel point cet enseignement pourrait être utile, donnons quelques passages d'un cours professé en 1853, au Conservatoire des arts et métiers.

Le professeur parlait des meilleurs procédés connus pour dégraisser et blanchir la laine, et voici les moyens fort simples qu'il indiquait:

« *Dégraissage*. — La laine, telle que la présente la
» toison des moutons, est enduite d'une quantité variable
» et toujours très-considérable de matières grasses nom-
» mées suint; il importe beaucoup de l'en débarrasser
» avant de commencer les opérations du blanchiment
» proprement dit. Pour arriver à ce résultat, on lave
» d'abord les laines à dos, c'est-à-dire que l'on fait passer
» les troupeaux dans une eau courante, dont l'action est
» favorisée par des frictions manuelles répétées et long-
» temps prolongées. La laine, au sortir de ce bain, a
» perdu déjà une grande partie des substances grasses ou
» autres qu'elle contenait; pour lui enlever le reste de
» ces matières étrangères, on la passe au savon vert. Ce
» corps gras facilite la dissolution du suint en l'émulsion-

» nant, pour ainsi dire. Il faut éviter de mettre la laine
» en contact avec les alcalis caustiques, car ils la dissou-
» draient, la détruiraient, ou, pour le moins, feraient
» éprouver à ses fibres des contractions qui annihileraient
» son élasticité et la plupart de ses autres qualités. On
» est donc forcé de se priver de l'action du carbonate de
» potasse ; du reste, le moyen le meilleur et le plus éco-
» nomique consiste à faire pourrir un bain résultant du
» dessuintage et à y plonger la laine à dégraisser. Cette
» proposition semblera peut-être étrange, mais elle n'en
» est pas moins raisonnable et justifiée par la théorie et
» l'expérimentation. »

Je ne veux pas prolonger plus loin cette citation que je n'ai faite que pour donner un exemple de l'avantage de l'instruction industrielle unie à l'instruction agricole. Bien évidemment, les renseignements qu'on vient de lire sont d'un grand intérêt pour tout le monde, et pourraient l'être particulièrement dans des établissements agronomiques où l'on aurait besoin de dégraisser des laines.

Pour que l'exemple soit complet, donnons encore les procédés qu'on peut employer pour obtenir la décoloration de la laine ou de la paille.

Décoloration. — Quand les laines sont débarrassées autant que possible des corps gras qui les accompagnaient, on les expose à l'action de l'acide sulfureux, qui les blanchit; mais cet agent, au lieu d'agir comme le chlore et de transformer les matières colorantes en d'autres produits plus ou moins colorés que le tissu ne retient plus, ne fait que s'unir à la matière colorante propre au tissu, pour former avec elle une combinaison intime, incolore, qui reste adhérente à la fibre. On emploie l'acide sulfureux à l'état gazeux ou en dissolution dans l'eau. Il serait difficile d'assigner l'époque à laquelle on a appliqué pour la première fois au blanchiment des étoffes de laine, et même de la paille, l'action de la vapeur qui résulte de la combustion du soufre. Cette opération, que l'on nomme le *soufrage,* est extrêmement simple; elle consiste à mettre dans une chambre hermétiquement fermée, et dans laquelle on suspend les pièces d'étoffe, un vase rempli de soufre que l'on enflamme; la vapeur d'acide sulfureux remplit bientôt la chambre, imprègne les étoffes et les blanchit, si on a eu soin de les humecter préalablement.

J'entends bien l'objection qu'on peut faire à cela. On ne peut pas convertir une ferme en fabrique pour trois ou quatre mois, et même moins. Je réponds que c'est avec des arguments de cette force qu'on parvient, depuis des siècles, à ne rien faire pour l'agriculture, et cependant, malgré ce dédain superbe, il n'est pas moins vrai qu'une fermière intelligente, à laquelle on a donné cet enseignement industriel, peut immédiatement se mettre à faire de bons bas, de bons bonnets pour elle et sa famille; qu'elle peut ramener à l'état presque neuf les couvertures de sa maison, et faire, par analogie, beaucoup de choses dont l'idée ne lui serait jamais venue sans l'avis qui lui a été donné de ce qui se pratique ailleurs.

Et les notions sur la mécanique, et celles sur l'hygiène, et celles sur les constructions, et celles sur la physique, sur la chimie usuelles, et celles sur les droits et les usages ruraux, ne seraient-elles pas d'un grand secours pour les gens de la campagne? Et celles sur le charronnage, sur le ferrage, sur les maladies des bestiaux, ne seraient-elles pas d'un usage de chaque jour?

Une des questions le plus souvent posées en agriculture est-celle-ci : Quels sont les meilleurs moyens de convertir sur place, avec avantage, les productions brutes du sol en produits manufacturés. Elle ne sera jamais résolue tant que les habitants des campagnes croupiront dans l'ignorance; elle ne peut l'être et ne le sera que lorsque des hommes intelligents l'auront expérimentée et décidée par des faits.

Une chose analogue à ce que nous demandons a été pratiquée à Grignon. On a joint à la ferme une féculerie, une fabrique de fromage, des pépinières, des plantations de mûriers; on enseigne dans cette école l'arpentage, le nivellement, la physique et la chimie élémentaires d'application, les principes généraux de l'art du vétérinaire; on va bien plus loin, mais nous ne demandons pas tant.

Il est donc d'un grand intérêt de lier l'industrie avec l'agriculture, et pour cela, il faut un enseignement et de l'argent, deux choses qu'on donne à profusion à ceux qui en tirent un assez insignifiant parti, et qu'on ne donne pas à ceux qui pourraient les mettre à profit, non-seulement pour eux, mais pour le pays.

N° 6. *Cours d'agriculture au Conservatoire de Paris.*

Indépendamment des instituts agricoles dont nous avons parlé, il se fait à Paris, au Conservatoire des arts et métiers, un cours où l'on enseigne l'agriculture d'amateurs. On y explique fort disertement une multitude de choses que tout le monde sait et sait souvent mieux que les professeurs. On discute sur les causes de la maladie des pommes de terre et du raisin; on livre à l'expérimentation beaucoup de recettes très-vantées, toutes infaillibles; puis à une séance subséquente, on revient sur ce qu'on avait indiqué comme vrai, comme certain, parce qu'on a découvert que l'inventeur du procédé infaillible avait commis une grave erreur.

Un autre jour, on traite des engrais, et l'on finit par découvrir qu'il n'y a guère de bon que celui qu'on fait soi-même, parce que ceux du commerce sont falsifiés ou tout au moins altérés. Le mieux établi de toute l'institution, c'est le traitement des professeurs. Quelque soin que j'aie mis dans mes recherches, il ne m'est pas encore arrivé de trouver là une seule idée praticable, un seul enseignement appuyé sur une expérience faite sérieusement, et rien ne démontre mieux l'inutilité de ces cours, que le discrédit dans lequel ils sont tombés. Le programme en est cependant attrayant, il comprend les considérations générales et particulières qui peuvent donner une idée précise de l'art agricole, de son objet, de ses progrès et des indications sur les moyens d'utiliser les lumières des hommes instruits et laborieux, et les capitaux des propriétaires.

Les cours du Conservatoire, vus sous le rapport qu'il y a entre la science et les métiers, présentent beaucoup plus d'intérêt. Voici quel en est le programme:

En première ligne se présente le cours de géométrie appliquée, devant rendre familière aux ouvriers l'exécution précise des formes géométriques;

2° La technologie mécanique, ou la description des métiers et celle des machines anciennes et nouvelles : les anciennes, comme sources de beaucoup d'inventions et de perfectionnements ; les nouvelles, comme preuve du progrès ;

3° La mécanique appliquée, par laquelle les arts et métiers se prêtent un mutuel secours ;

4° La géométrie descriptive appliquée à la coupe des pierres, des bois, au dessin des machines et à leur construction ;

5° Cours de chimie inorganique appliquée, comprenant la description technique et économique des principaux arts qui tirent leur matière première du règne minéral, et particulièrement les usines métallurgiques, les fabriques de produits chimiques, les verreries, cristalleries et fabriques de glaces, les fabriques de porcelaine, de faïence, de poterie, d'émaux, de verres colorés ; la préparation de la chaux et autres engrais minéraux, l'emploi de combustibles minéraux pour le chauffage et l'éclairage. Ce cours est suivi avec assiduité par tous les ouvriers intelligents.

6° Cours de chimie organique appliquée, comprenant au contraire tous les arts qui élaborent des substances d'origine végétale ou animale. A ces cours se rattachent les fabriques de sucre indigène, les féculeries, les amidonneries, les distilleries, les savonneries ; les fabriques de chandelles et de bougies de toute sorte ; l'art de faire le vin, de fabriquer la bière, le cidre et les autres boissons fermentées, les huiles végétales et animales ; l'art du teinturier, l'art de préparer certains aliments qui sont l'objet d'un grand commerce d'exportation. On peut dire, comme des cours de chimie organique, que les ouvriers en profitent avec un grand zèle.

7° Cours de physique appliquée, comprenant l'exposé des lois les plus fécondes par leur application aux arts, ainsi que les principes d'après lesquels les divers moteurs exercent leur action.

Le huitième cours est consacré à l'étude des lois industrielles en vigueur.

N° 7. Ecole des arts et métiers de Châlons [1].

Cette école a pour objet principal de former des chefs d'atelier et des ouvriers habiles; c'est un établissement bien conçu, bien dirigé, et qui a souvent atteint le but qu'on s'est proposé en le créant. Comme c'est un bon type d'enseignement professionnel, nous allons entrer dans quelques détails sur le mode d'enseignement et les conditions d'admission.

L'instruction théorique comprend les mathématiques, la grammaire française, l'écriture, le dessin des machines, des ornements et le lavis.

Les élèves sont formés à l'instruction pratique dans quatre ateliers, savoir :

Forges; — fonderies et moulages divers;

Ajustage et serrurerie; — tours, modèles et menuiserie.

Les élèves, à leur entrée à l'école, sont classés dans ceux des ateliers qui se rapprochent davantage de l'art ou du métier dans lequel ils ont fait l'apprentissage dont il sera parlé ci-après. Toutefois, si, après une année d'é-

[1] Celle d'Angers est du même genre et sous le même régime.

preuves, ils manifestent plus de goût et d'aptitude pour un autre atelier, ils peuvent y être admis, lorsque leur aptitude aura été reconnue par un jury pris parmi les fonctionnaires de l'école.

Nul maître externe ne peut être introduit ni toléré, sous aucun prétexte, dans l'intérieur des écoles, et aucun élève externe ne peut être admis aux cours ni aux travaux.

Les élèves ne sont admis qu'au 1er octobre de chaque année. — Il faut être âgé de quatorze ans au moins, et de dix-sept ans au plus, et justifier qu'on sait lire, écrire et compter, ce qui comprend les quatre premières règles de l'arithmétique.

Nul ne peut obtenir une bourse si, après examen, il n'a pas été déclaré admissible par un jury départemental nommé par le préfet.

Cette condition est de rigueur, tant pour les places réservées aux départements, que pour celles auxquelles le ministre nomme directement.

Outre les trois conditions générales d'admission, les candidats aux bourses doivent avoir fait pendant un an, l'apprentissage d'un des arts et métiers analogues à ceux qui sont enseignés dans les écoles.

Pour assurer l'exécution de cette dernière condition, le candidat doit se faire inscrire, dès le commencement de son apprentissage, sur un registre qui est tenu à cet effet au chef-lieu de la préfecture.

Le ministre du commerce et des travaux publics adresse à chaque élève sa lettre de nomination, sur la présentation de laquelle il est reçu à l'école.

A son arrivée, il subit un nouvel examen, et s'il ne se

trouve pas posséder les connaissances exigées, conformément au certificat du jury d'après lequel il a été nommé, il est irrémissiblement renvoyé à ses parents, et la nomination est annulée, l'école ne pouvant suppléer à l'instruction préliminaire exigée au moment de l'admission.

Des élèves pensionnaires.

Le nombre des élèves que les écoles impériales d'arts et métiers reçoivent comme *pensionnaires*, et entièrement à la charge de leurs parents, est fixé à cent pour l'école de Châlons, et à cinquante pour celle d'Angers.

C'est le directeur de chaque école qui prononce leur réception, sauf à en référer au ministre du commerce et des travaux publics, s'il venait à s'élever quelques difficultés pour leur admission; c'est à ce directeur que doit être adressée directement la demande.

Les élèves pensionnaires, qui doivent remplir les conditions générales d'admission, sont dispensés de la justification de l'apprentissage et de l'examen à subir devant le jury départemental.

N° 8. *Ecole gratuite de la Martinière.*

Le major-général Martin eut, en 1820, l'heureuse idée de fonder à Lyon, dans l'intérêt de l'industrie principale de cette ville, une école théorique et pratique pour l'enseignement des sciences et des arts, dans ses rapports avec la fabrication des soieries.

L'instruction théorique comprend : l'arithmétique et son application aux premiers éléments de la comptabilité commerciale; les premières notions d'algèbre, la géométrie élémentaire et ses principales applications; la géométrie descriptive, comprenant les préliminaires de cette science, avec de nombreux exercices de projection et les cas les plus simples de l'intersection des surfaces, le tracé et les propriétés des principales courbes employées dans les arts (sections coniques, hélice, épicycloïde, etc.); le tracé des éléments principaux des machines (vis, engrenages, etc.); les principes de la mécanique, la description des machines et des métiers, et principalement de ceux qui sont employés dans la fabrique de Lyon; les branches de la physique applicables aux arts, et spécialement à l'industrie lyonnaise; la teinture des soies et des étoffes, avec des notions générales de chimie, et des notions suffisamment étendues sur les matières premières employées dans la fabrique de Lyon, et notamment sur la soie, sur le blanchiment, les apprêts, etc.; le dessin perspectif et projectif, principalement d'après le relief, appliqué aux arts mécaniques, et le dessin de la mise en carte, comme auxiliaire indispensable du cours de fabrication; enfin un cours de théorie de fabrication des étoffes de soie, auquel tous les autres cours doivent plus ou moins se rapporter.

L'enseignement est expérimental.

Les exercices manuels se composent principalement de la partie pratique de la fabrication des étoffes de soie, et accessoirement de travaux préparatoires d'ateliers appropriés aux forces des élèves.

Les élèves sont astreints à suivre tous les cours généraux de l'école; ils peuvent, sur la demande de leurs parents, être dispensés des cours spéciaux. Cette dispense est donnée par le directeur.

L'enseignement complet de l'école est distribué en deux divisions, à chacune desquelles les élèves sont attachés pendant la durée de l'année scolaire.

Les élèves ne passent d'une division à une autre qu'à la suite d'un examen qui constate leur aptitude à suivre de nouvelles études. Tout élève qui, après deux années passées dans la première division, est reconnu incapable de suivre les études de la deuxième, ne peut plus rester dans l'établissement.

Les élèves doivent appartenir à des familles peu aisées, domiciliées à Lyon ou dans le département du Rhône, et ne sont admis que sur la demande de leurs parents ou de leurs tuteurs.

L'âge des candidats doit être de dix ans au moins, de quatorze ans au plus, sauf les cas d'exception.

Il serait fort à désirer qu'il y eût, dans les grands centres industriels, des écoles de même nature, d'où sortiraient des hommes capables de populariser la connaissance intime de chaque nature de fabrication. Avec le système des secrets de fabrication, de teinture, etc., on arrête souvent l'essor de jeunes ouvriers qui ne sont initiés que trop tard aux perfectionnements dont l'industrie est toujours susceptible ; mais il faudrait que, comme à l'école de la Martinière, on ne reçût que des enfants de pauvres ouvriers, nés dans le département, car il serait à craindre, si l'on y recevait des étrangers, que ces écoles ne fussent encore des débouchés pour attirer, au préjudice de l'agriculture, les enfants doués d'intelligence, qui ne lui sont pas moins nécessaires qu'à l'apprentissage des arts et métiers.

N° 9. *Ecole forestière de Nancy.*

L'école forestière créée par deux ordonnances des 26 août 1824 et 1ᵉʳ août 1827, a souvent subi des modifications depuis son établissement à Nancy, mais son principe a été maintenu. On peut analyser ainsi les règles de cette institution.

Le nombre des élèves à admettre à l'école est fixé, chaque année, par le ministre des finances, en raison des besoins de l'administration des forêts.

Les élèves admis à l'école forestière y restent deux ans, et ils suivent les cours qui y sont établis. Ces cours ont pour objet l'histoire naturelle, les mathématiques, la législation et la jurisprudence, le dessin et les constructions forestières, l'économie forestière et l'étude de la langue allemande.

Les élèves subissent un examen de sortie ; ceux qui satisfont à cet examen sont envoyés près d'inspecteurs dans les arrondissements les plus importants, pour y acquérir des connaissances pratiques. Lors des vacances ils sont promus au grade de garde général, dès qu'ils ont fait preuve de l'instruction nécessaire pour exercer convenablement des fonctions actives.

Les candidats doivent être âgés de dix-neuf ans au moins et de vingt-deux ans au plus, au 1ᵉʳ novembre de l'année du concours d'admission.

Les examens pour les places d'élèves de l'Ecole forestière sont ouverts chaque année à Paris et dans les principales villes de l'empire, à la même époque que ceux de l'Ecole polytechnique, et sont faits par les mêmes examinateurs. Le programme est publié tous les ans dans le *Moniteur*, trois mois au moins avant l'époque fixée pour cet examen.

Voici l'extrait de celui de 1853, sans y comprendre le tableau des matières sur lesquelles roulent les examens qui sont passés devant les examinateurs de l'Ecole polytechnique.

Conditions d'admission au concours.

Nul n'est admis au concours s'il n'est porteur d'une lettre d'autorisation du directeur général des forêts, laquelle sera délivrée sur la production des pièces suivantes :

1° L'acte de naissance dûment légalisé, constatant que l'aspirant aura, au 1er novembre de l'année du concours, dix-neuf ans accomplis et moins de vingt-deux ;

2° Une déclaration dûment légalisée d'un docteur en médecine ou en chirurgie, attaché à un hospice civil ou à un hôpital militaire, attestant que l'aspirant est d'une bonne constitution, propre à supporter les fatigues de la marche, qu'il a été vacciné ou qu'il a eu la petite vérole, et qu'il n'a aucun vice de conformation, ni infirmité ou difformité qui le rendent impropre au service forestier ;

3° Le diplôme de bachelier ès-lettres ou celui de bachelier ès-sciences, selon l'année pendant laquelle il se présente (voir le programme). L'aspirant qui, au moment d'adresser sa demande d'admission au concours, ne serait pas encore pourvu de cette pièce, pourra y suppléer par un certificat constatant qu'il a fait ses études classiques jusqu'à la rhétorique inclusivement, à charge par lui de produire le diplôme à la direction générale des forêts, le 15 octobre au plus tard ;

4° Une obligation par laquelle les parents de l'aspirant s'engagent à lui fournir une pension annuelle de 1,500 fr., pendant deux années de séjour à l'école forestière, et une pension annuelle de 600 fr. depuis la fin de cette deuxième année jusqu'au moment où il sera employé comme garde général en activité ;

5° Une déclaration écrite du lieu d'examen choisi par le candidat. Celui-ci ne peut subir les épreuves orales que dans l'arrondissement d'examen où le domicile de sa famille est établi, ou dans celui où il achève ses études, pourvu qu'il justifie d'y avoir étudié depuis le commencement de l'année scolaire.

Les demandes d'admission au concours et les pièces justificatives ci-dessus indiquées doivent être parvenues à la direction générale des forêts avant le 31 mai, sous peine de rejet.

Après vérification des pièces, le directeur général informe directement chaque aspirant de son admission au concours, du lieu et de l'époque des compositions. Le candidat doit justifier de la lettre d'avis, en la présentant aux épreuves, soit écrites, soit orales.

Examens du deuxième degré.

ART. 15. Les examens du deuxième degré sont définitifs. Ils servent, concurremment avec les compositions écrites, à déterminer le classement par ordre de mérite des candidats admis.

Ils succèdent à ceux du premier degré à quelques jours d'intervalle (généralement trois à six jours).

Ils sont faits par un jury composé de trois examinateurs chargés des examens du même ordre pour l'admission à l'Ecole polytechnique, sous la présidence de celui d'entre eux qui aura été désigné à cet effet, par le ministre de la guerre.

Chaque membre du jury procède isolément à l'examen des candidats.

Art. 16. Dès son arrivée dans un centre d'examen, le président du jury, après avoir pris une connaissance sommaire des résultats des épreuves écrites et des examens du premier degré, adresse à la direction générale des forêts les compositions et le procès-verbal spécifié au deuxième paragraphe de l'art. 14.

Il conserve par-devers lui, pour qu'il en soit tenu compte dans les opérations ultérieures du deuxième degré, les pièces mentionnées au troisième paragraphe de l'article précité.

Art. 17. Les examinateurs dressent de concert leurs listes particulières des candidats à examiner, en suivant autant que possible l'ordre des dates et subsidiairement des numéros, des certificats d'admissibilité.

Les deuxième et troisième paragraphes de l'art. 9 sont applicables aux examens du deuxième degré.

Alors même qu'ils ont passé les trois examens, les candidats ne doivent se considérer comme ayant satisfait aux épreuves qu'après avoir été autorisés à se retirer par le président du jury.

Art. 18. Chaque examinateur fait porter ses interrogations sur toutes les subdivisions du programme.

La durée de chaque examen, devant chaque examinateur, est d'environ une heure et demie.

Les questions roulent exclusivement sur les matières du programme.

Les réponses des candidats sont notées par chacun des membres du jury d'un numéro de mérite compris dans l'échelle de 0 à 20.

Art. 19. Chaque jour les examinateurs se réunissent pour comparer les notes qu'ils ont respectivement attribuées aux candidats ayant subi les trois examens.

En cas de divergence notable relativement à l'appréciation des connaissances d'un candidat dans une matière déterminée, ils rappellent devant eux ce candidat et l'examinent, en commun, sur la partie du programme à laquelle se rapporte le désaccord.

Art. 20. Les examinateurs ayant définitivement arrêté leurs chiffres d'appréciation pour chaque partie de l'examen oral, le président du jury porte les chiffres de chaque examinateur au procès-verbal (*modèle* n° 2) en présence de ses collègues, et en établit pour chaque partie la moyenne, en tenant compte des fractions. Le procès-verbal relatif à l'examen de chaque aspirant contient ainsi cinq moyennes correspondant aux cinq grandes divisions de l'examen oral.

Le procès-verbal des examens faits dans chaque localité, clos et signé de chacun des membres du jury du deuxième degré, est adressé, avec les feuilles de calcul mentionnées au troisième paragraphe de l'art. 13, au directeur général de l'administration des forêts par le président du jury, immédiatement après la clôture des examens dans cette localité.

Jugement des compositions et des dessins.

Art. 21. Les compositions sont soumises au jugement de correcteurs nommés par le directeur général de l'administration des forêts, et cotées par ces correcteurs d'un numéro de mérite compris dans l'échelle de 0 à 20.

Sont seuls jugés et classés les compositions et les dessins faits sans désemparer.

Art. 3. Les sujets de ces compositions sont choisis par le directeur général de l'administration des forêts, parmi les questions proposées à l'avance par le directeur de l'école, par les examinateurs d'admission, et par toutes autres personnes que le directeur général juge convenable de consulter.

Les modèles de dessin sont choisis d'une manière analogue.

Les sujets et modèles choisis sont envoyés, par l'intermédiaire des conservateurs des forêts, aux agents forestiers chargés de surveiller l'exécution des compositions.

Chaque sujet est renfermé dans une enveloppe cachetée à la cire, qui est ouverte par les agents délégués, en présence des candidats, au moment où ils sont réunis pour subir l'épreuve à laquelle le sujet se rapporte.

Art. 4. Les compositions et les dessins sont faits sur des feuilles à tête imprimée, fournies par l'administration des forêts, et délivrées, au commencement de chaque séance, aux candidats. Dès qu'il reçoit une feuille, chaque candidat doit y apposer son nom et sa signature aux endroits indiqués sur la tête imprimée.

Les compositions et les dessins sont remis, à la fin de la séance, aux agents forestiers chargés de la surveillance. Ces fonctionnaires apposent leur visa sur chaque feuille, immédiatement au-dessous de la dernière ligne écrite par l'aspirant.

Art. 5. Ces agents forment, après chaque séance, un paquet des compositions, et l'adressent immédiatement au directeur général, avec un procès-verbal faisant connaître si tous les candidats ont remis leur composition.

Le directeur général remet, sur récépissé, aux examinateurs du premier degré, avant l'époque des examens, les compositions des aspirants admis à subir les épreuves orales du premier degré.

Art. 6. Les compositions écrites ont un double objet. Elles servent :

1° A confirmer ou à rectifier les résultats de l'examen du premier degré : elles sont, dans ce but, consultées par les examinateurs ;

2° A contribuer, pour la quote-part qui leur est attribuée, et concurremment avec les résultats de l'examen du second degré, au classement final par ordre de mérite des candidats admis à subir toutes les épreuves.

Les aspirants sont invités à apporter une attention particulière à la rédaction des compositions. L'ordre et la méthode dans l'exposition des idées, la concision et la clarté du style seront pris en sérieuse considération lors du classement final. Les fautes graves d'orthographe ou de langue française, ou une très-mauvaise rédaction suffiront pour motiver l'exclusion des examens oraux : cette exclusion sera applicable, de droit, aux aspirants qui auraient commis une fraude et à ceux qui n'auraient pas fait toutes les compositions et les dessins.

Épreuves orales.

Art. 7. Les examens oraux sont faits par les examinateurs des aspirants à l'École polytechnique. Ils se divisent en deux parties : examens du premier degré et examens du second degré. Les candidats qui ne satisfont pas à l'examen du premier degré ne sont pas admis à subir celui du second degré.

Dispositions particulières.

A leur arrivée à l'école, les élèves sont soumis à la visite du médecin de l'établissement, et, s'il y a lieu, à une contre-visite, afin de constater qu'ils n'ont aucun vice de conformation ni aucune infirmité qui les mette hors d'état de suivre les cours de l'école, ou qui les rende impropres au service forestier. Une très-mauvaise vue sera considérée comme un cas d'incapacité physique.

Les candidats sont prévenus que l'intérêt du service exige l'exécution rigoureuse de ces dispositions et qu'elles ont été appliquées plusieurs fois.

Les élèves ont à justifier de la pension de 1,500 francs qui doit leur être assurée. Ils doivent en outre se pourvoir, lors de leur entrée à l'école, de l'uniforme prescrit qui est fourni d'après les indications et sous la surveillance du directeur de l'école.

La tenue d'uniforme étant constamment de rigueur

pendant toute la durée du séjour à l'école, les élèves, en se rendant à Nancy, sont invités à ne conserver du costume civil que les vêtements indispensables pour le voyage.

Les élèves ou leurs familles sont tenus de verser annuellement à la caisse d'épargne de Nancy, en deux paiements égaux, une somme de 1,200 fr. comme à-compte sur celle de 1,500 fr. fixée par l'ordonnance du 21 décembre 1840. Cette somme sera mise, au moyen d'une procuration, à la disposition du fonctionnaire de l'école chargé de la comptabilité, pour faire face aux dépenses fixes des élèves, savoir : acquisition de livres et instruments, papiers, etc., nécessaires aux études ; paiement mensuel de la nourriture, paiement mensuel des domestiques affectés au service personnel des élèves ; prix des leçons d'équitation dans un manège qui sera désigné par le directeur de l'école ; frais de tournées forestières ; abonnement au spectacle à des conditions spéciales.

C'est une question qui n'est pas encore définitivement résolue, que celle de savoir si l'école forestière remplit complètement son but. Destinée à faire des gardes généraux, instruits et capables, elle a plus d'une fois donné au-delà de ce qu'on exige d'elle, mais souvent en deçà.

FIN.

TABLE DES MATIÈRES.

LIVRE PREMIER.

DE LA LIBERTÉ DES CULTES EN GÉNÉRAL.

		pages.
CHAPITRE Ier.	La Religion, les prêtres, les choses célestes.	5
CHAPITRE II.	Véritable esprit de la religion chrétienne.	9
CHAPITRE III.	La Religion, les prêtres, les intérêts matériels.	12
CHAPITRE IV.	De la domination ultramontaine.	16
CHAPITRE V.	Peuples et rois, sous l'influence sacerdotale.	21
CHAPITRE VI.	De l'intervention des prêtres dans les familles, etc.	28
CHAPITRE VII.	Suite du même sujet.	31
CHAPITRE VIII.	De l'intervention des prêtres dans les actes, etc.	31
CHAPITRE IX.	Des libertés de l'église gallicane.	38
CHAPITRE X.	Conséquences des faiblesses de François Ier.	44
CHAPITRE XI.	Des atteintes portées aux libertés gallicanes.	49
CHAPITRE XII.	Des intrigues ultramontaines contre Louis XIV.	55
CHAPITRE XIII.	Energie de d'Aguesseau, faiblesse de Louis XIV.	59
CHAPITRE XIV.	Du clergé sous la régence et sous Louis XV.	64
CHAPITRE XV.	Des jésuites hors de France.	75
CHAPITRE XVI.	Réaction contre les jésuites.	79
CHAPITRE XVII.	Des libertés gallicanes depuis la Révolution.	86
CHAPITRE XVIII.	Des libertés gallicanes depuis la Restauration.	95
CHAPITRE XIX.	Des Missionnaires.	109
CHAPITRE XX.	De la résurrection du jésuitisme en France.	112
CHAPITRE XXI.	Du gallicanisme et de l'ultramontanisme.	122
CONCLUSION	du Livre 1er.	153

LIVRE II.

DE LA LIBERTÉ DE L'ENSEIGNEMENT.

		Pages.
CHAPITRE Ier.	Principes généraux.	314
CHAPITRE II.	De l'excellence de l'Université.	317
CHAPITRE III.	Des vices de l'Université.	320
CHAPITRE IV.	Vues et réserves du clergé.	325
CHAPITRE V.	Hostilité de la démagogie.	329
CHAPITRE VI.	De la loi au point de vue politique.	334
CHAPITRE VII.	La loi répond-elle au besoin de liberté ?	336
CHAPITRE VIII.	De son principe sous le rapport religieux.	339
CHAPITRE IX.	Même sujet sous le rapport civil et universitaire.	345
CHAPITRE X.	La démocratie est-elle la seule puissance légitime ?	354
CHAPITRE XI.	De l'Eglise à l'égard de l'enseignement populaire.	357
CHAPITRE XII.	Collision.	361
CHAPITRE XIII.	Appréciation philosophique de la loi.	368
CHAPITRE XIV.	De l'épiscopat dans le conseil supérieur.	379
CHAPITRE XV.	De l'enseignement primaire.	386
CHAPITRE XVI.	Des écoles normales primaires.	389
CHAPITRE XVII.	Des écoles de filles.	393
CHAPITRE XVIII.	Des salles d'asile.	398
CHAPITRE XIX.	De l'instruction secondaire.	401
CHAPITRE XX.	Considérations sur quelques points accessoires.	407
CHAPITRE XXI.	L'enseignement secondaire tel qu'il devrait être.	409
CHAPITRE XXII.	Nouveau système d'enseignement ultramontain.	416
CHAPITRE XXIII.	Puissance des jésuites et ses effets.	430
CHAPITRE XXIV.	Considérations sur la résurrection des jésuites.	444
CONCLUSION	du livre second.	451

APPENDICE DU LIVRE PREMIER.

N° 1. Concordat de François Ier.................... 156
2. Opposition de l'Université au concordat de François Ier.. 159
3. Edit du 29 janvier 1534. — Confiscations........ 160
4. Edit de 1540. — Le recèlement, crime de lèse-majesté.. 161
5. Edit de Château-Briant, du 29 juin 1551....... 161
6. Arrêt du conseil privé, du 14 juillet 1633....... 163
7. Edit de Charles IX, 8 novembre 1567.......... 164
8. Déclaration de 1682, dite *les Quatre-Articles*...... 165
9. Edit de 1686, contre les veuves des hérétiques..... 168
10. Déclaration du 29 avril 1686............... 169
11. Déclaration de mai 1724................. 171
12. Formulaire du 17 mars 1657............... 173
13. Puissance spirituelle et temporelle............ 173
14. Ukase du 2 janvier 1816, contre les jésuites...... 174
15. M. de Quélen en 1844.................. 175
16. L'archevêque de Toulouse et le ministre........ 177
17. Omer Talon et les cardinaux.............. 181
18. L'archevêque de Paris et le journal *l'Univers*..... 184
18. Ordonnance contre *l'Univers*.............. 197
19. L'archevêque de Paris et *la Voix de la Vérité*..... 198
20. L'évêque de Moulins. — Zizanie ecclésiastique..... 202
21. L'archevêque de Paris. — Anarchie épiscopale..... 219
22. L'évêque de Montauban et un mémoire anonyme.... 230
23. Ligue contre un archevêque, à propos de *l'Univers*... 234
24. Citations ultramontaines (Nouvelle école.)....... 236
25. Acrimonie ultramontaine................ 240
26. Accord des ultramontains anciens et nouveaux..... 243
27. Sur l'ancienne Université................ 246
28. Despotisme de Louis XIV................ 248
29. Enivrement de Louis XIV................ 250
30. Assemblée de 1682. — Outrage aux évêques de France... 252
31. Défense de la déclaration de 1682............ 255
32. Valeur canonique de la déclaration de 1682....... 256
33. Protestantisme de Louis XIV.............. 258
34. Que sommes-nous donc ?................ 260
35. De l'enseignement religieux............... 261

N° 36. Des ennemis de la déclaration de 1682............ 263
37. Les protestants inventeurs du gallicanisme politique.... 265
38. Quintescence de l'ultramontanisme............ 268
39. Correspondance ultramontaine............. 282
40. Autre correspondance................. 284
41. Réponse de Monsignor Fioramonti........... 285
42. Intervention de l'évêque de Saint-Claude......... 287
43. L'église et la presse dite religieuse........... 289
44. Nouvelles discordes................. 291
45. Suprématie anglaise................. 292
46. Intervention de Rome dans la polémique française..... 294

APPENDICE DU LIVRE SECOND.

N° 1. De l'instruction publique en 1844........... 459
2. De l'enseignement du second degré tel qu'il devrait être... 471
3. De l'enseignement professionnel tel qu'il pourrait être... 479
4. De l'enseignement agricole dans des écoles spéciales.... 487
5. Des écoles d'économie industrielle............ 494
6. Cours d'agriculture au Conservatoire de Paris....... 500
7. Ecole des Arts-et-Métiers de Châlons.......... 503
8. Ecole gratuite de la Martinière............. 505
9. Ecole forestière de Nancy............... 508

FIN DE LA TABLE DES MATIÈRES.

BAR-SUR-SEINE. — IMPRIMERIE SAILLARD.

ERRATA.

Page 104, ligne 27, supprimez : (*si nécessaire*).
Page 106, ligne 9 : *cet l'objet*, lisez : *cet objet*.
Page 122, ligne 2 : *gallicisme*, lisez *gallicanisme*.
Page *ibid*, ligne 112 : *a paix*, lisez *la paix*.
Page 143, ligne 16 : *qui les lisent*, pour *qui lisent*.
Page 391, ligne 18 : *du directeur*, lisez : *des directeurs*.

www.ingramcontent.com/pod-product-compliance
Lightning Source LLC
Chambersburg PA
CBHW071201240426
43669CB00038B/1404